國語學叢書 84

한국어 피동문의 역사적 연구

백채원 저

태학사

머리말

　이 책은 2017년 8월에 제출한 필자의 박사학위 논문을 수정한 것이다. 몇 년 동안 고치고 기웠던 글을 다시 한번 들여다보며 수정하는 것은 여간 쉬운 일이 아니었다. 수정할 수 있는 충분한 시간이 있었음에도 불구하고 원고를 넘기지 못하고 계속 붙들고 있다가 마감 기한을 넘기고 말았다. 결국 눈에 띄는 오류나 실수 위주로 수정하였고, 글 전체의 논지는 박사학위 논문과 크게 달라지지 않았다. 마음에 들지 않는 부분도 더러 있지만 5년 전의 필자의 설익은 생각을 남겨 두는 것도 그 시절의 나를 기억할 수 있는 하나의 방법이라는 핑계를 대어본다.

　학위 논문이 책으로 나오게 되니 필자에게 가르침을 주신 선생님들이 절로 떠오른다. 필자는 학부 시절 서정목, 곽충구 선생님을 졸졸 따라다니며 국어학 수업을 챙겨 듣곤 하였다. 통사론과 음운론, 방언학 등의 수업을 통해 선생님들의 넓고 깊은 학문 세계를 접하고 가르침을 받을 수 있었던 것은 학부 시절의 행운이었다.

　대학원 진학 후에는 서울대학교 국어국문학과 선생님들의 가르침을 받으며 무궁무진한 학문의 세계를 접할 수 있었다. 임홍빈, 최명옥, 송철의, 김창섭, 장소원, 김성규, 전영철, 정승철, 장윤희, 박진호, 황선엽, 김현, 문숙영, 이진호 선생님과 1동에서 함께 호흡함으로써 학문 세계의 다양하고 풍성함을 즐길 수 있었다. 특히 필자의 지도교수이신 이현희 선생님께서는 자료를 읽고 해석하는 눈을 기를 수 있도록 필자를 끊임없이 훈련 시켜 주셨다. 선생님께서는 필자가 나름대로 새로이 밝혀냈다고 생각한 것들을 이미 기본 지식으로 가지고 계신 적도 많았다. 선생님의 넓은 학문 세계에 놀란 적이 한두 번이 아니다. 선생님께 지도를 받으며 공부를 하게 된 것은 대학원 시절의 큰 행운이자 행복이었다. 선생님들뿐만 아니라 304호에서 함께 공부하였던 동학들과의 시간 또한 필자를 더욱 단단하게 만들어 주었다.

학위 논문을 쓰면서 받은 심사위원 선생님들의 가르침도 잊을 수 없다. 한재영 선생님께서는 필자가 정립한 이론적 틀이 어긋나지는 않는지, 흔들리지는 않는지 늘 주지시켜 주심으로써 필자가 큰 그림을 제대로 그릴 수 있도록 도와주셨다. 박진호 선생님께서는 필자가 풀기 어려운 문제를 만나 끙끙대고 있을 때마다 적절한 돌파구를 제시해 주셨으며, 이론과 자료가 조화를 이룰 수 있도록 기술하는 방법을 알려 주었다. 황선엽 선생님께서는 국어사 예문을 꼼꼼히 검토해 주심으로써 자료를 올바르게 해석하고 다루는 방법을 가르쳐 주었다. 이지영 선생님께서는 예문을 보는 방법은 물론이고 논리성, 정합성, 일관성을 지키며 글을 써야 함을 필자에게 일깨워 주셨다.

필자가 학문의 세계에 진입하고 몰두할 수 있었던 것은 가족의 전폭적인 지지와 사랑 덕분이다. 특히 아버지께서는 필자가 어릴 때 고문헌의 표지 위에 종이를 올리고 그 위에 색연필로 색칠을 하면 능화문 무늬가 드러나는 것을 보여주심으로써, 옛 문헌의 아름다움을 직접 체험하게 해주셨다. 필자가 국어사 공부를 하게 된 것은 어릴 적의 이와 같은 경험들이 축적된 결과일 것이다. 어머니는 늘 필자를 사랑으로 감싸주시고 다독여 주셨다. 남편은 항상 한결같은 모습으로 필자가 공부에 집중할 수 있도록 배려해 주고, 따뜻하게 응원해 주었다. 아들 우주는 엄마가 공부하러 방에 들어가면 기특하게도 문을 열지 않고 엄마가 공부에 집중할 수 있게 도와주었다. 가족의 사랑과 배려가 없었더라면 필자는 학문의 세계에 진입하지도, 계속 머무르지도 못하였을 것이다.

마지막으로 부족한 글을 국어학 총서로 선정해 주신 국어학회 심사위원 선생님들과 책이 팔리지 않는 시대임에도 불구하고 이 글을 책으로 펴내주신 태학사의 지현구 회장님, 직원들께도 감사드린다.

2022년 11월

4

차례

머리말 ·· 3

1. 서론 ··· 9
  1.1. 연구 목적 ·· 9
  1.2. 선행 연구 검토 ·· 11
  1.3. 연구 대상 및 방법 ·· 13
  1.4. 연구의 구성 ·· 29
  1.5. 인용 자료 ·· 30

2. 기본적 논의 ·· 37
  2.1. 피동의 특성 ·· 38
  2.2. 원형성에 따른 중세·근대한국어 피동문의 유형 ···················· 51
    2.2.1. 원형적 피동문 ·· 52
      2.2.1.1. 원형적 피동문을 이루는 동사: 타동사 어기 ············ 52
      2.2.1.2. 피동 접사 중첩문 ·· 54
      2.2.1.3. '을/를' 피동문 ··· 59
    2.2.2. 준원형적 피동문 ·· 60
      2.2.2.1. 준원형적 피동문을 이루는 동사: 자·타 양용동사의
              자동 구문 ·· 60
      2.2.2.2. 준원형적 피동문을 이루는 동사의 재검토 ············· 63
    2.2.3. 비원형적 피동문 ·· 85
      2.2.3.1. 비원형적 피동문을 이루는 동사: 자동사 어기 ·········· 85
      2.2.3.2. 비원형적 피동문을 이루는 동사의 재검토 ············· 86
  2.3. 피동문의 의미 ·· 108

3. 피동사의 형태적 특성 ·· 124

3.1. 어기의 특성 ·· 125

3.1.1. 타동사 ·· 125

3.1.1.1. 타동사로부터 파생된 피동사 목록 ·············· 125

3.1.1.2. 피동화 제약의 재검토 ························· 128

3.1.2. 자·타 양용동사 ··· 135

3.1.2.1. 자·타 양용동사로부터 파생된 피동사 목록 ·········· 135

3.1.2.2. 자·타 양용동사의 소멸과 피동사의 발달 간의

영향 관계 ······································ 137

3.1.3. 자동사 ·· 150

3.1.3.1. 자동사로부터 파생된 피동사 목록 ················· 150

3.1.3.2. 동사의 검토 ····································· 152

3.2. 접사의 특성 ·· 181

3.2.1. 접사의 이형태 ··· 182

3.2.2. 접사 중첩 현상 ··· 219

3.2.2.1. 중첩형 출현의 통사·의미적 조건 ················ 225

3.2.2.2. 중첩형의 표현적 효과 ························· 228

3.2.2.3. 중첩형 출현의 배경 ··························· 235

4. 피동문의 통사·의미적 특성 ·· 244

4.1. 피동문의 통사적 특성 ··· 245

4.1.1. 행위자의 격 표지 ··· 245

4.1.1.1. 일반적 격 표지 ································· 247

4.1.1.2. 특이한 격 표지 ································· 253

4.1.2. 피행위자의 격 표지 ······································ 260

4.1.2.1. 현대한국어의 '을/를' 피동문과 중세·근대한국어의

'을/를' 피동문 ································· 260

      4.1.2.2. '을/를'의 의미 기능 ·· 275

4.2. 피동문의 의미적 특성 ·· 279

  4.2.1. 기본적 의미 ·· 280

    4.2.1.1. 피동 ··· 280

    4.2.1.2. 반사동 ·· 283

  4.2.2. 부수적 의미 ·· 292

    4.2.2.1. 재귀 ··· 292

    4.2.2.2. 가능 ··· 299

  4.2.3. 의미의 상관관계 ·· 308

5. 결론 ·· 313

참고문헌 ·· 319

[부록 1] ·· 335

[부록 2] ·· 370

[부록 3] ·· 379

1. 서론

1.1. 연구 목적

본 연구는 중세한국어와 근대한국어의[1] 피동문을 대상으로 피동사의 형태적 특성과 피동문의 통사·의미적 특성을 종합적으로 살피는 것을 목적으로 한다. 피동(passive)은 능동문의 주어가 부사어로 강등되고 능동문의 목적어는 주어로 승격하며, 동사구에는 표지가 결합하는 특성을 가지는 것으로 논의되어 왔다. 피동은 이처럼 새로운 동사가 파생되고 행위자의 탈초점화가 일어나는 과정이자, 사태를 바라보는 관점을 바꾸는 기제라는 점에서 한국어 문법 체계 안에서 그 중요성이 크다. 따라서 이에 대한 연구는 현재에도 계속되고 있다. 역사적 관점에서 피동을 다룬 연구도 꾸준히 이어지고 있으나 대부분 피동사의 형태적 특성에 관심을 두어 왔으며 피동이라는 현상 자체에 큰 관심이 주어지지는 않았다. 이는 중세어와 근대어는 생략된 논항을 확실하게 복원할 수 없어 피동문의 전체적인 모습을 파악하는 데에 어려움이 있기 때문인 것으로 보인다. 하지만 피동이

---

1) 한국어사의 시대 구분과 그 용어의 사용에 있어 본고는 李基文(1998)을 따른다. 즉 15, 16세기의 후기중세한국어를 '중세한국어'로, 17세기부터 19세기 말까지의 한국어를 '근대한국어'로 칭한다. 경우에 따라 이를 약칭하여 '중세어', '근대어'로 표현하기도 할 것이다.

라는 현상을 심도 있게 논하기 위해서는 피동사는 물론, 피동사가 사용된 문장 전체를 관찰할 필요가 있다.

이에 본고는 역사적 관점에서 피동사의 형태적 특성을 정밀히 밝힘은 물론, 피동문의 통사·의미적 특성을 관찰하여 중세·근대한국어 피동문의 전체적인 모습을 구명하고자 한다. 특히 다음의 세 가지 면에 관심을 기울여 피동문을 고찰한다.

첫째, 피동에 대한 유형론의 연구 성과를 바탕으로 피동의 원형적 특성을 정립한다.

둘째, 피동의 원형적 특성을 근거로 중세·근대한국어 시기 피동문의 유형을 나누고 그 특징을 고찰한다.

셋째, 피동문의 구성 원리와 의미를 파악하기 위해 피동문의 통사·의미적 특성을 살핀다.

첫 번째 사항은 중세·근대한국어 시기 한국어 피동문의 특성을 설명하는 이론적 틀과 관련된다. 우리는 피동문의 특성을 체계적으로 논하기 위해 원형성(prototypicality)이라는 틀로 피동에 접근한다. 그리고 선행 연구에서 제시한 피동의 원형적 특성들을 재검토하여 가장 원형적 특성이라고 여겨지는 것을 선별하고, 한국어의 특성을 고려하여 이들 간에 위계를 설정한다. 이를 통해 중세·근대한국어 피동문을 종합적으로 살피기 위한 정교한 틀을 마련할 수 있을 것이다.

두 번째 사항은 피동사의 형태적 특성과 관련된 것이다. 피동문은 원형적 특성을 얼마만큼 갖추고 있는지에 따라 원형적 피동문, 준원형적 피동문, 비원형적 피동문으로 나누어진다. 그런데 이러한 피동문의 원형성의 정도는 어기의 통사 범주와 밀접히 관련된다. 따라서 피동사의 형태적 특성을 체계적으로 살피기 위해서는 어기의 통사 범주를 나누어 살필 필요가 있다. 이를 통해 각각의 유형에 해당하는 피동문의 특성을 확인할 수 있으며, 서로 간의 관계도 고찰할 수 있을 것이다.

세 번째 사항은 피동문의 역사적 연구에서 소홀히 다루어져 왔던 피동문의 통사·의미적 특성을 고찰한다는 것이다. 우리는 피동문의 행위자와 피행위자가 일반적 격 표지와 특이한 격 표지를 취하는 현상을 논하고, 특이한 격 표지가 사용될 수 있었던 배경을 고찰한다. 그리고 피동문의 의미 유형을 기본적인 것과 부수적인 것으로 나누어 살핌으로써 중세·근대한국어 피동문이 가지는 다양한 특성을 밝힌다.

이러한 방법론을 통해 중세·근대한국어 피동문의 종합적인 양상을 검토할 수 있으리라 생각된다. 그리고 그간 주목 받지 못한 현상들을 발굴하고 그 내적 원리를 논함으로써 각각의 현상들이 가지는 의미를 밝힘은 물론, 범언어적으로 한국어 피동문이 가지는 특성도 고찰할 수 있을 것이다.

본고는 중세·근대한국어 피동문을 논하는 과정에서 한국어 내적인 논리로 해당 현상을 설명하고, 그것이 어려울 경우 범언어적 자료를 보조적으로 활용하는 연구 방법을 취한다. 범언어적 자료는 한국어에 나타나는 현상이 한국어 고립적인 것이 아님을 보이는 근거가 될 수 있으며 한국어 내적 논리로 설명하기 어려웠던 현상을 설명할 수 있는 단초가 될 수 있다. 하지만 다른 언어의 자료는 일종의 경향성을 보여주는 것이기 때문에 한국어도 그러한 경향을 가지고 있음에 대한 직접적 근거는 되기 어렵다. 따라서 본고는 범언어적 자료를 다양하게 활용하되 그것을 결정적 근거로 삼지는 않으려 한다.

1.2. 선행 연구 검토

현대한국어를 대상으로 한 피동 연구는 그간 매우 활발히 이루어져 왔다. 현대한국어 피동에 대한 선행 연구는 배희임(1988)과 우인혜(1997), 남수경(2011나)에서 제시한 것으로 갈음하고, 이 節에서는 통시적 자료를 활용하여 피동을 논한 선행 연구를 검토한다.

통시적 자료를 대상으로 한 피동 연구의 대다수는 15세기 피동사의 형태적 특성을 밝히는 데에 초점을 두고 있다. 安秉禧(1959/1982)는 15세기 활용 어간의 형태적 특징을 설명하면서 피동사를 다루었으며, 南廣祐(1962)는 피동사의 형성 과정을 사동사와 관련하여 다루었다. 姜成一(1972)는 용언 파생의 일부로 피동사를 논하면서, 접사의 이형태에 따른 피동사 목록을 제시하였다. 허웅(1975)는 15세기 한국어의 특징을 전면적으로 다루면서 피동사의 형태적 특징을 논한 바 있다. 한편 한재영(1984)는 선행 연구가 피동의 형태·음운론적 측면을 주로 다루어왔다는 점을 지적하며, 피동이 통사부 내의 문제임을 인식함으로써 중세한국어 피동 구문이 가지고 있는 구조와 체계를 논하였다. 이 연구는 피동문의 형태적 특성은 물론 통사적 특성을 살피고 있다는 점에서 주목된다. 그리고 구본관(1998)은 15세기 한국어의 파생어를 총체적으로 논하면서 피동사를 함께 다루고 있는데, 어기의 제약 조건 및 파생접미사의 결합가능성을 고려하여 피동사의 형태적 특징을 밝혀내었다는 점이 특징적이다. 장윤희(2002나, 2015)는 동사와 관련된 전반적인 문제들을 다루면서, 특히 피·사동사와 관련된 많은 쟁점 사항을 풍부히 다루고 있다.

17세기 이후 자료를 대상으로 피동을 다룬 연구로는 류성기(1984, 1988), 이규창·류성기(1991), 유경종(1995), 송창선(1996), 박명동(1999) 등이 있다. 특히 유경종(1995)는 근대한국어 피동과 사동 표현을 종합적으로 살피면서 피동사에 의한 피동 외에도 무표지 피동, '되다'류에 의한 피동, 중첩 피동 등 근대 시기 피동문이 보이는 다양한 현상을 고찰하였다는 점이 특징적이다.

이처럼 역사적 자료를 대상으로 피동을 다룬 선행 연구들은 개별 피동사를 상세히 기술하고, 피동 접미사의 이형태를 면밀하게 고찰함으로써 피동에 대한 탄탄한 연구 기반을 제공하고 있다는 점에서 의의가 있다. 그런데 대부분의 연구가 피동사의 형태적 특성 및 피동 접미사의 교체 양상,

피동의 의미를 나타내는 표현들의 종류 등을 밝히는 데에 집중되어 있다. 피동사 자체에만 중점을 두다 보니 피동문이 가지는 통사·의미적 특성이 크게 주목받지 못하였고, 형태적 특성에 대한 논의도 피동 접미사의 교체 양상을 밝히는 것 이상의 논의를 하는 데까지는 이르지 못하였다.

이에 본고는 피동문의 통사·의미적 특성에도 관심을 두어 선행 연구를 보완한다. 피동문의 격 표지를 관찰함으로써 피동문의 통사적 특성을 살피고, 현대어 피동문의 의미로 논의된 것들을 참고하여 중세·근대어 피동문의 의미적 특성을 고찰한다. 그리고 이미 연구가 많이 축적된 부분이라 할지라도 피동이라는 현상의 본질에 가까이 가기 위해서는 선행 연구를 보다 정밀히 되짚어볼 필요가 있다. 특히 피동사는 자·타 양용동사의 소멸과 관련된 것으로 논의되어 왔는데, 본고는 피동사의 발달과 자·타 양용동사의 소멸이 어떠한 관계에 놓여 있는지를 예문의 구체적 고찰을 통해 실증적 소멸 과정을 살필 것이다. 또한 피동사의 형태적 특성과 관련된 부분 역시 소홀히 다루지 않기로 한다. 특히 접사의 분석력과 결합력을 고려하였을 때 접미사의 이형태는 어떻게 기술될 수 있는지, 접사의 중첩 현상은 어떻게 설명될 수 있는지 등을 중점적으로 논할 것이다. 이를 통해 기존 연구를 보완함은 물론, 한국어 피동문의 옛 모습을 보다 거시적이고 종합적 관점에서 고찰할 수 있으리라 생각한다.

1.3. 연구 대상 및 방법

한국어의 피동은 주로 피동 접사 '-이/히/리/기-'(이하 '-이-'로 통칭)에 의한 형태적 방법과 '-어지-'[2]와 같은 우언적 구성에 의한 통사적 방법, '되다',

---

2) 현대한국어의 '-어지-'는 한글맞춤법 제47항에서 붙여 씀만을 원칙으로 하고 있다. 본고는 이를 따라 현대어의 '-어지-'는 붙여 쓴다. 중세한국어의 '-어디-'는 합성동사를 만들기도 하고, 보조용언으로서의 기능을 하기도 하므로 그 문법적 지위를 명확히 규명하기 어렵다. 본고에

'당하다', '받다'와 같은 어휘적 방법 등에 의해 실현된다.

본고는 이 중에서 접사에 의한 피동, 즉 형태적 수단에 의해 피동이 표시되는 것을 주요 연구 대상으로 삼는다. 피동을 표현하는 여러 방법 중 일반적 방법은 어간 접사(stem affix)로 피동을 표시하는 것이기 때문이다(Haspelmath 1990). Haspelmath(1990: 28-9)에서는 피동이 존재하는 31개의 언어 표본 중에서 접사로 피동을 표시하는 언어가 21개임을 보여, 접사로 피동을 표시하는 언어의 비율이 가장 높음을 밝힌 바 있다.[3]

중세·근대어는 이러한 양상을 잘 보여주는 언어라 할 수 있다. 역사적으로 살펴보면 현대어에는 존재하지 않는 피동사가 중세어와 근대어에는 존재하였다거나, 혹은 형태적 피동사였던 단어가 현대에는 '-어지-' 결합형으로 표현이 대체된 경우가 꽤 있다. 예를 들어 '가도다'(囚)의 피동 '가도이다', '잃다'(失)의 피동 '일히다', '금초다'(藏)의 피동 '금초이다', '트다'(燃)의 피동 '트이다' 등은 현대에는 존재하지 않는 피동사이다. 또한 '그리다'(畵)의 피동 '그리이다'는 현대에 '그려지다'로, '기르다'(養)의 피동 '길리다'는 '길러지다'로, '더디다'(投)의 피동 '더디이다'는 '던져지다'로 대체되었다. 이러한 경향을 고려하면 중세·근대한국어 시기에는 접사에 의한 피동법이 주류를 이루었음을 확인할 수 있다. 달리 말하면, 현대의 피동은 접사에 의한 피동이 피동을 표시하는 주된 방법이 아니라고 할 수 있다. '-어지-'의 생산성이 높아지면서 그간 피동 접미사로 피동을 표시해온 단어들이 현대에 '-어지-' 결합형으로 대체된 경우가 많기 때문이다.[4] 현대한국

서는 편의상 중세한국어의 '-어디-' 또한 붙여 쓴다.

3) Haspelmath(1990)에 따르면 21개의 언어 중 14개의 언어가 접미사로 피동을 표시하며 6개의 언어가 접두사로, 1개의 언어가 동사 부류에 따라 어말과 어두 두 위치 모두에 접사가 나타날 수 있다.

4) 접미사로 피동을 표현하였던 단어가 현대에 '-어지-'에 의한 피동으로 대체되었음을 참조하면, 피동 접미사와 '-어지-'의 의미도 정밀히 논할 필요가 있다. 현대어의 '-어지-'는 주로 상태 변화, 피동, 기동, 가능 등의 의미를 내포하고 있는 것으로 논의되어 왔다. 중세어의 '-어디-'를 하나의 보조용언으로 볼 수 있는지에 대해서는 논란이 있지만(함희진 2010), 이것이 상태 변화라는 상적인 의미를 내포한다는 것에 대해서는 큰 이견이 없는 듯하다. 중세·근대한국어

어만을 고려한다면 통사적 구성에 의한 피동이 더 활발하다고 볼 수도 있다. 그러나 역사적으로 보았을 때는 역시 형태적 피동이 피동을 표시하는 일반적 방법이자 근본적 방법이었던 것으로 보인다. 따라서 본고는 파생적 피동, 즉 형태적 피동으로 연구 대상을 한정하여 피동의 특성을 논한다.

그리고 본고는 '되다', '당하다'와 같은 어휘적 방법에 의한 피동적 표현은 연구 대상에서 제외한다. 이들은 문법화의 과도기에 있는 요소로, 어떠한 '되다'는 '하다'에 대한 피동 표현이지만, 또 다른 '되다'는 '하다'와 유사한 의미를 지니기도 한다. 본고는 이들이 아직 피동 표현으로 확실히 정착되지 않았음을 근거로 본격적인 연구 대상에서는 제외한다.[5]

그런데 번역어로서의 피동문이 가지는 양상을 살피기 위해서는 어휘에 의한 피동적 표현도 부분적으로 고려될 필요가 있다. 중세·근대한국어 시기의 한글 자료는 대부분 언해문이기 때문이다. 고대 중국어의 대표적 피동 표현으로 '爲NP(所)VP'(이하 '爲' 피동으로 칭함), '被VP'(이하 '被' 피동으로 칭함), '見VP'(이하 '見' 피동으로 칭함) 등이 있는데, 이들은 주로 'NP₁[피행위자]이 NP₂[행위자]{이/이게} V옴이 두외-', 'NP₁[피행위자]이 NP₂[행위자]{이/이게} V옴을 닙-', 'NP₁[피행위자]이 NP₂[행위자]{이/이게} V옴을 보-' 등의 구문으로 언해되었다. 본고는 이러한 구문을 연구 대상에 일부 포함하되, 이들을 '피동적 구문'으로 통칭하고 연구를 진행한다.

의 '-어디-'를 면밀히 고찰하기 위해서는 '-어디-'의 분포에 따른 의미 차이, 피동 접미사와 '-어디-'가 결합하는 양상의 차이 등을 기술하는 작업이 필요하다. 본고는 '-어디-'를 직접적 연구 대상으로 삼지 않으므로 이에 대해 본격적으로 논하지는 않으나, 피동과 그 인접 범주의 관련성을 확인하는 작업 또한 피동에 대한 이해를 깊게 할 수 있는 하나의 방법이 될 수 있을 것이다. 중세한국어의 '디-'와 관련된 최근의 연구는 김미경(2017)이 참조된다.

5) 만약 의미를 중심으로 피동의 범주를 제한한다면, '되다', '당하다' 등이 사용된 문장이 피동의 연구 대상이 될 것이다. 그런데 이 경우 '나는 밥을 먹었다'와 같은 문장도 피동의 연구 대상이 될 수 있다는 점에서 난점이 있다. 문장의 주어인 '나'는 밥이 소화기관으로 들어오는 사태에 영향을 입은 대상이기 때문이다. 본고는 피동의 의미가 넓어지는 것을 지양하기 위하여 일정한 문법적 형식에 의해 표현되는 피동만을 연구 대상으로 삼는다.

이처럼 연구 대상을 형태적 피동으로 한정한다면, 연구 대상이 되는 피동사를 선정하는 작업이 필요하다. 이와 관련하여 허웅(1975), 安秉禧(1959/1982), 구본관(1998), 장윤희(2015)의 연구에서 제시한 피동사 목록을 참고할 수 있다. 본고는 선행 연구에서 제시한 피동사 목록을 참고하되, 다음의 두 가지 점을 고려하여 연구 대상이 되는 피동사를 재선정하였다.

첫 번째는 결과상태 지속의 의미를 나타내는 '-어 잇-'과의 결합에서 피동의 의미가 나타나는 경우이다. 아래와 같은 예가 이에 해당한다.

> (1) 가. 如來ㅅ 一切 甚히 기픈 이리 다 이 經에 現히 닐어 잇ᄂ니라 〈釋詳
> 19:42b-43a〉
>
> cf. 그 ᄢ 世尊이 須達이 위ᄒ야 四諦法을 니르시니 듣줍고 깃ᄉ바 須陁
> 洹을 일우니라 〈釋詳6:21b〉
>
> 나. 우리 祖上애셔 쏘더신 화리 ᄀ초아 이쇼ᄃ 〈釋詳3:13b〉
>
> cf. 옷과 바리를 ᄀ초ᄃ 아니ᄒ며 (衣鉢을 不畜ᄒ며) 〈楞嚴6:108a〉

(1가)는 '닐어 잇-'이 사용된 예로, "여래의 모든 심히 깊은 일이 다 이 經典에 분명히 일러져 있느니라"로 해석된다. (1나)는 'ᄀ초아 이시-'가 사용된 예로, "우리 祖上이 쏘시던 활이 갖추어져 있되"로 해석된다. (1)의 예에서 '니르-'와 'ᄀ초-'는 모두 주어 논항을 취하여 피동의 의미를 나타내고 있다. 그런데 이들이 피동의 의미를 가지는 이유는 '니르-'와 'ᄀ초-'가 아닌 '-어 잇-'에 기인한다. 중세한국어 시기에는 타동사에 '-어 잇-'이 결합하여 피동의 의미를 나타낼 수 있었기 때문이다(박진호 1994). '니르-'와 'ᄀ초-'는 참고로 제시한 예에서 알 수 있듯 중세한국어 시기에는 타동 구문만을 이루었다. 이처럼 '니르-'와 'ᄀ초-'는 단독으로는 피동사로 사용되지 못하였고, '-어 잇-'과의 결합 속에서만 피동적 의미를 나타낼 수 있었으므로 이들은 피동사로 볼 수 없다.

그런데 '-어 잇-' 결합형이더라도 해당 동사를 피동사로 볼 수 있는 경우도 있다. 현대어의 '꽂히-'의 역사적 소급형인 '고치-'(揷)의 예를 아래에 보인다.

(2) 가. 흰 믌겨리 부흰 ᄇᆞᄅᆞ매 불이고 프른 묏부리는 雕刻ᄒᆞᆫ 집ᄆᆞᄅᆞᆫ 고쳇도다
　　　 (白波吹粉壁 靑嶂揷雕梁)〈杜詩16:42a-b〉

　　 나. 창을 열고 보니 흰 늘히 이믜 목긔 고쳣더라 (開窓視之則 白刀已揷于頸
　　　 矣)〈東新烈4:24b〉

　(2가)는 '꽂히-'가 '-어 잇-'의 축약형 '-엣-'과, (2나)는 '-엇-'과 결합한 예이다.[6] (2가)는 "흰 물결은 뿌연 절벽에 불어대고 푸른 산봉우리는 조각한 용마루에 꽂혀 있구나", (2나)는 "창을 열고 보니 흰 날이 이미 목에 꽂혀 있더라"로 해석된다. (2)의 '고치-'는 결과상태 지속을 나타내는 '-엣/엇-'과 결합하여 피동적 의미를 나타내고 있지만 이 '고치-'를 타동사로 보기는 어렵다. '고치-'가 타동 구문을 이룬 예는 한국어사 문헌에 보이지 않고, 현대국어에도 존재하지 않기 때문이다. 이처럼 어떠한 동사가 단독으로 피동사로 사용되지는 않지만 현대어에 이 동사의 후계형이 피동사로 존재하고, '-어 잇-' 및 그 후대형과의 결합에서 피동적 의미를 나타낼 수 있을 경우 본고는 해당 동사를 피동사로 보는 입장을 취한다. 따라서 (2)의 예는 피동사에 '-엣/엇-'이 결합한 경우라 할 수 있다. 이와 같이 '-어 잇-' 및 그 후대형과의 결합 속에서 피동의 의미를 나타내는 동사는 해당 동사가 독자적으로

---

6) 鄭彦鶴(2007)에서는 '-어 잇-'과 '-엣-', '-엇-' 세 형식의 문법적 층위가 서로 달랐음을 전제하고, 이 셋을 서로 구분하여 논할 필요성을 주장하였다. 이에 대해 박진호(2010: 319)에서는 '-어 잇-' 〉 '-엇-'의 문법화 과정에서 형태상의 삭감과 의미의 탈색(bleaching)이 보조를 맞추어 진행되었을 것이라는 전제에 논증이 없음을 비판하였다. 그리고 문법화 과정에서 형태상의 삭감과 의미의 탈색이 항상 보조를 맞추어 진행되는 것은 아니지만, '-어 잇-'과 '-어 이시-'에서 발견되는 [결과상], [정태상], [진행상] 등의 상적 의미는 '-엣-'과 '-에시-', '-엇-'과 '-어시-'에서도 동일하게 발견된다고 하였다. 본고는 박진호(2010)을 따라 '-어 잇-'과 '-엣-', '-엇-' 등을 크게 구분하지 않고 논한다.

피동 구문 혹은 타동 구문을 이룰 수 있었는지의 여부를 고려하여 피동사로 판정하여야 한다.

두 번째는 'NP{이/이게} V옴이 두외-'와 같은 구문이 피동의 의미를 나타내는 경우이다. 이와 같은 피동적 구문은 구문 전체가 피동의 의미를 나타낼 수 있었기 때문에 피동의 의미가 구문에서 연유하는 것인지, 혹은 해당 구문에 사용된 동사에서 연유하는 것인지를 구분할 필요가 있다. 이를 판단하기 위해서는 피동적 구문에 사용된 동사가 피동적 구문 외의 환경에서 독자적으로 피동사로 쓰인 예가 있는지 확인이 필요하다. 그리고 피동적 구문의 동사 자리에는 타동사가 사용되는 경우가 일반적이었으므로, 해당 동사가 타동적 용법을 가지고 있었는지도 확인할 필요가 있다. 만약 독자적으로 피동사로 사용된 예가 없고, 타동사로 쓰인 예가 존재한다면 피동적 구문에 사용된 동사는 피동사가 아니라 타동사로 볼 수 있을 것이다.

이와 관련하여 '보채-'의 예를 살펴보자.[7]

(3) 가. 像法 轉호 時節에 믈읫 衆生이 種種 분벼리 보채요미 두외야 〈釋詳9: 29b〉

　　나. 느외야 貪欲이 보차요미 아니 두외며 〈月釋18:54b〉

제시된 예의 '보채요미/보차요미'는 '[[[보차+이]+옴]+이]'로 분석된다.[8] (3가)는 "像法이 전하는 시절에 무릇 중생이 갖가지 分別에 보챔을 받아", (3나)는 "거듭하여 탐욕에 보챔을 받지 않으며"로 해석된다. 이러한 예들에서 '보채요미(보차요미) 두외-'가 '보챔을 받다'로 해석됨에 근거하여, 이 예에 사용된 '보채-'를 피동사로 볼 수도 있다. 하지만 15세기에 '보채-'는 '(NP$_1$이) NP$_2$의 V옴이 (아니) 두외-'와 같은 피동적 구문에서만 나타나며,

---

7) 安秉禧(1959/1982: 63)에서는 '보채-'를 '-ㅣ-'계 피동사라고 하였다.

8) (3나)의 '보차요미'는 음절 경계에서 'j'의 유동 현상으로 인해 후행 음절에 'j'가 표시된 것이다.

단독으로 피동사로 쓰인 예는 보이지 않는다. (3)이 가지는 피동의 의미는 구문에서 연유하는 것이다. 또한 장윤희(2015: 46)에서는 '보차이-'는 그 성조가 LHH로 실현되었다는 점에서 특이하며, 피동사로서의 '보채-'는 존재하기 어렵다고 하였다. 이러한 점들을 고려하였을 때 (3)의 '보채-'는 피동사로 보기 어렵다.

'보채-'를 피동사로 보지 않는다면 (3)의 '보채-'의 형성 과정은 두 가지로 생각해 볼 수 있다. 첫째, 타동사 '보차-'에 'j'가 수의적으로 첨가된 어형으로 보는 것이다. 白斗鉉(1992: 176-8)에서는 16세기 이후 단모음으로 끝나는 음절에 'j'가 첨가되는 현상을 제시한 바 있다. '상수~상싀'(喪事), '놀라~놀래-'(警), '디나~디내-'(過), '만나~만내-' 등이 이에 속한다. '보채-'를 반모음 첨가를 겪은 어형으로 본다면 반모음 첨가 현상이 15세기부터 일어났다고 할 수도 있을 것이다. 둘째, '보채-'를 '보차-'의 사동형으로 볼 수도 있다. 두 설명 모두 개연성이 있지만, 본고는 사동사 '보채-'가 15세기에 거의 보이지 않는다는 점을 근거로 첫 번째 가능성을 지지한다. 즉 (3)의 '보채-'는 타동사 '보차-'에 'j'가 첨가된 어형으로 볼 수 있다.

(3)의 '보채-'를 '보차-'에 'j'가 첨가된 어형으로 본다면 다음으로 확인이 필요한 부분은 '보차-'가 타동 구문을 이룰 수 있었는지의 여부이다. '보차-'는 15세기부터 아래와 같이 타동 구문을 이룰 수 있었다.

(4) 가. 다른 나라히 와 <u>보차거나</u> 도즈기 굴외어나 ᄒ야도 〈釋詳9:24b〉

　　　나. 衆生 <u>보차디</u> 아니호리라 〈月釋7:48b〉

　　　다. 이는 ᄆᅀᆞᆷ을 <u>보차미오</u> 〈圓覺下3-2:87a〉

(4가)는 "다른 나라에서 와 (너를) 보채거나 도적이 (너를) 괴롭히거나 하여도", (4나)는 "중생을 보채지 않을 것이다", (4다)는 "이는 마음을 보채는 것이고"로 해석된다. 이처럼 '보차-'는 단독으로 타동 구문을 이룰 수 있었으므로, (3)의 '보채-'는 타동사 '보차-'에 'j'가 첨가된 어형이 피동적 구문

에 사용된 예로 볼 수 있을 것이다.

'보차-'의 피동형으로 볼 수 있는 '보차이-'는 16세기부터 문증되기 시작한다.

(5) 가. 하 미양 병에 보차이니 질삼 フ 옴도 세간도 즈식도 아모 무 숨도 업서 술 취흔 듯 안흔 덥달오 〈순천172:2〉

나. 아비디오개 뻐러디여 큰 셜온 고를 맛다 디옥을 다 겻도록 쉴 식이 업시 보채이리라 (乃至展轉 墮阿鼻獄 受大苦痛 從劫至劫 無有休息) 〈長壽 5a〉9)

(5가)는 "병에 늘 심하게 보챔을 받으니 길쌈 감도 세간도 자식도 아무 마음도 없어 술 취한 듯 속은 덥달고",10) (5나)는 "지옥을 다 겪도록 쉴 사이 없이 보채일 것이다"로 해석된다. 이들 예에 사용된 '보차이-' 및 '보채이-'는 (3)과 같이 피동적 구문에 사용된 예가 아니기 때문에 진정한 피동사로 볼 수 있다.

그런데 피동적 구문에 사용되었다고 하여 반드시 그 동사가 타동사인 것은 아니다. 피동적 구문의 동사 자리에는 피동사도 사용될 수 있었기 때문이다.

(6) 上官이 權으로 與許ᄒ나 ᄠ들 일허 올마 내조쵸믈 보도다 (上官權許與 失意 見遷斥) 〈杜詩7:27a〉

cf. 永泰ㅅ 末애 罪 어더 五溪ㅅ フ쉬 내조치여 오도다 (得罪永泰末 放之五 溪濱) 〈杜詩8:53a〉

---

9) (5나)의 '보채이-'는 '보차-'에 피동 접사가 이중으로 결합하였을 가능성, '보차-'의 피동사 '보 차이-'가 역행동화를 겪은 것일 가능성, '보차-'에 'j'가 첨가된 '보채-'가 피동화를 겪어 '보채이-' 가 되었을 가능성이 있다. 이와 관련한 내용은 3.2에서 상술한다.
10) 번역은 조항범(1998: 749)을 참조하였다.

(7) 蜈蚣 蚰蜒과 毒蛇 類 브릐 슬요미 두외야 둗톼 둗라 굼긔 나거늘 (蜈蚣 蚰蜒

과 毒蛇之類ㅣ 爲火所燒ᄒ야 爭走出穴커늘) 〈法華2:129a〉

cf. 長者ㅣ 또 제 슬잃가 저호ᄆ 〈月釋12:27b〉

(8) 믈읫 님금의 브리임이 되연ᄂ 이 이믜 命을 받ᄌ와ᄂ 님금 말ᄊᆷ을 집의 무

기디 아니홀 디니라 (凡爲君使者ㅣ 已受命ᄒ야 君言을 不宿於家ㅣ니라)

〈小學2:37a〉

cf. 블히 소내 님그미라 能히 한 가라골 브리고 나ᄂ 브리이ᄂ 디 업스니 (臂

之於手에 爲辟이라 能役衆指ᄒ고 而我ᄂ 無所役ᄒ니) 〈法華6:158b〉

(9) 崔浩ㅣ ᄉ긔 일로 뻐 잡피믈 닙어ᄂ (崔浩ㅣ 以史事로 被收ᄒ야ᄂ) 〈小學

6:40a-b〉

cf. 그 도즈기 後에 닛위여 도죽ᄒ다가 王의 자피니 〈月釋10:25b〉

(6)은 '見' 피동이 'NP이 V옴을 보-'로 언해된 예, (7), (8)은 '爲' 피동이 'NP₁
이 NP₂의 V옴이 두외-'로 언해된 예, (9)는 '被' 피동이 'NP이 V옴을 닙-'으로
언해된 예이다. (6)은 "상관이 아첨을 좋아하는 사람이어서 그의 뜻에 위
배되었다고 하여 좌천되어 내쫓겼다",[11] (7)은 "지네와 그리마, 독사의 부
류가 불살라져 서로 다투어 구멍에서 달려 나오거늘", (8)은 "무릇 임금의
부림을 받는 사람은 임금의 명을 받은 후에는 임금의 말씀을 집에 묵히지
않아야 할 것이니라", (9)는 "崔浩가 史記의 일로 인해 잡힘을 입었는데"로
해석된다.

이와 같은 예들은 피동적 구문에 피동사 '내조치-, 슬이-, 브리이-, 자피-'
등이 사용되었다는 점에서 주목된다. 이들을 피동사로 볼 수 있는 근거는
참고로 제시한 예들에서 알 수 있듯, 이 동사들은 피동적 구문 외의 환경에
서 피동사로 쓰인 예가 존재하며 타동적 용법을 보이지 않기 때문이다. 따
라서 (6)-(9)에 사용된 동사들은 피동사로 볼 수 있다. 그간 '爲' 피동의 언해

---

11) 번역은 왕력 지음/송용준 옮김(2005: 116)를 참조하였다.

의 동사 자리에는 능동사가 나타나는 것으로 기술되어 왔다(장윤희 2001: 15, 이유기 2015: 125). 그런데 (6)-(9)의 예에서 알 수 있듯, '見' 피동이나 '爲' 피동, '被' 피동 등이 피동적 구문으로 언해될 때 동사 위치에는 피동사도 사용될 수 있었다. 피동적 구문에 능동사가 사용되는 경우가 더 보편적이 기는 하지만, 피동사도 사용될 수 있었음이 지적될 필요가 있다.

한편 이와 같은 기준으로도 확인이 어려운 동사가 존재한다. 예를 들어 '어티-'(獲)와 '쁘로이-'(逐)는 피동적 구문에 사용되었는데, 독자적으로 피동사나 사동사로 쓰인 예가 없다.

(10) 가. 명승우는 냥산군 사름이니 일즉 예 도적의 <u>어티인</u> 배 되여 비젼쥐예 풀려 간더니 (鄭承雨梁山郡人 嘗爲倭賊所獲 轉鬻於肥前州) 〈東新孝 1:30b〉

　　나. 찬옥은 (…) 예 도적의 <u>얻티인</u> 배 되여 쟝촛 오욕을 닙게 되거늘 (良女 贊玉清州人 正兵金孝貞女也 爲倭賊所獲 將被汚辱) 〈東新烈7:7b〉

(11) 가. 왜적의 <u>쁘로인</u> 배 도여 스스로 기픈 소히 쌔디니 (爲倭敵所逐 自投深 淵) 〈東新烈4:62b〉

　　나. 도적이 믄득 니르니 도적의 <u>쁘로인</u> 배 되어를 (賊遽至 爲賊所逐) 〈東新 烈8:14b〉

(10)의 '어티이-'는 '[[얻-+-히-]+-이-]'로 분석된다. 이는 '얻-'(得)에 피동 접사 '-히-'가 결합한 후 이에 다시 피동 접사 '-이-'가 결합한 피동 접사 중첩 형으로, "잡히다"의 의미를 나타낸다. 접사가 중첩되어 있지만 실제 의미 는 하나의 접사만이 결합한 어형의 의미와 다르지 않다. (10가)는 "정승우 는 양산군 사람이니 일찍이 왜(倭) 도적에게 잡혀 비전주에 팔려 갔더니", (10나)는 "찬옥은 (…) 왜 도적에 잡혀 오욕을 당하게 되었거늘"로 해석된 다. (11)의 '쁘로이-'에 '쁘로-'(逐)에 피동 접사가 결합한 어형으로, (11가)는 "왜적에게 쫓겨 스스로 깊은 연못에 빠지니", (11나)는 "도적이 갑자기 이

르러서 도적에게 쫓기게 되거늘"로 해석된다.

'어티-'와 'ᄠᅩ로이-'는 'NP₁이 NP₂의 V은 배 되-'라는 피동적 구문에만 나타나기 때문에, 이에 어떠한 문법적 지위를 부여해야 할지 판단이 쉽지 않다. 이에 우리는 '어티-'와 'ᄠᅩ로이-'가 사용된 문헌의 특성에 주목한다. '어티-'는 《동국신속삼강행실도》(이하 《동국신속》으로 약칭)에서만 그 예가 보이는데, 《동국신속》에는 다른 문헌에 비해 피동적 구문에 피동형이 사용된 예가 많이 보인다.[12]

> (12) 가. 지아비 범의게 믈린 배 되거늘 (夫爲虎所噬) 〈東新烈1:36b〉
>
> 나. 그 지아비 뎡슈 범의게 들린 배 되거늘 (其夫鄭守爲虎所攬) 〈東新烈 1:58b〉
>
> 다. 두언이 범의게 자핀 배 되거늘 (豆彦爲虎所攬) 〈東新烈1:59b〉
>
> 라. 왜적의 ᄡᅩ치인 배 되어 (爲倭賊所追) 〈東新烈3:20b〉

제시된 예는 'NP₁[피행위자]이 NP₂[행위자]{의게/의} V은 배 되-'와 같은 피동적 구문의 동사 자리에 '믈리-', '들리-', '자피-', 'ᄡᅩ치이-'가 사용된 예이다. 《동국신속》은 다른 문헌보다 피동적 구문의 언해에 피동형이 사용되는 경향이 더 짙었다. 이와 같은 예들이 존재함을 고려하면, (10), (11)의 예에 사용된 '어티-'와 'ᄠᅩ로이-'는 '얻-'과 'ᄠᅩ로-'의 피동형으로 볼 수 있을 것이다. 이처럼 피동적 구문에 사용되었지만 독자적으로 타동사로 사용된

---

12) 《동국신속》에 피동적 구문이 많이 보이는 것은 이 문헌이 직역의 성격을 띠는 것과 관련된다. 이영경(2011)에서는 행실도류 언해의 언해 양상과 《동국신속》의 언해 양상을 비교하면서, 《동국신속》이 직역의 양상을 보이는 이유를 논하였다. 예를 들어 《삼강행실도》에서 '범 믈여늘'로 나타나는 것이 《동국신속》에는 '제 아비 범의게 해흔 바 되어늘'로 나타나는데, 이는 《동국신속》이 원문을 축자역하는 경향이 있기 때문이다. 그리고 《동국신속》이 이러한 경향을 띠게 된 것은 이 문헌이 간행된 시기(1610년대)가 임란으로 소실된 주요 경서들의 간행과 중간이 완료된 시기와 맞물리면서, 직역 문헌의 표본인 경서언해에 참여했던 인물들에 의해 언해가 주도되었기 때문이다(이상 이영경 2011: 114-20).

예가 없는 경우는, 해당 동사가 사용된 문헌의 특성을 고려하여 피동사로 판별하여 이들 역시 피동사 목록에 포함하여 함께 다룬다.

마지막으로 피동사의 출현 시기와 관련하여 다음의 점을 언급해 둔다. 반모음으로 끝나는 어기는 피동형의 출현 시기를 확정하기 쉽지 않은데, 이는 모음어미 결합형이 '어기+어미'인지, '[어기+접사]+어미'인지 판단이 어렵기 때문이다. '뻬-'의 예를 살펴보자.

(13) 가. 五教ㅣ 한 詮에 뻬요믈 ㅎ마 아라니와 仔細히 모ᄅ리로다 (已知五教 ㅣ 貫於群詮이어니와 未審) 〈圓覺上1-1:76b〉

　　 나. 우리 뎐하 효뎨의 지극흔 힝실이 신명의 ᄢ이고 ᄉ뭇ᄎ샤 간험흔 듸롤 디내오시되 더욱 빗나시고 (我殿下孝悌 至行貫徹神明 歷艱險而彌光) 〈闡義[進闡義昭鑑箚子]2b〉

(13가)의 '뻬요믈'은 '[뻬+옴]+올'로 분석될 수도 있고 '[[뻬+이]+옴]+올'로 분석될 수도 있다. 전자로 본다면 '뻬요믈'은 '뻬-'의 활용형이고, 후자로 본다면 '뻬이-'의 활용형이다. 후자의 분석을 따른다면 '뻬-'의 피동형 '뻬이-'는 15세기에 형성된 것이 된다. 그런데 15세기에 '뻬이-'에 자음으로 시작하는 어미가 결합한 예가 보이지 않으므로 당시에 '뻬이-'가 존재하였는지 확정하기 어렵다. (13나)의 예에서 알 수 있듯, 'ᄢ이-'가 자음어미와 결합하는 예는 18세기에 들어서야 보인다. 이는 '뻬이-'의 존재를 명확히 보여 주는 예라고 할 수 있다.

본고는 'j'로 끝난 어간의 피동형의 출현 시기를 논할 때에는 자음어미 결합형이 등장하는 시기를 기준으로 출현 시기를 결정한다. (13가)의 '뻬요믈'을 '뻬이-'의 활용형으로 보고, 18세기 이전까지 자음어미와의 결합형이 나타나지 않는다는 사실을 우연 혹은 자료가 가지는 한계로 처리할 수도 있다. 하지만 한국어사 연구에서 이러한 것들을 우연과 예외로 처리하면 통시적 연구 방법의 정밀성을 획득할 수 없다. 어떠한 어형이 문헌에 나타나는 최초의 시기를 최초로 인정하지 않고, 실은 그 전부터 존재하여 왔는데 우연히 그 시기에 처음 나타난 것으로 본다면 통시적 연구의 근본 자체가 흔들릴 수 있는 것이다. 물론 경우에 따라 그러한 설명을 취해야 할 때도 있겠지만, 그 경우는 우연성을 언어학적 배경 하에서 설명할 수 있어야 할 것이다. 그런데 자음어미 결합형의 부재는 언어학적 이유로 설명하기 어려운 현상이다. 이는 문헌에 따라, 시기에 따라, 혹은 그 외의 변인에 따라 달라질 수 있는 성질의 것이 아니기 때문이다. 따라서 본고는 'j'로 끝나는 어형의 피동형의 출현 시기를 논할 때에는 자음어미 결합형이 등장하는 시기를 기준으로 한다.

이와 같은 사항들을 반영하여, 연구 대상이 되는 피동사를 세기별로 나누어 가나다순으로 제시하여 정리하면 아래와 같다.[13]

(14) 피동사 목록
가. 15세기

가티다(囚), 가도이다(囚), 갓기다(削), 거티다₁(捲),[14] 걸이다₁(掛), 걸이다₂(滯), 것기다(折), 고치다(揷), 괴이다(愛), 그리이다(畵), 글이다(解), 긋이다(牽), 굴이다(摩), 내조치다(逐), 내티이다(逐), 노히다(放), 눌이다(壓), 니피다(被), 늘이다(飛), 다티다(閉), 담기다(抹), 더디이다(投), 더위자피다(拘), 덜이다(減), 두피다(蓋), 도티다(癢), 들이다₁(聞), 들이다₂

---

13) 각 동사가 이루는 구문은 [부록 1]에 제시하였다. 어기가 자동사인 것들은 파생어를 피동사로 보기 어려운 면이 있으나, 연구 대상에는 모두 포함하였다. 피동사 목록을 제시함에 있어서, 어중의 'ㄹㄹ'이 'ㄹㄴ'으로 표기된 어형의 경우('끌나-, 갈나-, 갈나-(替), 갈나-(分)' 등]은 'ㄹㄹ'로 그 어형을 제시한다. 한편, 이 목록은 각 시기에 존재하였던 모든 피동사 목록이 아니라, 각 시기에 새로이 형성된 피동사만을 표시한 목록이다. 항목에 결합한 숫자는 동음이의어를 구별하기 위함이다.

14) '걷다₁'은 '捲'의 의미, '걷다₂'는 '消'의 의미를 나타낸다. '걷다₁'의 파생어는 15세기에 '거티-'로, '걷다₂'의 파생어는 19세기에 '것치-'로 나타난다. 중세·근대한국어 시기에는 '거티다₁'과 '거티다₂'가 동일 어형으로 쓰이는 경우가 없으나, 현대한국어 시기에는 이 둘의 어형이 동일하다는 점에서 이들을 동음이의의 관계에 있는 것으로 표기하였다.

(擧), 들이다₃(入), 들이다(懸), 둠기다(沈), 마키다(碍), 머키다(食), 몃구이다(麪), 몰이다(驅), 무티다(埋), 뭇기다(束), 플리조치다(逐), 플이다(囓), 밀이다(推), 믜이다(憎), 미얼키다(構), 미이다(係), 미치다(結), 바키다(拓), 보이다(見), 봇기다(炒), 불이다(吹), 브리이다(使), 븓들이다(拘), 븓둥기이다(牽), 블리다(召), 븟이다(注), 브리이다(棄), 불이다(踐), 뽀이다₁(鰲), 뽀이다₂(矢), 쓰이다(用), 싸이다(包), 뻘이다(刺), 사히다(積), 스이다(書), 싯기다(洗), 슬이다(消), 숢기다(烹), 실이다(席), 앗이다(奪), 얼기다(構), 얼키다(構), 얽미이다(係), 연치다(載), 열이다(開), 이어이다(動), 일쿨이다(稱), 잇기다(牽), 자피다(拘), 조치다(逐), 쥐이다(操), 지즐이다(壓), 줌기다(沈), 츳이다(踢), 티이다₁(打), 헐이다₁(傷)

나. 16세기

깃기다(說), 니치다(忘), 눈호이다(分), 달애이다(柔), 보차이다/보치이다, 섯기다(混), 실이다(載), 쓰이다(牽), 아이다(奪), 일히다(失), 잇글이다(牽), 폴이다(賣), 할이다(謗), 후리이다(奪), ᄒ이다(爲)

다. 17세기

곰초이다(藏), 뒤틀리다(飜), 딕히다(點), 버므리다(累), 버히이다(斬), 볼피다(踐), ᄯ로이다(從), 씌이다₁(靉, 洩), 슬리다(牽), 쌔이다(選), 어티다(得), 티이다₂(轣), 플리다(解)

라. 18세기

갈리다(分), 구괴이다, 길리다(養), ᄀ초이다(具), 니이다(連), 다스리이다(治), 뒤티이다(飜), 마초이다(中), 모도이다(合), 박이다(拓), 밧고이다(換), 쁘이다₁(開), 쁘이다₂(抹), 쁘이다₃(浮), 뻬이다(貫), 씌이다₂(挾), 욋기다(逐), 썩질리다(切), 싀을리다(牽), 싄히다(絶), 쑬리다(鑿), 앗기다(奪), 언치다(載), 우이다(笑), 접히다(疊), 튀이다(燃), 펴이다(展), ᄑ이다(掘), 헐이다₂(毀)

마. 19세기

것치다₂(消), 갈리다(替), 듯기다(聞), 모도히다(合), ᄭ이다(糺), 쌔히다

(選), 찍히다(斬), 울이다(響), 일우이다(成)

본고는 제시된 피동사들을 대상으로 제3장에서는 피동사의 형태적 특성을 논하고, 제4장에서는 피동문의 통사·의미적 특성을 논한다.

한편, 중세·근대 시기에는 어떠한 표지 없이 그 자체로 피동의 의미를 나타낼 수 있었던 동사도 존재한다. 자동사, 타동사로 모두 사용될 수 있었던 동사, 즉 자·타 양용동사가[15] 이루는 자동사 구문이 그러하다. 아래에 그 예를 보인다.

(15) 가. 王ㄱ 꾸메 집 보히 <u>것거늘</u> 씌드라 너교되 〈釋詳24:6a〉

　　가′. 그지 업슨 쁘들 디녀 邪曲흔 거슬 <u>것고</u> 正흔 거슬 셰며 〈釋詳21:22b〉

　　나. 烽火ㅣ <u>드니</u> 새라 흐드리 사호노소니 우러 눗므를 녯 핏 그제예 드리

---

15) 이는 학계에서 '능격동사'(고영근 1986), '중립동사'(연재훈 1989), '자·타 양용동사'(장윤희 2002나, 김태우 2013) '자·타 겸용동사'(황국정 2009) 등으로 불려 왔다. 이를 '능격 동사'로 칭하는 것에 대한 비판은 연재훈(2008)에서 이루어졌다. 본고는 연재훈(2008)에 동의하여 이를 '능격 동사'로 칭하지는 않는다. 그리고 타동사가 아무런 형태의 변화 없이 자동사로도 쓰일 수 있는 현상은 '자·타 양용동사'라는 용어가 가장 직관적으로 그 개념을 드러내 준다고 생각하여, 이러한 특징을 가지는 동사를 '자·타 양용동사'로 칭한다. 경우에 따라 이를 '양용동사'로 줄여 칭하기도 할 것이다. 양용동사에는 자·타 양용동사 외에도 자동사·형용사 양용동사, 자동사·형용사·타동사 양용동사도 있을 수 있으나, 본고에서 칭하는 양용동사는 자·타 양용동사만을 일컫는다. 한편 하나의 동사가 두 가지 용법을 모두 가지는 현상에 대해서는 다양한 입장이 존재하는데, 이에 대해서는 황국정(2009)를 참고할 수 있다. 타동사가 Ø-파생을 겪어 변환(conversion)된 것으로 보는 입장(한재영 1984), 한 동사가 가지고 있는 다의적 용법으로 보는 입장(허웅 1975), 한 형태가 두 가지 용법을 모두 가지는 것으로 보는 입장(고영근 1986, 李賢熙 1994, 장윤희 2002나, 이영경 2003) 등이 있다(황국정 2009: 34-5). 황국정(2009)에서는 이들을 전성으로 처리했을 때 생기는 문제점을 고려하여, 하나의 동사가 두 가지 용법을 겸하는 것으로 간주하였다. 연재훈(1989: 183)에서는 어느 쪽이 기본이라 말하기 어려우며 자동·타동의 구분에서 중립적인 것으로 보았다. 그런데 유형론 학계에서는 타동적 용법이 기본이고, 자동적 용법은 반사동(anticausative)를 나타내는 것으로 보는 설이 유력한 듯하다. Siewierska(1984: 77)에서는 타동 구문이 기본적이며, 이로부터 자동 구문이 도출된 것으로 보았다. 한국어의 자료로는 어떠한 구문이 더 기본적인 것인지 판단하기 어려우나 타동 구문이 자동 구문보다 인지적으로 우선한다는 점, 그리고 일반 언어학계의 연구 성과를 고려하여 본고는 타동 구문이 기본이며 이로부터 자동 구문이 도출된다는 입장을 취한다.

오노라(烽擧新酣戰 啼垂舊血痕)〈杜詩8:35b-36a〉

나. 王ㅅ 아들 拘那羅ㅣ라 호리 王ㅅ 겨틔 안잿다가 말란 아니ᄒ고 두 솏

가라ᄀᆞᆯ 드니 두 ᄇᆞᄅᆞᆯ 곱게 供養코져 ᄒᄂᆞᆫ 뜨디러니 〈釋詳24:46b-47a〉

다. 그 사리 스믈여듧 부플 다 ᄢᅦ여 짜해 ᄉᆞ무차 가아 鐵圍山애 바ᄀᆞ니 三

千 世界 드러치니라 (中百里鼓 箭沒地中涌泉自出 中鐵圍山 三千刹土

六反震動)〈釋詳3:14a〉

다. 善友ㅣ 자거시ᄂᆞᆯ 도ᄌᆞᄀᆞᆯ 저즈라 兄님 눈에 모ᄃᆞᆯ 바ᄀᆞ니 〈月釋22:10a〉

(15가), (15나), (15다)의 예는 '져-'(切), '들-'(擧), '박-'(印)이 이루는 자동
구문이다. (15가)는 "왕의 꿈에 집의 들보가 꺾이거늘, 왕이 깨달아 생각하
기를", (15나)는 "봉화가 들려 새로 격렬히 싸우니 울면서 눈물을 피눈물
자국에 드리우는구나", (15다)는 "그 화살이 스물여덟 개의 종을 다 꿰어
땅을 꿰뚫어 가 鐵圍山에 박히니 삼천세계가 흔들리니라"로 해석된다. 이
들은 (15가'), (15나'), (15다')의 타동 구문과 비교해 보았을 때 논항의 승격
과 강등이 일어나며, 각각의 동사가 이루는 구문의 주어 '집 봉', '烽火', '그
살'은 모두 의미적으로 피행위자이다. 동사에는 아무런 표지가 결합되어
있지 않지만 이들은 피동적으로 해석된다. (15가)의 '것거늘'은 "꺾이거
늘", (15나)의 '드니'는 "들리니", (15다)의 '바ᄀᆞ니'는 "박히니"로 해석되는 것
이다.

본고는 이와 같이 자·타 양용동사가 이루는 자동 구문도 연구에 포함하
여 함께 다룬다. 이들은 외현적인 표지는 존재하지 않지만, 피동문의 의미·
통사적 특성과 유사한 면을 가진다는 점에서 연구에 포함될 당위성이 충
분하다. 특히 차자 표기 자료에서 피동 접미사가 표시된 적이 없음을 고려
하면 15세기 이전 시기에는 자·타 양용동사의 자동 구문이 그 역할을 담
당하였을 가능성이 크다. 본고는 역사적 관점에서 피동의 특성을 논하고
자 하므로, 외현적 표지로 표시되지 않는 피동 구문에도 관심을 둔다. 한
편 자·타 양용동사가 이루는 자동 구문은 자·타 양용동사에 피동 표지가

결합된 동사가 이루는 구문으로 대부분 대체되는 양상을 보인다. 자·타 양용동사와 피동사는 매우 밀접한 관계에 놓여 있다고 할 수 있는 것이다. 이처럼 자·타 양용동사를 연구 대상에 포함함으로써 우리는 피동문의 다양한 실현 방식을 확인할 수 있음은 물론, 자·타 양용동사와 피동사의 영향 관계도 면밀히 고찰할 수 있을 것이다.

1.4. 연구의 구성

본고는 다음과 같은 구성으로 이루어져 있다.

제2장은 본격적으로 피동을 다루는 데에 필요한 이론에 대한 것으로, 특히 피동을 원형적 접근 방법으로 파악해야 하는 필요성을 논한다. 또한 피동의 원형적 특성으로 여겨지는 것들 간의 위계를 설정하여 연구의 틀로 삼고, 원형성을 근거로 하여 피동문을 원형적 피동문, 준원형적 피동문, 비원형적 피동문으로 분류한다. 그리고 선행 연구 재검토를 통해 준원형적 피동문, 비원형적 피동문을 이룰 수 있었던 동사 목록을 선정한다. 그리고 피동문이 나타낼 수 있는 의미를 기본적인 것과 부수적인 것으로 나누고, 이를 다시 행위자와 피행위자의 존재 여부 및 행위자가 지시하는 대상이 무엇인지에 따라 중세·근대한국어 피동문의 의미 유형을 피동, 반사동, 재귀, 가능으로 나눈다.

제3장은 제2장에서 정립한 피동의 원형성을 적용하여 중세·근대한국어 피동사의 형태적 특성을 논한다. 원형적 피동문은 타동사로부터 파생된 피동사가 이루는 구문이며, 준원형적인 피동문은 자·타 양용동사가 이루는 자동 구문이다. 원형성에서 가장 떨어져있는 비원형적 피동문은 자동사 어기에 피동 표지가 결합한 구문이다. 피동문의 원형적 특성은 피동문에 사용된 동사의 통사 범주와 밀접한 관련이 있으므로, 제3장에서는 피동사의 어기가 될 수 있었던 타동사, 자·타 양용동사, 자동사의 목록을

중세와 근대로 나누어 제시하고 각각의 특성을 고찰한다. 그리고 접사의 이형태 목록을 제시하고 시기별로 각 이형태가 파생시킬 수 있었던 동사 목록을 제시한다. 특히 접사가 중첩되어 나타나는 현상을 설명할 수 있는 방법을 논한다.

제4장에서는 피동문의 통사·의미적 특성을 살핀다. 피동문의 통사적 특성을 논하는 데에 있어, 행위자와 피행위자의 격 표지를 고려하여 특징적인 현상들을 중심으로 그 특성을 살핀다. 일반적으로 피동문의 피행위자는 주격으로, 행위자는 생략되거나 사격으로[16] 나타나는데 중세 및 근대한국어 시기에는 일반적 경향에서 벗어난 예도 존재한다. 또한 흔히 목적어 있는 피동으로 논의되어 온 '을/를' 피동문도 검토한다. 그리고 제2장에서 정립한 피동문의 의미 유형을 근거로, 중세·근대한국어 시기 피동문이 가지는 의미를 제시하고 각각의 의미에 해당하는 예를 검토한다. 그리고 해당 의미들의 상관관계도 고찰한다.

제5장은 지금까지 밝힌 주요 내용을 요약하여 정리하고, 앞으로 연구를 심화시키는 방향으로 나아가기 위해 더 깊이 연구해야 할 점을 언급한다.

1.5. 인용 자료

본고는 중세·근대한국어 자료를 검토함에 있어, '21세기 세종계획 국어 역사자료 말뭉치'와 이를 정비한 역사자료 종합 정비 사업 결과물을 활용하였다.[17] 말뭉치 검색은 EmEditor와 서울대학교 박진호 교수의 말뭉

---

16) 본고의 '사격'(oblique case)은 주격, 대격을 제외한 나머지 격을 모두 포괄하는 개념이다.
17) 각각의 문헌의 소장처와 이에 대한 영인본, 이미지 파일 등에 대한 정보는 '21세기 세종계획 국어 역사자료 말뭉치'와 역사자료 종합 정비 사업 결과물에 제시된 정보로 갈음한다. 역사자료 종합 정비 사업 결과물은 국립국어원의 '언어정보 나눔터-말뭉치-기타 참고자료'에서 확인할 수 있다.

치 검색 프로그램인 Uniconc를 이용하였다. 《월인석보》와 《석보상절》과 같은 불경 언해의 경우, 내용의 온전한 이해를 위해 필요한 경우에 한해 저경을 참고하여 그 원문을 제시한다.[18] 본고에서 인용한 문헌 자료의 목록과 그 연대, 약호는 다음과 같다.[19]

〈한글 문헌〉

[15세기]

시기	문헌명	약호
1447	龍飛御天歌	龍歌
1447	釋譜詳節	釋詳
1447	月印千江之曲	月千
1459	月印釋譜	月釋
1461	楞嚴經諺解	楞嚴
1463	法華經諺解	法華
1464	金剛經諺解	金剛
1464	佛說阿彌陁經	阿彌
1464	禪宗永嘉集諺解	永嘉
1465	圓覺經諺解	圓覺
1466	救急方諺解	救急方
1467	蒙山和尙法語略錄	蒙山
1481	內訓	內訓
1481	杜詩諺解	杜詩
1481	三綱行實圖_成宗版	三綱
1482	金剛經三家解	金三

---

18) 불경 언해의 저경은 中華電子 佛典協會(http://www.cbeta.org/)를 참고하였다.
19) 약호를 따로 사용하지 않은 경우는 '-'로 표시한다. 본고에서 재인용한 자료의 경우 약호를 사용하지 않았으므로 목록에 따로 제시하지 않는다.

1482	南明集諺解	南明
1485	靈驗略抄	靈驗
1485	佛頂心陀羅尼經	觀音經
1489	救急簡易方	救簡
1496	六祖法寶壇經諺解	六祖
1496	眞言勸供	眞言

[16세기]

시기	문헌명	약호
1514	續三綱行實圖_初刊本	續三初
1514	續三綱行實圖_동양문고본	續三동양
1517	飜譯老乞大	飜老
1517	飜譯朴通事	飜朴
1517	瘡疹方撮要	瘡疹
1518	飜譯小學	飜小
1518	二倫行實圖	二倫
1522	法集別行錄	法集
1543	古列女傳	古列
1548	十玄談要解	十玄
1567	蒙山和尙六道普說	蒙六
1569	禪家龜鑑	禪家
1569	七大萬法	七大
1576	百聯抄解	百聯
1581	續三綱行實圖_重刊本	續三重
1588	小學諺解	小學
1588	周易諺解	周易
1590	論語諺解	論語

15--	순천김씨묘출토간찰	순천
15--	佛說長壽滅罪護諸童子陁羅尼經	長壽
15--	三綱行實圖_宣祖版	三綱宣

[17세기]

시기	문헌명	약호
1608	諺解痘瘡集要	痘瘡
1612	練兵指南	練兵
1617	東國新續三綱行實圖	東新
1623경	계축일기	계축
163-	병자일기	병자
163-	산성일기	산성
1632	家禮諺解	家禮
1632	杜詩諺解_重刊本	杜重
1637	勸念要錄	勸念
1658	警民編諺解_重刊本	警民重
1658	女訓諺解	女訓
1660	新刊救荒撮要	新救荒
1670	老乞大諺解	老乞
1677	朴通事諺解	朴通
1685	新傳煮取焰焇方諺解	煮焇
1690	譯語類解	譯語
1690	譯語類解補	譯語補
16--	諺解臘藥症治方	臘藥
16--	馬經抄集諺解	馬經
16--	痘瘡經驗方	痘經
16--	계녀서	-

[18세기]

시기	문헌명	약호
1721	伍倫全備諺解	伍倫
1726	三綱行實圖_英祖版	三綱英
1736	女四書諺解	女四
1737	御製內訓	御內
1737	捷解蒙語	捷蒙
1744	御製小學諺解	御小
1746	御製自省篇諺解	自省篇
1748	同文類解	同文
1749	論語栗谷先生諺解	論栗
1749	孟子栗谷先生諺解	孟栗
1752	地藏經諺解	地藏
1756	御製訓書諺解	御製訓書
1756	闡義昭鑑諺解	闡義
1758	種德新編諺解	種德
1760	무목왕정튱녹	-
1761	御製警世問答諺解	警問
1765	御製百行願	百行
1765	朴通事新釋諺解	朴新
1768	蒙語類解補	蒙類補
1768	蒙語類解	蒙類
1774	三譯總解	-
1777	明義錄解	明義
1777	八歲兒	八歲
1778	方言類釋	-
1779	漢淸文鑑	漢淸

1781	御製濟州大靜㫌義等邑父老民人書	제주대정정의윤음
1781	倭語類解	-
1783	御製諭原春道嶺東嶺西大小士民綸音	유원춘도윤음
1783	諭湖南民人等綸音	-
1790	武藝圖譜通志諺解	武藝
1795	重刊老乞大諺解	老乞重
1796	敬信錄諺釋	敬信
1796	參禪曲([奠說因果曲(及)修善曲·勸善曲·參禪曲]	-
1796	增修無冤錄諺解	無冤錄
1797	五倫行實圖	五倫
17--	서궁일기	서궁
17--	先朝行狀	先朝
17--	을병연힝녹_숭실대소장본	을병_숭실
17--	을병연힝녹_장서각소장본	을병_장서

[19세기]

시기	문헌명	약호
1832	십구사략언해_영영판	사략
1852	태상감응편도설언해	感應
1865	쥬년첨례광익	주년
1869	閨閤叢書	閨閤
1880	한불ᄌ뎐	-
1882	諭八道四都耆老人民等綸音	-
1884년경	易言言解	易言
1887	예수성교전서	예수성교
1889	ᄉ민필지	ᄉ민
1889	女士須知	여사

1892	성경직해	-
1894	텬로력뎡	-
1894	훈ᄋ진언	-
1895	치명일기	-
1896	대죠션독립협회회보	-
1896	新訂尋常小學	신정심상
18--	광재물보	-
18--	녀소학	여소학
18--	징보언간독	-
18--	淸語老乞大	淸老
18--	太平廣記諺解	太平
18--	한듕만록	한중록
1900	신약전서	-

〈신문 및 잡지 자료〉

독립신문

매일신문

신학월보

경향보감

대한매일신보

2. 기본적 논의

제2장에서는 본격적으로 한국어 피동문의 역사적 양상을 살피기에 앞서, 피동과 관련된 기본적 개념들을 논하고 어떠한 틀로 중세·근대한국어 피동에 접근할 것인지를 검토한다. 2.1에서는 피동을 바라보는 다양한 입장을 살피고 원형성의 관점에서 피동을 다루어야 하는 당위성을 논한다. 2.2에서는 원형적 특성을 근거로 중세·근대한국어 피동문의 유형을 나눈다. 2.3에서는 중세·근대한국어 피동문이 가질 수 있는 의미를 살핀다.

기본적 개념과 관련하여, 본고에서 사용하는 피동과 관련한 용어들의 개념을 제시하면 다음과 같다. 본고에서 말하는 '피동문'이란, 피동의 원형적 속성들을 갖춘 문장을 일컫는다. 이때 '피동문'에는 원형적 속성을 모두 갖춘 피동문은 물론, 속성의 일부만을 갖춘 피동문도 포함된다. 그리고 피동문은 접사에 의해 파생된 피동사가 사용된 문장을 주로 지칭한다. 피동의 의미는 'V옴을 닙-', 'V옴이 드외-'와 같은 구문에 의해서도 표현될 수 있는데, 이는 형태적 방법에 의한 피동문과는 구별될 필요가 있으므로 이를 언급할 때는 '피동적 구문'이라 칭한다. 그리고 의미역과 관련하여서는 Foley and Van Valin(1984: 59)을 따라 거시역(macroroles)으로서의 '행위자'(ACTOR)와 '피행위자'(UNDERGOER)를 사용한다.[1] 이에 따르면 행위자와 피행위자는 여러 가지 의미역을 포괄하는 거시적 개념으로, 행위자는 술어에 의해 표상되는 사태를 수행하거나 유발하거나 통제하는 논항이며 피행위자는 사태를 수행하거나 유발하지 않고 그것에 의해 영향을 받는 논항이다(Foley and Van Valin 1984: 29). 맥락에 따라 영향주(effector) 논항이 행위자로 기능하거나, 처소(locative) 논항이 행위자로 기능할 수도 있다. 본고는 이처럼 '행위자'와 '피행위자'라는 명칭으로 각각을 표현하되, 논항의 구체적인 의미역을 언급해야 할 때는 행위주(agent), 영향주(effector), 처소(location), 대상(theme), 피행위주(patient) 등으로 칭한다.

2.1. 피동의 특성

피동에 대한 연구의 첫걸음은 어떠한 특성을 가진 것들을 피동으로 볼 것인가를 확정하는 일이다. 이에 우리는 원형적 접근을 취하여 피동의 범주를 논하되, 원형적 특성으로 언급된 특성들 간에 위계를 설정할 수 있음을 주장한다. 그리고 한국어의 특징을 고려하여 피동의 원형적 특성을 제

---

1) Foley and Van Valin(1984: 59)에서는 행위자, 피행위자의 위계를 아래와 같이 제시하였다.

ACTOR:	행위주(agent)	
	영향주(effector)	
	처소(locative)	
	대상(theme)	
UNDERGOER:	피행위주(patient)	

'ACTOR'와 'UNDERGOER'의 번역에 있어서 연재훈(2011)에서는 이를 각각 '능동자'와 '수동자'로, 남수경(2011나)에서는 '행위자'와 '피동자'로 번역하였다. 본고는 이들의 어기인 'act', 'undergo'의 의미를 최대한 번역어에 반영하기 위해 '능동자'와 '수동자'는 사용하지 않는다. '능동을 하다', '수동을 하다'라는 표현은 한국어에 없기 때문이다. 'actor'는 'act+or'로 분석되며, 이는 '행위를 하는 존재'라는 의미를 가지므로 '행위자'로 번역할 수 있을 것이다. 문제는 'undergoer'의 번역이다. 이는 '행위를 받는 존재'라는 뜻인데, 행위를 받는다는 의미는 한국어에서 'x하다'의 형식으로 표현하기 어렵다. 따라서 '수동', '피동', '피행위' 등의 표현을 사용할 수밖에 없다. 본고는 '피행위자'라는 용어가 '행위자'에 대한 반대 의미를 가장 직관적으로 표현한다고 생각하여 이를 사용한다.

시할 것이다.

일반적으로 우리는 아래와 같은 현상을 피동이라 부른다.

(1) 가. 고양이가 쥐를 잡았다.

나. 쥐가 고양이에게 잡혔다.

(1가)는 '잡-'이 이루는 능동문이다. 문장의 행위자인 '고양이'는 주어로, 피행위자인 '쥐'는 목적어로 나타난다. (1나)는 이러한 대응 관계에 역전이 일어나 피행위자이자 목적어였던 '쥐'는 주어로 승격하였고, 행위자이자 주어였던 '고양이'는 부사어로 강등되었다. 그리고 동사구에는 '-히-'가 결합하였다. 이처럼 피동은 기저문인 타동문의 주어가 부사어로 강등되고 목적어는 주어로 승격하며, 동사구에는 형식적 표지가 결합한다는 특성이 있다.

피동이 이와 같은 특성을 가지는 것에 대해 학자들 사이의 이견은 없는 듯하나, 피동의 핵심적 특성이 무엇인지에 대해서는 의견이 분분하다. 선행 연구에서 제시한 피동의 핵심적 특성을 간략히 제시하면 아래와 같다.

(2) 선행 연구에서 제시한 피동의 핵심 특성(주요 기능)

가. 새로운 주어를 문장에 도입하는 것(朴良圭 1978)

나. 비행위자(non-agent)의 주어화(subjectivization) 혹은 주제화(topicalization)

다. 행위자(agent)를 탈초점화(defocusing)하는 것(Shibatani 1985)

라. 행위자의 배경화(Haspelmath and Sims 2010)

마. 상황의 기동화(Haspelmath 1990)

바. n+1자리 서술어로부터 n자리 서술어를 파생(Keenan and Dryer 2007)

사. 자동사화 접사(송복승 1995, 고광주 2001)

(2가, 나)는 통사적 특성에 초점을 둔 입장으로, 주어가 아니었던 것이

새로이 주어로 도입된다는 특성을 중시한다. (2다-마)는 의미·화용론적 특성에 초점을 둔 입장이다. (2다)는 화용론적 기능에 초점을 두어 피동의 근본적 기능은 행위자의 탈초점화라고 보는 입장이며, (2라) 역시 이와 유사하다. (2마)의 상황의 기동화(inactivization of the situation)는 피동사의 상태변화의 특성에 초점을 둔 관점으로, 의미를 중시하는 입장으로 볼 수 있다. (2바, 사)는 형태·통사적 특성에 초점을 둔 입장으로, 피동화로 인한 서술어의 결합가 감소를 중시한다. 이를 통해 우리는 피동의 핵심적 특성이 무엇인지에 대해 연구자들마다 관점의 차이가 있음을 확인할 수 있다. 이는 피동이 형태, 통사, 의미, 화용적 층위에 걸쳐 있는 현상이라는 점에서 연유한다.

본고는 피동이 여러 층위에 걸쳐 있는 현상이라는 점을 고려하여, 피동의 핵심 특성을 어느 하나로 한정시키지 않는 관점을 취한다. 그리고 동일한 피동문이라 하더라도 피동의 특성을 갖추고 있는 정도가 다를 수 있다는 점을 고려하여 원형적(prototypical) 방법으로 피동에 접근한다. 원형적 접근 방법은 어떤 대상이 해당 속성을 가지고 있는지 그렇지 않은지를 중시하는 것이 아니라, 해당 속성을 얼마만큼 가지고 있는지를 중시하는 것이다(Coleman & Kay 1981: 27). 이러한 접근을 통해 우리는 가장 원형적인 것부터 비원형적인 것까지 모두 피동의 범주 안에서 함께 다룸으로써, 피동문이 가지는 다양한 스펙트럼을 연속선상에서 관찰할 수 있다.

이러한 원형성의 개념을 피동 연구에 적용한 선행 연구로는 Shibatani(1985), Huang(1999), Dixon(2012) 등이 있다. 이들 연구에서 피동의 특성을 어떻게 제시하였는지 간략히 살펴보자.

Shibatani(1985: 822)는 어떤 구성이 피동인지 아닌지 판단하는 일은 무의미하며, 오히려 그러한 구성이 원형적 피동과 얼마나 유사한지 혹은 다른지를 설명해야 한다고 하였다. 즉 어떤 것은 원형적이고, 어떤 것은 제한된 범위 내에서 원형적인 것에 가깝고, 또 어떤 것은 원형적인 것과 유사성이 없다는 것이다. 이는 한 언어 내의 다양한 구성들 간의 관계를 이해하는 데에 필수적이며, 범언어적 연구를 위해서도 유용한 프레임을 제공해 줄 수 있다고 하였다. Shibatani(1985:837)에서 제시한 피동의 원형적 특성은 아래와 같다.

(3) Shibatani(1985)에서 제시한 피동의 원형적 특성

　가. 주요 화용론적 기능: 행위자(agent)의 탈초점화(defocusing)

　나. 의미적 특징

　　① 의미적 결합가: 서술어(행위자, 피행위자)

　　② 주어가 영향을 입음

　다. 통사적 특징

　　① 통사적 부호화(encoding): 행위자 → ∅ (부호화되지 않음)

　　　　　　　　　　　　피행위자 → 주어

　　② 서술어(Predicate)의 결합가: 능동 = P/n; 피동 = P/n-1

　라. 형태적 특징

　　능동 = P; 피동 = P[+passive]

Shibatani(1985)는 원형적 특성 중에서 행위자의 탈초점화를 피동의 가장 주요한 화용론적 기능으로 보았다(3가). 이에 따르면 행위자의 탈초점화는 목적어 승격이나 주제화의 결과로 인한 것이 아니라, 피동의 가장 본질적인 특성이다. 그리고 피동문은 행위자와 외부의 사태에 의해 영향을 받는 피행위자가 존재하며(3나①), 피행위자가 주어로 나타나기 때문에 주어의 영향입음성(affectedness)이 드러난다(3나②). 행위자는 중요하지 않은 정보이기 때문에 부호화되지 않으며, 피행위자는 주어로 나타난다(3다①). 행위자가 부호화되지 않는 경우가 많기 때문에 외관상 서술어의 결합가가 하나 줄어든 것처럼 보이게 된다(3다②). 그리고 서술어에는 피동임을 알려주는 어떠한 요소가 표시된다(3라). 이와 같이 Shibatani(1985)에서는 피동의 화용·의미·통사·형태적 특성들을 모두 원형적 특성으로 제

시하였는데, 그 중에서도 화용론적 특성을 가장 중시하고 있다는 점이 특징적이다.

Huang(1999)에서도 피동의 보편적 개념을 제시하였다. 그는 피동화의 통사적 기제가 서구 언어의 피동을 설명하는 데에는 적절하지만, 동아시아 언어에서는 몇몇 언어에 대해서만 적용이 가능하다고 하였다. 그리고 논항 억제(argument suppression), 격 흡수(case absorption), 명사구 이동(NP movement)을 흔히 피동의 주요 특징으로 여기지만 이 중 어느 것도 피동의 보편적 특징이라 할 수 없다고 하였다. 그럼에도 불구하고 피동의 보편적 개념이라 부를 수 있는 것들이 있는데, 이는 다음과 같다.

(4) Huang(1999)에서 제시한 피동의 원형적 특성

　　가. 자동사화(intransitivization)

　　나. 표면의 주어와 기저의 목적어 사이의 의존 관계(a dependency relation between the surface subject and underlying object position)

이에 따르면 전자의 특성은 피동을 본연의 자동사와 구별해주고, 후자의 특성은 문장에 피동의 의미를 부여한다. 결합가가 감소하는 것, 그리고 대응 능동문과의 관계를 중시하고 있다는 점에서 이는 피동의 통사적 특성에 초점을 둔 입장이라 할 수 있겠다.

마지막으로 Dixon(2012: 206)에서는 피동이 가지는 원형적 특성을 아래와 같이 제시하였다.

(5) Dixon(2012)에서 제시한 피동의 원형적 특성

　　가. 타동사절에 적용되어 자동사를 파생한다.

　　나. 기저문의 피행위자는 피동문의 주어가 된다.

　　다. 기저문의 행위자는 피동문에서 비중심적 격(non-core case)으로 표시되면서 주변적 기능을 한다. 행위자 논항은 문장에 포함될 수 있음에도

불구하고 생략될 수 있다.

　라. 피동 구성에는 분명한 형식적 표지가 있다. 이것은 동사에 적용되는 형태적 과정일 수도 있고 우언적(periphrastic) 동사 구성일 수도 있다.

　이에 따르면 피동은 타동사절에 적용되어 자동사를 파생하며(5가), 목적어의 승격 및 주어의 강등이 일어나는 과정이다[(5나), (5다)]. 그리고 동사에는 형식적 표지가 포함된다(5라). 결합가의 감소와 대응 능동문과의 관계는 물론, 피동 구성에 포함되는 표지를 중시하였다는 점에서 이 연구는 피동의 형태·통사적 특징을 중시한 입장이다.

　이상의 연구를 종합하면 Shibatani(1985)는 화용·통사·의미·형태적 층위와 관련된 것들을 모두 명세하여 피동의 특성으로 제시하였다. 반면 Huang(1999)와 Dixon(2012)는 그 중 일부 층위의 특성만을 주된 특성으로 제시하였다.

　본고는 선행 연구에서 제시한 이와 같은 특성들 사이에 위계 관계를 설정할 수 있음을 주장한다. 제시된 특성들은 서로 대등한 지위를 가지는 것이 아니다. 어떠한 특성은 다른 특성이 충족되었을 때 저절로 갖춰지게 되기도 하고, 어떠한 특성은 다른 특성을 충족시키기 위한 필요조건에 해당하기도 한다. 따라서 모든 특성이 피동의 원형을 이루는 것으로 명세될 필요는 없다.

　이를 확인하기 위해 대표적으로 Shibatani(1985)와 Dixon(2012)에서 제시한 특성들 간의 위계 관계를 검토한다. Shibatani(1985)에서 제시한 특성 중 (3가)의 행위자의 탈초점화, (3나②)의 주어의 영향입음성, (3다②)의 서술어의 통사적[2] 결합가의 감소(n → n-1)와 같은 특성은 다른 특성을 갖추었을 때 부가적으로 가지게 되는 특성이라 할 수 있다. 이에 대해 하나씩

---

2) 결합가의 감소를 '통사적' 결합가의 감소로 지칭한 것은 의미적 감소와 구별하기 위함이다. 능동문의 행위자 논항은 피동문에서 표현되지 않더라도 그 존재가 함축되어 있기 때문에, 술어의 결합가는 통사적으로는 감소될지언정 의미적으로는 감소되지 않는다.

살펴보자.

먼저 행위자의 탈초점화(3가)와 서술어의 결합가 감소(3다②)는 능동문의 주어인 행위자가 주변적 성분으로 강등되는 과정에서 갖춰지는 특성이다.[3] 예를 들어 능동문 '고양이가 쥐를 잡았다'가 피동화가 되면, 행위자 '고양이'가 주어에서 부사어로 강등되어 '쥐가 고양이에게 잡혔다'가 도출된다. 행위자는 주변적 성분으로 강등됨으로써 문장에서 초점을 받을 수 있는 자리에서 멀어지게 되었으므로, 이 과정에서 행위자의 탈초점화가 일어났다고 볼 수 있다. 이렇게 강등된 행위자는 문장에서 주변적 역할을 담당하게 되며, 생략되는 경우가 많으므로[4] 결국에는 문장의 결합가도 감소하게 된다.

다음으로 주어의 영향입음성(3나②)은 능동문의 목적어인 피행위자가 주어로 승격되는 과정에서 갖춰지는 특성이다. '고양이가 쥐를 잡았다'에서 능동문의 피행위자인 '쥐'는 피동화를 통해 목적어에서 주어로 승격된다. 피행위자가 주어가 되었으므로, 이 과정을 통해 주어는 영향을 입은 개체라는 특성을 갖추게 되었다고 볼 수 있다. 즉 (3가), (3나②), (3다②)의 특성은 논항의 승격 및 강등 과정을 통해 부차적으로 얻어지는 것이기 때문에 피동의 주된 특성으로 간주할 만한 것은 되지 못한다.

---

3) 어떠한 문법 범주의 특성을 논할 때, 어떤 특성이 그 문법 범주를 나타내는 주요 기능인지 혹은 결과적으로 얻게 되는 특성인지 구별하기 쉽지 않다. 행위자를 탈초점화하기 위해 행위자를 강등하는 것인지, 행위자가 강등됨으로써 결과적으로 행위자가 탈초점화되는 것인지 그 선후 관계를 파악하기 어렵기 때문이다. 그런데 피동문을 사용하는 본질적인 이유를 고려하면, 행위자의 탈초점화는 피동의 원형적 특성의 일부라기보다는 피동문을 사용하는 화용론적 기제에 가깝다. 따라서 이는 통사·의미·형태적 층위와 동일한 층위의 것이 아니라 할 수 있겠다. 이러한 점에서 Shibatani(1985)에서 행위자의 탈초점화를 피동의 주요 기능으로 본 것은 적절한 처리라 할 수 있다. 본고도 이에 동의하나, 본고의 초점은 피동의 근원적 기능과 부차적 기능을 구별하고 이들 간의 위계를 설정하는 데에 있다. 따라서 본고는 위계를 논하는 데에 있어서 '행위자의 탈초점화'를 다른 특성과 대등한 관계에 있는 것으로 처리하였다.

4) Jespersen(1924/1992: 168)은 자신의 동료들이 제시한 통계 연구에 따르면 피동문에서 70-94%의 문장이 능동문의 주어에 대한 언급이 없었다고 하였다.

다음으로 Dixon(2012)에서 제시한 특성을 검토해 보자. (5)에서 제시한 특성 중, (5나, 다)의 특성은 (5가)의 충족을 전제로 한다. 일반적으로 행위자와 피행위자를 갖춘 문장은 타동문이므로, 피행위자 및 행위자의 승격과 강등을 논하는 것은 피동이 타동문으로부터 생성된다는 점을 전제하기 때문이다.

그런데 대응 능동문의 존재를 전제하지 않는 피동문도 있다. 이는 그간의 연구에서 비인칭 피동(impersonal passive)으로 언급되어 왔으며, 행위자 강등이 능동문에서가 아닌 자동문에서 일어나는 현상이 이에 해당한다. 아래에 그 예를 보인다.[5]

(6) 가. De   jongens   fluiten

        the   boys   whistle

        "The boys whistle/are whistling"

   나. Er   wordt   (door   de jongens)   gefloten

        there   becomes   by   the boys   whistled

        "There is whistling (by the boys)"

                                   (Kirsner 1976: 387)

(7) 가. Hasan-∅   otobüse-e   bin-di

        Hasan-NOM   bus-DAT   board-PAST

        "Hasan boarded the bus"

   나. Otobüse-e   bin-il-di

        bus-DAT   board-PASS-PAST

        "The bus was boarded"

          (George and Kornfilt 1977: 70, Siewierska 1984: 94에서 재인용)

---

5) (7)의 약호가 뜻하는 바는 아래와 같다.

   NOM: 주격 / DAT: 여격 / PASS: 피동 / PAST: 과거

(6)은 네덜란드어의 비인칭 피동의 예이다. (6가)는 "소년들이 휘파람을 분다"의 의미를 가진 자동문으로, 보조동사(wordt)와 'fluit'(whistle)의 과거분사형(gefloten)의 결합으로 피동화된 것이 (6나)이다. (7)은 터키어의 비인칭 피동의 예이다. (7가)는 "핫산이 버스에 탔다"의 의미를 가진 자동문으로, 자동사 'bin'(board)에 피동 접미사 '-il-'이 결합하여 피동화된 것이 (7나)이다.[6] 이들은 피동문이 반드시 타동문으로부터 형성되지 않음을 보여주는 예라 할 수 있다. 이러한 언어를 고려하면 (5가)의 특성을 전제하지 않는 피동문의 성립이 가능하다. (5다)와 같은 행위자 강등의 특성에 한해서는 (5가)가 전제조건일 수도, 그렇지 않을 수도 있는 것이다.

하지만 한국어에는 비인칭 피동이라 불릴 만한 현상이 존재하지 않는다. (5다)가 (5가)를 전제하는지 그렇지 않은지를 따질 필요가 없다. 그러므로 한국어 피동과 관련하여서는 (5다)의 특성이 (5가)를 전제하고 있는 것으로 볼 수 있다.

한편 한국어에는 아래와 같이 대응 능동문의 상정이 어려운 피동문이 있다.

(8) 가. 산에 눈이 쌓였다.

　　나. 얽혀 있던 실이 풀렸다.(특정 행위자가 존재하지 않는 맥락일 경우)

(8가)와 (8나)는 각각 '쌓이-'와 '풀리-'가 사용된 피동문이다. 이는 타동사 '쌓-'과 '풀-'로부터 파생되었음이 분명하다. 하지만 'X가 눈을 산에 쌓았다', 'X가 얽혀 있던 실을 풀었다'와 같이 행위자가 존재하는 대응 능동문의

---

6) (6나), (7나)와 같은 예들은 피동의 본질적 특성이 피행위자 승격인지 행위자 강등인지를 논하면서 주로 다루어져 왔다. 이와 같은 예들은 오직 행위자의 강등만이 일어나고 있기 때문에, 비인칭 피동의 존재는 피동의 핵심 기능이 행위자 강등에 있다는 주장의 근거로 활용되어 왔다. 그런데 모든 학자들이 이 명제에 동의하는 것은 아니다. 특히 관계문법가들은 이를 거부하여 왔는데, 이들은 비인칭 피동에서 일어나는 주어 위치로의 승격은 사실 보이지 않거나, 혹은 보이는(네덜란드어의 'er'과 같은) dummy의 승격이라고 하였다(Kazenin 2001).

상정이 어색하다는 점에서, 이와 같은 피동문도 타동문으로부터 도출되었다고 볼 수 있는지가 문제이다.

이와 관련하여 한재영(1984: 12)에서는 통사부 내에서는 모든 타동사가 피동 구문이 될 수 있으며, 공시적으로 대응 능동문의 설정 가능 여부는 통사부의 문제가 아니라 의미해석부에 달린 문제로 보았다. 본고는 한재영(1984)의 견해를 따라, (8)의 대응 능동문은 통사부에서 얼마든지 상정 가능한 문장으로 본다.

그런데 (8)에 대한 대응 능동문을 설정한다면, 이와 같은 문장이 피동화가 될 때에 피동문에서 행위자가 존재하지 않는 이유가 설명되어야 한다. 'X가 눈을 산에 쌓았다'에서는 행위자 'X'가 존재하지만, '눈이 산에 쌓였다'에서는 행위자가 존재하지 않는 것이다.

이에 우리는 행위자 삭제 과정을 상정한다. (8)과 같은 문장은 기저문에는 행위자가 존재하였지만 피동으로 도출되는 과정에서 행위자가 완전히 삭제되는 과정을 거친 것이다. 이는 행위자가 부사어로 강등되는 것과는 다르다. 일반적인 피동은 문면에 행위자가 드러나 있지 않더라도 행위자의 존재가 함축된다. 하지만 이에 비해 (8)과 같은 문장은 행위자가 완전히 삭제되는 과정을 거치기 때문에 행위자의 존재가 함축되지 않으며, 행위자가 존재하지 않기 때문에 문면에 드러날 수도 없다.

행위자와 관련된 이와 같은 점을 반영하여 (5다)의 특성을 보완하면 아래와 같다.

기저문의 행위자는 피동문에서 부사어로 강등되며, 생략될 수 있다. 혹은 <u>완전히 삭제되기도 한다.</u>

이는 행위자와 관련한 특성 중 행위자가 완전히 삭제되기도 한다는 점을 덧붙인 것이다. 이때 '완전히' 삭제된다는 것은 통사적으로는 물론, 의미적으로도 삭제된다는 점을 강조한 것이다. 행위자가 기저 구조에 남아 있지만 표면 구조에 드러나지 않는 것이 일반적인 피동이라면, 이 경우는 기저 구조에서 완전히 제거되어 표면 구조에 드러날 수 없음을 의미하기 때문이다.[7]

다음으로 (5라)의 특성은 피동 구성은 반드시 특정한 표지를 포함하고 있어야 한다는 내용이다. 그런데 한국어의 일부 동사들이 보이는 양상을 살펴보았을 때, (5가-다)의 특성은 갖추었으나 (5라)의 특성은 갖추지 않은 구문이 있다. 자·타 양용동사의 자동 구문이 그러하다. 타동사 '잡히다'가 이루는 구문과 자·타 양용동사 '멸하다'가 이루는 구문을 비교해 보자.

(9) 가. 고양이가 쥐를 잡았다.

나. 우리는 이웃 나라를 멸하였다.

(9가)는 '잡다'가 이루는 능동구문으로, 행위자 '고양이'는 주어에, 피행위자 '쥐'는 목적어에 대응되어 있다. (9나)는 '멸하다'가 이루는 타동 구문으로, 행위자 '우리'는 주어에, 피행위자 '이웃 나라'는 목적어에 대응되어 있다. 일반적으로 대격 언어에서 사건을 표현하는 가장 무표적 방법은 행위자는 주어에, 피행위자는 목적어에 연결되는 것인데 (9)의 예는 가장 무

---

7) 이러한 설명은 결과론적 설명이라는 비판을 피할 수 없다. 어떤 문장이 피동의 의미를 나타낼 지 반사동의 의미를 나타낼지 통사 구조에서 미리 예측하는 것이 아니라, 이미 반사동의 의미를 가진 문장을 대상으로 '이 문장은 피동화 과정에서 행위자가 삭제되었다'라고 설명하는 것이기 때문이다. 본고 역시 이러한 한계를 인정한다. 하지만 이는 능동과의 관계 속에서 피동을 설명하고, 피동과 반사동의 관련성을 최대한 유지하기 위한 최선의 방법이다. 만약 피동을 능동문과의 관계 속에서 바라보지 않고 어휘 파생의 관점에서 바라본다면, 행위자가 존재하지 않는 피동문은 큰 문제가 되지 않는다. 피동은 새로운 동사가 형성되는 과정이므로 대응 능동문과의 관계를 크게 고려하지 않아도 되는 것이다. 피동사가 반사동의 의미를 나타내는 현상은 파생된 자동사가 자체적으로 의미 확장을 일으킨 것이 될 것이다. 그런데 피동문이 반사동의 의미를 나타내는 현상은 범언어적으로 존재하는데, 이 입장을 따르면 한국어 피동사가 가지는 의미적 보편성이 포착되지 않을 수 있다는 문제가 있다. 따라서 본고는 능동문과의 대응 속에서 피동문을 파악하고, 행위자의 부재는 행위자 삭제 과정을 통해 설명하는 방법을 따른다.

표적인 방식으로 사태가 표현되어 있다고 할 수 있겠다.

이러한 연결 관계에 역전이 일어나면, 피행위자인 목적어는 주어로 승격하고 행위자인 주어는 부사어로 강등된다. 그런데 동사에 형태적 표지가 결합함에 있어서 두 동사는 차이를 보인다.

(9') 가. 고양이에게 쥐가 잡혔다.

　　 나. 이웃 나라가 우리에게 멸하였다.

(9'가)는 '잡히다'가 이루는 피동 구문으로 (9가)와 비교하였을 때 피행위자('쥐')는 목적어에서 주어로 승격하였고, 행위자('고양이')는 주어에서 부사어로 강등되었다. 그리고 동사 어기에는 접미사 '-히-'가 결합되어 있다. (9'나)는 '멸하다'가 이루는 자동 구문으로, (9나)와 비교하였을 때 피행위자('이웃 나라')는 목적어에서 주어로 승격하였으며, 행위자('우리')는 강등되었다. 그런데 동사의 형태에는 아무런 변화가 없다. 의미역할과 문법역할의 연결 관계가 바뀌었을 때 '잡-'에는 '-히-'라는 접미사가 결합하였지만, '멸하-'에는 어떠한 형태의 접미사도 결합하지 않은 것이다.

이와 같이 어떠한 형태적 변화 없이 동사의 통사적 패턴이 바뀌는 동사를 자·타 양용동사(labile verb, ambitransitive verb)라고 한다.[8] 현대한국어의 '가리다', '멈추다', '움직이다' 등의 동사가 이에 해당한다. 자·타 양용동사의 자동 구문이 피동 표지 없이도 피동의 의미를 나타낼 수 있음을 고려하면, (5라)는 다른 특성들과 위계 관계를 맺지 않고 독립적으로 존재할

---

8) 양용동사는 자동문의 주어(S) 논항이 타동문이 두 핵심 논항인 주어(A)와 목적어(O) 중 어떤 것과 일치하는지에 따라 두 가지 유형으로 나뉜다. 첫 번째는 S=A 유형으로, 자동문의 주어와 타동문의 주어가 동일한 논항을 공유하는 경우이다. 두 번째는 S=O 유형으로 자동문의 주어와 타동문의 목적어가 동일한 논항을 공유하는 경우이다(이상 Dixon and Aikhenvald 2000: 4). (9나), (9'나)의 예를 통해 보았을 때 한국어의 양용동사 '멸하다'는 자동문의 주어(S)와 타동문의 목적어(O)가 동일한 논항(이 경우 '이웃 나라')을 공유하므로, S=O 유형이라고 할 수 있다.

수 있는 특성이라 할 수 있다.

지금까지 우리는 Shibatani(1985)와 Dixon(2012)에서 제시한 특성들 간의 위계 관계를 살펴보았다. Shibatani(1985)에서 제시한 특성 중에서는 피동문은 행위자와 피행위자가 존재한다는 의미적 특성(3나①), 피행위자는 주어로 승격되며 행위자는 생략되는 경우가 많다는 통사적 특성(3다①), 서술어에 어떠한 요소가 포함된다는 형태적 특성(3라)을 핵심 특성으로 볼 수 있다. Dixon(2012)의 경우는 Dixon(2012)에서 제시한 모든 특성을 핵심적인 것으로 볼 수 있다. 이 둘을 비교해 보았을 때 Shibatani(1985)의 연구에서 핵심 특성으로 간주된 것들은 Dixon(2012)에서 제시한 특성에 포함될 수 있는 성질의 것들이다. (3나①)의 특성은 피동은 타동사절에 적용된다는 특성인 (5가)에 대응된다. 그리고 (3다①)은 피행위자는 승격되고 행위자는 강등된다는 (5나, 다)에 대응되며, (3라)는 피동 구성은 형식적 표지가 있다는 (5라)에 대응된다. 따라서 본고는 Dixon(2012)에서 제시한 특성이 피동을 논하는 데에 필수불가결한 특성들을 제시한 것으로 판단한다.

Dixon(2012)에서 제시한 특성을 바탕으로, 특성들 간의 위계 관계와 한국어의 특징을 고려하여 이를 보완하여 한국어 피동의 원형적 특성을 제시하면 아래와 같다.[9]

(10) 한국어 피동의 원형적 특성

가. 통사적 특성

---

[9] (10가①)과 (10가②)의 특성은 (10가③)이 충족됨을 전제로 한다. 이 전제 관계를 'ㄴ'로 표시하였다. 한편, 우리가 다루는 대상이 한국어의 역사적 자료라는 점을 중시하면 음운적 특성도 고려될 수 있다. 金完鎭(1973)과 韓在永(1985/2016)에서는 피·사동사는 평성·거성으로 실현됨을 언급하였다. 그런데 어간이 평성·거성이라고 하여 항상 피동사인 것은 아니기 때문에, 이를 원형적 특성의 하나로 제시하기는 어렵다. 어간의 성조형은 해당 어형이 피동사인지 판별하는 하나의 참고 기준으로 삼는다.

① 기저문의 피행위자는 피동문에서 주어로 승격한다.

② 기저문의 행위자는 피동문에서 부사어로 강등되며, 생략될 수 있다. 혹은 완전히 삭제되기도 한다.

(↳③타동사절에 적용되어 자동사를 파생한다.)

나. 형태적 특성

④ 피동 구성에는 분명한 형식적 표지가 있다.

피동이라는 범주 자체가 가지는 이와 같은 특성은 중세 및 근대한국어 시기에도 동일하다. 다만 피동의 의미를 표현하는 언어 형식, 피동이 문장에 구현된 방식, 피동문이 나타내는 의미 등은 현대와 현대 이전이 다른 면이 있을 수 있다. 이에 대해서는 제3장 이하의 내용에서 구체적으로 상술하며, 다음 節에서는 (10)의 틀에 의거하여 중세·근대한국어 시기의 피동문의 유형을 분류한다.

2.2. 원형성에 따른 중세·근대한국어 피동문의 유형

중세·근대한국어 시기에는 원형적 특성을 모두 갖춘 피동문도 존재하지만, 그렇지 않은 피동문도 존재한다. 이 節에서는 피동의 원형적 특성을 갖추고 있는 정도에 따라 피동문을 원형적 피동문, 준원형적 피동문, 비원형적 피동문의 세 유형으로 나누고, 각각의 유형을 이루는 동사에는 어떠한 것이 있는지 검토한다.

2.2.1. 원형적 피동문

2.2.1.1. 원형적 피동문을 이루는 동사: 타동사 어기

첫 번째 유형은 원형적 피동의 통사·형태적 특성을 모두 갖춘 피동문이다. 타동사 어기로부터 파생된 피동사가 이루는 구문이 이러한 양상을 보인다. 아래에 그 예를 제시한다.

(11) 가. 그제 흔 龍이 金翅鳥의게 <u>쌔쳐</u> 〈月釋25:30a〉

　　가′. 믌 가온뒤 드러 도라 몯아기를 보니 버미 <u>쌔차</u> 오거늘 〈月釋10:24b〉

(12) 가. 뫼 믈인 사룸미어나 불인 사룸미 헌 듸 브서 덥다라 알프거든 (馬嚙人及蹋人作瘡毒腫熱痛) 〈救簡6:70a-b〉

　　가′. 몯 아기는 버미 <u>므러</u> 머거늘 〈月釋10:24b〉

(13) 가. 네 아바니믄 계오구러[10] 머리 들 만히여셔 흔 술 밥도 몯 먹고 둥에 <u>실</u>여 여드랜날 가니 〈순천145:3〉

　　가′. 攸ㅣ 쇠며 물로 쳐조를 <u>싣고</u> 도망ᄒ야 가다가 (攸ㅣ 以牛馬로 負妻子而逃ᄒ다가) 〈飜小9:71a〉

(14) 가. 그 도조기 後에 닛위여 도족ᄒ다가 王의 <u>자피니</u> 〈月釋10:25b〉

　　가′. 差梨尼迦林神이 그 쇼를 <u>자바</u> 몯 가게 ᄒ야늘 〈月釋4:54a〉

(15) 가. 구스렛 믈 받는 盤은 本來 사룸미 노혼 거시니 므리 어느 方을 브터 이에 흘러 <u>브이뇨</u> (承珠水ᄒᄂᆞᆫ 盤은 本人의 敷設이니 水ㅣ 從何方ᄒ야 流注於 <u>此</u>오) 〈楞嚴3:80b〉

　　가′. 甘露 法雨를 브서 煩惱 브를 <u>ᄢᅵᄂᆞ니</u> (澍甘露法雨 滅除煩惱焰) 〈釋詳21:15a〉

(16) 가. 髑髏ㅣ <u>사혀</u> 뫼 굳ᄒᆞᆯᄉᆡ 髑髏峯이라 ᄒᆞ시니라 〈南明下3b〉

---

10) 황문환·임치균·전경목·조정아·황은영(2013: 206)에서는 '계오 구러'로 판독하였다.

가. 돌홀 <u>사하</u> 믈어딘 두들글 막고 (帖石防隤岸) 〈杜詩10:15b〉

(11가)-(14가)는 '뽀치-, 믈이-, 실이-, 자피-'가 사용된 피동문이다. 이들은 (11가')-(14가')에 제시되어 있는 타동사 '뽗-, 믈-, 싣-, 잡-'에 피동 표지가 결합하여 파생되었다. 각각의 예에서 행위자인 '金翅鳥'(11가), '믈'(12가), '王'(14가)는 피동문에서 부사어로 나타난다. (13가)처럼 표면 구조에 행위자가 드러나 있지 않더라도 아버지를 등에 업은 누군가가 존재한다. 피행위자 '흔 龍'(11가), '사름'(12가), '네 아바님'(13가), '그 도족'(14가)은 주어로 나타난다.

(15가), (16가)는 '븟이-'(注), '사히-'(積)가 사용된 피동문이다. 이들은 (15가'), (16가')의 타동사 '븟-', '샇-'에 피동 표지가 결합하여 파생되었다. (15가), (16가)는 (11가)-(14가)와는 달리 피동문 도출 과정에서 행위자 삭제 과정을 거쳤기 때문에, 행위자가 존재하지 않는다. (15가)는 "구슬의 물을 받는 쟁반은 본래 사람이 놓은 것이니, 물은 어느 방향으로부터 여기에 흘러 부어지느냐"로 해석되는데, 구슬의 물을 받는 쟁반에 물을 붓고 있는 행위자를 상정하기 어렵다. (16가)는 "髑髏[죽은 사람의 머리뼈]가 쌓여 산과 같으므로 髑髏峯이라 한다"로 해석되는데 누군가가 의도를 가지고 髑髏를 쌓은 것이 아니다.

이와 같은 피동문은 피행위자의 승격과 행위자의 강등 및 삭제가 일어나고, 동사구에 형태적 표지가 존재한다는 특성을 갖춘다. 우리는 이를 '원형적 피동문'이라 칭한다. 타동문으로부터 파생된 피동문이 이 유형에 속한다.

한편 피동의 원형적 특성을 모두 갖추고 있으나, 접사 혹은 격 표지와 관련하여 독특한 양상을 보이는 것을 언급해 둘 필요가 있다. 이에 대해서는 다음 目에서 보다 상세히 검토한다.

2.2.1.2. 피동 접사 중첩문

중세·근대어의 피동문 중에서는 피동의 통사·형태적 특성을 갖추되, 'X이이-', 'X이우-'와 같이 접사가 두 번 결합된 어형이 존재한다. 아래에 그 예를 보인다.

(17) 가. 鄭老ㅣ 모미 지즈로 <u>내조치이니</u> (鄭老身仍竄) 〈杜詩21:41b〉

　　　나. 스긔 밍ㄱ로ᄆᆞᆫ 崔浩의게 <u>잇기인</u> 거시니 (制由崔浩ㅣ로소니) 〈飜小 9:45b〉

　　　다. 두 ᄌᆞ손을 두어 겨오시던 일은 <u>무치이고</u> 〈계축上38a-b〉

　　　라. 아비ᄅᆞᆯ ᄯᅡᆯ와 밧히셔 곡식을 뷔다가 아비 범의게 <u>믈니이니</u> (隨父田間穫 粟豐爲虎所噬) 〈五倫孝30b〉

　　　마. 셩개 가만이 옥의 <u>갓치인</u> 큰 도적을 쇠여 장가ᄅᆞᆯ 무함ᄒᆞ되 〈感應 3:62a〉

　　　바. 의심ᄒᆞᄂᆞᆫ 쟈 바다 물결이 바람에 <u>밀니워</u> 키질홈 갓타니 〈예수셩교 야 고보셔01:06〉

　　　사. 쥬 예수 <u>팔니우는</u> 바음에 ᄯᅥᆨ을 취ᄒᆞ여 츅슈ᄒᆞ고 〈예수셩교 고린도젼 셔11:23-24〉

(17가, 나)는 중세한국어 시기의 접사 중첩형 '내조치이-, 잇기이-'의 예이며 (17다-마)는 근대한국어 시기의 중첩형 '무치이-, 믈니이-, 갓치이-'의 예이다. 19세기 말에는 'X이이-'형이 아닌 'X이우-'형도 나타나기 시작하는데 (17바, 사)의 '밀니우-, 팔니우-'가 그것이다. 이들은 분명히 피동의 원형적 특성을 갖추고 있으나, 형태적 면에서 독특한 경우라 할 수 있겠다.

이와 같은 접사 중첩형을 논하는 데에 있어서, 우리는 어떠한 것이 중첩형이고 어떠한 것이 중첩형이 아닌지를 판별해야 할 필요가 있다. 접사 중첩형은 형태적으로 눈에 띄는 특성을 가지므로 이의 판별은 크게 어렵지 않다. 그런데 중세·근대한국어 시기에는 접사 중첩형의 외형을 띠지만, 실제로는 접사가 중첩된 것으로 보기 어려운 예들이 있다. '쁘이-', '뽀이-', '보차이-', '츠이-', '밧고이-'와 같이 어기가 모음으로 끝나는 음절을 가진 어휘들이 이러한 양상을 보인다. 이들은 경우에 따라 '쁴이-', '뾔이-', '보채이-', '칙이-', '밧괴이-' 등으로 나타나기도 하는데, 이러한 어형은 여러 관점에서 설명될 수 있다. 아래의 예를 살펴보자.

> (18) 서르 <u>쁴이디</u> 아니ᄒ야 和ㅣ 아니며 合이 아니며 (不相爲用ᄒ야 非和非合이며) 〈楞嚴3:89b〉
>
> (19) 가. 벌 <u>뾔이니</u> (蜂蠆毒) 〈救簡目錄6b〉[11]
>
> 　　 나. 벌 <u>뾔인</u> 독애 디새로 그 뾔인 우흘 뭊고 (蜂蠆毒取瓦子磨其上) 〈救簡 6:63a〉
>
> (20) 내의 슬허ᄒ숩ᄂ 이른 실즉 사ᄅ믹게 <u>보채인</u> 주리 아니이다 (我之所恨 實無人屈) 〈長壽39a〉
>
> (21) 가. 踢着 츠다 被踢 <u>칙이다</u> 〈方言類釋 戌部方言14b〉
>
> 　　 나. 십삼셰된 양겸동이란 ᄋ희가 믈씌 <u>칙이고</u> 사름의게 볼펴 거의 죽게 되고 〈독립신문 1896/9/7〉
>
> (22) 희가 <u>밧괴이고</u> 날이 오리오디 즉시 덕된 용모를 밧드지 못ᄒ오니 〈징보언간독 9〉

　(18)은 '쁴이-'(用), (19)는 '뾔이-', (20)은 '보채이-', (21)은 '칙이-', (22)는 '밧괴이-'가 사용된 예이다. 이러한 어형의 형성은 음운론적 관점과 형태론적 관점에서 설명될 수 있다.

　음운론적 관점에서 해석한다면 이들은 일종의 역행동화를 겪은 것이라 할 수 있다.[12] 일찍이 南廣祐(1962: 18)에서는 (18)의 '쁴이-'와 같은 예에 대

---

11) 본문에서는 이 부분이 '뾔니' 〈救簡6:63a〉로 나타난다.

해 '-ㅣ-'는 후행하는 접미사 '-이-'에 역행동화된 것으로 보고, 이 역행동화를 통해 이중 피·사동 접미사와 형태가 같아진 것으로 분석하였다. 장윤희(2015: 45-6)에서는 성조를 근거로 하여 '뼈이-'의 'ㅣ'는 '-ㅣ-' 파생에 의한 것이 아니라 '쓰이-'가 역행동화된 것으로 보았다.[13] 이에 따르면 (19)는 '뽀이-', (20)은 '보차이-', (21)은 '츳이-', (22)는 '밧고이-'가 역행동화된 것이다.

형태론적 관점에서 해석한다면 이들은 접사가 중첩된 어형이라 할 수 있다. 즉 이들은 '[[쓰+이]+이]', '[[뽀+이]+이]', '[[보차+이]+이]', '[[츳+이]+이]', '[[밧고+이]+이]'로 분석된다. 구본관(1998: 249, 259)에서 이러한 견해를 제시한 바 있는데, 이 연구에서는 반모음이 중복되어 표기되었을 가능성도 함께 제시하였다.

---

12) 이들을 과연 '역행동화'로 칭할 수 있는지는 설명이 필요하다. 일반적으로 '이' 역행동화는 후행하는 'i'나 'j' 모음의 영향으로 선행하는 후설모음 '아, 어, 오, 우, 으'가 전설모음 '애, 에, 외, 위, 의로 바뀌는 현상이며, 이때 개재자음이 [+coronal] 자질을 가질 경우 '이' 역행동화가 제약된다고 논의되어 왔다. 이러한 정의에 따르면 우리의 연구 대상인 '뼈이-', '뾰이-'는 두 가지 점에서 문제가 된다. 첫째, 선행 모음의 단모음화를 전제로 하지 않는 것들을 과연 '이' 역행동화로 볼 수 있는가? 둘째, 개재자음이 존재하지 않는 '이' 역행동화는 가능한가? 이러한 문제와 관련하여서 白斗鉉(1992: 211-5)의 연구가 참고된다. 이 연구에서는 '이' 역행동화의 통시적 출현 양상에 입각하여 '이' 역행동화를 두 단계로 나누어 기술하였다. 첫 번째 단계는 피동화 모음에 'j'가 첨가되어 하향 이중모음으로 실현되는 단계, 두 번째 단계는 피동화 모음이 전설 단모음으로 바뀌는 단계이다. 白斗鉉(1992)에서는 '이' 역행동화를 두 단계로 나누어 기술함으로써 개재자음이 [+cor]의 성질을 가질 때 '이' 역행동화가 적용된 예들, 개재자음이 없는 환경에서 '이' 역행동화가 적용된 예들을 예외로 처리하지 않고 규칙의 자연스러움의 감소로 인한 제약의 강화로 설명하였다. 이에 따르면 우리가 논하고 있는 '뼈이-, 뾰이-'는 개재자음 없이 선행모음에 'j'가 첨가되어 하향 이중모음이 된 어형이므로 첫 번째 규칙의 적용을 겪은 어형이라 할 수 있겠다. 또한 일찍이 정인승(1937)에서는 개재자음이 없는 동화의 예로 '까이다-깨이다-깨다', '꼬이다-꾀이다' 등을 예로 든 바 있다. 그리고 도수희(1985)에서는 '애이느니', '칙이다', '식이' 등을 예로 들며, 개재자음이 없을 때 피동화 모음에 'j'가 첨가되는 것을 '이' 역행동화로 보는 입장을 취하였다. 한편 지역 방언에 따라서 개재자음 조건을 충족시키지 않고도 '이' 역행동화가 일어난 어형들도 존재한다. 최전승(2004: 23)에서는 '댐배'(담배), '배깥'(바깥)과 같이 역사적으로나 공시적으로 움라우트의 음성 환경을 찾을 수 없는 예들이 지역 방언에 나타난다고 보고한 바 있다. 최근 소신애(2016)에서는 중부 방언과 타 방언에서 개재자음이 없는 움라우트가 두루 관찰됨을 근거로, 개재자음이 없으면 움라우트가 일어날 수 없다는 제약은 절대적인 것이라 할 수 없음을 주장하였다.

13) 김주필(1994)에서는 이를 '구개성 반모음 첨가'로 보았다. 이에 따르면 이 예들은 동화가 아닌 첨가가 일어난 예가 될 것이다.

본고는 '쁴-'나 '쐬-', '보채-', '치-', '밧괴-' 등이 피동사로서 사용되면서 이에 자음어미가 통합한 예가 존재하지 않음을 근거로 이들을 역행동화된 것으로 본다.[14] 이는 '쓰이-'와 '쁴-'의 활용형을 비교해 보면 명확하다. '쓰이-'의 경우는 어간에 자음어미 '-디'나 '-거늘' 등이 통합할 수 있었다. '일로 벼슬 몯ᄒᆞ야 죽도록 쓰이디 몯ᄒᆞ니'〈飜小7:20b〉, '才傑ᄒᆞᆫ 사ᄅᆞᆷ 다 올아 쓰이거늘'〈杜詩19:5b〉 등이 그 예이다. 이와 달리, '쁴-'의 경우는 어간에 자음어미가 통합한 *'쁴디', *'쁴거늘' 등이 존재하지 않는다. 이는 어간으로서의 '쁴-'의 존재를 확증하기 어려움을 의미한다. '쐬-' 역시 마찬가지이다. '살에 쏘이고 환도에 직키여 강잉ᄒᆞ여 가니'〈三譯總解9:1b〉와 같은 예는 있지만 *'쐬고', *'쐬디' 따위는 존재하지 않는다.[15] 한편 '보채이-'의 경우 '보채-'의 예가 존재하지만, 이는 제1장에서 살펴보았듯 타동사로 사용된 예라는 점에서 피동사 '보채-'가 존재하였다고 볼 수 없다. 장윤희(2015: 46)에서는 '보채이-'의 성조가 LHH로 '보차이-'와 동일한 점을 들어, '보채이-'는 '보차이-'가 역행동화된 것이라고 한 바 있다. '치-'와 '밧괴-'도 *'치고', *'치리라', *'밧괴ᄂᆞᆫ디라', *'밧괴며' 따위의 어형을 이루지 못하였다. 즉 '쁴-'나 '쐬-', '보채-', '치-', '밧괴-' 등과 같은 어형이 독립된 피동사 어간으로 사용된 예가 존재하지 않으므로, '쁴이-', '쐬이-', '보채이-', '치이-', '밧괴이-' 등은 접사 중첩형으로 보기 어렵다. (18)-(22)의 예는 접사 중첩형이 아닌 것이다.[16]

---

14) 이는 구본관(1998: 249)에서도 언급되었다. 이 연구에서는 '쁴유미'〈월인석보13:11〉와 같은 예에서 '쐬-'는 자음 어미와 결합하는 경우가 없기 때문에 접미사의 이형태가 '-ㅣ(j)-'인지, 또는 '-이(i)-'인지 명확히 말하기 어렵다고 하였다.

15) 이때 '쐬-'는 "벌레가 침과 같은 것으로 살을 찌르다"의 의미임에 유념할 필요가 있다. "얼굴이나 몸에 바람이나 연기, 햇빛 따위를 직접 받다"의 의미를 가지는 ':뽀이-' 및 이의 축약형 ':쐬-'는 아래와 같이 자음어미가 통합할 수 있다.

> 쁜 우웡ㅅ 불휘롤 ᄇᆞ롬 쐬디 말오 ᄒᆞᆰ 업시 시서 므르 디허 브티라 (鼠粘草根[쁜 우웡 불휘] 勿使見風洗去土 搗爛貼之)〈救簡3:52a〉

'뽀이-'는 어간 자체가 '뽀이-'인 어형이며 '쐬-'는 이의 축약형이므로, 제시된 예는 피동과는 상관이 없다.

마지막으로 접사 중첩형의 형성 과정을 간략히 논한다. 이들의 내부 구조는 [[어기+접사$_1$]+접사$_2$]인가, [어기+[접사$_1$+접사$_2$]]인가? 편의상 전자를 [[X+α]+β]로, 후자를 [X+[α+β]]로 칭한다. 전자로 본다면 피동사 파생이 한 번 일어난 후 다시 모종의 이유에 의해 2차 파생이 일어난 구조가 된다. 후자로 본다면 접사끼리의 결합이 먼저 이루어진 후 그것이 통째로 어기에 결합하였으므로, 한 번의 파생이 일어난 구조가 된다. 전자의 분석을 따른다면 접사의 중첩 이유 및 'β'의 의미 기능이 설명되어야 하며, 후자의 분석을 따른다면 접사끼리의 통합이 가능한 이유가 설명되어야 한다.[17)]

본고는 전자의 분석을 따르되, 이에서 파생되는 문제들을 추가적으로 설명하는 방식을 취한다. 후자의 분석을 따르지 않는 이유는 다음과 같다. 첫째, 접사는 어디까지나 의존형태소이고 어기와의 관계 속에서만 존재한다. 의존형태소가 그것이 의존하고 있는 대상과 관계를 맺지 않고 자체적으로 서로 결합하는 과정은 상정하기 어렵다. 그리고 문법 형태소들은 대체로 선조적(linear)인 순서로 결합한다. 둘째, [[X+α]+β]의 분석을 따르면 단일 접사형과의 공존을 쉽게 설명할 수 있다. [X+α]가 기본적으로 존재하고, 이 전체에 수의적인 β가 결합하면 [[X+α]+β]가 되는 것이다. 즉 하나의 식으로 단일 접사형과 다중 접사형, 즉 접사 중첩형의 존재를 모두 설명할 수 있다. 그런데 [X+[α+β]]의 분석을 따르면 β의 수의성을 설명하기 쉽지 않다. 또한 단일 접사형을 설명하기 위해서 [X+α]라는 또 다른 생성 절차를 도입하여야 한다.

---

16) 소신애(2016: 244)에서는 개재자음이 없는 움라우트의 예를 제시하였다. 이에 따르면 '쏘이다'는 충북 방언에서는 '쐬이다'로 실현된다.

17) 이중 피·사동 접미사들의 통합 과정과 관련하여 김한결(2009)가 참고된다. 김한결(2009)에서는 후자의 분석을 지지하였다. 이유인즉슨 전자처럼 [어기+접사$_1$]에 [접사$_2$]가 결합하는 것으로 본다면 피·사동의 의미가 더 중첩되어야 하는데, 李相億(1980)에서 지적하였듯이 이중 피·사동 접미사들은 그러한 의미를 가지고 있지 않다고 하였다. 그런데 후자처럼 [어기+[접사$_1$+접사$_2$]]의 과정으로 본다면 접사가 서로 생산적으로 통합할 수 있는지, 접사의 기능은 무엇인지에 대한 설명은 필요하지만 중첩으로 인한 의미적 문제를 해결할 수 있다고 하였다.

따라서 본고는 [[어기+접사₁]+접사₂]의 분석을 지지하되, 중첩형의 출현 조건 및 중첩형의 표현적 효과, 중첩된 접사의 문법적 지위에 대해서는 3.2.2에서 상술한다.

2.2.1.3. '을/를' 피동문

원형적 피동문 중에서는 격 표지와 관련하여 눈에 띄는 현상들도 있다. 행위자 논항에 대격 표지가 결합하거나, 피동문에 '을/를'이 포함된 예들이 이에 해당한다.

> (23) **모딘 놈을** 조치여 金剛山애 디여도 흔 낟 터럭도 아니 헐리니 〈月釋 19:2a〉
>
> (24) 내 겨집이 되어 눔의게 **손을** 자히니 (我爲婦人 不能守節 而此手爲人執邪) 〈三綱英烈16〉

(23)은 '조치-'가 사용된 피동문으로 "모진 놈에게 쫓겨 금강산에 떨어져도 한 낱의 털도 다치지 않을 것이니"로 해석된다. 그런데 행위자인 '모딘 놈'이 사격이 아닌 대격으로 나타나 있다. (24)는 현대의 '을/를' 피동 혹은 목적어 있는 피동으로 논의된 것과 같은 성격의 것으로, "내가 아내가 되어 남에게 손이 잡히니"로 해석된다. '잡히-'가 사용된 피동문에 '손을'이라는 대격 명사구가 나타나 있다. 이러한 예들은 피동문의 통사적 특성을 논할 수 있는 자료가 된다. 행위자가 대격으로 표시되는 현상과 그 배경, 중세·근대한국어의 '을/를' 피동문의 양상 등에 대해서는 4.1에서 상술한다.

2.2.2. 준원형적 피동문

2.2.2.1. 준원형적 피동문을 이루는 동사: 자·타 양용동사의 자동 구문

두 번째 유형은 피동의 원형적 특성 중 통사적 특성은 갖추었으나, 형태적 특성은 갖추지 않은 피동문이다. 문장이 피동의 성격을 띰에도 불구하고, 형태적으로는 아무런 표지가 없는 경우가 이에 해당한다. 자·타 양용동사가 이루는 자동 구문이 이러한 양상을 보인다.

(25) 가. 王이 거스디 몯ᄒᆞ샤 獄門ᄋᆞᆯ 여러시ᄂᆞᆯ 〈月釋22:65b〉

　　　나. 善友ㅣ 자거시ᄂᆞᆯ 도ᄌᆞᆨ글 저즈라 兄님 눈에 **모ᄃᆞᆯ 바ᄀᆞ니** 〈月釋22:10a〉

(25') 가. **東門이 열어든** 보고 東門ᄋᆞ로 허위여 ᄃᆞᄅᆞ면 東門이 도로 다티고 〈月釋23:80b〉

　　　나. **그 사리** 스믈여듧 부플 다 ᄲᅦ여 ᄯᅡ해 ᄉᆞᄆᆞ차 가아 鐵圍山애 **바ᄀᆞ니** 三千世界 드러치니라 (中百里鼓 箭沒地中涌泉自出 中鐵圍山 三千剎土六反震動) 〈釋詳3:14a〉

'열-'과 '박-'은 (25)에서는 타동사로, (25')에서는 자동사로 사용되었다. 이들 동사의 대상 논항은 (25)에서는 목적어로 나타나지만 (25')에서는 주어로 나타난다. (25가)는 "왕이 거스르지 못하시고 獄門을 여시거늘"로, (25나)은 "善友가 주무시자 (동생 惡友가) 도둑질을 저질러 형님 눈에 못을 박으니"로 해석된다. (25'가)는 "東門이 열리거든 (죄인들이 그것을) 보고 東門으로 달리면 東門이 도로 닫히고", (25'나)는 "그 화살이 스물여덟 개의 종을 다 꿰어 땅을 꿰뚫어 가 鐵圍山에 박히니 삼천세계가 흔들리니라"로 해석된다.

(25')은 (25)와 비교하였을 때 피행위자가 주어로 승격하였으며, 주어는 부사어로 강등되어 삭제되었다는 점에서 피동의 원형적 특성 중 통사적

특성을 갖추고 있다. 그런데 동사구에 아무런 표지가 존재하지 않으므로 형태적 특성은 갖추지 못하였다. 이와 같은 문장은 형태적 특성을 결여한 다는 점에서 첫 번째 유형보다는 덜 원형적이다.[18] 우리는 이와 같은 피동 문을 '준원형적 피동문'이라 칭한다. 양용동사가 이루는 자동 구문이 이 유 형에 속한다.

이처럼 피동의 의미는 피동사뿐만 아니라 양용동사의 자동 구문으로도 표현될 수 있다는 점에서, 양용동사 구문을 살펴보는 것은 피동을 다루는 데에 있어서 필수적이라 할 수 있다. 만약 피동을 형태적 표지가 존재하는 것으로 한정한다면 이와 같은 구문은 피동의 범위에 속하지 않을 수도 있 다. 그런데 형태적 표지가 존재하지 않아도 논항의 승격과 강등을 통해 피 동의 의미가 나타날 수 있다는 점을 고려하면, 형태적 표지의 존재는 원형 적 피동문을 이루는 데에 있어 부수적 특성이라 할 수 있다. 이와 같은 관 점은 이상억(1999)에서도 살펴볼 수 있다. 이상억(1999: 159)에서는 피동 성·사동성의 전 체계의 파악을 위해서 태로 인정이 되지 않는 관념적 피 동성 또는 관념적 사동성을 표현하는 부류에 대한 고찰도 필요하다고 언

---

18) (25')과 같은 자·타 양용동사의 자동 구문을 형태적 표지가 없는 것으로 보지 않고, 'Ø' 표지 가 결합한 것으로 볼 수도 있다. 만약 이러한 방식을 따른다면 (25')의 구문도 일종의 표지가 존재한다는 점에서 원형적 피동에 속하게 될 것이다. 한재영(1984: 66)에서는 피동 접사 '-이 -'와 보조용언 '-어디-'와의 체계를 위하여 양용동사의 자동 구문은 'Ø' 표지가 결합된 것으로 보았다. 이러한 접근은 피동의 의미를 나타내는 다양한 수단 간의 체계성을 확보할 수 있다 는 장점이 있다. 그런데 피동을 접사가 아닌 다른 수단으로 표현하는 언어를 고려하면 'Ø' 표지의 도입이 크게 유용하지 않을 수도 있다. 예를 들어 영어의 양용동사 'move'는 타동 구 문('He moved the stone')과 자동 구문('The stone moved')을 이룰 수 있으며, 피동 구문은 'The stone was moved (by him)'과 같은 형식으로 표현된다. 'Ø' 표지를 도입하여 설명한다 면 자·타 양용동사의 자동 구문은 'move+Ø'로, 피동 구문은 'be moved'의 형식이 될 것이 다. 그런데 영어는 한국어처럼 여기에 접사가 결합하는 방식으로 피동이 표현되지 않기 때 문에, 'Ø' 표지의 도입이 자·타 양용동사의 자동 구문과 피동 구문의 관계성을 뚜렷하게 드 러내 주지는 않는다. 한국어만을 대상으로 한다면 양용동사를 'Ø' 표지가 결합한 것으로 보 아도 무리가 없지만 다른 언어를 고려한다면 'Ø' 표지의 도입이 크게 유용하지 않을 수 있는 것이다. 따라서 본고는 양용동사의 자동 구문은 'Ø' 표지가 결합된 것으로 보는 입장을 취하 지 않는다.

급한 바 있다. 즉 양용동사의 자동 구문은 비록 형태적 표지는 결여되어 있지만, 피동의 원형적 특징들을 갖추고 있다는 점에서 연구에 포함될 당위성이 충분한 것이다. 따라서 본고는 피동을 다루는 데에 있어 양용동사가 이루는 구문도 함께 고찰한다.

한편 양용동사는 자동 구문뿐만 아니라 타동 구문도 이룰 수 있었기 때문에 이 또한 피동화가 될 수 있었다.

(26) 가. 地獄門 알픠 가 錫杖을 세 번 후늘면 獄門이 절로 <u>열이고</u> 〈月釋23:83b〉

나. 댓 가시어나 나못 가시어나 슬해 <u>박히니</u> (竹木刺入肉中) 〈救簡6:23a〉

(26)은 (25), (25')에서 제시한 양용동사 '열-'과 '박-'에 피동 접사가 결합한 '열이-', '박히-'의 예이다. (26가)는 "지옥문 앞에 가서 錫杖을 세 번 흔들면 지옥문이 저절로 열리고", (26나)는 "대나무 가시나 나무 가시가 살에 박힌 사람"으로 해석된다. 이처럼 일부의 양용동사는 피동 표지를 취함으로써, 결과적으로 피동의 원형적 특성 중 형태적 특성도 갖춘 구문을 이루었다. (26)과 같은 예는 원형성의 관점에서 보면 첫 번째 유형과 다를 바가 없는 것이다. 일반적으로 타동사로부터의 피동이 가장 원형적 피동으로 간주되어 왔지만, 양용동사로부터의 피동도 동일한 유형으로 볼 수 있을 것이다.

(26)과 같이 양용동사가 피동화됨으로써 동일한 통사·의미적 특성을 가진 두 구문, 즉 양용동사의 자동 구문[예(25')]과 양용동사에 피동 표지가 결합한 어형이 이루는 구문[예(26)]이 공존하게 된다. 중세에 양용동사로 쓰이던 동사들은 현대에는 대부분 타동사로 사용되는 경향이 있으며(구본관 1998: 257 각주 36번, 장윤희 2002나: 135), 양용동사의 자동 구문의 기능은 이에 피동 표지가 결합한 구문이 대신하게 되었음을 참고하면 전자의 구문[예(25')]이 그 경쟁에서 지게 되었음을 알 수 있다. 즉 '열-', '박-'과 같은 일부의 양용동사는 표지 없이 동사 자체만으로 피동의 의미를

나타내다가, 표지를 통해 그 의미를 나타내는 쪽으로 변하였다고 할 수 있다.[19)

이처럼 양용동사의 자동 구문은 피동문의 특성을 일부 갖추고 있다는 점에서도 주목되지만, 양용동사의 타동 구문이 피동화가 됨으로써 양용동사의 자동 구문과 공존하게 되어 서로 영향을 주고받는다는 점에서도 주목된다. 이처럼 양용동사는 여러모로 피동사와 밀접한 관계를 맺고 있다는 점에서, 피동에 대한 이해를 더 깊이 있게 하기 위해서는 양용동사 구문의 특성 또한 심도 있게 고찰할 필요가 있다.

이에 본고는 선행 연구에서 제시된 양용동사 목록의 재검토를 통해 보다 정밀한 양용동사 목록을 확보하고자 한다. 이러한 작업은 자·타 양용동사의 목록을 재정비한다는 점에서도 의의가 있지만, 양용동사의 자동 구문과 이로부터 파생된 피동 구문의 영향 관계를 전반적으로 고찰함에 있어서도 필수적인 작업이다. 자·타 양용동사로부터 파생된 피동사의 목록과 이 둘의 영향 관계는 3.1.2에서 상술하고, 다음 目에서는 이러한 연구를 가능케 하는 기초 작업의 일환으로 선행 연구에서 제시한 자·타 양용동사 목록을 재검토한다.

2.2.2.2. 준원형적 피동문을 이루는 동사의 재검토

중세·근대한국어의 자·타 양용동사 목록은 고영근(1986), 장윤희(2002나), 황국정(2009)에서 제시한 것을 참조할 수 있다.[20) 아래에 이들 연구에서 제시한 양용동사 목록을 각각 Ⅰ, Ⅱ, Ⅲ으로 나누어 제시한다.[21)

---

19) 의미 역할과 문법 역할의 대응 관계의 변화를 문법 표지로 나타내는 쪽으로 변하였음은 한국어의 특성을 고려하였을 때 적절한 방법이다. 자세한 내용은 백채원(2016)이 참조된다.
20) 황국정(2009: 136)에서는 양용동사 목록을 따로 제시하지는 않았고 자·타 양용동사의 자동 구문이 소멸하는 자동사를 제시하고, 이에서 파생된 피동사 목록을 함께 제시하였다. 그리고 자·타 양용동사의 타동 구문이 소멸하는 동사 목록도 제시하였는데, 본고는 이 두 목록을 참조하였다.

[표 1] 선행 연구에서 제시한 양용동사 목록

I (고영근 1986)	II (장윤희 2002나)	III (황국정 2009)
		가도다
		갈다(耕)
ㄱ싀다	가싀다(變)	
갇다(收)	갇다/걷다(收, 斂, 捲)	거두다
걷다(捲)		
값다(藏)	값다(藏)	
걸다(掛)	걸다(掛)	걸다
걸다(滯)		
뎌다(折)	뎌다(折)	뎌다
곶다(拱)		곶다
그르다(解)	그르다(解)	
그스다(引)		
긏다(絕)	긏다(斷)	긏다
ㄱ리다	ㄱ리다(蔽)	
ㄱ리끼다	ㄱ리끼다(蔽)	
ㄱ다	ㄱ다(替)	ㄱ다
	낟다/낫다(進)	
놀라다(警)	놀라다(警)	
닛다(連)	닛다/닛다(蓮)	
논호다(分)	논호다(分)	논호다
	다잊다(拂, 擊)	
	다티다(觸)	
다ᄋ다(進)	다ᄋ다(盡)	
닫다(閉)		닫다
답샇다(積)		
덜다(除)	덜다(除)	덜다
	데다(爛)	
		두위틀다
		덮다, 둪다
	드위티다(飜)	
들다(擧)		들다

---

21) 고영근(1986: 52-3)에서는 같은 동사가 자동사와 타동사로 공용되면서, 이와 동시에 자동사의 기능이 피동사에 기대어서 표시되는 동사들을 '준능격동사'로 처리하였다. 표에 제시된 목록은 고영근(1986: 53)의 준능격동사 목록도 모두 포함한 목록이다.

	디나다(過)	
		딕다(點)
	듬다(沈)	
	ᄃᆞ다/ᄃᆲ다(沈)	
		마초다
	막다(障)	막다
맞다(中)	맞다(中)	
		모도다
		뭊다
묻다(埋)		묻다
	므르다(退)	
		밀다
	밎다(及)	
못다(終)	못다(終)	
및다(結)	및다(結)	
박다(印)	박다(印)	박다
밧고다(換)	밧고다(換)	밧고다
배다(亡)	배다(亡, 覆)	
버믈다/범글다(界)	버믈다/범글다(累)	
버히다(割)		
		벗다
불다(吹)		
붗다(飄)	붗다(飄)	부치다
		붓다
	븥다(附)	
비롯다(始)	비릇다(始)	
비취다(照)	비취다(熙)	
뼤다(貫)	뼤다(貫)	뼤다
ᄢᅳ다(滅)	ᄢᅳ다(滅)	ᄢᅳ다
		ᄢᅵ다(扠)
		쌓다
ᄢᅵ다(孵化)		
셰다(混)	셰다(雜)	셰다
	슬다/슳다(消)	슬다
		슳다
		싣다

쌔혀다(拔)	쌔혀다/쌔혀다(拔)	쌔혀다
앓다(痛)	앓다(痛)	앓다
	어긔다(違)	
		어울다
얽다(維)	얽다(維, 纏)	얽다
얽미다(纏)	얽미다(纏)	
열다(開)	열다(開)	
옮다(移)	옮다(移)	
	움즈기다(動)	
	움즉ᄒ다(動)	
움츠다/움치다(縮)		
	이어다(搖)	
		잃다
	일우다(成)	
	젖다(霑)	
	ᄌᄆ다/줌다(浸)	ᄌᄆ다
줌다(浸)	줌다(浸)	
	펴다(展, 披)	펴다
		ᄑ다
헐다	헐다(弊, 破)	
헡다(亂)	헡다(亂)	
	흐늘다/후늘다(搖, 掉)	
흩다(散)	흗다, 흩다(散)	흩다

본고는 양용동사와 이로부터 파생된 피동사의 관계를 확인하고자 하므로, 제시된 동사 목록 중에서 특히 피동형을 가지는 양용동사에 주목한다. 각각의 동사가 진정한 양용동사인지를 검토하기에 앞서, 어기와 파생어의 쌍을 제시하는 데에 있어 본고가 선행 연구와 조금 달리 분석한 부분은 다음과 같다.

먼저 '가도다'(囚)의 피동형과 관련하여, 본고는 '가도다'의 피동형을 '가도이다'로 본다. 황국정(2009: 136)에서는 '가도-'와 공존하는 피동사를 '가티-'로 제시하였다. '가도-'와 '가티-'의 공통 어기로 °간-'을 상정한다면 '가도-'는 °간- + -오-'로, '가티-'는 °간 + -히-'로 분석될 수 있다. °간-'의 존재가 문증되지는 않지만 두 어형의 형태적 유사성에 의거하면 '가티-'를 피동사로 볼 수 있을 것이다. 그런데 일반적으로 피동사는 '어기+피동 접사'의 어형을 가진다는 점에서, '가티-'를 피동사로 보더라도 '가도-'의 피동형은 '가도이-'로 보는 것이 적절하다. 따라서 본고는 '가도-'의 짝으로 '가도이-'를 제시하였다.[22]

다음은 '간다/걷다(消)-것치다'와 관련한 것이다. 고영근(1986: 51)에서는 능격동사의 예로 '걷다'(捲)와 '간다'(收)를 제시하였으며, 장윤희(2002나: 145)에서는 '간/걷-'(收, 斂, 捲)으로 제시한 바 있다. 두 연구 모두 예를 따로 제시하고 있지 않아서 어떠한 예를 양용동사 구문으로 보았는지는 명확하지 않다. 그런데 '간/걷-'이 이루는 구문을 검토한 결과 양용동사로 사용되던 '간/걷-'은 대부분 "消", "散"의 의미였으며,[23] "收"나 "斂"의 의미가 양용동사로 사용된 예는 보이지 않았다. 따라서 본고는 양용동사로 사용되는 '간/걷-'의 의미를 "消"의 의미로 한정한다.

'삷다-사히다'와 관련하여 고영근(1986)에서는 '답삷다-답사히다'의 예를 들었고, 황국정(2009)에서는 기본형을 '쌓다'로 제시하였다. '답삷다'는 '삷다'와 관련된 파생어이고, '쌓다'의 중세한국어형은 '삷다'이기 때문에 이를 고려하여 대표형을 '삷-'으로 제시한다.

마지막으로 '헐다-헐이다'와 관련하여 본고는 〈고려대한국어사전〉(이하 〈고려〉로 칭함)를 따라 "毁"와 "傷"의 의미를 구분한다. 전자는 "헐어서

---

22) 허웅(1975: 163)에서는 '가도다'를 다루면서 '간다'의 하임말(사동사) 같은데 분명하지 않다고 하며 '그쁴 부톄 神足 가두시고'〈月釋7:54a〉의 예를 제시하였다. 그런데 이 예는 저경을 참조하면 '爾時世尊 還攝神足'의 언해로, "그때 부처가 신족을 도로 거두어 들이고"로 해석된다. '가두시고'는 '攝'자의 언해인 것이다. 따라서 이 예는 '가도-'(囚)와는 무관하다.

23) 예는 아래와 같다. (가)는 '걷-'이 자동사로 쓰인 예, (나)는 '미햇 구룸'이라는 대격 논항을 취하여 타동사로 쓰인 예이다.

　가. 이윽고 구루미 걷거늘 도라와 神靈의 마롤 섭서비 너겻더니 (頃之 雲氣廓開 吳幸免禍)
　　　〈三綱孝29〉

　나. ㄱ지 업슨 미햇 구룸를 ㅂㄹ미 거더 다ㅇ니 ㅎㄴ 輪 외루왼 ㄷ리 天心에 비취도다 (無限野雲을 風捲盡ㅎ니 一輪孤月이 照天心이로다)〈金三4:12a〉

내려앉게 하거나 흩뜨리다"의 의미이고 후자는 "부스럼이나 상처로 인하여 짓무르거나 진물이 나다"의 의미이다.

이와 같은 점을 고려하여 1차적으로 [표 1]의 동사 중 피동형을 가지는 양용동사를 피동사와 짝을 이루어 제시하면 아래와 같다.

(27) 자·타 양용동사와 이로부터 파생된 피동사 목록24) [잠정]

가도다(囚)-가도이다, 갇다/걷다2(消)-것치다2, 걸다(掛)-걸이다1, 걸다2(滯)-걸이다2, 꺽다(折)-것기다, 곶다(揷)-고치다, 그르다(解)-글이다, 그스다(牽)-긋이다, 굴다(替)-갈리다, ᄂᆞ호다(分)-ᄂᆞ호이다, 닫다(閉)-다티다, 덜다(除)-덜이다, 두위틀다(飜)-뒤틀리다, 둪다(蓋)-두피다, 드위티다(飜)-뒤티이다, 들다(擧)-들이다, 딕다(點)-디키다, ᄃᆞᆷ다/ᄃᆞᆷ다(沈)-ᄃᆞᆷ기다, 마초다(中)-마초이다, 막ᄌᆞ다(障)-마키다, 모도다(合)-모도이다/모도히다, 뭇다(束)-뭇기다, 묻다(埋)-무티다, 밀다(推)-밀이다, 밎다(結)-믹치다, 박다(印)-바키다, 밧고다(換)-밧고이다, 버믈다(累)-버므리다, 버히다(割)-버히이다, 불다(吹)-불이다, 븟다(注)-븟이다, ᄲᅢ다(貫)-ᄲᅢ이다, ᄢᅵ다(籠)-ᄢᅵ이다, 샇다(積)-사히다, 셧다(混)-섯기다, 슬다(消)-슬이다, 싣다(載)-실이다, 얽다(維, 纏)-얼기다/얼키다, 얽미다(維)-얽미이다, 열다(開)-열이다, 이어다(動)-이어이다, 잃다(失)-일히다, 일우다(成)-일우이다, ᄌᆞᆷ다/ᄌᆞᆷ다(沈)-ᄌᆞᆷ기다, 펴다(展, 披)-펴이다, 푸다(鑿)-푸이다, 헐다1(毁)-헐이다1, 헐다2(傷)-헐이다2

본고는 (27)의 목록을 대상으로 연구 대상을 수정 및 보완하되, 해당 동사가 진정한 양용동사인지 판단하는 데에 중점을 둔다. 양용동사 여부를 판단하는 데에 있어서 본고가 의거한 세 가지 기준은 다음과 같다.

---

24) 이 목록에서 의미와 통사범주를 바꾸지 않는 접미사가 결합된 것으로 볼 수 있는 동사인 '긏다(絶)-그치다', '붗다(飄)-부치다' 등은 제외하였다. 또한 '알히다(痛)'은 '앓다'로부터 파생된 것이나, '앓다'는 피동사로 쓰이지 않았으므로 이 또한 목록에서 제외하였다.

첫째, 어떠한 동사가 특정 구문에서만 자동사 용법을 보이는 경우, 해당 동사를 양용동사로 판별하는 데에는 주의가 필요하다. 중세한국어 시기의 타동사는 종종 '-어 잇-'과 결합하여 결과적 의미를 나타낼 수 있었는데 (박진호 1994), 이 경우 문장 전체가 피동의 의미를 가지게 되는 경우가 있다.[25] 그런데 문장의 해석이 피동적으로 된다는 사실에 근거하여, 그 구문에 사용된 타동사를 피동사나 양용동사로 판단하는 경우가 종종 있다. 아래의 예에 사용된 '열-'과 '곶-'을 살펴보자.

(28) 뎘 門이 洞庭ㅅ 미해 노피 여렛ᄂᆞ니 殿ㅅ 바른 赤沙湖애 고자 드렛도다(寺門高開洞庭野 殿脚插入赤沙湖) 〈杜詩9:29b〉

(28)에서 선행절의 술어는 '여렛ᄂᆞ니', 후행절의 술어는 각각 '고자 드렛도다'이다. 선행절의 '열-'(開)은 '뎘 門'을 주어로 취하고 있으며 "(절문이) 洞庭의 산에 높이 열려 있고"로 해석된다. 후행절의 '곶-'(插)은 '殿ㅅ 발'을 주어로 취하였으며 "(전각 기둥은) 赤沙湖에 꽂혀 들어와 있구나"로 해석된다. 이들이 피동적 의미를 나타내는 근원은 '열-'과 '곶-'에 있을 수도 있지만, '-어 잇-'이 피동적 의미를 나타낼 수 있었음을 고려하면 '-어 잇-'에 있을 수도 있다. 따라서 (28)의 예만으로는 '열-'과 '곶-'을 양용동사로 단언할 수 없다.

따라서 '-어 잇-' 결합형을 검토할 때에는 해당 구성이 '(NP이) [타동사+-어 잇-]'인지, 혹은 '(NP이) [피동사/양용동사+-어 잇-]'인지를 구별할 필요가 있다. 전자의 구성이 피동의 의미를 가지는 현상으로 인해 이 구성에 사용된 타동사를 피동사나 양용동사로 판단하는 경우가 있을 수 있기 때문이다. '-어 잇-'에 결합한 동사가 양용동사인지를 확인하기 위해서는, 해당

---

25) 박진호(1994: 163)와 鄭彦鶴(2007: 94-5)에 따르면 타동사에 '-어 잇-'이 결합하였지만 피동적 용법이 아닌 예도 존재한다. '네 이제 사ᄅᆞ미 모믈 得ᄒᆞ고 부텨를 맛나 잇ᄂᆞ니'〈釋詳6:11a〉, '如是라 혼 말ᄊᆞᄆᆞᆯ 벗 사ᄅᆞ미 여러 길ᄒᆞ로 닐어 잇ᄂᆞ니'〈金三1:16b〉, '初禪三天은 네 天下를 두퍼 잇고 二禪三天은 小千世界를 두퍼 잇고'〈月釋1:34b〉 등이 이에 속한다.

동사가 '-어 잇-' 외의 다른 어미와의 결합에서 양용동사로 사용되었는지에 대한 검토가 필요하다. 만약 어떤 타동사가 '-어 잇-' 결합형과의 구성에서만 피동적으로 해석된다면 이는 양용동사 목록에서 제외될 것이다. 또 만약 어떤 타동사가 '-어 잇-' 결합형에서는 물론이고, 그 외의 어미와의 결합에서 자동사로 사용될 수 있다면 이는 양용동사 목록에 포함될 수 있을 것이다.

이를 염두에 두고 '열-'과 '곳-'을 다시 살펴보자. '열-'은 아래와 같이 타동 구문은 물론, '-어 잇-' 외의 다른 어미와 결합하여 자동 구문을 이룰 수도 있었다.

(29) 가. 그제 釋迦牟尼佛이 올흔 솑가락ᄀ로 七寶塔 이플 <u>여르시니</u> 〈月釋15: 82b〉

나. 그 낤 바미 버미 쪼 와 우르거늘 金氏 쪼 門 <u>열오</u> 막대 들오 나아 닐오딕 (其夜虎又至 唐突大吼 金又開門 荷杖語虎曰) 〈三綱烈34〉

(30) 가. 羅雲의 ᄆᆞ미 <u>여러</u> 아니라 〈釋詳6:11b〉

나. 阿闍世王이 오시거나 彌勒이 下生커시나 ᄒ면 이 뫼히 <u>열리라</u> ᄒ얫더니 阿闍世王이 가니 그 뫼히 <u>열어늘</u> 〈釋詳24:6b〉

다. 甁읫 믈이 뼈며 다돈 이피 <u>열어늘</u> 〈月千65b〉

라. ᄆᆞ숨과 눈괘 <u>여러</u> 믈ᄀᆞ시 分明ᄒ야 極樂國을 보딕 〈月釋8:22a-b〉

(29)의 '열-'은 '七寶塔', '門' 등을 목적어로 취하여 타동 구문을 이룬다. (29가)는 "그때 석가모니불이 오른쪽 손가락으로 七寶塔의 문을 여시니", (29나)는 "그 날 밤에 호랑이가 또 와 울부짖거늘 김씨가 또 문을 열고 막대를 들고 나가서 이르기를"로 해석된다. (30)의 '열-'은 '羅雲의 ᄆᆞ숨', '이 뫼/그 뫼', '다돈 잎', 'ᄆᆞ숨과 눈' 등을 주어로 취하여 자동 구문을 이루고 있다. 제시된 예의 '열-'은 '-어 잇-'이 아닌 '-어', '-리-', '-거늘' 등의 어미와 결합하였으며, 모두 "열리다"로 해석된다. (30가)는 "羅雲의 마음이 열려 알게 되

었다", (30나)는 "阿闍世王이 오시거나 미륵이 내려오시거나 하면 그 산이 열릴 것이라고 하였는데 阿闍世王이 가니 그 산이 열리거늘", (30다)는 "병의 물이 넘치며 닫은 문이 열리거늘", (30라)는 "마음과 눈이 열려 맑고 분명하게 극락국을 보되"로 해석된다. 즉 '열-'은 타동사·자동사 용법을 모두 가지는 양용동사로 볼 수 있다.

이와 같은 '열-'의 양상을 참고하였을 때 (28)의 '여렛ᄂᆞ니'는 두 가지 해석이 가능하다. 타동사 '열-'에 '-어 잇-'이 결합하여 피동적 의미를 나타낸 것일 수도 있고, 혹은 자동사 '열-'에 '-어 잇-'이 결합한 것일 수도 있다. 어떠한 방식으로 보든, '열-'은 자·타 양용동사 목록에 포함될 수 있다.

한편 '곶-'은 '열-'과는 달리 '-어 잇-' 외의 어미와의 결합에서 피동적 의미를 가지는 예가 보이지 않는다.

(31) 가. 科名을 더러여 聞喜ㅅ 이바디예 ᄒᆞ오사 고즐 <u>곳디</u> 아니ᄒᆞ니 (忝科ᄒᆞ야 聞喜宴에 獨不戴花ᄒᆞ니) 〈內訓3:59b〉

　　 나. 미일 아ᄎᆞ미 머리 비서 미오 빈혀 <u>고자</u> 섬 아래 가 절ᄒᆞ고 (每旦애 櫛縱笄ᄒᆞ야 拜於階下ᄒᆞ고) 〈飜小9:29b〉

(32) 가. 兩都애 幕府를 여러시며 萬寓에 軍麾ㅣ <u>고잿도다</u> (兩都開幕府 萬寓插軍麾) 〈杜詩16:10b〉

　　 나. 네 글워리 오히려 ᄇᆞ르매 <u>고잿ᄂᆞ니</u> 네 妾이 ᄇᆞᆯ셔 房을 말오 가도다 (汝書猶在壁 汝妾已辭房) 〈杜詩8:35a〉

　　 다. 또 두루미 지초로 살픠 <u>고잣고</u> (又是箇鷁鶒翎兒) 〈飜朴上27b〉

(31)의 '곶-'은 '곶', '빈혀' 등을 목적어로 취하여 타동 구문을 이룬다. (31가)는 "科名을 더럽혀 聞喜宴[과거 합격자의 연희]에 혼자 꽃을 꽂지 않았으니", (31나)는 "매일 아침에 머리를 빗어서 매고 비녀를 꽂아 계단 아래에 가서 (시어머니에게) 절을 하고"로 해석된다. (32)의 '곶-'은 '軍麾', '네 글월', '두루미' 등을 주어로 취하고 있으며, 제시된 예들은 모두 피동적 해석을

가진다. (32가)는 "兩都에 막부를 열었으며, 萬宇에 군대의 깃발이 꽂혀 있구나", (32나)는 "너의 글은 여전히 벽에 꽂혀 있는데 너의 첩은 벌써 집을 떠났구나", (32다)는 "또 두루미의 깃으로 살핏하게 꽂혀 있고"로 해석된다. '곶-'은 이와 같이 '-어 잇-' 및 그 후대형들과의 결합에서만 피동의 의미를 나타낼 수 있었다. 그러므로 '곶-'은 양용동사가 아닌 타동사이며, '고치-'는 타동사로부터 파생된 피동사로 볼 수 있다.

이러한 점을 고려하여 양용동사 목록을 재검토하였을 때 '곶-' 외에 양용동사 목록에서 제외되는 동사에는 '갈-(耕), 닫-(閉), 싣-(載), 프(鑿)-, 묻-(埋)' 등이 있다. 이들은 '-어 잇-'과 결합하였을 때에만 피동적 해석을 가진다.[26] 따라서 이로부터 파생된 '다티-, 실이-, 프이-, 무티-' 등은 타동사로부터 파생된 피동사가 된다.[27] 아래에 '-어 잇-' 결합형의 예를 제시한다.

(33) 가. 風土이 質朴호믈 드로니 쏘 다시 田疇ㅣ 여러 <u>가랏도다</u> (乃聞風土質 又重田疇闢) 〈杜詩19:28b〉

　　나. 金棺이 <u>다다 잇다가</u> 摩耶의 니러 合掌ᄒ시니 〈釋詳23:44b〉

　　다. 큰 知識 ᄃ외닌 일후미 傳燈에 <u>시렛ᄂᆞ니</u> (爲大知識者ᄂᆞᆫ 名載傳燈ᄒ니) 〈六祖序5b〉

---

26) 아래와 같은 예에 사용된 '닫'과 '싣'은 피동으로 해석될 수도 있다.

　　가. 뫼 귓거시 <u>다든</u> 門ㅅ 안해 잇도다 (山鬼閉門中) 〈杜詩8:60b-61a〉
　　나. 길헤 누룩 <u>시른</u> 술위를 맛보아든 이베 추믈 흘리고 (道逢麯車口流涎) 〈杜詩15:40b〉

피수식 명사가 관계절 내의 목적어에 해당할 경우 관계절에 '-오-'가 결합하는 것이 일반적인데, (가)는 '다돈'이 아니라 '다든', (나)는 '시론'이 아니라 '시른'으로 나타난다. '-오-'가 사용되어 있지 않음을 고려하면 (가)의 '다든 門'은 '닫힌 문', (나)의 '누룩 시른 술위'는 '누룩 실린 수레'로 해석될 수도 있다. 그런데 '닫'과 '싣'이 이처럼 피동으로 해석될 수 있는 것은, 해당 동사가 관계절에 사용되었을 경우에 한한다. 본고는 동사의 피동적 용법을 판단하는 데에 있어서 특정 구문에 사용된 예는 최대한 배제하는 입장을 취하므로, 이러한 예는 피동적 용법으로 쓰인 예로 판단하지 않는다. 피수식 명사가 관계절 내의 목적어이더라도 관계절에 '-오-'가 사용되지 않은 예가 존재함을 고려하면, 이들도 그러한 예의 일종으로 볼 수 있을 것이다.
27) '갈-'(耕)의 피동형은 중세·근대한국어 시기에는 보이지 않는다.

라. 내 녀와 기튼 자최를 어도니 못과 집괘 다 횟히 팻도다 (我行得遺跡 池
舘皆疏鑿) 〈杜詩3:66a〉

마. 사로미 義로빅 너겨 ᄒ마 주거 아모 듸 무뎻ᄂ니라 니른대 (人義之告
已死及葬處) 〈三綱烈12〉

(33가)의 '가랏도다'는 "개척/개간되었구나", (33나)의 '다다 잇다가'는
"닫혀 있다가", (33다)의 '시렛ᄂ니'는 "실려 있으니", (33라)의 '팻도다'는
"파여 있구나", (33마)의 '무뎻ᄂ니라'는 "묻혀 있다"로 해석된다. 이들은 독
자적으로 자동 구문을 이루지 못하였으므로 양용동사에서 제외된다.

둘째, 문장의 주어가 주제어로 해석될 가능성이 있는 구문은 해당 동사
를 양용동사로 판별하는 데에 주의가 필요하다. 아래의 예를 살펴보자.

(34) 오직 숟가락 그틀 向ᄒ야 산 누늘 열면 누네 ᄀ독ᄒ 춘 光明이 갈뫃 고디
업스리라 (但向指頭ᄒ야 開活眼ᄒ면 滿目寒光이 無處藏ᄒ리라) 〈金三
2:10a〉

cf. 性의 根源혼 거슬 닐오듸 本覺이니 本覺의 明이 妙애 갈ᄆ니 (性之所本
을 曰本覺이니 本覺之明이 藏乎妙ᄒ니) 〈楞嚴4:10a〉

(35) 이 經ㅅ 德이 혜아료미 어려우니 오직 上智를 爲ᄒ야 니른시니라 (是經德
이 難量이니 獨爲上智說이시니라) 〈金三3:46a〉

(36) 峽이 뭇근 돗ᄒ니 滄江이 니렛고 (峽束滄江起) 〈杜詩20:2a〉

(37) 還丹 혼 나치 鐵에 디그면 金이 ᄃ외며 (還丹一粒이 點鐵成金ᄒ며) 〈圓覺
上1-2:155b〉

(38) 여러 經典에 能히 닐거 그 理를 取ᄒ시며 (…) 正히 念ᄒ야 디니시면 그 德
의 足히 일콛즈오리로다 (於諸經典에 能讀以取其理ᄒ시며 … 正念以持之
ᄒ시면 則其德이 足稱矣샷다) 〈法華 5:108b〉

제시된 예들은 문장의 주어가 주제어로 해석될 여지가 있는 구문이다.

(34)의 예부터 살펴보자. (34)의 예에서 '누네 ᄀ독ᄒᆞᆫ 츤 光明'을 무엇의 주어로 보느냐에 따라 이는 두 가지 해석이 가능하다. 첫 번째는 '누네 ᄀ독ᄒᆞᆫ 츤 光明'을 '갊-'의 주어로 보는 방법이다. 이 경우 '갊-'은 "감춰지다"의 의미를 가지는 자동사가 되며, "오직 손가락 끝을 향하여 살아 있는 눈을 뜬다면 눈에 가득한 차가운 광명이 <u>감춰질</u> 곳이 없으니라"로 해석된다. 두 번째는 '누네 ᄀ독ᄒᆞᆫ 츤 光明'을 '갈물 고디 없-' 구성 전체의 주어로 보는 방법이다. 이 경우 '갊-'은 "감추다"의 의미로 해석되며, "눈에 가득한 차가운 광명은 <u>감출</u> 곳이 없으니라"로 해석된다. 후자의 분석을 따를 경우 '누네 ᄀ독ᄒᆞᆫ 츤 光明'은 주제어가 되는데, 이 경우 제시된 예의 '갊-'을 타동사로 해석하여도 이 구문의 이해에는 문제가 없다.[28] (35)의 예도 마찬가지이다. (35)는 "이 經의 德이 <u>헤아려지기</u> 어려우니"로 해석할 수도 있지만, '이 經의 德'을 주제어로 보아 "이 經의 德은 <u>헤아리기</u> 어려우니"로도 해석될 수 있다.[29] (36)은 "골짜기는 (누군가가) <u>묶은</u> 듯하니 滄江이 일어나 있고"로, (37)은 "還丹 하나를 鐵에 <u>찍으면</u> 金이 되며", (38)은 "여러 경전을 능히 읽어 그 이치를 취하시며 … 정히 念하여 지니시면 그 덕은 족히 <u>칭송할</u> 만할 것이로구나"로 해석될 수 있다. 이와 같이 주어가 주제어로 해석될 수 있는 구문을 검토할 때에는 구문에 사용된 술어가 타동사로 해석될 수 있는 가능성도 있음을 염두에 둘 필요가 있다.

마지막으로 고려해야 할 사항은 선행 연구에서 양용동사로 보지 않았더라도, 자료가 보여주는 양상에 근거하면 양용동사에 포함시킬 수 있는

---

28) (34)의 '갊-'은 타동적 해석이 가능하지만, (34)의 참고로 제시한 예의 '갊-'은 타동적 해석이 어렵다. 이는 "性이 근원한 것을 이르기를 本覺이라고 하니, 本覺의 明이 妙에 감춰져 있으니"로 해석되며, "本覺의 明은 妙에 감추니"와 같이 해석되기는 어렵다. 따라서 참고로 제시한 예의 '갊-'은 자동사로 쓰인 것으로 볼 수 있다.

29) '헤아리다' 및 '혜다'는 '그 數ㅣ <u>헤아리디</u> 몯ᄒᆞ리니(其數ㅣ 不可量이니)'〈法華 1:213b〉, '功德이 어루 <u>혜디</u> 몯ᄒᆞ리니(功德이 不可數ㅣ니)'〈法華4:62b〉 등의 구문을 이룬다. 이 구문에서 '그 數'와 '功德'을 주제화된 것으로 보고, 이를 "그 수는 헤아리지 못할 것이니", "공덕은 가히 헤아리지 못할 것이니"로 해석할 수도 있다. 즉 제시된 구문에 사용된 '헤아리다'와 '혜다'를 타동사로 이해하여도 구문의 이해에는 문제가 되지 않는다.

동사가 있다. 이러한 것들은 목록에 포함한다. 또한 선행 연구에서 양용동사의 목록으로 제시하였는데 자료를 살펴보면 양용동사의 용법을 가지고 있지 않거나, 그 용례를 찾기 힘든 동사들이 더러 있다. 이러한 동사는 연구 대상에서 제외한다.

새로이 양용동사 목록에 포함될 수 있는 동사에는 '쩔-'(席)과 '븓둥기-'(攀)가 있다. 이들은 아래와 같이 타동 구문과 자동 구문을 이룰 수 있었다.

(39) 가. 須達이 깃거 象애 金을 시러 여든 頃 싸해 즉자히 다 쩔오 (須達歡喜便敕使人象負金出 八十頃中須臾欲滿) 〈釋詳6:25b〉

　　가. 諸天 寶華ㅣ 그 싸해 ᄀᄃ기 쩔어늘 (諸天寶華ㅣ 遍布其地커늘) 〈法華4:123b〉

(40) 가. 아춤 나조히 분묘애 가 **잣남골** 븓둥기야셔 우니 (旦夕常至 墓所拜跽 攀栢悲號) 〈三綱宣孝15a〉

　　가. 妙音을 (...) 能히 조차 應ᄒ면 ᄆᆞᆺ 자최예 븓둥기디 아니ᄒ리니 (妙音 … 能隨應則不局心迹) 〈月釋18:63a〉

(39)는 '쩔-'이, (40)은 '븓둥기-'가 사용된 예이다. (39가)는 '쩔-'이 이루는 타동 구문으로 대상 논항 '金'이 대격으로 나타난다. "수달이 기뻐하며 코끼리에 금을 실어 여든 頃 땅에 즉시 다 (금을) 깔고"로 해석된다. (39가)은 '쩔-'이 이루는 자동 구문으로 대상 논항 '諸天 寶華'가 주격으로 나타난다. "諸天 寶華가 그 땅에 가득히 깔리거늘"로 해석된다. (40가)는 '븓둥기-'가 이루는 타동 구문으로 대상 논항 '잣낡'이 대격으로 나타나며, "아침 저녁으로 묘소에 가 잣나무를 붙들고 우니"로 해석된다. (40가)은 '븓둥기-'가 이루는 자동 구문으로 "묘음을 (…) 능히 따라 응하면 마음 자취에 붙들리지 않으리니"로 해석된다. '쩔-'과 '븓둥기-'가 보이는 이와 같은 양상을 고려하면 이들은 양용동사 목록에 포함될 수 있다. 또한 '웃-', '짗-'과 같은 심리 동사도 자동 구문은 물론 타동 구문을 이루기도 하였는데, 이에 대해서

는 후술한다.

그리고 선행 연구에서는 '가도-'(囚),[30] '그스-'(牽)와 '밀-'(推),[31] '버히-'(斬),[32] '삐-'(扠), '얽미-',[33] '일우-'(成)[34] 등을 양용동사로 보았는데 본고는

---

30) 아래와 같은 예는 '가도-'가 이루는 자동 구문으로 처리될 수도 있다.

    가. ㅎ다가 有情이 나랏 法에 자피여 미여 매 마자 獄애 <u>가도아</u>[獄은 사룸 가도는 짜히라] 罪 니블 ᄆᆞ디며 〈釋詳9:8b〉

    나. 그제 窮子ㅣ 제 念호ᄃᆡ 罪 업시 <u>가도아</u> 자보몰 닙노니 이 반ᄃᆞ기 一定히 주그리로다 (于時 窮子ㅣ 自念호ᄃᆡ 無罪而被<u>囚</u>執ᄒᆞ노니 此ㅣ 必定死ㅣ로다) 〈法華2:200b〉

    cf. 그 제 窮子ㅣ 너교ᄃᆡ 罪 업시 잡가티노니 一定ᄒᆞ야 주그리로다 〈月釋13:16b〉

(가)는 "만약 有情이 나라의 법에 잡혀서 매여 매를 맞아 옥에 <u>갇혀</u> 죄를 입을 경우에"로 해석될 수 있다. 이러한 해석은 '獄애 가도아'의 주어를 피행위자 '有情'으로 보는 것에 근거하며, 이 경우 '가도-'는 자동 구문을 이루는 동사로 볼 수 있다. 그런데 '가도-'의 주어가 有情이 아닌 제3의 행위자이며, 그 행위자가 생략되었다고 가정한다면 이는 타동사 '가도-'가 쓰인 예로 볼 수도 있다. 즉 '(누군가가 有情을) 獄에 가도아 (有情이) 罪 니블 ᄆᆞ디며'로 볼 수도 있는 것이다. 본고는 타동적 해석이 가능한 점을 근거로, (가)를 '가도-'의 자동 구문의 예로 보지 않는다.

(나)는 "그때 窮子가 스스로 생각하기를, 죄 없이 갇혀 잡히게 되었으니 반드시 죽겠구나"로 해석된다. 이때 '가도-'는 '갇히다'로 해석될 수 있으나, '가도-'가 피동적 해석을 가지는 이유는 해당 구문이 'NP이 V옴을 닙-'이라는 피동적 구문이라는 데에 근거한다. (나)는 V에 '가도아 잡-'(囚執)이 쓰인 구문으로, '[[가도아 잡-]-옴]-올 닙-'으로 분석되며 피동적 의미는 '닙-'으로부터 비롯된다. 피동적 구문의 동사 자리에 타동사가 주로 사용되었음을 고려하면, (나)의 '가도-'는 타동사로 볼 수 있다. 따라서 (나)에 사용된 '가도-'도 자동사로 보기 어렵다.

31) 아래의 예는 '밀-'이 이루는 자동 구문으로 논의되어 왔으나 재고될 필요가 있다.

    十方 如來이 呪心을 조ᄎᆞ샤ᄉᆞ 能히 十方애 善知識을 셤기샤 四威儀 中에 供養을 如意히 ᄒᆞ샤 恒沙 如來ㅣ 會中에 <u>미러</u> 큰 法王子ㅣ ᄃᆞ외시며 (十方如來ㅣ 隨此呪心ᄒᆞ샤ᄉᆞ 能於十方애 事善知識ᄒᆞ샤 四威儀中에 供養如意ᄒᆞ샤 恒沙如來ㅣ 會中에 <u>推爲</u>大法王子ᄒᆞ시며) 〈楞嚴07:43b〉

이는 다라니의 공덕에 관한 내용으로, "十方 如來가 이 呪心을 따라 十方에 善知識[佛道를 깨치고 덕이 높아 사람을 佛道에 들어가게 교화하고 선도하는 승려]을 잘 섬기시어, (善知識이) 四威儀 가운데 공양을 뜻에 맞게 하시어, 恒沙 如來가 會中에서 (善知識을) 추대하여 (善知識이) 큰 法王子가 되시며"로 해석된다. 恒沙 如來가 추대되어 法王子가 된 것이 아니라, 恒沙 如來의 모임에서 善知識을 추대하였다는 점에서 이는 '밀-'이 이루는 타동 구문으로 볼 수 있다.

32) 아래의 예는 '버히-'가 이루는 자동 구문으로 논의되어 왔다.

    刀劍이 모매 觸ᄒᆞ야 ᄆᆞ숨과 肝괘 <u>버혀</u> 갈아날씨라 (刀劍이 觸身ᄒᆞ야 心肝이 屠裂ᄒᆞᆯ 시라) 〈楞嚴08:105b〉

이들 동사가 자동사로 쓰인 예를 찾지 못하였다. 어떠한 예를 근거로 이를 양용동사로 보았는지 그 예가 제시되어 있지 않기 때문에 명확한 근거를 확인할 수 없다. 본고는 이들 동사의 타동적 용법밖에 발견하지 못하였고,

---

제시된 예에서 '버히-'는 V₁-어 V₂ 구성인 '버혀 갈아나-'(屠裂)의 V₁ 자리에 사용되어 있다. 이는 "칼과 검이 몸에 닿아 심장과 간이 베여져 갈라지는 것이다"로 해석된다. '버히-'가 "베어지다"로 해석된다는 점에서 이 예의 '버히-'는 자동사로 사용된 듯 보인다. 그런데 '버히-'가 이처럼 자동사로 해석되는 예는 '갈아나-'가 후행하는 구문에만 한정된다. V₂인 '갈아나-'(分)가 "갈라짐", "나누어짐"의 의미를 나타낼 수 있었음을 고려하면(가와사키 케이고 2010: 16), '버혀 갈아나-'가 가지는 상태변화의 의미는 '갈아나-'에서 기인한 것으로 보인다. 따라서 본고는 '버히-'를 자동 구문을 이루는 동사로 보지 않는다.

33) 아래의 예는 '얽미-'가 이루는 자동 구문으로 보이지만 맥락을 고려하여 다시 이해할 필요가 있다.

가. 煩惱와 業이 더러이며 <u>얽밀씬</u> 塵累예 가줄비니라 〈楞嚴1:24b〉

이 문장은 표면적으로는 '煩惱와 業'이 주어로 나타나 있기 때문에 '얽미-'가 자동사로 사용된 것처럼 보인다. 하지만 앞의 맥락을 고려하면 그렇지 않다. 앞의 맥락을 제시하면 아래와 같다.

나. 三界예 큰 法이 드외며 應身이 그지업서 衆生을 度脫ᄒ며 未來를 쌔혀며 濟度ᄒ야 여러 塵累를 걷내ᄂ니러니 (弘範三界ᄒ며 應身無量ᄒ야 度脫衆生ᄒ며 拔濟未來ᄒ야 越諸塵累ᄒᄂ니러니) 〈楞嚴1:24b〉

(나)는 아라한에 대한 설명인데, "(아라한은) 三界에 큰 법이 되며 應身이 끝이 없어 중생을 제도하여 해탈하게 하며 미래의 중생들도 구제하고 제도하여 여러 속세로부터 건져내는 사람들이니"로 해석할 수 있다. (가)가 (나)에 대한 협주임을 고려하면 (가)는 "번뇌와 업이 (중생을) 더럽히며 <u>얽매므로</u> 塵累에 비교한 것이다"로 해석된다. 즉 이 문장은 목적어 '衆生'이 생략된 구성인 것이다. 따라서 (가)의 '얽미-'가 자동사로 쓰었다고 보기 어렵다.

34) 대부분의 양용동사의 자동 구문이 15세기부터 보이는 반면, '일우-'가 이루는 자동 구문은 18세기《증수무원록언해》에만 보인다. '만일 形像이 <u>일우디</u> 못혼 거슨 다만 血肉 혼 조각이어나 或 혼 덩이 되딕(若未<u>成形像</u>은 只作血肉一片或一塊호딕)'〈無寃錄2:3b〉, '만일 써러딘 胎이믜 形像이 <u>일운</u> 者ᄂ(若堕胎已成形像者ᄂ)'〈無寃錄2:4a〉과 같은 예가 그러하다. 만약 '일우-'를 양용동사로 본다면 중세에 '일우-'가 이루는 자동 구문이 보이지 않는 것은 우연한 공백으로 설명해야 할 것이다. 그런데 '일우-'는 중세 시기에 꽤 출현 빈도가 높은 동사였으므로, 출현 빈도를 고려하면 자동사 '일우-'가 보이지 않는 것을 우연으로 설명하기 어렵다. 근대한국어 시기에 타동사 '일우-'가 자동사 용법을 획득하였을 가능성도 생각해 볼 수 있으나, 동일한 양상을 보이는 다른 동사의 예를 찾기 어렵다는 점에서 이 설명도 완전하지는 않다. 본고는 이를 기본적으로는 타동사로 보되, 자동 구문을 이룬 예가《증수무원록언해》에만 보이는 것을 고려하여 이를 언해자의 언해 실수 혹은 문헌적 특징으로 보고자 한다.

자동 구문으로 해석될 수 있는 예들은 타동적 해석 또한 가능하므로 이들을 타동사로 본다.

한편 동사 '불-'(吹)은 연구자에 따라 그 처리가 조금 다르다. 고영근(1986)에서는 양용동사로 보았지만 장윤희(2002나)에서는 타동사로 처리하였고, 황국정(2009)에서도 양용동사로 보지 않았다. 본고는 이를 양용동사로 볼 수 있음을 주장한다.

먼저 '불-'과 관련한 선행 연구를 살펴보자. 이에 대한 자세한 연구는 장윤희(2002나)가 참고되는데, 장윤희(2002나: 122)에서 제시한 '불-'의 예를 재인용하면 아래와 같다.

(41) 가. 香風이 와 이운 고줄 부러 ᄇ리고 〈月釋14:12b〉

　　나. 회로리ᄇᄅ미 외로왼 남ᄀᆯ 부ᄂᆞ니 (回風吹獨樹) 〈杜詩22:33b〉

　　다. ᄯ히 水火風이 屍首ᄅᆯ 부러 脹滿홈을 因ᄒ야 (因地水火風이 吹屍首脹滿ᄒ야) 〈無冤錄2:4a〉

(42) 가. 소랫 ᄇᄅ미 부니 ᄂ칙 부러 簫簫ᄒ야 다ᄋᆞᆯ ᄣᅵ 업도다 (松風이 吹ᄒ니 拂面蕭蕭無盡時ᄒ도다) 〈南明上67a〉

　　나. 강 ᄇᄅ미 므레 부니 (江風吹水) 〈百聯15a〉

　　다. 逆風은 나모 긋틱 불고 明月은 눈 속에 춘듸 〈청구영언 013(김종직 시조)〉

(41)은 '불-'이 대상 논항으로 'NP를'을 취한 예이며 (42)는 'NP에'를 취한 예이다. 장윤희(2002나: 123)은 (41)의 주어인 '바람'은 동작성을 찾기 어렵고, 중세에는 (41)의 문형이 (42)의 문형에 비해 빈도가 압도적으로 높다는 점을 근거로 '불-'은 양용동사가 아니며 논항 실현이 (41)에서 (42)로 변화한 것으로 보았다. 즉 '바람이 NP를 불다'[(예41)]와 '바람이 NP에 불다' [(예42)]는 '불다'가 양용동사로 쓰인 것이 아니며, 전자에서 후자로 논항 구조가 변한 것으로 보았다.

그런데 (41)과 같은 구문이 중세에 많이 나타나는 것은 사실이지만, (42) 와 같은 구문 역시 중세에 꽤 높은 빈도로 나타난다.

(43) 가. 거믄 ᄇᄅ미 부러 羅刹鬼國에 부쳐 드러도 〈釋詳21:2b〉

　　나. 블이 도라 디고 츤 ᄇᄅᆷ 불어늘 모딘 龍이 怒를 그치니 〈月千37b〉

　　다. 合掌ᄒᆞ야 往生偈를 외온대 自然히 ᄇᄅ미 부러 믌ᄀᆞ새 건내 부치니
　　　　〈月釋8:99a〉

　　라. 三寶 信티 아니ᄒᆞ면 命終ᄒᆞᆫ 後에 業風이 부러 갓ᄀᆞ로 들여 ᄂᆞ리고 〈月
　　　　釋23:84b〉

　　마. 봆 ᄇᄅ미 부러든 가지가짓 곳과 플왜 제곰 펴 두미 ᄀᆞᆮᄒᆞ니라 (如春風
　　　　이 動地예 千花萬卉ㅣ 各自敷榮이니라) 〈十玄20a〉

　　바. 모미 ᄇᅀᅡ디거든 業風이 부러 쏘 살며 (身碎커든 業風吹又活ᄒᆞ며)
　　　　〈蒙六7b〉

　　사. 뎌 부텻 나라해 ᄀᆞᄆᆞᆫ 훈 ᄇᄅ미 부러 뮈우면 (彼佛國土애 微風이 吹動
　　　　ᄒᆞ면) 〈阿彌12a〉

　　아. 시내 횟돈 뒤 솘 ᄇᄅ미 기리 부ᄂᆞ니 (溪回松風長) 〈杜詩6:1b〉

제시된 예들은 '불다'가 이루는 자동 구문이다. 이에는 (43사), (43아)와 같이 '바람이 NP에 불다'의 구문도 포함되지만, (43가-바)와 같이 장소 논항이 드러나지 않은 '바람이 불다' 구문도 포함될 수 있다. 바람이 부는 행위는 어떠한 장소가 존재함을 전제로 하는데, 장소 논항은 '불다'가 이루는 문장의 의미 전달에 필수적 성분이 아니므로 생략되어도 문장의 의미에 큰 영향을 미치지 않는다. 그러므로 '바람이 불다'와 같은 구문은 '바람이 NP에 불다' 구문에서 장소 논항이 생략된 것으로 보는 것이 적절할 것이다. 장윤희(2002나)에서는 장소 논항이 드러나는 예만을 '불다'가 이루는 자동 구문으로 보았으나, 장소 논항이 생략될 수 있는 성분임을 고려하면 '바람이 불다'와 같은 구문도 자동사 '불다'가 이루는 구문에 포함될 수 있다.

한편 '바람이 NP를 불다'와 같이 '불다'가 이루는 타동 구문은 근대 이후로 그 빈도가 급격히 줄어들었는데, 장윤희(2002나: 122)에서 제시한 예 외에 아래의 예가 더 보인다.

(44) 가. 큰 ᄇᆞ람이 혼 **슈니불을** <u>부러</u> 와 둔의 압희 ᄊᆞ러디거늘 (大風飆一綉被墮怙前) 〈種德中6b〉

　나. 큰 ᄇᆞ름이 **믈결을** <u>부러</u> 하ᄂᆞ히 다터니 〈太平33a〉

제시된 예는 '불-'이 '슈니불', '믈결'이라는 명사구를 대격 논항으로 취하는 예이다. (44가)는 "큰 바람이 한 수놓은 이불을 <u>불어</u>(날려) 둔의 앞에 떨어뜨리거늘", (44나)는 "큰 바람이 물결을 <u>불어</u> 하늘에 닿더니"로 해석된다. '불다'가 이루는 이와 같은 타동문은 현대에는 완전히 소멸되었다.

그러면 '바람이 NP를 불다' 구문과 '바람이 (NP에) 불다' 구문은 어떠한 관계에 있는 것으로 보아야 하는가? 이에 대해서는 두 가지 가능성을 생각해 볼 수 있다. 첫 번째 방법은 일원적 입장을 취하여 '불다'를 양용동사로 처리하는 것이다. 다만 이 경우, '불다'는 대부분의 양용동사와는 달리 S=A 유형의 양용동사임이 지적되어야 할 것이다. 양용동사 '움직이다'를 '불다'가 이루는 구문과 비교해 보자.

[표 2] 양용동사 '움직이다'와 '불다'의 비교

	움직이다	불다
자동문	**돌이** 움직이다	**바람이** 불다
	S　　　V	S　　V
타동문	철수가 **돌을** 움직이다	**바람이** 꽃을 불다
	A　　O　　V	A　　O　　V
	S=O 유형	S=A 유형

제시된 예에서 '움직이다'는 자동문의 주어(S)와 타동문의 목적어(O)가 '돌'이라는 동일한 논항을 공유하는 S=O 유형의 양용동사이다. 현대어와

중세·근대어의 대부분의 양용동사가 이 유형에 속한다. 반면 '불다'는 자동문의 주어(S)와 타동문의 주어(A)가 '바람'이라는 동일한 논항을 공유하는 S=A 유형이다.

'불다'와 같은 S=A 유형의 양용동사는 현대어에는 흔치 않지만, 중세 시기에는 '젛-', '두리-', '웃-', '깆-'과 같은 동사가 이러한 양상을 보인다.[35]

(45) 가. 公州ㅣ 江南을 <u>저호샤</u> 子孫을 ᄀᆞᄅ치신들 九變之局이 사ᄅᆞᆷ ᄠᅳ디리잇가(公州江南 <u>畏</u>且訓嗣 九變之局 豈是人意)〈龍歌15〉

　　나. 衆의 小法 즐겨 **大智예** <u>젇논둘</u> 알ᄊᆡ (知衆의 樂小法ᄒᆞ야 而<u>畏</u>於大智홀ᄊᆡ)〈法華4:23a〉

(46) 가. **길오 먼 道를** <u>두려</u> 小果 取호ᄆᆞᆯ ᄉᆞ랑ᄒᆞ니라 (<u>懼</u>長遠道ᄒᆞ야 思取小果ᄒᆞ니라)〈法華2:239b〉

　　나. 二乘의 처엄 佛果 萬德 種智ㅅ 일 듣줍고 小애 迷惑ᄒᆞ야 **大예** <u>두료ᄆᆞᆯ</u> 가줄비니라 (譬二乘의 初聞佛果萬德種智之事ᄒᆞ고 而迷小<u>怖</u>大也ᄒᆞ니라)〈法華2:196b〉

(47) 가. 고기 머그린 ᄂᆞᄆᆞᆯ **먹ᄂᆞᆫ** 비출 <u>우스며</u> 져믄 사ᄅᆞᆷ 늘근 한아비를 欺弄ᄒᆞᄂᆞ니라 (肉食<u>哂</u>菜色 少壯欺囊翁)〈杜詩19:44b-45a〉

　　나. 大衆둘히 다 <u>우스며</u> 王도 <u>우스며</u> 닐오ᄃᆡ (大衆見之皆盡<u>發笑</u> 王亦<u>發笑</u>而語言)〈釋詳24:47a〉

(48) 가. 소ᄂᆞ로 刀劍을 자바 제(R) 제 고길 ᄇ려 **목숨 ᄇ료ᄆᆞᆯ** <u>깃그며</u> (手執刀劍ᄒᆞ야 自割其肉ᄒᆞ야 <u>欣</u>其捨壽ᄒᆞ며)〈楞嚴9:74b〉

　　나. 婆羅門이 말을 護彌 듣고 <u>깃거</u> 須達이 아ᄃᆞᆯ 올 쫄을 얼유려 터니〈月千54b〉

---

35) '젛-', '두리-' 등의 심리 동사들의 대상 논항이 대격 혹은 처격으로 나타나는 현상은 李賢熙(1994)에서 연구되었다. (45), (46)의 예는 李賢熙(1994: 231-2, 244)에서 제시한 예를 참고하였다.

(45가)는 '젛-'이 이루는 타동 구문으로, 'A(公州) O(江南) V(젛-)'의 구조를 가진다. (45나)는 '젛-'이 이루는 자동 구문으로, 'S(衆) 大智예 V(젛-)'의 구조를 가진다. (46가)는 '두리-'가 이루는 타동 구문으로, 'A(窮子) O(길오 먼 道) V'의 구조를 가진다. (46나)는 '두리-'가 이루는 자동 구문으로, 'S 大예 V(두리-)'의 구조를 가진다. (47가)는 '옷-'이 이루는 타동 구문으로, 'A(고기 머그리) O(ᄂᆞᆷ 믈 먹는 빛) V(옷-)'의 구조를 가진다. (47나)는 '옷-'이 이루는 자동 구문으로, 'S(大衆돌ㅎ, 王) V(옷-)'의 구조를 가진다. (48가)는 '깄-'이 이루는 타동 구문으로, 'S(제) O(목숨 ㅂ룜) V(깄-)'의 구조를 가지며, (48나)는 '깄-'이 이루는 자동 구문으로 'A(護彌) V(깄-)'의 구조를 가진다. 이들은 모두 타동문의 주어(A)와 자동문의 주어(S)가 동일한 논항을 공유하는 예로 볼 수 있다. 이 중에서 '옷-'과 '깄-'은 '우이-', '깃기-'라는 피동사를 가지므로 이는 피동사를 가지는 양용동사 목록에 추가될 수 있을 것이다.

두 번째 방법은 이원적 입장을 취하여 자동사 '불-'과 타동사 '불-'을 별개의 단어로 보는 것이다. 이는 두 동사가 가지는 의미 차이에 의해 뒷받침될 수 있다. '불다'(vi)는 "(바람이 어디에) 공기의 움직임을 일으키다"의 의미를 가지며 '불다'(vt)는 "(바람이 어떤 대상을) 공기의 움직임을 일으켜 움직이게 하다"의 의미를 나타낸다.

본고는 첫 번째 입장을 따라 '불-'을 자·타 양용동사로 본다. '불-'과 동일한 양상을 보이는 몇몇의 동사들이 중세에 존재하기 때문에, '불-'을 S=A 유형의 양용동사로 인정하여도 큰 무리가 없다. 만약 두 번째 방법처럼 이원적 관점을 취할 경우 '불다'(vi)와 '불다'(vt) 사이의 의미적 관련성이 매우 큼에도 불구하고, 이를 별개의 단어로 처리해야 하는 난점이 있다. 본고는 '불-'에 대한 일원적 입장을 취한다.

이처럼 '불-'을 자·타 양용동사로 본다면 무정명사가 주어로 나타나는 '바람이 X를 불다'와 같은 구문이 근대 이후 급속도로 소멸된 이유에 대한 설명이 필요하다. 이와 관련하여 우리는 동사 '불-'이 가지는 어휘 의미에 주목한다. 무엇인가를 부는 행위는 어떤 대상에 바람을 일으켜 대상의 움직임을 야기하는 행위이므로, '블-'은 행위성 동사의 특성을 가진다. 그런데 이와 같은 행위성 동사가 무정명사를 주어로 취하는 현상은 인지적으로 봤을 때 자연스럽지 않다. 행위성 동사가 나타내는 사태는 현실 세계에서 주로 유정물을 주체로 하여 일어나기 때문이다. 이러한 특징에 말미암아 무정명사를 주어로 취하는 '블-'이 소멸되었을 가능성이 있다.

이와 같은 양상은 동사 '놀-'(飛)에서도 찾아볼 수 있다.[36] '놀-'은 중세에는 유정명사와 무정명사를 모두 주어로 취하였다가, 근대 이후에는 점점 유정명사만을 주어로 취하는 쪽으로 변하였다.[37]

(49) 가. **부텨둘히** 次第로 虛空애 ᄀ둑ᄒ샤 鴈王 ᄀ티 <u>노라</u> 뎌 나라해 가시니 〈月釋7:34b〉

　　　나. **그 그려기** <u>노라</u> 大海예 드러가 차 얻니다가 몯ᄒ야 次第로 利師跋國에 가니 〈月釋22:62b〉

(50) 가. 네 ᄇᄅᆷ몰 펴란ᄃᆡ **그 오시** <u>노라</u> 뮈여 반ᄃᆞ기 네 모매 여희리어니ᄯᆫ (汝ㅣ 乃披風ᄒ란ᄃᆡ 其衣ㅣ 飛搖ᄒ야 應離汝體어닛ᄃᆞᆫ) 〈楞嚴3:83b〉

　　　나. 두 남기 서르 因ᄒ야 브리 나 남기 다ᄋ면 **ᄌᆡ** <u>놀며</u> ᄂᆡ 滅ᄒᄂ니 (兩木이 相因ᄒ야 火出木盡ᄒ면 灰飛煙滅ᄒᄂ니) 〈圓覺上2-1:47b〉

(49)는 '놀-'이 유정 명사 '부텨둘', '그 그려기'를 주어로 취한 예이며, (50)은 '놀-'이 무정 명사 '그 옷', 'ᄌᆡ'를 주어로 취한 예이다. (50)과 같은 구문은 근대 이후 거의 보이지 않으며, 현대에어서도 이와 같은 표현은 '그 옷이 날아', '재 날며'가 아닌 '그 옷이 날려', '재가 날리며'로 표현하는 것이 자연

---

36) 연구의 대상으로 삼는 '블-'은 타동사이고 '놀-'은 자동사라는 점에서, 이 두 동사를 완전히 동일선상에 두고 비교하기는 어렵다고 생각할 수 있다. 하지만 본고는 현재 어떤 동사가 유정명사와 무정명사를 '주어'로 취하는 현상을 논하고 있으므로, 목적어를 가질 수 있는지의 여부는 큰 문제가 되지 않는다.

37) 동사 '놀-'이 이루는 무정명사 구문의 소멸과 '놀아-'의 형성에 대해서는 백채원(2018)을 참조할 수 있다. 동사 '울-'과 '울아-' 또한 이와 유사한 양상을 보인다.

스럽다. 이러한 변화 역시 어떤 장소를 '나는' 행위는 주로 유정물과 관련하여 일어나기 때문에 일어난 것으로 생각된다.[38]

　지금까지 본고는 세 가지 점을 고려하여 (27)에서 제시한 양용동사 목록을 보완하였다. 이를 요약하여 제시하면 아래와 같다.

(51) 양용동사 목록의 재검토 기준과 그 결과

　가. '-어 잇-'과의 결합에서만 피동적 의미를 띠는 동사는 타동사로 이해한다.

　　→ '가도-(囚), 갈-(耕), 곳-(揷), 닫-(閉), 묻-(埋), 싣-(載), 프-(鑿)' 등은 타동사로 봄

　나. 주어가 주제어로 해석될 수 있는 구문에 사용된 동사는 타동사로 이해한다.

　　→ '딕-(點), 뭊-(束), 일콛-(稱), 헤아리-(測)' 등은 타동사로 봄

　다. 자동 구문을 이루지 못한 동사는 타동사로 이해하며, 타동 구문과 자동 구문을 모두 이룰 수 있었던 동사는 양용동사 목록에 새로이 추가한다.

　　→ '그스-(牽), 밀-(推), 버히-(斬), 삐-(抶), 얽믹-(縲), 일우-(成)' 등은 타동사로 보며 '칠-(席), 븓들기-(攀), 젛-(畏), 두리-(懼), 웃-(笑), 깃기-(悅), 불-(吹)' 등은 양용동사로 봄

　(51가)의 결과 '가도이-(印), 고치-(揷), 다티-(閉), 무티-(埋), 실이-(載), 프

---

38) 행위성 동사가 무정명사를 주어로 취하는 구문이 해당 동사가 가지고 있는 본래적 특성인지 혹은 비유나 은유와 같은 기법에 의한 일시적인 것인지 판단하기 쉽지 않다. 전자로 본다면 '사람이 X를 불다'와 '바람이 X를 불다'가 동등한 지위에 있을 것이고, 후자로 본다면 '바람이 X를 불다'는 '사람이 X를 불다'에서 파생된 용법이 될 것이다. 어느 쪽이 더 타당한지 자료로써 증명하기 쉽지 않기 때문에 두 구문의 관계에 대한 판단은 보류한다.

이-(鑿)' 등은 타동사로부터 파생된 피동사가 된다. (51나)의 결과 '딕히-
(點), 뭇기-(束), 일쿨이-(稱)' 등은 타동사로부터 파생된 피동사가 된다. 그
리고 (51다)의 결과 '긋이-(牽), 밀이-(推), 버히이-(斬), 얽미이-(維), 일우이-
(成)' 등은 타동사로부터 파생된 피동사가 되며, '실이-(席), 븥듕기이-(攀),
불이-(吹), 우이-(笑), 깃기-(悅)' 등은 양용동사로부터 파생된 피동사가 된다.

이와 같은 검토를 바탕으로, 우리는 준원형적 피동문을 이룰 수 있었던
동사들의 보다 정교한 목록을 확보할 수 있게 되었다. 3.1.2에서 구체적인
동사 목록을 확인하고, 자·타 양용동사를 어기로 취하는 피동사가 자·타
양용동사의 자동 구문과 어떠한 영향을 주고받았는지에 대해 논한다.

2.2.3. 비원형적 피동문

2.2.3.1. 비원형적 피동문을 이루는 동사: 자동사 어기

세 번째 유형은 두 번째 유형과는 반대로 형태적 특성은 갖추었으나 통
사적 특성은 갖추지 않은 피동문이다. 자동사에 피동 접사와 형태가 동일
한 '-이/히/기/리-'가 결합한 경우가 이에 해당한다. 아래에 그 예를 제시한다.

(52) 가. 두 남기 서르 因ᄒᆞ야 브리 나 남기 다ᄋᆞ면 ᄌᆡ ᄂᆞ며 ᄂᆡ 滅ᄒᆞᄂᆞ니 (兩木이
相因ᄒᆞ야 火出木盡ᄒᆞ면 灰飛煙滅ᄒᆞᄂᆞ니) 〈圓覺上2-1:47b〉
나. 아랫 굴형은 萬 尋이나 ᄒᆞᆫ 두들기로소니 프른 믌겨리 해 ᄂᆞᆯ여 두의잇
놋다(下塹萬尋岸 蒼濤鬱飛翻) 〈杜詩6:48b〉

(52가)는 자동사 'ᄂᆞᆯ-(飛)'이, (52나)는 'ᄂᆞᆯ-'에 '-이-'가 결합한 'ᄂᆞᆯ이-'가 사
용된 예이다. 이는 그 어기가 타동사가 아니라는 점에서 앞의 유형들과는
전혀 다르다. 어기가 타동사가 아니므로 논항의 승격과 강등이 일어날 수
없다. 또한 '-이-' 결합 전후의 의미 차이도 보이지 않는다. 우리는 이와 같

은 피동문을 '비원형적 피동문'이라 칭한다. 자동사에 피동 표지가 결합한 구문이 이 유형에 속한다. 선행 연구에서는 주로 '자동사 피동'이라는 이름으로 논의되어 왔다. 이러한 예들은 비록 동사구에 형태적 표지는 존재하지만, 논항의 승격과 강등이 일어나지 않아 문장이 피동의 의미를 띠지 않으므로 피동문의 원형성에서는 꽤 떨어져 있음을 알 수 있다. 피동의 원형적 특성 중 형태적 특성은 통사적 특성에 비해 부수적인 특성인 것이다.[39]

이와 같은 비원형적 피동문을 논하기 위해서는 어떠한 동사들이 비원형적 피동문을 이루는지 살필 필요가 있다. 본고는 자동사 피동으로 거론된 동사 목록을 참고하되, 이를 재검토함으로써 자동사 피동으로 논할 수 있는 보다 정밀한 동사 목록을 확보하고자 한다. 이에 대해서는 다음 目에서 상술한다.

2.2.3.2. 비원형적 피동문을 이루는 동사의 재검토

자동사 피동을 통시적 자료를 활용하여 다룬 선행 연구로는 한재영 (1984), 배희임(1988), 구본관(1998) 등이 있다. 한재영(1984: 48)에서는 자동사 및 형용사에 '-이-'가 결합한 문장을 제시하고[40] 이들은 피동적인 문

---

39) 이들을 동형의 사동사로부터 파생되거나 혹은 사동사가 轉用된 것으로 볼 수도 있다. 만약 '눌이-'를 동형의 사동사에서 파생된 것으로 본다면 이는 타동사로부터 파생된 것이 되므로, 자동사에 피동 표지가 결합한 것으로 보기 어렵게 된다. 하지만 자동사에 피동 표지가 결합한 어형들 중에는 동형의 사동사가 존재하지 않는 경우도 있다. 따라서 이들에 대한 일관성 있는 설명을 적용하기 쉽지 않다. 본고는 이에 대한 문제 의식은 가지되, 편의상 이들을 자동사에 피동 표지가 결합한 것으로 보고 연구를 진행한다.

40) 예는 아래와 같다.
　　가. 모미 <u>주굴위디</u> 아니ᄒ시며 〈月釋2:56b〉
　　나. 이는 일후미 心魂이 이대 아로미 <u>돏규</u>ᄆᆞ로 〈楞嚴9:57b〉
　　다. 觀과 行앳 大病ㅣ <u>외일ᄉ</u> 이리 仔細히 글히시니라 〈禪家9a〉
　　이 중에서 (다)의 '외이-'는 '외'에 '-이-'가 결합한 어형이다. 어기 '외-'는 이미 그 자체로 '化'의 의미를 가지고 있는 동사라는 점에서, '-이-' 결합형과 비결합형의 차이를 논하기 쉽지 않다. 따라서 본고는 '외이-'를 본격적 연구 대상에서는 제외한다.

장은 될 수 있으나 통사부 내의 피동 구문은 될 수 없다고 하였다. 배희임(1988: 33-6, 65-8)은 '늘이다, 넓기다, 들이다, 울리다' 등의 어휘가 피동형이 되는 것은 'ㄹ' 말음을 가지는 동작 타동사와의 음운적 유사성에 의해 유추된 것이라고 하면서, 이들을 예외로 다루어야 한다고 하였다. 혹은 자동사가 타동화된 후 이것이 영변화에 의해 피동사가 된 것으로 처리할 수도 있는데, 이렇게 처리하거나 예외로 보거나 결국 자동사의 피동화를 피동의 범주에 넣지 않는 결과가 된다고 하였다. 마지막으로 구본관(1998: 256-8)은 피동의 어기가 자동사인 경우가 있다고 하며 '늘이-'와 '들이-'를 그 예로 들었다.

선행 연구에서 자동사 피동의 예로 거론된 예를 중세와 근대로 나누어 제시하면 다음과 같다.[41]

(53) 자동사 피동으로 논의된 예 [중세]

가. 麾下ㅣ 元戎을 주기니 믌ᄀ애 늘이는 銘旌이 잇도다 (麾下殺元戎 湖邊有飛旌) 〈杜重1:58a〉

나. 아ᄎᆞᆷ 비치 둣 부우리로 흔 창이 들여늘 주근 드시 자다가 헌 갓옷 두퍼셔 놀라오라 (朝光入甕牖 尸寢驚弊裘) 〈杜詩22:1a〉

나. ᄌᆞ오롬신 들여 너무 자다가 긔운을 일허든 (魔睡强眠失氣) 〈救簡1:85a〉

다. 須達이 부텨와 즁괏 마를 듣고 소홈 도텨 自然히 ᄆᆞᅀᆞ매 깃븐 ᄠᅳ디 이실ᄊᆡ (於時須達 聞佛僧名 忽然毛豎 如有所得 心情悅豫)[42] 〈釋詳6:16b〉

라. 이ᄂᆞᆫ 일후미 心魂이 이대 아로미 덞규ᄆᆞ로 心光이 窮究ᄒᆞ야 봘가 모든 世界예 비취유미니 (此ᄂᆞᆫ 名心魂이 靈悟의 所染으로 心光이 硏明ᄒᆞ야

---

41) (53가, 나)의 자료는 배희임(1988), 구본관(1998)에서 공통적으로 제시된 자료이다. (53다)의 '도티-'는 姜成一(1972: 247)에서, (53라)는 한재영(1984)에서, (53다-자)는 배희임(1988)에서 제시한 자료이다. (54)의 예는 배희임(1988)에서 제시한 예이다.

42) 저경 출처: 大正新脩大藏經 第10卷 第4冊 No.0202, 0418c13

照諸世界니)〈楞嚴9:57b〉

cf. 心魂이 이대 아로매 덜머 佛境이 心光애 나트리니〈楞嚴9:58a〉

마. 어러 밠츠기 뻐디어[43] 피 나고 알히느닐 고툐딕 (治寒凍足跟開裂 血出 疼痛)〈救急方上7a〉

바. 하늜 ᄇᄅ믄 것거딘 버드를 좃느니 내 눇므른 몰ᄀ 픗뎟 소리예 들이 노라(天風隨斷柳 客淚墮淸笳)〈杜詩3:25a〉

사. 글 이품 ᄌᄌ 호믈 모로매 期約ᄒ야 나그내 시르미 얼의여슈믈 더옥 헤튜리라 (會期吟諷數 益破旅愁凝)〈杜詩20:22b-23a〉

아. ᄉ지와 몸과 범븨여 느믜 술 ᄀ거든 (肢體麻痺)〈救簡1:10a〉

자. 이ᄂᆫ 님금 사오나옴을 나토고 스스로 빅셩의게 깃김이니 (是ᄂᆫ 彰君之 惡 而自說於民이니)〈小學4:25b〉

(54) 자동사 피동으로 논의된 예 [근대]

가. 나히 ᄉ십의 온 몸이 허러 곰겨 헤여뎌 더러온 내 심히 나니〈太平 1:48b〉

나. 울리다 (響)〈漢淸193d〉

다. 조올리다 (睡) 조올리다(困了)〈漢淸250d〉

라. 魯肅이 말려 니로되 孔明을 죽이면 曹操의게 우임이라〈三譯總解4:5a〉

마. 계튝년의 나간 ᄂᆡ인 내라 보채여 두 감챨을 잡아내니 옥듕의 가 굿겨 시니〈계튝下28b〉

바. 도라오매 두 일히를 ᄆᆡ야 ᄃᄅ랏느니 門戶애 旌節ㅣ 셔엿도다 (歸來懸兩 狼 門戶有旌節)〈杜重2:69a〉

(53가)는 'ᄂᆞᆯ이-'(飛), (53나, 나)은 '들이-'(入), (53다)는 '도티-'(癥), (53라)

---

43) 이 부분은 영인본을 참고하였을 때 '뻐디어'인지 '뻐디어'인지 명확히 잘 보이지 않는데, 대응 한문이 '開裂'(터져서 열림)임을 고려하여 '뻐디어'로 제시하였다.

는 '덞기-'(染), (53마)는 '알히-'(痛), (53바)는 '들이-'(墮), (53사)는 '얼의-'(凝), (53아)는 '범븨-'(麻痺), (53자)는 '깃기-'(悅)가 사용된 예이다. 이들은 각각 '놀-, 들-, 돌-, 덞-, 앓-, 들-, 얼의-, 범븨-'로부터 파생되었다. (54가)는 '곰기-'(膿), (54나)는 '울리-'(響), (54다)는 '조을리-'(睡), (54라)는 '우이-'(笑), (54마)는 '굿기-'(凶), (54바)는 '셔이-'(立)가 사용된 예이다. 이들은 각각 '곪-, 울-, 즈올-, 웃-, 궂-, 셔-'로부터 파생되었다.

본고는 (53), (54)의 예들이 자동사 피동으로 다루기에 적합한 것인지를 확인하기 위해 어기의 자동사 여부를 확인한다. 그리고 파생어의 피동사 여부를 확인하고, 마지막으로 파생어를 접사 결합형으로 볼 수 있는지 등을 고려하여 목록을 재검토한다. 제시된 동사들에 이 세 가지 기준을 하나씩 적용해 보자.

① 어기가 자동사가 아닌 것은 연구 대상에서 제외한다.

첫 번째 기준은 파생어의 어기가 자동사가 아닌 것은 연구 대상에서 제외하겠다는 것이다. 이 기준을 적용하였을 때 제외되는 동사에는 (53마)의 '알히-', (53자)의 '깃기-', (54라)의 '우이-', (54마)의 '굿기-', (54바)의 '셔이-' 등이 있다. '알히-'와 '깃기-', '우이-' 등은 그 어기를 양용동사로 볼 수 있으며, '굿기-'의 어기는 형용사, '셔이-'는 타동사로 볼 수 있다. 이에 대해 하나씩 살펴보자.

(53마)는 '앓-'이 사용된 예로, "얼어서 발뒤꿈치가 떨어져 피가 나고 아리는 사람을 고치되"로 해석된다. '앓-'은 15세기에 그 어기가 양용동사로 사용된 바 있다.

(55) 가. 가슴미 춤디 몯게 <u>알호물</u> 열 히어나 다숫 히어나 흔 사른미 머그면 둗 누니 (心<u>痛</u>不可忍 十年五年者隨乎效) 〈救簡2:36a〉

　　가'. 부톄 阿難陁드려 니른샤티 <u>둥을</u> <u>알노니</u> 廣熾 陶師이 지븨 가 춤기름 어더와 브르라 〈月釋2:9a〉

(55가)는 "가슴이 참지 못하게 <u>앓음을</u> 열 해나 다섯 해 동안 한 사람이 먹으면 낫는데", (55가')은 "부처가 아난타에게 말씀하시기를 (내가) 등을 <u>앓고</u> 있으니 廣熾 陶師의 집에 가서 참기름을 구하여 와서 발라라 (하시니)"로 해석된다. (55가)에서는 '앓-'가 자동사로, (55가')에서는 '앓-'가 타동사로 사용되었다. 이처럼 '앓-'은 양용동사였기 때문에 자동사 파생과 관련된 논의에서 제외한다.[44)]

(53자)는 '깃기-'가 사용된 예인데, 제시된 예를 앞의 맥락을 포함하여 다시 제시하면 아래와 같다.

> (53자) 사룸의 신해 되여셔 諫ᄒ야 듣디 아니ᄒ거든 나가면 이는 님금 사오나
> 옴을 나토고 스스로 빅셩의게 <u>깃김이니</u> 내 ᄎᆞ마 ᄒ디 몯ᄒ노라(爲人臣
> ᄒ야 諫不聽而去ㅣ면 是는 彰君之惡而自說於民이니 吾不忍爲也ㅣ라)
> 〈小學4:25b〉[45)]

이는 은나라의 賢人인 箕子, 比干, 微子에 대한 내용 중 箕子에 대한 이야기의 일부이다. 은나라 주왕이 사치가 심하여 箕子가 주왕에게 간언하였는데, 주왕은 충고를 듣지 않고 도리어 箕子를 옥에 가두었다. 제시된 예는

---

44) '앓-'을 타동사로 보더라도 '알히-'는 피동적 의미를 가지지 않기 때문에, '알히-'는 피동사로 볼 수 없다.

45) 동일 부분에 대한《어제소학언해》의 내용을 제시하면 아래와 같다.

가. 사룸의 신해 되여셔 諫ᄒ야 듣디 아니ᄒ거든 가면 이는 님금 사오나옴을 나타내고 스스로 빅셩의게 <u>깃김이니</u> 내 ᄎᆞ마 ᄒ디 몯ᄒ노라 〈御小_장서각본4:28b-29a〉

나. 사룸의 신해 도여셔 諫ᄒ야 듣디 아니ᄒ거든 가면 이는 님금 사오나옴을 나타내고 스스로 빅셩의게 <u>깃김이니</u> 내 ᄎᆞ마 ᄒ디 몯ᄒ노라 〈御小_규장각본4:28a-b〉

《소학언해》에서 '나가면'이《어제소학언해》에서는 '가면'으로 나타나는 것 외에는,《어제소학언해》의 내용은 대체로《소학언해》의 내용과 동일하다. (가)의 '깃김이니'는 영인본에서는 '깃겸'으로 보이는데, '겸'의 'ㅓ'의 가로획은 획이 아니라 먹의 흔적으로 보인다. (나)의 규장각본의 청구기호는 奎 2444 v.3이다.

사람들이 箕子에게 주왕을 떠나는 것이 좋겠다고 말하자, 이에 대한 箕子의 대답이다. 이는 "남의 신하가 되어서 임금에게 간언하였는데 임금이 듣지 않는다고 임금을 떠나면, 이는 임금의 악행을 드러내고 자신은 백성에게 환심을 사는 것이니(즐거움을 얻는 것이니)"로 해석된다. '於'가 문장에서 행위자 도입의 기능을 가지고 있음을 고려하면, '自說於民'의 '民'('빅셩')은 自('스스로', 여기서는 신하를 가리킴)를 즐겁게 해 주는 행위자이며, '自'(신하)는 그로 인해 즐거움을 얻는 피행위자임을 알 수 있다. 따라서 이 문장은 피동적 해석이 가능하다.[46]

그런데 '깃기-'의 어기 '깃-'은 자동 구문을 이룰 수도 있지만, 그 대상을 목적어로도 실현시킬 수도 있었다(李賢熙 1994: 249).

(56) 가. 婆羅門이 말을 護彌 듣고 <u>깃거</u> 須達이 아들을 딸을 얼유려 터니〈月千 54b〉

나. 王이 보시고 <u>깃그샤</u> 臣下ᄃᆞ려 니ᄅᆞ샤ᄃᆡ〈釋詳11:31b〉

다. 歡喜地ᄂᆞᆫ 十地옛 처ᅀᅥ미니 法을 <u>깃글</u> 씨라〈月釋8:54b〉

라. 소ᄂᆞ로 刀劍을 자바 제(R) 제 고길 버려 **목숨 ᄇᆞ료ᄆᆞᆯ** <u>깃그며</u> (手執刀劍 ᄒᆞ야 自割其肉ᄒᆞ야 <u>欣其捨壽</u>ᄒᆞ며)〈楞嚴9:74b〉

제시된 예의 '깃-'은 "기뻐하다"의 의미를 나타낸다. (56가, 나)는 '깃-'이 자동 구문을 이루는 예로, (56가)는 "婆羅門의 말을 護彌가 듣고 기뻐하며 須達의 아들을 자신의 딸과 결혼시키려 하더니", (56나)는 "왕이 보시고 기뻐하시며 신하에게 이르시기를"로 해석된다. (56다, 라)는 '깃-'의 대상이

---

46) 이때 피동의 의미는 반드시 '於'에서 기인한 것으로는 볼 수 없으며 맥락의 의미로부터 부여된다. 安奇燮(2000)에서는 '於'는 '於' 앞의 동사와 뒤의 성분 간에 성립하는 의미 차이를 알려 주는 변별기능을 가지지 않는다고 하며, 이는 介詞로서의 기능을 가지지 않는다고 하였다. 그리고 피동의 의미는 동사 자체에서, 혹은 문맥에 의해 나타나며 피동을 나타내는 특별한 문법 표지가 없음을 주장하였다.

목적어로 실현된 예로, (56다)는 "歡喜地ᄂᆞᆫ 十地의 첫 단계이니, 법을 기뻐하는 것이다", (56라)는 "손으로 刀劍을 잡아 스스로 자신의 살을 베어 목숨을 버리는 것을 기뻐하며"로 해석된다. 우리는 앞서 자동 구문의 주어와 타동 구문의 주어가 동일한 논항을 공유하는 S=A 유형의 양용동사를 언급하였는데, '깄-'과 곧이어 살펴볼 '웃-'이 바로 그러한 유형에 속하는 양용동사이다.

(56다, 라)와 같은 구문을 고려하면, (53자)와 같은 예는 양용동사로부터 파생된 구문으로 볼 수 있을 것이다. (53자)에 대응하는 능동문은 '빅셩이 臣下ᄅᆞᆯ 깄-'으로 상정되며, 목적어의 승격과 주어의 강등이 일어나고 동사에 피동 표지가 결합하면 '臣下ㅣ(스스로) 빅셩의게 깃기-'가 도출된다. '깄-' 구문으로부터 논항의 승격과 강등이 일어나 '깃기-' 구문이 도출된다는 점에서, 이는 피동문의 특성을 명확히 보여준다고 할 수 있겠다. 본고는 이와 같은 점을 고려하여 '깃기-'를 자동사 피동의 예에서 제외한다.

(54라)의 '우이-'의 어기 '웃-'은 중세는 물론[예(47) 참조] 근대 시기에도 양용동사로 사용되었다.

(57) 가. 或이 그 너모 좁은 줄을 닐른대 公이 <u>웃고</u> ᄀᆞᆯ오ᄃᆡ (或言其太隘ᄒᆞ대 公이 笑曰) 〈御內3:54b〉

　　가′. 네 가디 아니ᄒᆞ니 永安이도 너를 <u>웃ᄂᆞᆫ다</u> (你不去 永安也笑你) 〈伍倫 2:27a〉

(57가)는 '웃-'이 자동사로, (57가′)은 '웃-'이 타동사로 사용된 예이다. (57가)는 "어떤 사람이 (뜰이) 너무 좁다고 말하자 공이 웃으며 말하기를", (57가′)은 "네가 가지 않으니 영안이도 너를 비웃는다"로 해석된다. '웃-'의 이러한 양상을 고려하였을 때, (54라)의 '우이-'는 양용동사로부터 파생된 것으로 볼 수 있으므로 자동사 피동과 관련된 논의에서 제외된다.

(54마)의 굿기-'에 대해 배희임(1988: 66)에서는 어간 '궂-'에 '-기-'가 결합

하여 파생된 단어로 보았다. 그런데 '궂-'은 '-ᄂ-' 결합형이 없고 관형사형 어미로 '-은'을 취하는 등 형용사적 활용을 보인다.

> (58) 가. 믈읫 衆生이 됴ᄒ며 <u>구즌</u> 이를 모ᄅ고 〈釋詳9:11b〉
>
> 나. 비치 <u>굿거든</u> 먹디 아니ᄒ시며 내 <u>굿거든</u> 먹디 아니ᄒ시며 (色惡不食 ᄒ시며 臭惡不食ᄒ시며) 〈飜小4:28a〉
>
> 다. 이 ᄡᆞᆯ이 <u>구즈니</u> 가져가 다시 슬흐라 (這米麤將去㫑一㫑) 〈朴通中7a〉

(58)은 '궂-'이 사용된 예로, (58가)는 "무릇 중생이 좋으며 궂은 일을 모르고", (58나)는 "(공자는) 음식의 색이 나쁘거든 먹지 않으시며, 음식의 냄새가 나쁘거든 먹지 않으시며", (58다)는 "이 쌀이 궂으니 가져가서 다시 도정하라"로 해석된다. '궂-'의 활용 양상과 그 의미를 고려하였을 때, (54마)의 '궂기-'는 형용사로부터 파생된 것으로 보는 것이 적절하다.

이처럼 '궂기-'의 어기를 형용사로 본다면, '궂기-'는 결과적으로 사동사가 될 것이다. 따라서 (54마)도 "누군가[사동주]가 두 감찰[피사동주]을 옥중에서 지내기가 나쁘게 하니"라는 사동적 의미로 해석하는 것이 자연스럽다. '궂기-'가 사동사로 사용된 예는 아래의 예에서도 찾아볼 수 있다.

> (59) 항쥬 ᄯᅡ히 오소정의 아들이 잇ᄉ니 일홈이 환이라 일즉 쇠고기 먹기를 됴ᄒᆞᄒ더니 년ᄒ여 ᄌᆞ녀를 <u>궂기고</u> (杭州吳小汀子 名桓 初好食牛 連喪子女) 〈感應5:53a〉

이는 "항주 땅에 오소정의 아들이 있으니 이름이 환이다. 일찍이 소고기 먹기를 좋아하더니 연이어 자녀를 궂게 하고(자녀의 상사를 치르고)"로 해석된다. '궂-'과 '궂기-'의 이러한 양상을 참고하였을 때 '궂-'은 형용사이며, 이로부터 파생된 '궂기-'는 사동사로 볼 수 있다. 그러므로 (54마)의 '궂기-'는 자동사 피동과 관련된 논의에서 제외한다.

(54바)의 '셔엿도다'는 '셔이-'에 '-엇-'이 결합한 예이다. 그런데 '셔이-'는 '-어 잇-'과의 결합 외에 그 자체로 피동사로 사용된 예가 없다.[47] 그러므로 이는 타동사 '셔이-'가 결과상태 지속을 나타내는 '-엇-'과 결합한 것이라 할 수 있다. 즉 (54바)의 '셔엿도다'에 사용된 '셔이-'는 타동사로 볼 수 있으므로 자동사 피동 논의에서 제외한다.

② 파생어를 피동사가 아닌 사동사로 볼 수 있는 예는 연구 대상에서 제외한다.

두 번째 기준은 파생어가 피동사가 아닌 것은 제외한다는 것이다. 이 기준을 적용했을 때 제외되는 동사에는 (53바)의 '들이-'(墮)가 있다.[48] '들이-'(墮)는 '듣-'에 '-이-'가 결합한 어형으로 "(눈물, 빗물 따위의 액체가) 방울져 떨어지다"의 의미를 나타내는데, 중세의 '듣-'은 아래와 같이 자동사로 사용될 수 있었다.

(60) 가. 이스리 蓮ㅅ고지 서늘ᄒ니 粉紅이 듣놋다 (露冷蓮房墜粉紅) 〈杜詩6:
10a〉

나. 머므러셔 봄바미 춤 처 눖믈 듣거늘 고돌파 머므노라 (留連春夜舞
淚落强徘徊) 〈杜詩15:48a〉

(60)은 '듣-'이 '粉紅', '눖믈' 등을 주어로 취하여 자동 구문을 이룬 예이다. (60가)는 "이슬이 연꽃에 서늘하니 붉은 가루가 떨어지는구나",[49] (60나) 는 "여러 봄밤을 머물며 춤을 추니 눈물이 떨어지거늘 고달파 하며 머무는

---

47) '셰-'가 '-어 잇-'과 결합한 또 다른 예로는 '외로윈 城에 셰엿ᄂ 羽旗ᄂ ᄇᄅ매 펴 고댓도다(孤
城樹羽揚風直)' 〈杜詩12:23a〉가 있다.

48) 앞서 살펴본 '긋기-'는 이 범주에도 들어갈 수 있다. '긋기-'는 결과적으로 피동사가 아닌 사동
사이기 때문이다.

49) 번역은 이현희·이호권·이종묵·강석중(1997)을 참고하였다. 다만 이현희·이호권·이종
묵·강석중(1997: 84)에서는 '분홍이 떨어지는구나'로 제시하였는데, 본고는 '붉은 가루가
떨어지는구나'로 수정하였다.

구나"로 해석된다. '듣-'이 이처럼 자동사로 쓰이는 예는 현대어에서는 '비가 듣다'와 같은 표현에서만 남아 있으며, '비' 외의 다른 대상을 주어로 취하는 구문은 소멸되었다.

'듣-'에서 파생된 '들이-'는 일반적으로 아래와 같은 타동 구문을 이루었다.

> (61) 가. 하ᄂᆞᆳ ᄇᆞᄅᆞᄆᆞᆫ 것거딘 버드를 좃ᄂᆞ니 **내 눖므른** 몰ᄀᆞᆫ 픗뎟 소리예 들이
> 노라 (天風隨斷柳 客淚墮淸笳) 〈杜詩3:25a〉 [중간본(규장각소장본):
> 하ᄂᆞᆳ ᄇᆞᄅᆞᄆᆞᆫ 것거딘 버드를 좃ᄂᆞ니 내 눖므른 몰ᄀᆞᆫ 픗뎟 소리예 들이
> 노다]
> 나. 壯公이 이를 디러셔 決斷호ᄆᆞᆯ 壯히 너겨 두루 거러셔 **눖므를** 빗기 들
> 유라 (壯公臨事斷 顧步涕橫落) 〈杜詩3:66b〉 [중간본(규장각소장본):
> 壯公이 이를 디러셔 決斷호몰 壯히 너겨 두루 거러셔 눈믈를 빗기 들
> 유라]
>
> (62) 艱難ᄒᆞᆫ 히예 아ᄃᆞᆯ와 ᄯᅩᆯ왜 여위니 나죗 길헤 **눖믈와 곳믈를** 뜯들이노라 (荒
> 歲兒女瘦 暮途涕泗零) 〈杜詩6:20a-b〉

(61)은 '들이-'가 '내 눖믈', '눖믈' 등을 목적어로 취하여 타동 구문을 이룬 예이다. (61가)는 (53바)와 동일한 예로, "하늘의 바람이 꺾어진 버들가지를 따르니, 내 눈물을 맑은 풀피리 소리에 떨어뜨리는구나", (61나)는 "壯公이 일을 대함에 있어서 결단함을 훌륭히 여겨, 돌아보며 걸으면서 눈물을 비스듬히 떨어뜨리는구나"로 해석된다. (62)는 '뜯듣-'의 사동사 '뜯들이-'가 사용된 예인데, '눖믈와 곳믈'을 목적어로 취하고 있다. (62)는 "흉년으로 아들과 딸이 여위니, 해가 저문 길에 눈물과 콧물을 떨어뜨리노라"로 해석된다.

그런데 배희임(1988)에서는 (61가), 즉 (53바)의 '들이-'를 자동사로 보았다. 그 이유를 따로 서술하지는 않았지만 추측해 보자면, 풀피리 소리를

들고 저절로 눈물이 떨어진 상황을 타동 구문으로 표현하는 것이 어색하여, 이를 자동 구문으로 이해하고 "내 눈물은 맑은 풀피리 소리에 떨어지는구나"로 해석한 데서 연유한 듯하다.[50]

본고는 '들이노라'가 화자 주어 선어말어미 '-오-'를 포함하고 있다는 점, 그리고 중세한국어에서는 비의도적 상황을 나타내는 데에 타동 구문이 사용될 수 있었다는 점을 근거로 (61가)의 '들이-'를 타동 구문으로 본다. 후자의 근거와 관련하여서는 박진호(2014)가 참조된다. 박진호(2014)에서는 중세한국어 시기에는 주체에게 어떠한 의도나 책임이 없는 사태를 나타낼 때에도 타동 구문이 사용될 수 있었다고 하며, 아래의 예를 제시하였다.

(63) 가. 그듸룰 猛虎行을 주고 미해 나가거늘 고홀 싀히 ᄒ노라 (贈子猛虎行出郊載酸鼻) 〈杜詩16:20a〉

　　나. 도ᄐᆞ랏 막대 디퍼 믌ᄀᆞᆺ을 구버셔 너를 爲ᄒᆞ야 고홀 싀히 ᄒ노라 (杖藜俯沙渚 爲汝鼻酸辛) 〈杜詩16:70b〉

　　다. 送葬홀 사ᄅᆞ미 다 우러 셜워ᄒᆞ거늘 겨틧 사ᄅᆞ미 고홀 싀여 ᄒ며 눉므를 숫디 아니ᄒ리 업스며 (送葬者ㅣ 盡哭哀慟커늘 傍人이 莫不爲酸鼻揮涕ᄒ며) 〈內訓3:38b〉

　　라. 니블을 헤혀 보니 피 흘러 평상과 돗긔 ᄀᆞ득ᄒᆞ얏거늘 온 집이 놀라 두려 가 보고 고홀 싀여 아니리 업더라 (發被視之ᄒᆞ니 血流滿床席이어늘 擧家ㅣ 驚惶ᄒᆞ야 往視之ᄒᆞ고 莫不酸鼻ᄒ더라) 〈小學6:57a〉

---

50) 한편 근대에는 '瀝水 믈 들리다'〈譯語補1:6b〉와 같이 자동사 '들이-'로 볼 수 있는 예가 존재한다. '瀝'이 "액체가 방울방울 아래로 떨어지다"의 의미를 나타냄을 고려하면, '믈 들리다'의 '들리-'는 "떨어지다"로 해석될 수 있다. 하지만 '믈'에 조사가 결합되어 있지 않아 '믈'을 주어로 볼 수 있을지 불확실하고, 제시된 예는 어휘집에 존재하는 예라는 점에서 그 논항 구조를 명확히 알 수 없다. '들리-'가 타동사일 가능성도 완전히 배제할 수는 없는 것이다. 따라서 본고는 어휘집에 나타나는 예는 본격적 논의의 대상으로 삼지 않는다.

(64) 가. 王이 그 새 소리를 듣고져 ᄒᆞ야 ᄒᆞ나ᄒᆞᆯ 어더다가 두니 열흐리로ᄃᆡ 우
　　　루믈 아니 울씨 王이 안ᄒᆞᆯ <u>답ᄭᅥ</u> ᄒᆞ더니 (王求得此鳥 旬日不鳴) 〈釋詳
　　　24:20a〉

　　나. 王이 드르시고 두리샤 <u>안ᄒᆞᆯ 닶겨</u> ᄯᅡ해 그우러 겄ᄆᆞᆯ 주겟다가 ᄭᆡ샤
　　　ᄀᆞ만ᄒᆞᆫ 소리로 虛空애 니ᄅᆞ샤ᄃᆡ (爾時 大王聞是語已 心驚毛豎 身體掉
　　　動 不能自持; 憂恚懊惱 喑嗟煩悶 心肝惱熱 宛轉躃地 悶絕良久乃穌 微
　　　聲報虛空中言) 〈月釋20:105a〉

　cf. 내 모미 하 커 수물 굼기 업서 더븐 벼티 우희 ᄧᅬ니 술히 덥고 <u>안히</u>
　　　<u>답ᄭᅡᆸ거늘</u> (身旣廣大 無穴可容 烈日上臨 內外<u>熱惱</u>) 〈月釋2:51a〉

　　(63)은 '고ᄒᆞᆯ {싀히 ᄒᆞ-/싀여ᄒᆞ-}'가 사용된 예로, 이는 "코끝을 시큰하게
하다", "코끝이 시큰해지다"의 의미를 나타낸다. (63가)는 "그대에게 猛虎
行을 읽으라고 주고 교외로 나가니 코끝이 시큰하구나", (63나)는 "지팡이
짚고 물가에 굽어서니, 너로 인하여 코끝이 시큰해지는구나"로 해석된다.
(63다)는 주애 지방의 의로운 두 여자(珠崖二義)와 관련된 이야기의 일부
로, 전처의 딸과 후처가 서로 자신이 잘못한 것이라고 이야기하는 장면을
보고 장례에 참석한 사람들이 이를 보며 감동을 받아 우는 장면이다. "送葬
하는 사람이 다 울면서 서러워하거늘 곁에 있는 사람이 코끝을 시큰해 하
며 눈물을 흘리지 않는 사람이 없으며"로 해석된다. (63라)는 열녀 중 한명
인 슝女가 귀를 자른 이야기(슝女截耳)의 일부이다. 사람들이 슝女가 수절
한 것을 안타까이 여겨 그의 마음을 돌리려 하였는데, 슝女에 대한 감시가
조금 소홀한 틈을 타 슝女가 자신의 코를 베어버린 장면이다. "이불을 들춰
보니 피가 흘러 자리에 피가 가득하거늘, 온 집안 사람이 놀라 두려워하여
가서 보고 코끝을 시큰해하지 않는 사람이 없더라"로 해석된다.
　　(64)는 '안ᄒᆞᆯ 닶겨 ᄒᆞ-'가 사용된 예로, 이는 "속을 답답하게 하다", "속이
답답하다"의 의미를 나타낸다. (64가)는 왕이 새 소리를 듣고자 하여 새를
얻었으나 새가 울지 않아서 그로 인해 왕이 답답해하는 부분이다. "왕이

그 새 소리를 듣고자 하여 새 한 마리를 얻어 두니, 열흘이 지나도 울음을 울지 않으므로 왕이 속을 답답해하더니"로 해석된다. (64나)는 궁전을 지키는 신령이 왕에게 羅睺大臣이 반역을 꾸미고 있는데 왜 도망을 가지 않느냐고 말하자, 이에 대한 왕의 반응이다. "왕이 들으시고 두려워하고 답답해하여, 땅에 굴러 까무러쳤다가 깨어나서 조용한 소리로 허공에 말씀하시기를"로 해석된다.

이처럼 '고흘 {싀히 ᄒ-/싀여ᄒ-}'와 '안흘 닶겨 ᄒ-'는 중세어에서는 자신의 의도와 상관없이 일어나는 상황을 나타낼 때에도 타동 구문으로 표현될 수 있었다. 박진호(2014: 154)에서는 감격하여 코끝이 시큰해지거나, 속이 답답한 것은 주체가 통제할 수 없는 사태인데도 중세어에서는 타동 구문으로 표현될 수 있었다고 하였다. 그리고 중세한국어에서는 현대한국어에 비해 비의도적 사태를 타동 구문으로 표현할 수 있는 가능성이 더 넓었을 것으로 추정하였다. 이를 고려하면, 풀피리 소리를 듣고 저절로 눈물이 떨어지는 상황도 '눈물을 들이-'와 같은 타동 구문으로 충분히 표현될 수 있었을 것이다.

(61가)를 타동 구문으로 본다면 중세어 시기에는 사동사로서의 '들이-'만 존재하고, 피동사로서의 '들이-'는 존재하지 않은 것이 된다. 따라서 '들이-'와 관련된 (61가), 즉 (53바)의 예는 자동사 피동의 논의에서 제외된다.[51]

---

51) (63)-(64)의 예에서 '고흘 {싀히 ᄒ-/싀여ᄒ-}', '안흘 닶겨 ᄒ-'는 대부분 화자의 심리를 나타내는 데에 사용되어 있다. 심리 구문은 '마음이 아프다', '마음을 아파하다'류의 교체 구문을 이룰 수 있었는데, 이를 고려하면 (64)의 '안히 답값-'과 '안흘 닶겨 ᄒ-' 역시 심리 구문과 유사한 교체를 보이는 예로 설명될 수 있다. 또한 (63)의 '고흘 {싀히 ᄒ-/싀여ᄒ-}'(코를 시큰거리다)도 타동 구문뿐만 아니라, '고희 싀-'(코가 시큰거리다) 구문을 이룰 수 있었다.

   淸淨 根으로 淸淨 境을 비취면 山林이 횟두르며 禽獸ㅣ 울며 고희 싀며 입시우리 저즈며 다른 얼굴와 다른 쁘디 實相 아니니 업스며 (以淸淨根으로 照淸淨境ᄒ면 遂見山林이 周匝ᄒ며 禽獸ㅣ 嗚呼ᄒ며 醶鼻沾唇ᄒ며 殊形異意ㅣ 無非實相이며) 〈法華 6:68a-b〉

   현대어에서도 '코가 시큰거리다'와 '코를 시큰거리다'가 공존할 수 있는 것처럼, '고희 싀-'와

③ 어기에 접미사가 결합되었다고 볼 수 없는 예는 연구 대상에서 제외한다.

세 번째 기준은 파생어를 접사 결합형으로 볼 수 없는 것은 제외한다는 것이다. 이에 해당하는 동사에는 (53사)의 '얼의-'와 (53아)의 '범븨-'가 있다. (53사)의 '얼의여슈믈'은 그 어간을 '얼의-' 혹은 '얼의-'에 '-이-'가 결합한 '얼의이-'로 파악할 수 있다. 전자로 본다면 '얼의여슈믈'은 '[[얼의-+-어 이시-]+-움]+을'로, 후자로 본다면 '[[얼의이-+-어 이시-]+-움]+을'로 분석된다. 그런데 어간의 두 번째 음절인 '의'에 포함되어 있는 'j'로 인해 후행 어미에 활음이 첨가될 수 있는 환경이므로, 어간에 '이'라는 요소를 굳이 상정할 필요가 없다. '얼의이-'의 활용형으로 볼 수 있는 [*]얼의이오, [*]얼의이ᄂ니' 따위도 존재하지 않는다. 이는 '범븨-'의 경우도 마찬가지이다. '범븨-' 또한 'j'를 포함하고 있어 후행 어미에 활음 첨가가 가능하며, [*]범븨이-'의 활용형으로 볼 수 있는 예 또한 존재하지 않는다. 따라서 이들은 어기에 피동 접미사가 결합한 형태가 아닌, 그 자체가 단일어인 일반 자동사로 보아도 무방하다.

지금까지 우리는 세 가지 기준을 적용하여 비원형적 피동문으로 볼 수 없는 예들을 연구 대상에서 제외하였다. 마지막으로 우리는 (53나)의 '들이-'(入)의 예를 재검토하고자 한다. 편의상 아래에 예를 다시 보인다.

(53나) 아촚 비치 돗 부우리로 혼 창이 들여ᄂᆞᆯ 주근 ᄃᆞ시 자다가 헌 갓옷 두퍼셔
　　　 놀라오라 (朝光入甕牖 尸寢驚弊裘) 〈杜詩22:1a〉

'고훌 {쇠히 ᄒᆞ-/쇠여ᄒᆞ-}' 또한 교체 관계를 이루며 공존할 수 있었던 것이다. (63), (64)를 심리 구문의 일종으로 본다면, 이들이 교체를 보이는 것은 심리 구문의 특징으로 설명될 수 있을 것이다. 이에서 더 나아가면, (60)의 '눈물이 들-'과 (61)의 '눈물을 들이-'도 교체 관계로 설명될 수 있을 것이다. '눈물이 들-'과 '눈물을 들이-'를 본격적인 심리 구문으로 보기 어려울 수 있지만, 이와 같은 표현이 화자의 심리를 나타내는 데에 사용될 수 있음을 고려하면 넓은 의미에서의 심리 구문의 일종으로 볼 수 있을 것이다. 좀 더 많은 예를 발굴하여 (61가)가 비의도적 타동 구문인지, 혹은 심리 구문과 유사한 교체를 보이는 구문인지, 혹은 다르게 해석될 여지가 있는지를 검토할 필요가 있다.

이는 "아침 햇빛이 독의 부리로 만든 창에 들거늘, 죽은 듯이 자다가 헌 가죽옷이 덮여 있어서 놀랐노라"로 해석된다.

그런데 이 예를 자동사 '들이-'가 쓰인 것으로 볼 수 있는지는 의심스럽다. 그 이유는 다음과 같다. 첫째, '들-'은 일반적으로 "(햇빛이나 햇볕, 비 따위가) 일정한 범위까지 비추거나 미치다"(〈고려〉)의 의미를 나타내는데, 중세어에서 '들이-'가 이러한 의미를 나타내는 예는 거의 없다. (53나)에 사용된 것 외에는 거의 보이지 않는 것이다. 현대어에도 "(햇빛이나 햇볕, 비 따위가) 일정한 범위까지 비추거나 미치다"의 의미는 '빛이 잘 든다'와 같이 '들리-'가 아닌 '들-'로 표상된다. 현대어에서 자동사 '들리-'는 "(사람이 어떤 병에) 걸리게 되다", "(사람이 귀신에) 정신을 지배받게 되다"의 의미만을 나타내고 있다.

둘째, (53나)의 '들이-'는 성조형과 형태적인 면에서도 독특하다. '들여늘'의 성조는 去平去로 나타나는데, 이는 다른 피동사와는 달리 어간이 平去의 성조형을 보이지 않는다.[52] 또한 '들여늘'은 '[들-+-이-]+-어늘'로 분석되는데, 이때 '-어늘'의 '-어-'는 주로 타동사 표지로 논의되어 왔다. 그런데 어간 '들이-'는 자동사이다. 자동사에 '-어늘'이 결합하는 현상을 고영근(1986)에서는 동작주를 설정하는 방법으로 설명하였다.[53] 고영근(1986: 62-3)에서는 (53나)의 예에 대해, '들이-'(入)는 자동사와 타동사로 공용되는 능격 동사인데 이 예는 시의 배경을 알기 전에는 동작주가 무엇이라고 단정할 수 없다고 하였다. 그런데 제시된 예는 두보의 시 중에서 〈晦日尋崔戢李封〉(그믐날에 최집과 이봉을 찾아가다)의 처음 시작 부분으로, 누군가가 아침 햇빛을 창으로 들게 하였다는 의미를 찾아볼 수 없는 맥락이다.

---

52) 자료는 홍문각 영인본을 참조하였다.

53) 예를 들어 '世尊을 맞나ᅀᆞᄫᅳ며 즐게 남기 들여늘'〈月千65b〉과 같은 문장에서 '들이-'(擧)는 '낡'를 주어로 취하는 自動詞로 사용되었으므로 그 형태가 '들이거늘'이 되어야 하는데 실제로는 '들여늘'로 나타난다. 이에 대해 고영근(1986: 60)에서는 나무를 들도록 한 동작주는 부처 또는 부처의 신력이므로 이 문장은 '부처가 나무를 들거늘'로 해석될 수 있다고 하였다.

따라서 이는 동작주의 설정으로도 설명하기 어려운 예라 할 수 있겠다.

이처럼 "(햇빛이나 햇볕, 비 따위가) 일정한 범위까지 비추거나 미치다"의 의미를 가지는 '들이-'(ㅅ)는 그 사용례가 지극히 적으며, 일반적인 피동사의 성조형(平去)을 따르지 않고, 형태적인 면에서도 설명이 쉽지 않다. 따라서 이것이 과연 하나의 동사 어간으로 실존한 것인지, 혹 오자는 아닌지 의심을 가질 수 있다.

이에 본고는 해당 부분이 《두시언해》 권22의 중간본에 어떻게 나타나는지를 확인하였다.[54] 교정본이 없는 원간본은 중간본과의 대조가 필수적이기 때문이다.[55] 중간본에서는 해당 부분이 아래와 같이 수정되어 나타난다.

(65) 아츰 비치 둣 부우리로 혼 창의 <u>들어늘</u> 주근 드시 자다가 헌 갓옷 두퍼셔[56] 놀라오라 〈杜重22:1a〉

원간본의 '들여늘'이 중간본에서는 '들어늘'로 나타나는 것이다. 이를 설명할 수 있는 방법은 두 가지이다.

첫 번째 방법은 원간본의 '들여늘'을 '들어늘'의 오자로 보고, 이것이 중간본 편찬자들에 의해 수정되었다고 보는 것이다. 만약 이를 '들어늘'의 오자로 본다면, 원간본에 나타나는 '들여늘'의 성조가 去平去로 나타나는 것도 쉽게 이해된다. 어간 '들-'은 거성이며, '-어늘'은 주로 평성·거성의 성조를 가지기 때문이다. 또한 '-거/어-'의 교체를 동사의 자·타동성과 관련된 것으로 가정한다면, '-거늘'이 결합한 것도 충분히 설명이 가능하다. 자동

---

54) 중간본은 서울대 규장각소장본(가람 古 895.11.D85b v.10)과 국립중앙도서관 소장본을 확인하였다. 이호권(2003: 138)에 따르면 이 두 소장본은 서지학적으로 紙質과 印面이 우수하고, 언어 사실면에서도 더 오래된 형태를 유지하고 있는 책에 속한다.

55) 《두시언해》 권22는 교정본이 없는 원간본이다. 교정본이 없는 원간본은 중간본과의 대조가 필수적인데, 이는 安秉禧(1997/2009)에서 강조된 바 있다.

56) 국립중앙도서관 소장본에는 '두피셔'로 나타난다.

사 '들-'에 자동사 표지인 '-거늘'이 결합하고, 어간 말 'ㄹ' 뒤에서 'ㄱ' 약화를 겪어 '들어늘'이 된 것으로 볼 수 있기 때문이다.

　두 번째 방법은 이를 언어 변화의 산물로 보는 것이다. 安秉禧(1972: 33)에서는 오자는 중간본이 원간본보다 많음이 보통이며, 이는 원간본의 어형을 제대로 파악하지 못함에 말미암는다고 하였다. 이를 고려하면 '들이-'는 15세기에 존재하였는데, 중간본 편찬자들이 이 어형을 이해하지 못하여 어간을 '들-'로 수정하였을 가능성도 있다.

　본고는 첫 번째 방법을 따라 원간본의 '들여늘'을 '들어늘'의 오자로 보는 입장을 취한다. 이는 중세한국어 시기에 "(햇빛이나 햇볕, 비 따위가) 일정한 범위까지 비추거나 미치다"의 의미로 사용되는 '들이-'가 (53나)에만 존재하는 유일례라는 점, '들이-'가 일반적인 피동사의 성조형인 平去형을 따르지 않는다는 점에 근거한다. 그리고 이호권(2003)을 따라 이 오자는 이미 원간본 당시에 교정된 것으로 본다. 이호권(2003)에서는 교정본이 있는 원간본[권6, 7(가람문고 소장본)과 권 17-19(국립중앙박물관 소장본)]의 경우 그 교정본이 중간본의 저본이 되는데, 이러한 사실을 교정본이 없는 원간본에도 적용하여 중간본에서 언해가 바뀐 것들은 원간본 당시에 이미 교정되어 있었던 것이었음을 주장하였다. 이호권(2003)의 주장을 받아들이면 '들여늘'은 이미 15세기 당시 '들어늘'로 교정이 되었고, 이것이 중간본에도 그대로 '들어늘'로 나타난다고 볼 수 있을 것이다. 만약 17세기에 중간본 편찬자들에 의해 수정이 되었다면 당시에는 'ㄹ' 말음 뒤에서 'ㄱ'이 약화되는 현상이 거의 남아 있지 않은 시기였기 때문에, 이는 '들거늘'로 수정되었어야 할 것이다. 하지만 (65)와 같이 중간본에도 '들어늘'로 나타나 있음을 고려하면, 원간본 당시에 이미 교정이 일어났으리라는 이호권(2003)의 주장은 이 현상을 설명하는 데에 설득력이 있다.

　즉 (53나)의 '들여늘'은 '들어늘'의 오자이며, "(햇빛이나 햇볕, 비 따위가) 일정한 범위까지 비추거나 미치다"의 의미를 가지는 자동사 '들이-'는 존재하지 않는다. 따라서 '들-'과 '들이-'는 어기와 파생어의 관계로 볼 수 없으며, (53나)의 예는 자동사 피동의 논의에서 제외된다.

한편, 중세와 근대의 '들이-'는 (53나')의 예와 같이 "(사람이 귀신에게) 정신을 지배받게 되다"라는 의미로 사용되기도 하였다. 이는 어기 '들-'(入) 이 자동사라는 점에서 자동사 피동과 유사한 면이 있다. 본고는 '들이-'가 이루는 피동문은 '들-'이 이루는 구문으로부터 논항의 강등과 승격이 일어 나 도출된다는 점에서, 이를 자동사 피동과는 구별되는 것으로 본다.

먼저 '들-'의 예부터 살펴보자.

(66) 가. 邪曲훈 귓거시 <u>들어나</u> ᄒ야 橫死훌씨오 (起屍鬼等之所<u>中</u>害) 〈釋詳9: 37b〉

　　　나. 귓것 든 병 〈救簡目錄9b〉

(66)에서 '들-'은 'X[귀신 따위]이 (Y[피행위자]에) 들다' 구문을 이룬다. X 에는 '邪曲훈 귓것', 귓것' 따위의 명사가 나타난다. Y는 명시적으로 드러나 지는 않지만 맥락을 통해 일반 사람을 지시함을 알 수 있다. (66가)는 "사곡한 귀신이 들거나 하여 횡사하는 것이고", (66나)는 "귀신 든 병"으로 해석된다.

아래는 '들-'의 피동형 '들이-'가 사용된 예이다.

(67) 가. 魔 <u>들인</u> 거시어나 夜叉ㅣ어나 羅刹이어나 (若爲魔所<u>著</u>者 若夜叉 若羅 刹) 〈釋詳21:52a〉

　　　나. 어린 거시 귓것 <u>들여</u> 미친 말 ᄒᄂᆞ다 (癡人顚狂 鬼魅所著 而作是言) 〈月釋22:59a〉

　　　다. ᄌᆞ오롬신 <u>들여</u> 너무 자다가 긔운을 일허든 (魔睡強眠失氣) 〈救簡1: 85a〉

　　　라. 미쳐 나ᄃᆞᆫ고져 호미 샤긔와 빌믜와 <u>들인</u> 듯ᄒ닐 누에 낸 죠희를 ᄉᆞ라 수레 프러 머기라 (發狂欲走似<u>著</u>邪崇者 蠶退紙[누에 낸 죠희]作灰酒調 服之) 〈救簡1:85a〉

제시된 예에서 '들이-'는 'Y[피행위자]이 X[귀신 따위] 들이다' 구문을 이른다. Y에는 '어린 것' 등의 유정 명사가 나타나며, X에는 '魔', '귓것', 'ᄌᆞᆺ롬신', '샤긔와 빌믜' 등의 명사구가 나타난다. (67가)는 "마귀에 들린 것이거나 야차거나 나찰이거나", (67나)는 "어리석은 것이 귀신에 들려 미친 말을 하는구나", (67다)는 "졸음신에 들려 너무 자다가 기운을 잃거든", (67라)는 "미쳐서 내달리려 함이 사악한 기운과 빌미에 들린 듯한 사람은 蠶退紙(누에가 알을 깐 종이)를 불에 살라서 술에 풀어 먹여라"로 해석된다.

(66)의 'X[행위자]이 Y[피행위자]에 들-' 구문과 (67)의 'Y[피행위자]이 X[행위자] 들이-' 구문을 비교하였을 때, '들-'과 '들이-'는 능동과 피동의 관계로 볼 수 있다. 능동문의 피행위자 Y는 피동문에서 주어로 승격하였으며, 능동문의 행위자 X는 피동문에서 주변적 성분으로 강등되었기 때문이다. 또한 동사구에는 '-이-'라는 표지가 결합하였다. 논항의 승격과 강등이 일어났고, 형식적 표지가 존재한다는 점에서, 'Y이 X(에) 들이-'는 피동의 원형적 특성을 모두 갖춘 구문이라 할 수 있다.

문제는 'X이 Y에 들-'과 같이 목적어가 없는 구문이 피동화를 겪은 이유를 어떻게 설명하느냐는 것이다. 이는 타동성(transitivity)의 관점에서 설명될 수 있다. 타동성이란 절 전체의 전국적(global) 속성으로, 동사가 나타내는 행위가 행위주(agent)로부터 피행위주(patient)에게 전달되는(carried-over, transferred) 것을 의미한다(Hopper & Thompson 1980: 251). Hopper & Thompson(1980: 252)은 원형적 접근으로 타동성을 파악하면서 타동성을 구성하는 10가지의 변수를 제시한 바 있다.

(68) 타동성을 구성하는 변수

	HIGH	LOW
A. 참여자의 수	2 or more participants, A and O	1 participants
B. 술어의 특징	action	non-action
C. 술어의 상	telic	atelic

D. 술어의 순간성	punctual	non-punctual
E. 의도성	volitional	non-volitional
F. 긍정성	affirmative	negative
G. 양태	realis	irrealis
H. 행위자의 행위성	A high in potency	A low in potency
I. 목적어의 영향입음성	O totally affected	O not affected
J. 목적어의 개별성	O highly individuated	O non-individuated

이와 같은 타동성의 지표를 참고하였을 때, 'X[행위자]이 Y[피행위자]에 들다' 구문은 타동성이 높은 편이다. 이 구문은 두 참여자가 존재하고(A), 의도(E)를 가진 행위자(H)에 의해 피행위자가 영향을 받았다(I, J). 또한 귀신이 드는 행위(B)는 순간적(D)으로 일어나며 끝점이 있는 행위(C)이다. 즉 'X이 Y에 들다' 구문이 전형적인 타동 구문은 아니지만, 이 구문이 가지는 높은 타동성으로 인해 일반 타동 구문과 마찬가지로 피동화를 겪을 수 있었던 것으로 보인다. 따라서 논항의 승격과 강등이 일어나 'Y이 X에 들이다'라는 피동문이 만들어질 수 있었다. 그러므로 이는 논항의 승격과 강등이 일어나지 않는 비원형적 피동문과는 구분되어 다루어야 할 필요가 있다.

이와 같은 검토를 통해 그간 자동사 피동으로 논의되어 왔던 '들여늘'의 '들이-'(ㅅ)는 '들어늘'의 오자이므로 자동사 피동으로 논의할 수 없음을 확인하였다. 그리고 '귀신이 들-' 구문과 '귀신 들이-' 구문은 능동·피동의 관계로 설명될 수 있음을 논하였다.

한편 'Y이 X(귀신) 들이다' 구문의 'X'에는 거의 격 표지가 결합되지 않는다. 이는 'X이 Y에 들다'로부터 도출된 'Y이 X에 들이다'가 일종의 관용표현으로 굳어지게 됨으로써, 'X'의 격 표지가 생략될 수 있었던 것으로 보인다. 'X'에 격 표지가 결합한 예는 20세기 초에야 보이기 시작하는데, 아래에 그 예를 제시한다.

(69) 가. 또 <u>샤귀가</u> 들녓다 ᄒᄂᆫ 말이 올치 아니ᄒᄂᆞ〈신약전서 요한8:48〉

　　나. 그 어린 ᄯᅡᆯ이 <u>샤귀ᄅᆞᆯ</u> 들녓거늘 와셔 그 발 아래 업ᄃᆡ리니 〈신약전서 마가7:25〉

　　다. 제 아들 ᄋᆞᆯ 두리고 션싱님ᄭᅴ 오다가 며ᄂᆞᆫ 임의 벙어리 되ᄂᆞᆫ <u>샤귀ᄅᆞᆯ</u> 들녀셔 〈신약전서 마가9:17〉

　　(69가)는 '샤귀'에 '가'가 결합되어 있으며, (69나, 다)는 '샤귀'에 '을/를'이 결합되어 있다. 중세와 근대한국어 시기에는 'X이 Y(∅) 들이-'와 같이 행위자가 무표지로 나타나는 것이 일반적이었는데, (69)의 예에서는 행위자 Y에 '가' 및 '을/를'이 결합되어 있는 것이다. 이러한 현상의 원인은 초점화와 관련지어 생각해 볼 수 있다. (69가)는 유대인들이 예수의 말을 계속 믿지 않고, 예수에게 귀신에 들린 것이 아니냐고 따지는 장면이다. (69나, 다)는 자신의 자식이 귀신에 들리자 예수에게 귀신을 쫓아내어 달라고 부탁하는 장면이다. (69가)에서 유대인들은 예수가 귀신이 들린 것이 맞다고 계속 몰아가고 있으며, (69나, 다)에서 딸이나 아들에게 귀신이 들렸음은 이들에게 중대한 상황이다. 그러므로 해당 맥락에서 '샤귀'를 초점화하여 표현할 수 있었던 것으로 보인다.[57]

　　지금까지 우리는 비원형적 피동문을 이루는 동사 목록을 확보하기 위해, 세 가지 기준으로 선행 연구에서 제시한 목록을 재검토하였다. 그 결과 '알히-'(痛)와 '깃기-'(悅), '우이-'(笑), '굿기-'(凶), '셔이-'(立), '들이-'(墮), '얼의-'(凝), '범븨-'(痲痺), '들이-'(入) 등이 연구 대상에서 제외되었다. 자동

---

57) 한편 (69가)의 '샤귀가 들리-'와 같은 구문은 자동사에 피동 표지가 결합한 구문이 가지는 특성과 관련지어 생각해 볼 수도 있다. '들-'과 '들이-'가 이루는 구문은 능동과 피동의 관계를 이루지만, 이러한 능동·피동의 관계가 당시의 언중들에게는 뚜렷이 인식되지 않았을 가능성이 있다. '들-'은 실제적으로는 대격 논항을 취하는 타동 구문을 이루지 않기 때문이다. 따라서 '놀-'과 '놀이-'가 통사·의미적 차이가 없는 구문을 이룰 수 있었던 것처럼, 이와 유사한 맥락에서 '귀신이 들-'과 '귀신이 들리-' 구문이 공존하였을 가능성도 있을 것이다.

사 피동으로 논의될 수 있는 것들만을 정리하여 제시하면 아래와 같다.

중세: 늘이다(飛), 도티다(瘰)[이상 중세·근대 모두 존재], 덞기다(染)
근대: 곪기다(膿), 울리다(響), 조을리다(睡)

우리는 이 동사들을 대상으로 3.1.3에서 어기와 파생어의 의미 양상의 차이, 어기에 결합한 '-이/히/기/리-'의 성격 등을 논한다.

2.2에서 우리는 피동의 원형성에 의거하여 중세·근대한국어 피동문을 세 가지 유형으로 나누었다. 첫 번째 유형은 통사·형태적 특성을 모두 갖춘 원형적 피동문, 두 번째 유형은 통사적 특성만을 갖춘 준원형적 피동문, 세 번째 유형은 형태적 특성만을 갖춘 비원형적 피동문이다. 통사적 특성만을 갖춘 피동문, 즉 준원형적 피동문이 형태적 특성만을 갖춘 비원형적 피동문보다 더 원형성에 가깝다는 점을 고려하면, 통사적 특성이 피동의 본질적 특성이며 형태적 특성은 부수적 특성임을 알 수 있다.

한편 피동문이 이와 같은 특성을 얼마만큼 갖추고 있는지는 구문에 사용된 동사의 통사 범주와 직접적으로 관련된다. 타동사 혹은 자·타 양용동사에 피동 접사가 결합한 동사가 이루는 구문은 원형적 피동문에 속한다. 자·타 양용동사가 이루는 자동 구문은 준원형적 피동문에 속한다. 자동사에 피동 표지가 결합한 동사가 이루는 구문은 비원형적 피동문에 속한다. 다시 말해, 피동의 원형적 특성을 갖춘 정도에 따라 피동문을 분류하였는데, 분류의 결과는 동사의 통사 범주와 밀접하게 관련되는 것이다. 제3장에서는 어기의 통사범주를 기준으로 하여 피동사의 형태적 특성을 상세히 고찰한다.

이상의 내용을 표로 정리하면 다음과 같다.

[표 3] 피동의 원형적 특성과 이에 따른 중세·근대한국어 피동문의 세 유형

특성 \ 유형	원형적 피동 (타동사 어기)	준원형적 피동 (자·타 양용동사의 자동 구문)	비원형적 피동 (자동사 어기)
통사적(본질적) ① 기저문의 피행위자는 피동문에서 주어로 승격한다.	O	O	X
통사적(본질적) ② 기저문의 행위자는 피동문에서 부사어로 강등되며, 생략될 수 있다. 혹은 완전히 삭제되기도 한다.	O	O	X
통사적(본질적) ③ 타동사절에 적용되어 자동사를 파생한다.	O	O	X
형태적(부수적) ④ 피동 구성에는 분명한 형식적 표지가 있다.	O	X (→O)[58]	O

우리는 이를 바탕으로 제3장에서 각각의 유형이 가지는 특징을 살펴볼 것이다. 특히 준원형적 피동과 비원형적 피동을 집중적으로 다루되, 원형적 피동과 이들 간의 관계를 어떻게 설정할 수 있는지를 논한다.

2.3. 피동문의 의미

지금까지 우리는 피동의 원형적 특성을 제시하고, 이에 근거하여 중세·근대한국어 시기 피동문을 세 가지 유형으로 나누었다. 이 節에서는 선행 연구에서 제시한 현대한국어 피동문의 의미를 확인하고, 중세·근대한국어 시기 피동문의 의미 유형과 그 예를 보인다.

---

58) 이는 일부의 자·타 양용동사가 피동 접사를 취함으로써 피동의 원형적 특성 중 형태적 특성도 갖추게 되는 경우를 나타낸다.

피동문의 의미는 그간 많은 연구에서 다루어져 왔다. 여러 선행 연구 중에서 피동문의 의미를 구체적으로 논한 연구인 최현배(1937/1961), 이정민(1974/1994), 남수경(2011나), 박소영(2013)을 대표적으로 검토한다.[59]

먼저 최현배(1937/1961: 422)에서는 피동(입음 움직임)이 가질 수 있는 세 가지 뜻으로 '이해 입음(利害 被動)', '할 수 있는 입음(可能的 被動)', '절로 되는 입음(自然的 被動)'을 들었다. 이에 해당하는 각각의 예를 아래에 제시한다[밑줄은 필자].[60]

(70) 가. 그 사람이 도둑놈에게 <u>잡히었소</u>.

　　 나. 이런 덫에도 범이 <u>잡히나</u>?

　　 다. 오늘은, 꿩은 한 마리도 아니 잡히고, 토끼만 자꾸 <u>잡힌다</u>.

(70가)는 '사람이 잡히어서 해를 봄'(利害 被動), (70나)는 '이런 덫을 가지고 범을 잡을 수가 있나 하는 할 수 있는 입음'(可能的 被動), (70다)는 '뜻한 바도 아닌데 저절로 꿩은 잡게 되지 않고 토끼만 잡게 됨을 보이는 절로 되는 입음'(自然的 被動)이다.

그런데 특정한 의미를 나타내는 피동문으로 제시된 예들을 분석할 때에는 그 의미가 피동문에서 비롯된 것인지, 혹은 맥락이나 문장에 사용된 다른 요소에서 비롯된 것인지를 확인할 필요가 있다. 후자의 경우라면 그 의미를 피동문의 의미로 보기는 어렵기 때문이다. 예를 들어 (70나)의 '가능적 피동'을 피동문 그 자체의 의미로 보기는 어렵다. (70나)가 가지는 가능의 의미는 맥락의 의미가 기여하는 바가 크기 때문이다. 최현배(1937/

---

59) 피동문의 의미에 대한 선행 연구의 정리는 남수경(2011나: 204-5)를 주로 참고하였다.

60) 서로 관련이 없어 보이는 이러한 의미가 피동과 관련되어 다루어져 온 이유는, 이들의 의미가 동일한 형식에 의해 규칙적으로 표시되는 현상이 범언어적으로 존재하기 때문이다. 이러한 접근은 서로 다른 여러 범주가 동일한 형식으로 규칙적으로 표현된다면 그들의 의미는 서로 관련되어 있을 것이라는 형태론적 도상성(iconicity in morphology)을 전제한다.

1961)에서는 이 문장을 "이런 덫을 가지고 범을 잡을 수 있나 하는 할 수 있는 입음"이라고 하였다. 그런데 이러한 해석에서 '이런 덫'은 일반적으로 범을 잡는 덫과는 조금 다른 덫, 혹은 범을 잡기에는 충분치 않은 덫이라는 의미를 내포한다. 이와 같은 내포를 전제한다면 (70나)는 '(이 덫은 범이 잡히지 않을 만한 덫인데) 이런 덫에도 범이 잡히나?'로 해석되어 가능의 의미를 나타낼 수 있다. 하지만 (70나)에서 '이런 덫'에 대한 내포를 제거하고, 보조사 '도'를 없애고, 문장을 평서형으로 바꾸면 '범이 이런 덫에 잡힌다'가 된다. 이는 '이런 덫이 범을 잡는다' 혹은 '사람이 이런 덫으로 범을 잡는다'와 같은 타동문에서 도출된 피동문으로 볼 수 있다. '이런 덫이 범을 잡는다'(사람이 이런 덫으로 범을 잡는다)와 '범이 이런 덫에 잡힌다'의 능동-피동의 관계는 '고양이가 쥐를 잡다'와 '쥐가 고양이에게 잡히다'의 관계와 크게 다르게 느껴지지 않는다.

다음으로 이정민(1974/1994)을 살펴보자. 이정민(1974/1994)에서는 가장 기본적인 피동인 순수 행위 피동 외에 다음과 같은 문장들을 심리적 가능성(psychological potentiality), 자발성(spontaneity)의 예로 제시하였다.

(71) 가. 밥이 나에게 잘 먹힌다. (이정민 1974/1994: 157)

　　　나. 마리화나가 잘 팔린다. (이정민 1974/1994: 162)

만약 대상(theme)이 유정물 외의 다른 것일 경우 문장은 순수 행위 피동이라기보다 가능의 의미를 나타낼 수 있는데, (71가)가 이에 해당한다. 동사의 피동형은 자발적 의미를 나타내는 데에 사용될 수도 있는데, (71나)가 이에 해당한다. (71가)와 (71나)의 차이점은 (71나)는 '마리화나가 상인들에 의해서 학생들에게 (많이) 팔리고 있다'와 같은 진행형이 가능하지만, (71가)와 같은 심리적 가능성 구문은 "밥이 나에게 잘 먹히고 있다'처럼 진행형을 이룰 수 없다는 것이다(이상 이정민 1974/1994 참조).

그런데 심리적 가능성을 나타낸다고 제시된 (71가)의 예에서 부사 '잘'

을 제거하면, 그러한 가능의 의미가 잘 포착되지 않는다. '밥이 나에게 먹힌다'와 같은 문장은 밥이 화자에게 먹히고 있는 상황을 나타낼 뿐이며, 밥이 잘 소화되고 있음을 의미하지는 않기 때문이다. 즉 (71가)가 가지는 가능의 의미는 부사 '잘'에서 연유한 바가 크다.

그리고 (71나)가 진정한 자발적 의미인지는 다시 생각해 볼 필요가 있다. 이 문장은 다음과 같은 과정을 거쳐서 성립되는 것으로 추정된다.

> ① 마리화나를 파는 사람이 존재함: 상인이 마리화나를 많이[61] <u>판다</u>.
>
> ② 마리화나를 사는 사람이 존재함: 사람들이 마리화나를 많이 <u>산다</u>
>
> ③ ①, ②로 인한 결과적 사태: 마리화나가 (사람들에 의해) 많이 <u>팔린다</u>/*사인다.[62]

(71나)는 ①에서 바로 도출된 피동문이 아니라, ②의 사태를 반드시 전제한다. 누군가가 마리화나를 팔고 그 마리화나를 사는 사람들이 많이 존재하므로, 그 결과 마리화나가 많이 팔리는 사태가 초래되는 것이기 때문이다. 의도를 가지고 마리화나를 사는 사람들이 분명히 존재한다는 점에서 (71나)는 자발적인 사태로 보기 어렵다.

다음으로 남수경(2011나: 204-11)는 피동문이 나타낼 수 있는 의미로 '가능, 비의도, 피해'를 제시하였다. 이 연구는 행위자의 행위와 상관없이 저절로 이루어지는 사태를 두 가지 유형으로 구분하여 행위자가 전혀 상정될 수 없으면 피동문에서 제외하고, 행위자가 존재하면 '비의도'의 의미를 나타내는 것으로 보았다는 점이 특징적이다. 남수경(2011나: 204)에서 제시한 아래의 예를 살펴보자.

---

61) 마리화나가 '잘' 팔린다는 것은 마리화나가 많이 팔린다는 것을 의미할 수 있으므로, 문장의 적절성을 고려하여 부사 '잘'을 '많이'로 대체하여 나타내었다.

62) '사다'의 경우는 피동적 의미를 나타내는 어휘 '팔다'가 존재하기 때문에, 피동형 '사이다'가 존재하지 않는다.

(72) 가. 오늘은, 꿩은 한 마리도 아니 잡히고, 토끼만 자꾸 잡힌다.

(최현배 1937/1961: 422)

나. 마리화나가 잘 팔린다.　(이정민 1974/1994: 162)

다. 산이 보인다.　　　　　(Yeon 2003)

(73) 가. 실이 얽히었다.

나. 치마가 몸에 친친 감기었다.

다. 낙엽이 길 위에 깔렸다.　(이상 이기동 1978: 551에서 제시한 예)

　남수경(2011나: 207)에 따르면 (72), (73)은 행위자와 관계없이 행위가 저절로 일어난다는 자연발생의 의미를 나타내지만, (72)는 행위자가 존재하고 (73)은 행위자가 존재하지 않는다. 그리고 (72)는 행위자의 의도와 관계없이 사태가 일어난다는 데에 초점을 두어 '비의도'로 보았고, (73)은 피동문에서 제외하였다.

　그런데 (72)가 과연 진정한 의미의 비의도인지, 이들이 모두 동일한 성격의 것인지를 다시 생각해 보고자 한다. (72가)는 화자의 의도와는 상관없이 화자가 계속 토끼만을 잡고 있는 상황을 나타내고 있다. (72가)에서 선행절의 내용을 제거해 보자. 그러면 '토끼가(토끼만) 자꾸 잡힌다'라는 후행절만이 남는다.[63] 그런데 후행절만으로는 화자가 의도하여 토끼를 자꾸 잡은 것인지, 의도하지 않았는데 어쩌다 토끼를 계속 잡게 되었는지 알기 어렵다. (72가)가 지니는 비의도성은 '꿩은 한마리도 아니 잡히고'라는 선행절의 내용에서 비롯된다고 할 수 있다. 즉 (72가)가 나타내는 비의도의 의미는 문장에 주어진 부가적 정보로 인한 것이며, 피동문 그 자체에서 간취되는 것이 아니다. 따라서 비의도는 피동문이 나타낼 수 있는 독립

---

63) '토끼만 자꾸 잡힌다'라고 할 경우, '만'이라는 보조사가 쓰여 다른 동물은 잡히지 않고 오직 '토끼'가 잡힌다는 의미를 나타내게 된다. 이 역시 화자가 토끼만을 잡으려고 해서 토끼를 잡고 있는 것인지, 혹은 다른 동물들도 잡고 싶었는데 토끼만을 잡고 있는 것인지는 불명확하다.

된 의미의 하나로 다루기 어려워 보인다. 본고는 이를 피동의 의미를 나타내는 피동문으로 보되, 비의도의 의미는 맥락에 의해 주어지는 것으로 보는 입장을 취한다.

(72나)의 예는 앞서 살펴본 (71나)의 예와 동일하다. 이 역시 비의도로 보기에는 무리가 있다. 앞서 살펴보았듯 마리화나를 의도적으로 사는 사람들이 많이 존재하기 때문에, 결과적으로 마리화나가 많이 팔리는 사태가 초래되는 것이기 때문이다. 의도를 가지고 마리화나를 사는 사람들이 분명히 존재한다는 점에서 이를 행위자의 의도와 상관없이 일어나는 행위로 보기 어렵다.

(72다)는 지각동사 '보-'의 피동형 '보이-'가 사용된 예이다. 행위자가 의도적으로 산을 보지 않았더라도, 눈앞에 산이 보이는 사태에 영향을 입는다는 점에서 이 문장은 비의도로 해석될 수 있다. 그런데 이러한 비의도성은 피동문에 사용된 동사가 지각 동사라는 점에서 연유한다. 사람이 어떠한 감각을 인지하면, 그와 동시에 의도하였든 의도하지 않았든 그 감각에 저절로 영향을 입게 된다. 무엇을 보면 그것이 '보이게' 되고, 무엇을 들으면 그것이 곧 '들리게' 되는 것이다. 이처럼 지각 동사가 사용된 문장이 비의도의 의미를 나타내는 것은 피동문의 특징이라기보다 지각 동사가 가지고 있는 특성과 관계가 깊다. 따라서 피동문의 의미를 논할 때 이와 같은 지각동사의 피동형은 고려하지 않는다.

이상의 고찰을 통해 '비의도'의 의미는 피동문 자체가 가지는 의미가 아니라, 문장에 주어진 부가적 정보에서 비롯된 것이거나 지각동사의 특성에서 연유하였음을 확인하였다. (72가)가 가지는 비의도의 의미는 선행절에 주어진 부가적 정보로 인한 것이었으며, (72나)는 의도를 가진 행위자가 분명히 존재하였다는 점에서 비의도로 보기 어렵다. (72다)의 비의도성은 지각동사가 가지는 특징으로부터 비롯된 것이다.

마지막으로 박소영(2013)을 살펴보자. 박소영(2013: 213-4)에서는 피동접사의 출현은 전형적인 피동문뿐 아니라 내부논항 인상이라는 비대격적 통사구조에 삽입될 수 있다고 하면서, 피동 접사는 피동, 기동, 재귀 구문에 나타날 수 있다고 하였다. 해당 예를 제시하면 아래와 같다.

(74) 가. 그 건물이 인부들ᵢ에 의해 (의도적으로ᵢ/*저절로) 헐리었다.

(박소영 2013: 197)

　　나. 문이 저절로 열린다. 　　　　　(上同)

　　다. 영희가 철수에게 일부러 손을 잡혔다. 　(박소영 2013: 201)

　　라. 철수ᵢ가 일부러ᵢ 차에 치였다. 　　(上同)

(74가)는 피동 접사가 전형적 피동문에 실현된 예, (74나)는 행위자의 존재가 전제되지 않는 기동 혹은 반사동의 예, (74다, 라)는 재귀의 의미를 보이는 예이다. 이 연구는 (74다, 라)처럼 한국어 피동 접사가 행위자 논항을 주어로 가지는 구문에도 실현될 수 있음을 주장하고, 재귀의 의미를 가지는 피동 구문을 연구에 적극 포함하고 있다는 점이 특징적이다.

그런데 (74다, 라)를 진정한 재귀의 의미로 볼 수 있을지는 고민이 필요하다. 일반적으로 재귀란 "동사로 나타나는 주체어의 동작 또는 행위가 어떤 다른 목적어에 미치지 않고 주체어에 재귀하는 속성"(성광수 1981: 31)으로 정의된다. 즉 스스로에 의해 유발된 어떠한 행위가 스스로에게 돌아오는 것이다. (74다)에서 영희는 철수에게 손을 잡히는 행위가 스스로에게 돌아오도록 유발하고 있으며, (74라)에서 철수는 차에 치이는 행위가 자신에게 돌아오도록 유발하고 있다는 점에서 이들은 재귀의 특성을 일부 보인다.

하지만 (74다, 라)가 가지는 재귀의 의미는 부사 '일부러' 및 맥락의 의미에서 기인한다. 이 예들에서 '일부러'를 삭제하거나, 맥락을 제거하면 재귀의 의미가 사라지기 때문이다.⁶⁴⁾ '영희가 철수에게 손을 잡혔다', '철수

──────────

64) 박소영(2013: 201)에서는 '영희가 철수에게 일부러 손을 잡혔다' 외에 아래의 예를 더 제시하

가 차에 치였다'에서는 재귀의 의미가 느껴지지 않는다. 그리고 만약 이들이 전형적인 재귀의 의미를 가지기 위해서는 '영희'가 영희 자신에게 손을 잡혀야 하고, '철수'가 철수 자신에게 차에 치여야 한다. 그러나 (74다, 라)의 예에서는 '영희'와 '철수' 외에, 행위를 실질적으로 일으킨 또다른 행위자가 존재한다. (74다)에서 영희는 철수가 자신의 손을 잡도록 의도하였지만, 어쨌거나 실제로 영희의 손을 잡은 것은 철수이다. (74라)에서 차에 치이는 행위는 철수가 유발한 것이지만, 실제로 철수를 차로 친 것은 차의 운전자이다. 이처럼 '일부러'와 같은 부사가 사용되거나 특정 맥락이 전제되어 있지 않는 한, 현대한국어의 피동 접사가 단독으로 재귀의 의미를 나타내는 예는 거의 보이지 않는 듯하다.

본고는 박소영(2013)을 받아들여 피동문이 가질 수 있는 의미의 한 유형으로 재귀를 포함한다. 하지만 현대한국어 피동문이 가지는 이와 같은 재귀의 의미는 일반적인 재귀와는 다르며, 특정 맥락이 존재할 경우 가능한 의미임을 언급해 둔다.

지금까지 살펴본 선행 연구에서 피동문의 의미로 제시한 것들을 정리하면 다음과 같다.[65]

고 있다.

가. 영희야, 철수에게 손을 잡혀라.
나. 철수야, 차에 치여라. (그것만이 보험금을 타기 위한 유일한 방법이다)
다. 철수가 [PROi 거액의 보험금을 타내기 위해] 차에 치였다.

(가)는 일종의 재귀 사동으로 설명할 수 있으며, (나, 다)는 맥락이 전제된 피동문이다. 따라서 이들을 행위주성 주어를 가지는 피동문의 전형적인 예로 파악하기에는 조심스럽다.
65) 연구자들 간에 사용하는 용어는 조금씩 다르지만 내포가 같은 것들끼리 모아서 분류한 결과이다.

[표 4] 선행 연구에서 제시한 피동문의 의미

	최현배(1937/1961)	이정민(1974/1994)	남수경(2011나)	박소영(2013)
I	이해 입음 (利害被動)	순수행위피동	피해	피동
II	할수있는 입음 (可能的 被動)	심리적 가능성	가능	
III	절로되는 입음 (自然的 被動)	자동성/자발성	①행위자 존재: 비의도 ②행위자 부재: 반사동 (②는 피동에서 제외)	기동
IV				재귀

연구자들마다 조금씩 차이가 있지만, 대체로 I-III의 의미를 피동문의 의미로 보는 데에는 큰 이견이 없는 듯하다.[66) 본고는 I-III의 의미와 박소영(2013)에서 추가한 '재귀'의 의미를 모두 피동문의 의미에 포함하여 함께 다룬다.

한국어 피동문이 나타내는 의미를 이와 같이 확정하였다면, I-IV의 의미를 어떠한 용어로 부를 것인지를 논할 필요가 있다. 먼저 I의 의미는 피동문이 나타내는 가장 기본적이고 무표적 의미인데, 그 용어의 통일이 되어 있지 않다. '이해'(利害)라 하기에는 '이해'(理解)와 혼동될 여지가 있고, '순수행위'는 '순수'라는 표현의 의미가 모호하다. '피해'는 '꽃병이 책상 위에 놓였다'와 같이 무정물이 주어로 나타나는 피동문에까지 '피해'라는 이름을 붙이기 어렵다는 점에서 문제가 된다. 본고는 이에 특별한 명칭을 붙이기보다, 피동문이 나타내는 가장 기본적이고 무표적인 의미라는 점에

---

66) III의 의미는 대부분의 선행 연구에서 하나의 독립된 의미로 인정하고 있으므로 본고도 이를 피동문의 의미에 포함시켜 다룬다. II와 IV의 의미도 피동문의 의미로 함께 다루되, 이들은 맥락에 의해 가지게 되는 의미로 파악한다. 한편 남수경(2011나)에서 제시한 III의 의미 중 '비의도'의 의미도 피동문이 맥락에 의해 가지게 되는 의미이므로, 이 또한 피동문의 의미 유형 중 하나로 설정될 수 있다. 하지만 본고는 '비의도'를 피동문의 의미 유형 중 하나로 포함하지는 않는다. 이 '비의도'는 행위자의 비의도를 나타내는데, 행위자의 의도의 유무 여부는 피동문의 의미를 파악할 때 주요 변수가 아닌 것으로 판단되기 때문이다.

서 이를 '피동'이라 칭한다. 어떠한 대상이 외부의 행위자에게 행위를 입어 피행위자의 영향입음성(affectedness)이 드러나게 되었을 때 이는 '피동'의 의미를 가지는 피동문이라 할 수 있다.

Ⅱ의 의미는 '가능적 피동', '심리적 가능성', '가능' 등으로 불려 왔다. 본고는 피동문이 나타내는 의미를 보다 명확하고 간결하게 표상하기 위해, 모든 용어에 공통적으로 들어 있는 단어를 활용하여 이를 '가능'이라 부른다.

Ⅲ의 의미, 즉 어떠한 외부의 행위자 없이 저절로 일어나는 사태를 나타내는 용어는 연구자에 따라 상당히 다양하다. 외국의 연구들도 마찬가지이다. 이는 'anticausative'(반사동), 'inchoative'(기동), 'middle'(중동), 'pseudo passive'(의사 피동), 'derived intransitive'(도출된 자동), 'spontaneous'(자연발생, 자발성, 자동성) 등 연구자에 따라 다양한 이름으로 불리고 있다 (Haspelmath 1987: 9-10). Shibatani(1985)를 참조하여 '자연발생/자발적(구성)'이라 해야 할지, Haspelmath(1990)을 참조하여 '반사동'이라 해야 할지, 최현배(1937/1961)을 따라 '절로되는 입음(자연적 피동)'이라 불러야 할지 고민이 필요하다. 본고는 저절로 일어나는 사태를 가리키는 데에 'anticasuative'라는 용어가 비교적 일반화되었다는 점을 고려하여, 이를 '反使動'이라 부르고자 한다. '반사동'은 문장에서 'cause' 요소가 제거됨으로써 저절로 일어나는 사건을 가리킨다는 점에서 개념의 직관적 이해가 가능한 용어라할 수 있다. '자연발생/자발적(구성)' 혹은 '절로되는 입음' 등의 용어는, 그용어가 담고 있는 의미는 잘 드러내지만 통사 구조에서 사동주와 관련된 요소가 삭제된다는 점을 포착해 주지는 못한다. '반사동'이라는 용어는 사동과 반사동의 관련성을 잘 드러내고, 통사 층위에서 일어나는 과정까지 함축할 수 있음을 고려하여 Ⅲ의 의미를 나타내는 용어로 '반사동'을 사용한다.

Ⅳ는 선행 연구에서 제시한 그대로 '재귀'를 사용한다.[67]

---

67) 중세한국어 시기에 재귀의 의미를 나타내는 문장은 박소영(2013)에서 제시한 '재귀'의 양상

이를 정리하면 한국어 피동문은 '피동', '가능', '반사동', '재귀'의 의미를 나타내는 것으로 볼 수 있다. 각각의 의미를 예와 함께 제시하면 아래와 같다.

(75) 가. 피동: 도둑이 경찰에게 잡혔다.　　(경찰이 도둑을 잡았다)

나. 반사동: 문이 닫혔다.　　　　　　("문이 저절로 닫혔다"의 의미)

다. 가능: 이 칼은 잘 잘린다.　　　　($^?$X가 이 칼로 무엇을 잘 자른다)

라. 재귀: 철수가 일부러 차에 치였다.　　(철수가 자신을 차에 치었다)

그런데 의미들 간의 공통점과 차이점에 주목하면, 피동문의 의미는 좀 더 체계적인 방법으로 형식화될 수 있다. 이에 본고는 다음의 두 가지 기준을 제시하여 이들을 체계화하여 기술하고자 한다.

첫째, 피동문이 그 자체로 해당 의미를 나타낼 수 있는지에 따라 피동문을 의미를 기본적인 것과 부수적인 것으로 나눈다. 네 가지 의미 중 피동문의 기본적 의미로 볼 수 있는 것은 피동과 반사동이다. 특정한 맥락이 전제되지 않아도, 혹은 부가적 정보가 따로 주어지지 않아도 피동문은 피동과 반사동의 의미를 나타낼 수 있다. 예를 들어 '쌓이다'의 경우 '벽돌이 인부들에 의해 차곡차곡 쌓였다'와 같은 문장에서는 피동의 의미를, '창가에 먼지가 쌓였다'와 같은 문장에서는 반사동의 의미를 나타낸다.[68] 이와 같은

과는 조금 다르며, 오히려 일반적으로 재귀라 부르는 특성과 유사한 면이 있다. 이에 대해서는 4.2에서 상술한다.

68) 피동과 반사동의 의미는 행위자 존재 여부에 따라 구별되는데, 이와 같은 특성에 대해서는 여러 연구에서 언급하여 왔다. Siewierska(1984: 77-9)는 피동절은 구체적인 행위자가 필요하지 않거나 행위자가 나타날 수 없더라도 사태를 야기하는 사람이나 사물의 존재가 내재되어 있는 반면, 반사동은 저절로 일어나는 사태를 표현한다고 하였다. 그리고 Comrie(1977/1985: 325-6)는 반사동은 어떠한 사태가 저절로(spontaneously) 일어남을 가리키는 반면, 피동은 행위자구가 없더라도 사태를 야기한 사람이나 사물의 존재가 함축되어 있다고 하였다. 또한 Haspelmath(1987: 6-7)은 피동은 행위자가 행위자구로 표현될 수 있으며 절 내에 행위자의 존재가 함축되어 있지만, 반사동은 행위자가 통사·의미적으로 완전히 제거되어 저절로 일어나는 어떠한 과정을 표현한다고 하였다. 그리고 이 의미 차이는 꽤 미묘하나 결

의미를 나타내기 위해서 다른 어휘 요소의 사용이 필요치 않고, 특정 맥락도 전제되지 않는다. 이에 반해 재귀와 가능은 피동문의 부수적 의미이다. 특정 맥락이 전제되거나 부가적 정보가 주어져야만 피동문은 재귀와 가능의 의미를 나타낼 수 있다. 재귀의 의미를 나타내는 것으로 논의된 '철수가 일부러 차에 치였다'의 경우, 제시된 문장에서 '일부러'를 제거하면 재귀의 의미가 사라진다. 가능의 의미를 나타내는 것으로 논의된 '이 칼은 잘 잘린다'에서 부사 '잘'을 제거하면 가능의 의미가 느껴지지 않는다. 즉 이러한 의미들은 문장에 사용된 특정 요소로부터 비롯되는 것이므로, 재귀와 가능은 부수적 의미를 나타내는 피동문으로 파악할 수 있다.

둘째, 피동문에 행위자(Actor, 이하 'A'로 지칭) 논항이 존재하는지, 그리고 행위자와 피행위자(Undergoer, 이하 'U'로 지칭) 논항이 어떠한 관계를 맺고 있는지 등을 고려하여 피동문의 의미를 기술한다. 예를 들어 (75가)의 경우 '잡히다'가 사용된 피동문인데, 행위자('경찰')와 피행위자('도둑')가 모두 존재하며, 피행위자가 외부의 행위자에게 영향을 입음을 나타내고 있다. (75나)는 '닫히다'가 쓰인 피동문인데, "문이 저절로 닫혔다"의 의미를 나타낼 경우, 특정한 행위자가 존재하지 않는다. (75다)는 '잘리다'가 사용된 피동문으로, 행위자가 존재하기는 하지만 (75가)에 비해 누군가로 특정되지 않는다는 특징이 있다. 만약 특정 행위자를 상정한다면 (75다)에 대응하는 능동문은 'X가 이 칼로 (무엇을) 잘 자른다' 따위가 될 터인데, 이는 (75다)의 본질적 의미와는 거리가 멀다. (75다)는 '이 칼'이 누구에 의해서 사용되든 물건을 잘 자를 수 있다는 칼의 속성을 언급하고 있는 것이지, 특정한 누군가가 이 칼로 물건을 잘 자름을 의미하지 않기 때문이다.

정적이라고 하였다. 마지막으로 Dixon and Aikhenvald(2000: 7-8)는 'the glass was broken (by John)'과 같은 원형적 피동은 기저의 행위자가 주변적 논항으로 강등되어 문장에 포함되거나 생략되지만, 'the glass broke'와 같은 반사동은 행위자가 나타나지 않거나 함축되지 않는다고 하였다. 이처럼 피동과 반사동에 대한 기존 논의와 이 둘을 서로 다른 통사적 방법으로 표현하는 언어가 있음을 고려하면, 피동과 반사동은 별개의 의미로 다루어질 필요가 있다.

또한 주어로 나타나는 '이 칼'이 피행위자가 아니라 도구의 의미역을 가진 다는 점에서도 일반적 피동문과는 다르다. (75라)는 '치이다'가 쓰인 피동 문으로, 문장의 주어 '철수'가 차에 치이는 행위를 스스로 유발하였다는 점 에서 특징적이다. (75가)는 행위자와 피행위자가 서로 다른 개체를 지시 하지만, 이 문장은 차에 치이게 유발한 행위자와 그로 인해 차에 치인 피행 위자가 동일한 개체를 지시하고 있다.[69]

이와 같은 사항들을 고려하면, 피동, 가능, 재귀의 의미를 나타내는 피 동문에는 행위자 논항이 존재하지만, 반사동의 의미를 나타내는 피동문 에는 행위자가 존재하지 않는다. 전자는 문장에 비록 드러나지는 않더라 도 행위자의 존재가 함축되어 있지만, 후자는 행위자의 존재가 함축되지 않은 것이다. 또한 피동과 가능, 재귀는 행위자와 피행위자의 관계에 따라 다시 구별된다. '피동'은 행위자와 피행위자가 각각 다른 개체를 가리키는 경우이다(A≠U). '가능'은 행위자가 분명 존재하지만 특정 개체를 가리키 지 않고 총칭성을 띠는 경우이다(A=총칭적). '재귀'는 행위자와 피행위자 가 동일한 개체를 가리키는 경우이다(A=U).

이상의 검토를 바탕으로 한국어 피동문의 의미를 체계화하여 제시하면 아래와 같다.[70]

(76) 한국어 피동문의 의미

　　가. 기본적 의미

　　　　① 피동: 행위자 존재 [행위자≠피행위자]　도둑이 경찰에게 잡혔다.

---

69) 앞서 언급하였듯 이러한 재귀의 의미는 부사 '일부러'에서 비롯되는 것이다. 또한 (75라)는 일반적 재귀와 달리 행위자가 두 명이다. 문장의 주어 '철수'는 차에 치이는 행위를 스스로 유발하였다는 점에서 행위자이며, 실제로 철수를 차로 친 사람은 운전자라는 점에서 차의 운전자도 행위자이다.

70) (75나·라)의 예들을 피동의 일종으로 다루었는지, 혹은 피동과는 독립된 범주로 다루었는지 는 연구마다 조금씩 차이가 있다. 이와 관련한 선행 연구는 남수경(2012: 79-80)에서 자세히 정리되었다.

② 반사동: 행위자 부재   문이 닫혔다.

나. 부수적 의미

  ① 가능: 행위자 존재 [행위자=(총칭적)]   이 칼은 잘 잘린다.

  ② 재귀: 행위자 존재 [행위자=피행위자]   철수가 일부러 차에 치였다.

본고는 이처럼 기본적 의미와 부수적 의미를 큰 틀로 삼아 피동문의 의미를 기술하되, 세부적으로는 행위자와 피행위자의 존재 여부 및 이들 간의 관계를 통해 피동문의 의미를 구별하는 방법을 택한다. 이와 같은 형식화를 통해 피동문의 의미는 보다 간결하고 체계적인 방법으로 기술될 수 있다.

우리는 (76)을 틀로 하여 중세·근대한국어 피동문의 의미를 고찰한다. 중세·근대한국어 피동문이 나타내는 의미는 현대와 크게 다르지 않다. 아래에 각각의 의미를 나타내는 예를 간략히 보인다. 먼저 기본적인 의미를 나타내는 피동문을 살펴보자. 첫 번째는 피동문이 피동의 의미를 나타내는 경우이다.

(77) 가. 싸호물 즐겨 제 軍 알픽 가다가 帝釋손딕 뭐예ᄂ느니라 〈釋詳13:9b〉

      나. 그 도ᄌ기 後에 넛위여 도죽ᄒ다가 王ᄭᅴ 자피니 〈月釋10:25b〉

(77가)는 피동사 '뭐이-'(繫), (77나)는 '자피-'(拘)가 사용된 문장이다. (77가)에서는 누군가가 '帝釋'에게 매여 붙잡혔고, (77나)에서는 '도죽'이 '王'에게 잡혔다. 행위자와 피행위자가 모두 존재하고, 이들이 다른 개체를 지시한다는 점에서 (77)은 피동의 의미를 나타낸다.

두 번째는 피동문이 반사동의 의미를 나타내는 경우이다.

(78) 가. 흰 믌겨리 부횐 ᄇᄅ매 불이고 프른 묏부리ᄂ 雕刻ᄒᆫ 집믈리 고쳇도다

      (白波吹粉壁 靑嶂揷雕梁)〈杜詩16:42b〉

      나. 髑髏ㅣ 사혀 뫼 곧ᄒᆯᄉᆡ 髑髏峯이라 ᄒ시니라 〈南明下3b〉

(78가)는 피동사 '고치-'(揷), (78나)는 '사히-'(積)가 사용된 예이다. 이들 문장에서는 외부의 행위자가 존재하지 않는다. (78가)는 누군가가 푸른 산봉우리를 용마루에 꽂은 것이 아니며, (78나)는 누군가가 髑髏를 산처럼 쌓은 것이 아니다. 행위자가 논항 구조에서 완전히 제거되어 존재하지 않고, 저절로 일어나는 사태를 나타낸다는 점에서 (78)은 반사동의 의미를 나타낸다.

다음으로 부수적인 의미를 나타내는 피동문을 살펴보자. 첫 번째는 피동문이 재귀의 의미를 나타내는 경우이다. 현대한국어에서는 어떠한 행위를 스스로 유발하여 그 행위가 자신에게 돌아옴을 나타낼 때 피동사를 쓰지 않으며, 주로 재귀대명사를 통해 그 의미를 표현한다. 그런데 중세어에는 재귀의 의미를 나타낼 때 피동사가 사용된 예가 존재한다.

(79) 孫氏 フ마니 댓수헤 가 목 미야 <u>돌엿거늘</u> 제 兄이 보고 그르니라 (孫氏潛入園中竹林 自縊 其兄見而解之) 〈續三初烈17a〉

(79)는 피동사 '둘이-'(縣)가 사용된 예로, "손 씨가 몰래 대나무 숲에 가서 목을 매어 달려 있거늘 손 씨의 형이 보고 손 씨를 풀었다"로 해석된다. "자기를 달다"라는 의미를 나타낼 때 '둘-'이 아닌 '둘이-'가 사용되어 있는 것이다. 목을 매어 스스로를 나무에 매다는 행위를 하는 사람은 손 씨이며, 그 행위를 통해 나무에 매달리는 행위에 영향을 받는 사람도 손 씨이다. 행위자와 피행위자가 존재하지만, 이들이 같은 개체를 지시한다는 점에서 (79)는 재귀의 의미를 나타낸다. 이처럼 피동문이 전형적인 재귀의 의미를 나타내는 예는 현대어에서는 보이지 않는 양상이다.[71]

두 번째는 피동문이 가능의 의미를 나타내는 경우이다.

---

71) 현대어 피동문이 가지는 재귀의 의미는 문장에 사용된 '일부러'에서 비롯된 것이다. (79)의 예는 그러한 부사의 사용이 없어도 재귀의 의미를 나타내고 있다.

(80) 드레롤다가 드러 믈 우희 띄워 배쳐 것구로 쳐 믈에 맛바다 ᄂᆞ려가면 곳能
히 믈이 ᄀᆞ득 **ᄠᅳ이ᄂᆞ이라** (把柳鑵提起來 離水面擺倒 撞下水去 就能滿盛了
水了) 〈老乞重上32a〉

(80)은 피동사 'ᄠᅳ이-'가 사용된 예이다. "두레박을 들어 물 위에 띄워 거
꾸러뜨려 물에 정면으로 내려가게 하면 곧 능히 물이 가득 뜨인다"로 해석
된다. 이 문장에서 행위자는 특정 개체를 지시하지 않는다. 이러이러한 방
식으로 물을 뜨면 누구든지 물을 뜰 수 있음을 나타내기 때문에, 행위자는
미명세(unspecified) 되거나 총칭성을 띤다. '물을 가득 뜰 수 있다'라는 가
능의 의미가 피동문의 형식으로 나타나 있지만, 이 예를 근거로 피동문이
그 자체로 가능의 의미를 나타낸다고 확신할 수는 없다. (80)이 가지는 가
능의 의미는 문장에 사용된 '能히'라는 부사가 관여하고 있는 바가 크기 때
문이다. 이 외에 근대한국어 자료에서 가능의 의미를 나타내는 것으로 볼
수 있는 피동문이 몇 예가 존재하는데, 대부분 문장에 사용된 어휘 요소나
문법 요소에 의해 가능의 의미가 비롯된 경우이다.

지금까지 우리는 선행 연구 검토를 통해 한국어 피동문의 의미를 기본
적 의미와 부수적 의미로 나누고, 전자에는 피동과 반사동, 후자에는 재귀
와 가능이 있음을 확인하였다. 그리고 각각의 의미에 해당하는 중세·근
대한국어 피동문의 예를 간략히 살펴보았다. 이를 바탕으로 4.2에서는 중
세·근대한국어 시기의 피동문의 의미를 상세히 논한다. 특히 피동과 반
사동의 의미가 동사의 어휘적 의미에 의해 구별될 수 있음을 밝히고, 각 의
미 간의 상관관계도 살펴본다.

3. 피동사의 형태적 특성

  제3장에서는 피동사의 형태적 특성을 어기에 관한 것과 접사에 관한 것으로 나누어 살핀다. 피동사의 형태적 특성과 관련하여, 현대한국어 피동 연구에서는 피동사 파생의 제약 및 자동사로부터 파생된 피동사의 형성 과정 등이 언급되어 왔다. 중세한국어 피동 연구에서는 피동 접미사의 이형태 교체 조건이 중점적으로 다루어져 왔으며, 근대한국어 시기에 주로 보이는 피동 접사 중첩형의 사용 배경도 논의되어 왔다. 또한 피동사의 발달과 자·타 양용동사의 소멸이 어떠한 관계에 있는지를 설명하려는 시도도 있었다. 본고는 피동사의 형태적 특성을 논하며 이러한 쟁점 사항들도 함께 다룬다.

  이 장에서 논하는 내용은 크게 다음의 두 가지로 나누어진다.

  첫째, 중세·근대한국어 시기에 피동사의 어기가 될 수 있었던 동사에는 어떠한 것들이 있는가?
  둘째, 피동 접사의 이형태에는 어떠한 것이 있는가? 접사가 중첩된 형태는 어떻게 해석할 수 있는가?

  첫 번째 사항은 어기와 관련된 것으로, 피동사의 어기가 될 수 있었던 동사의 통사 범주를 타동사, 자·타 양용동사, 자동사로 나누어 논한다. 우리는 제2장에서 피동의 원형적 특성을 피동문이 얼마만큼 갖추고 있는지에 따라 피동문을 원형적 피동문, 준원형적 피동문, 비원형적 피동문으로 나누었는데, 이는 곧 어기의 통사범주와 밀접히 관련된다. 따라서 피동사의 형태적 특성을 살피는 데에 있어, 어기의 통사범주를 기준으로 그 특성을 기술한다. 두 번째 사항은 접사와 관련된 것으로, 피동 접사의 이형태를 '-i-'계, '-ɦi-'계, '-hi-'계, '-ri-'계, '-ki-'계로 나누어 각 시기별 피동사 목록을 살핀다. 그리고 중첩형을 가지는 동사들과 그 형성 배경을 논한다. 이를 통해 우리는 피동사의 형태적 특성을 정밀히 살펴봄은 물론, 피동과 관련하여 쟁점으로 논의된 사항들이 한국어사 자료에는 어떠한 양상으로 나타나는지 그 초기 모습을 확인할 수 있을 것이다.

3.1. 어기의 특성

3.1.1. 타동사

3.1.1.1. 타동사로부터 파생된 피동사 목록

피동사의 어기가 될 수 있는 가장 일반적인 동사는 타동사이다. 타동사는 기본적으로 주어와 목적어를 가지고 있기 때문에, 피동화가 될 수 있는 기본 조건을 갖추고 있다. 중세와 근대한국어 시기에 존재하였던 피동사를 현대에도 그 후대형이 존재하는지에 따라, 세 부류로 나누어 가나다순으로 제시하면 아래와 같다.[1]

---

1) 일부 피동사의 어기는 복수 기저형을 가지기도 한다. 예를 들어 '눌이다'의 경우 활용에서는 '누르-', 파생에서는 '눌ㅇ-'의 어간을 취한다. 목록 (1)과 (2)에서 이러한 동사의 어기를 제시함에 있어서, 본고는 '활용'에서의 어기를 기준으로 하였다. 즉 '눌이다'의 어간은 '누르다'로 제

(1) 타동사로부터 파생된 피동사 [중세]

가. *갇다(囚)[2]-가티다, 걷다₁(捲)-거티다₁, 갖다(削)-갓기다, 곶다(揷)-고치다, 굴다(摩)-굴이다, 내좇다(逐)-내조치다, 놓다(放)-노히다, 누르다(壓)-눌이다, 닫다(閉)-다티다, 달애다(柔)-달애이다, 담다(含)-담기다, 더위잡다(拘)-더위자피다, 듣다(聞)-들이다₁, 들다(入)-들이다₃,[3] 둘다(懸)-둘이다, 먹다(食)-머키다, 몰다(驅)-몰이다, 묻다(埋)-무티다, 묶다(束)-뭇기다, 믈다(囓)-믈이다, 미다(構)-미이다, 미얽다(構)-미얼키다, 보다(見)-보이다, 봈다(炒)-봇기다, 브르다(召)-블리다, 븥들다(拘)-븥들이다, 넓다(踏)-볼이다, 쏘다₁(螫)-쏘이다₁, 쏘다₂(矢)-쏘이다₂, 쓰다(用)-쓰이다, 스다(書)-스이다, 뿟다(包)-뿟이다, 삐르다(刺)-삘이다, 싣다(載)-실이다, 싯다(洗)-싯기다, 숢다(烹)-숢기다, 앗다(奪)-앗이다, 얽미다(構)-얽미이다, 엱다(置)-연치다, 잇글다(牽)-잇글이다, 잡다(拘)-자피다, 좇다(逐)-조치다, 쥐다(操)-쥐이다, 지즐다(壓)-지즐이다, 츠다(蹴)-츠이다, 폴다(賣)-폴이다

나. 그르다(解)-글이다, 그리다(畫)-그리이다, ㅂ리다(棄)-ㅂ리이다

다. 괴다(愛)-괴이다, 긋다(牽)-긋이다, 내티다(逐)-내티이다, 닙다(被)-니피다, 더디다(投)-더디이다, 몃구다(麵)-몃구이다, 믈리좇다(逐)-믈리조치다, 믜다(憎)-믜이다, 보차다-보차이다, 브리다(使)-브리이다, 잀다(牽)-잇기다, 티다₁(打)-티이다₁, 할다(謗)-할이다, 후리다(奪)-후리이다, ㅎ다(爲)-ㅎ이다

시하는 방법을 취한다. 이는 어기와 파생어의 쌍을 보다 직관적으로 제시하기 위한 방법이다. 이러한 종류의 피동사의 어기가 실제로 무엇인지에 대한 고찰은 3.2에서 이루어진다.

2) '갇'은 그 어기가 문증되지는 않지만 사동사로 사용되는 '가도다'와 피동사 '가티다'와 같은 어형이 존재하고, 두 단어의 형태적 유사성에 근거하면 이들의 공통 어기로 *'갇'을 상정할 수 있다.

3) 이때 '들다'(入)는 "(사람이 어떤 병에) 걸리게 되다", "(사람이 어떤 병이) 몸에 걸리다"의 의미를 나타내는 '들다'이다. 이 '들'은 자동 구문을 이루지만, '들'이 이루는 구문은 타동성의 관점에서 보았을 때 타동성이 높다. 따라서 본고는 이를 타동사로부터 파생된 피동사로 분류한다. '들'의 타동성과 관련한 부분은 2.2.3에서 상술한다.

(2) 타동사로부터 파생된 피동사 [근대]

가. 가르다(分)-갈리다, 굴다(替)-갈리다, 딕다(點)-디키다, 찍다(斬)-찍히
다, 박다(印)-박이다, 쫓다(逐)-쫓기다, 쁘다₁(開)-쁘이다₁, 쁘다₂(拭)-쁘
이다₂, 끼다(挾)-끼이다₂, 꼬다(糾)-꼬이다, 꾀다(誘)-꾀이다, 끌다(牽)-
끌리다, 쓿다(鑿)-쑬리다, 잇글다(牽)-잇글이다, 얹다(置)-언치다, 접다
(摺)-접히다, 티다₂(轉)-티이다₂, 플다(解)-플리다, 푸다(掘)-푸이다

나. 구긔다-구긔이다, 일우다(成)-일우이다

다. 곰초다(藏)-곰초이다, 기르다(育)-길리다, ᄀᆞ초다(具)-ᄀᆞ초이다, 다스
리다(治)-다스리이다, 뜰오다(隨)-뜰로이다, 썩지르다(切)-썩질리다,
쌔다(選)-쌔이다/쌔히다, 얻다(得)-어티다, ᄒᆞ다(爲)-ᄒᆞ이다

각각의 예에서 (가)는 현대에도 그 후대형이 존속하는 피동사, (나)는 현
대에 '-어지-' 결합형으로 대체된 피동사, (다)는 중세나 근대에 소멸한 피
동사이다.[4] 근대의 목록을 보았을 때, 중세에 비해 새로 생성되는 파생어
가 전체적으로 줄어들었음을 확인할 수 있다. 제시된 동사를 대상으로 하
여, 다음 目에서는 현대한국어에서 피동화의 제약으로 논의되어 온 것들
의 타당성을 검토한다.

---

4) 이 분류에 있어서 (나)와 (다)를 명확히 나누기 쉽지 않다. (1다)의 '믜이다'와 같은 표현은 현
대에는 완전히 사어화되었기 때문에 (1다)로 분류하는 데에 큰 어려움이 없다. 그런데 같은 (1
다)의 부류에 속하는 '내티이다', '몃구이다', '브리이다' 등은 '내쳐지다', '메꿔지다', '부려지다'
와 같이 '-어지-' 결합형으로 그 의미를 표현할 수 있다. 하지만 '내치-, 메꾸-, 부리-'와 '-어지-'
의 결합은 직관적으로는 가능하지만, '-어지-'가 결합된 어형이 사전에 등재되어 있지는 않다.
본고는 〈고려〉를 기준으로 〈고려〉에 해당 표제어가 등재되어 있으면 (나)에, 그렇지 않으면
(다)에 분류하였다. 한편 '괴이다'의 경우 〈표준국어대사전〉(이하 〈표준〉으로 칭함)이나 〈고
려〉에는 등재되어 있지만, 이것이 현대어 화자에게 거의 쓰이지 않는 표현임을 고려하여 (1
다)로 분류하였다.

3.1.1.2. 피동화 제약의 재검토

(1), (2)에 제시된 동사 목록을 살펴보았을 때 피동화를 겪을 수 있었던 어기는 그 의미가 매우 다양하여 어떠한 공통점을 찾기 어렵다. 선행 연구에서 피동사의 어기가 가질 수 있는 제약이 논의되어 왔지만(任洪彬 1978, 이익섭·임홍빈 1983, 배희임 1988, 구본관 1998, 김윤신 2001 등), 이는 실제로는 결과적 설명에 지나지 않는다. 任洪彬(1978: 99-100)은 타동사가 피동화를 겪지 않는 경향성을 제시하면서도 이는 잠정적이고 가설적이며, 일종의 경향을 보여주는 것에 지나지 않는다고 한 바 있다. 본고 역시 이러한 입장에 동의하여 피동화의 제약을 깊이 있게 논하지는 않으려 한다.

다만 현대어 피동 연구에서 제약으로 논의되어 온 것들이 통시적으로 보았을 때 유효한 설명인지 검증할 수는 있을 것이다. 현대어 제약을 몇 가지 검토해 보도록 하자. 우선 피동사가 가지는 음운론적 제약으로 다음과 같은 것이 논의된 바 있다(任洪彬 1978: 99).

(3) 어간 말에 이미 i를 가진 다음절 어간 동사

    a. 죽이다, 살리다, 웃기다, 높이다, 좁히다 등의 사동사

    b. 던지다, 때리다, 지키다, 가지다, 노리다, 가르치다 등

(4) 어간 모음이 장음인 일부 단음절 어간 동사

    묻:다(問), 얻:다(得), (불을) 때:다 등

그런데 이와 같은 제약은 중세·근대한국어의 피동사에는 잘 들어맞지 않는 면이 있다. 이를 하나씩 검토해 보자.

(3)의 제약은 어간에 'i'를 가진 다음절 동사는 피동화를 겪기 어렵다는 내용이다. 그러나 중세와 근대한국어 시기 피동사 중에는 이러한 제약을 어기는 동사들이 꽤 존재한다. '그리이다, 더디이다, 브리이다, ᄲᅳ리이다, 내티이다, 후리이다(이하 중세), 다ᄉᆞ리이다(근대)' 등이 그것이다.[5] 따라

서 중세와 근대에 한해서는 (3)의 '어간 말 i를 가진 다음절 어간'을 피동사의 음운론적 제약으로 보기 어렵다.

그런데 어간 말에 'i'를 가진 다음절 어간의 피동형은 현대에는 '-어지-' 결합형으로 대체되거나 소멸되었다. '그리이다' 등이 현대에 존재하지 않는 것은 이들이 중세나 근대 시기에 소멸되었기 때문이다. 현대를 기준으로 한 공시적 입장에서 보면 'i'로 끝나는 음절이 피동화를 겪지 않는 것을 일종의 제약이라 할 수도 있을 것이다. 하지만 통시적 관점에서 보면 이는 중세와 근대에 '그리이다, 더디이다' 등이 소멸된 결과일 뿐이다. 만약 이들의 소멸 이유를 음절 구조와 관련하여 설명할 수 있다면 이를 제약과 연관 지어 논할 가능성도 있다. 구본관(1998: 256)에서는 '-이(i)-'가 'i'나 'j'로 끝나는 어기와 결합할 때 동음끼리의 결합을 피하려는 경향으로 인해 생략됨으로써 현대와 같은 음운론적 제약이 생긴 것으로 보았다. 그런데 어기가 다음절은 아니지만 '치이다'(轢)와 같은 피동형이 현대에 존재함을 고려하면, 음운론적 제약을 진정한 제약으로 볼 수 있을지는 고민이 필요하다. 'i'로 끝나는 음절임에도 불구하고 접사 '-이-'가 결합한 어형이 현대에 존재하기 때문이다. 현재로서는 음절말 'i'를 가진 어기로부터 파생된 피동사들의 소멸 이유를 음절 구조와 관련시킬 직접적 근거를 찾기 쉽지 않으므로, 음운론적 제약을 피동화의 제약으로 설정하기는 어렵다.

다음으로 (4)의 제약을 살펴보자. (4)는 어간 모음이 장음인 일부 단음절 어간 동사는 피동화를 겪기 어렵다는 제약이다. 그런데 근대어 자료에는 어간이 장음인 ':얻-'의 피동형인 '어티-'가 존재함이 눈에 띈다.[6]

---

5) 구본관(1998: 255-56)에서 어기의 말음이 'i'나 'j'인 경우에도 피동 접사가 결합함을 언급하면서, '브리아, ㅂ리아, 그리아, 더디아'의 예를 들었다.

6) '어티-'는 음운론적 제약은 물론 어휘론적 제약을 어기는 동사라 할 수도 있다. 배희임(1988: 31)에서는 '일히-'와 '어티-'를 수혜동사가 피동사를 가질 수 없는 제약에 대한 예외로 처리한 바 있다. 구본관(1998: 260-1)에서는 수혜동사가 피동의 어기가 되는 것에 대해 예외로 처리할 것인지, 제약 자체를 수정해야 하는지 단언하기 어렵다고 하였다.

(5) 가. 뎡승우는 냥산군 사룸이니 일즉 예 도적의 <u>어티</u>인 배 되여 비젼쥐예 풀
려 간더니 (鄭承雨 梁山郡人 嘗爲倭賊所獲 轉鬻於肥前州)〈東新孝1:
30b〉

나. 냥녀 찬옥은 (…) 예 도적의 <u>언티</u>인 배 되여 쟝춫 오욕을 닙게 되거늘
(良女贊玉 … 爲倭賊所獲 將被汚辱)〈東新烈7:7b〉

(5가)는 "정승우는 양산군 사람이니 일찍이 왜적에게 잡혀서 비전주에
팔려 갔더니", (5나)는 "양갓집 딸 찬옥은 … 왜적에게 잡혀 장차 오욕을 입
게 되었거늘"로 해석된다. 제시된 예의 '어티-'는 'NP의 V은 배 되-'라는 피
동적 구문에 사용되어 있는데,《동국신속》은 피동적 구문에 피동사가 사
용된 경우가 많았으므로 이에 사용된 '어티이-'는 피동사로 볼 수 있다. 즉
어간 모음이 장음인 단음절 어간 동사도 피동화를 겪을 수 있었던 것이다.
비록 예가 극히 적고《동국신속》에 국한되어 나타나지만, '어티-'와 같은
어형이 존재함에 의의를 두면 '어간 모음이 장음인 일부 단음절 어간 동사'
를 피동화의 진정한 제약으로 보기는 어렵다.

다음으로 피동사가 가지는 어휘적 제약을 살펴보자. 배희임(1988: 32)
에서는 어떤 동사에 對動詞가 있는 경우에는 對動詞가 피동형 대신으로 쓰
이는 경우가 많다고 하면서, '가르치다-배우다', '주다-받다', '때리다-맞다'
등을 예로 들었다.[7) 그런데 "때리다, 치다, 공격하다"의 의미를 가진 '티
다'(打)는 '맞다'와 같은 어휘가 존재함에도 불구하고, 피동사 '티이다'를 파
생시켰다.

---

7) 이에 대해 김윤신(2001: 105-6)에서는 어휘적으로 피동의 짝을 가지는 경우라 하더라도, 논항
과 사건구조의 관련이 피동화에 중요한 역할을 한다고 하였다. 예를 들어 '팔다'의 경우 '사다'
라는 어휘의 짝이 존재하지만 '팔다'라는 동사가 나타내는 사건의 시작에서는 행동주가, 결과
시점에서는 착점인 논항이 중요한 역할을 하므로 '팔다'는 '팔리다'와 같은 피동화가 가능하다
고 하였다.

(6) 가. 귓거싀게 <u>티여</u> 여러 가지로 고티디 몯ᄒᆞ거든 (鬼神所擊諸術不治) 〈救簡
1:55b〉

나. 귓거싀게 믄득 <u>티이며</u> 갈잠개예 허러 피 빙 안해 ᄀᆞ득ᄒᆞ야 나디 몯ᄒᆞ야
답ᄭᅡ와 죽ᄂᆞ닐 (卒中鬼擊及刀兵所傷 血滿腸中不出煩悶欲死) 〈救簡1:
56b〉

cf. 또 귓거시 믄득 <u>티며</u> 갈잠개예 허러 피 통 안해 ᄀᆞ득ᄒᆞ야 나디 몯ᄒ
야 답ᄭᅡ와 죽ᄂᆞ닐 (又方卒中鬼擊 及刀兵所傷血滿腸中不出煩悶欲
死) 〈救急方上17a〉

다. 도죽의게 <u>티여</u> ᄒᆞ마 주그리러라 (爲賊捶擊ᄒᆞ야 幾死ㅣ러라) 〈飜小9:
64a〉

cf. 도적의게 <u>티임을</u> 닙어 거의 죽을이러라 〈小學6:59a〉

(6가, 나)는 鬼擊病(귀신에게 갑자기 공격을 당한 것처럼 아픈 경우)의[8]
증상과 처방에 관련된 내용이다. (6가)에서 '(爲)鬼神所擊'은 '귓거싀게 티
여'로 언해되었는데, '티여'는 '티-'의 피동형으로 볼 수 있다.[9] (6나)의 '티
이며' 역시 마찬가지이다. (6다, 라)는 효부 노씨의 이야기로, 집에 도둑이
들었는데 노씨가 칼을 두려워하지 않고 시모가 혼자 있는 방에 들어갔다
가 도적의 공격을 받아 거의 죽게 되었다는 내용이다. 이 역시 '티-'의 피동
형 '티이-'가 사용되어 있다.[10]

이처럼 '티-'는 어휘적인 피동의 짝인 '맞-'을 가지고 있었음에도 불구하

---

8) 鬼擊이란 화살에 맞거나 칼에 찔린 것처럼 갑자기 흉복부(胸腹部)가 꼬이듯이 아프고 출혈(出
血)하는 질환으로, 귀배(鬼排)라고도 한대한의학고전 DB(https://mediclassics.kr/) 사이트
참조.

9) (6가)의 '티여'를 '타-'(打)의 활용형으로 보고, '타'가 타동사는 물론 자동사로도 쓰였다고 할
수도 있다. 그런데 '타'는 대부분 타동사로 사용되었으며, 자동사로 사용된 것으로 볼 수 있는
예는 거의 존재하지 않는다. 따라서 본고는 (6가)의 '티여'를 '티이-'의 활용형으로 보았다. 설
사 이를 타동사로 보더라도, (6나)의 '티이며'가 '티이-'의 활용형임은 분명하다.

10) (6다)의 '티이-'는 《소학언해》에서는 '티임을 닙-'과 같은 피동적 구성으로 언해되었다. 《소학
언해》가 직역의 성격이 강한 문헌임을 잘 보여준다.

고 '티이-'라는 피동형을 만들어낼 수 있었다. 현대에 '치-'의 피동형이 존재하지 않는 것은 '티이-'가 소멸되었기 때문이지, 단순히 '맞다'라는 어휘가 존재하기 때문은 아니다. '티이-'의 소멸에 '티이-'와 동일한 의미를 가지는 '맞-'의 존재가 영향을 미쳤을 수는 있지만, '맞-'으로 인해 '티이-'가 생성되지 못한 것은 아니다. 어휘적 피동의 짝('맞-')이 존재하기 때문에 타동사의 피동형('티이-')이 생성되지 못했다는 그간의 논의는 통시적 자료가 보여주는 경향과는 맞지 않는 면이 있다.

다음으로 'X호-'의 피동 여부와 관련된 제약을 살펴보자. 배희임(1988: 28-9)에서는 '사름 올 傷호이니 그 傷호인 사름이'〈無寃錄3:19〉의 예를 근거로 중세에는 'X호-' 또한 피동의 어기가 될 수 있다고 하였다. 이에 대해 구본관(1998: 259)에서는 이는 15세기의 예가 아니며, 그 예가 소수라는 점에서 15세기에는 피동의 어기로 'X호-'가 올 수 없다고 하였다. 자료 검토 결과, 'X호-'는 한글 자료에서 16세기 이후에 피동의 어기로 사용될 수 있었던 것으로 보인다. 아래에 예를 제시한다.[11]

---

11) 'X호아'는 구결 자료에서 사동으로 사용될 수 있었다. 예는 아래와 같다(장윤희 2006: 129에서 재인용).

가. 旣氵 通達 已氵丷斤 {於}作意 俱行丷丶 心刂 任運勺 轉丷々ヒ 中氵十 能善勺 棄捨丷丶
ホ 无閒勺 滅丷亼刂卜〈유가사지론 23:15-17〉
나. 我丁 今丷丶 宜丁 彼氵 求ノ丁 所乙 隨亇 其意乙 充滿ㅅㅣㅠ古 應ヒ丷丁刂丁丁〈화엄경소 11:13-14〉

한편《대명률직해》에는 '令是-'가 피동으로 사용된 예도 존재한다.

凡 宮殿良中 出去人等乙 門籍良中 名字已除爲去乙 仍留不出爲在 人 及官司良中 <u>被告劾令是在</u> 人 亦 必于 門籍良中 名字不除爲良置 宮殿內良中 直入爲在乙良 杖一百齊〈대명률 209조, 兵律宮衛와 관련된 조항〉

제시된 예의 '被告劾令是在'은 '告劾을 당한 사람이'로 해석된다. 일반적으로 '令是-'(시기-)는 차자 표기 자료에서 사동의 의미를 나타내는데, 이는 '令是-'가 피동의 의미를 나타낸다는 점에서 주목된다(《대명률직해》에 이러한 예가 보인다는 것은 서울대학교 국문과 박진호 선생님께서 알려주신 것이다).

(7) 가. 이러호모로 아비게 스랑ㅎ이디 몯ㅎ야 민양 쇠똥을 츠이거든 王祥이
　　더옥 조심ㅎ야 공슌히 ㅎ며 (由是失愛於父ㅎ야 每使掃除牛下ㅣ어든 祥
　　이 愈恭謹ㅎ며)〈飜小9:24b〉

　　나. 井이 渫호디 食ㅎ이디 몯ㅎ야 내의 心애 惻홈이 되야 (井渫不食ㅎ야 爲
　　我心惻ㅎ야)〈周易4:3b〉

　　다. 人의게 治ㅎ이ᄂᆞ 者ᄂᆞ 人을 食ㅎ고 (治於人者食人ㅎ고)〈孟栗5:22a〉

　　라. 내 夏를 用ㅎ야 夷를 變홀 者를 듣고 夷의게 變ㅎ인 者를 듣디 몯게라
　　(吾聞用夏變夷者ㅣ오 未聞變於夷者也ㅣ케라)〈孟栗5:27b〉

　　(7가)는 "이러므로 (왕상이) 아버지에게 사랑받지 못하여 매번 (왕상에
게) 소똥을 치우게 하였는데 왕상은 더욱 삼가고 공손히 하였으며",[12] (7
나)는 "우물물이 깨끗하여도 사람들에게 먹히지 못하여 나의 마음에 안타
까움이 되어", (7다)는 "남에게 다스림을 받는 자는 남을 먹이고", (7라)는
"내 중화의 가르침으로 오랑캐의 풍속을 변화시켰다는 말은 들었으나 중
화의 문화가 오랑캐에 의해 변화되었다는 것은 듣지 못하였다"로 해석된다.
　　이러한 'Xㅎ이-'는 'Xㅎ-' 구성을 가지는 한자어를 피동화하는 과정에서
나타난 것이다. 'Xㅎ-'를 피동화하기 위해 당시 언중들이 쓸 수 있는 방법
으로 'Xㅎ-'에 피동 접사 '-이-'를 결합시키거나, 'X혼 배 드외-' 혹은 'X홈을
닙-' 등의 구문으로 표현하는 방법 등이 있었다.[13] 'Xㅎ이-'는 형태적 방법
을 취한 것으로 볼 수 있다.
　　근대 이후에도 'Xㅎ-'는 피동의 어기로 쓰일 수 있었다.

---

12) (7가)의 '이러호모로 아비게 스랑ㅎ이디 몯ㅎ야'는《소학언해》에서는 '일로 말미암아 아비
　게 스랑을 일허'〈小學6:22a〉로,《오륜행실도》에는 '일로 말미암아 아비게 스랑을 일허'〈五
　倫孝25a〉로 나타난다. 후자의 두 문헌은 한문의 '失愛'가 '스랑을 잃-'로 직역되었다고 할 수
　있겠다.

13) 'X혼 배 드외-', 'X홈을 닙-' 등으로 언해된 예로는 '이 ᄆᆞᅀᆞ미 攝혼 배 드욀ᄊᆡ 攝이라 ㅎ니라〈月
　釋11:70a〉 '안ㅎ로 邪迷의 惑호ᄆᆞᆯ 닙디 아니홀ᄊᆡ(內不被邪迷所惑홀ᄉᆡ)'〈金剛上3a〉, 'ㅎ다가 ᄇᆞᆯ
　기 아디 몯ㅎ야 陰의 迷호ᄆᆞᆯ 니브면(若不明悟ㅎ야 被陰의 所迷ㅎ면)'〈楞嚴9:49b〉 등이 있다.

(8) 가. 딘 환공이 텬ᄌ끠 <u>ᄉ랑ᄒ이고</u> (陳 桓公 方有<u>寵於王</u>) 〈三綱英忠3a〉[14]

　　나. 人을 다ᄉ리ᄂᆞᆫ 者ᄂᆞᆫ 人의게 <u>食ᄒ인다</u> ᄒ니 (治人者<u>食於人</u>이라 ᄒ니)
　　　　〈孟栗3:24a〉

　　다. 님금이 仁政을 行티 아니코 富케 ᄒ면 다 孔子끠 <u>棄ᄒ일</u> 者ㅣ니 (君不行
　　　　仁政而富之면 皆<u>棄於孔子</u>者也ㅣ니) 〈孟栗4:26b〉

　　라. 사ᄅᆞᆷ의게 <u>殺死ᄒ인</u> 거시라 (<u>被人殺死</u>) 〈無冤錄3:35b〉

　　마. 죽은 後에 虫鼠의게 <u>傷ᄒ인</u> 거슨 곳 갓치 ᄯ러뎌도 피 업고 (死後<u>被虫鼠
　　　　傷</u>은 卽皮破無血ᄒ고) 〈無冤錄3:90a〉

　　바. 텬하의 법도ㅣ <u>폐ᄒ이고</u> 진교ㅣ 날노 쇠ᄒᆞ야 〈성경직해 126a〉

　　(8가)는 "진 환공이 천자께 사랑받고", (8나)는 "남을 다스리는 자는 남에
게 먹임을 받는다고 하니", (8다)는 "임금이 仁政을 행하지 않았는데도 그
를 부유하게 하는 자는 모두 공자에게 버림받을 자이니", (8라)는 "남에게
죽임을 당한 것이다", (8마)는 "죽은 후에 벌레나 쥐에게 상처를 입은 경우
는 피부가 뚫어져도 피가 없고", (8바)는 "천하의 법도가 폐하여지고 진교
가 날로 쇠하여"로 해석된다. 'X-ᄒ이-'는 20세기 초 이후에는 피동의 어기
로 활발히 사용되지 않는다.[15]

　　지금까지 우리는 중세와 근대한국어 시기에 피동화를 겪을 수 있었던
타동사 목록을 확인하였고, 통시적 자료를 바탕으로 현대의 피동화 제약
으로 다루어져 온 사항들의 타당성을 검토해 보았다. 현대의 제약은 중세
에는 들어맞지 않는 경우가 대부분이었으며, 제약으로 논의되어 온 것들
의 대부분은 언어 변화의 우연한 결과물임을 확인할 수 있었다.[16]

---

14) 《삼강행실도》 성종판에서는 '陳 桓公이 王끠 有勢ᄒᆞ니' 〈三綱忠3〉로, 《오륜행실도》에서는
　 '진 환공이 ᄇᆞ야흐로 텬ᄌᆞᆨ 통이 잇고' 〈五倫忠5b〉로 나타난다.

15) 사동의 'X-ᄒ이-'도 20세기 초 이후에는 잘 보이지 않는다.

16) 任洪彬(1978: 100)에서도 이를 국어사의 우연이라 한 바 있다.

3.1.2. 자·타 양용동사

3.1.2.1. 자·타 양용동사로부터 파생된 피동사 목록

중세와 근대한국어 시기에는 타동사뿐만이 아니라 자·타 양용동사도 피동사의 어기가 될 수 있었다. 우리는 제2장에서 양용동사 목록의 재검토를 통해 양용동사 목록을 재정비하였는데, 이 目에서는 재정비된 목록을 바탕으로 양용동사로부터 파생된 피동사의 목록을 제시하고, 피동 구문과 양용동사 구문의 영향 관계를 논한다.

중세와 근대한국어 시기에 양용동사로부터 파생된 피동사 목록을 그 어기와 함께 제시하면 아래와 같다.[17]

> (9) 자·타 양용동사로부터 파생된 피동사[18] [중세]
> 걸다₁(掛)-걸이다₁, 걸다₂(滯)-걸이다₂, 져다(折)-것기다, 그르다(解)-글이다, 짔다(說)-짒기다, 눈호다(分)-눈호이다, 덜다(除)-덜이다, 둪다(蓋)-두피다, 들다(擧)-들이다, ᄃᆞ다/둠다(沈)-둠기다, 막다(障)-마키다, 및다(結)-믹치다, 박다(印)-바키다, 밧고다(換)-밧고이다, 불다-불이다(吹), 븥

---

17) 이 목록은 파생 피동사를 가지는 양용동사만을 제시한 것이다. 선행 연구에서 제시한 양용동사를 종합하면 약 80개의 양용동사가 존재하는데, 그 중 40여 개의 동사가 피동사를 파생시킬 수 있었다. (9), (10)의 양용동사가 이루는 자동사 구문과 타동사 구문은 [부록 2]에 제시하였다. 그리고 타동사로부터 파생된 피동사 목록을 제시할 때와 마찬가지로, 피동사의 어기는 활용에서의 어기를 기준으로 제시한다.

18) 제시된 동사 중에서는 어기가 자동사 용법을 상실한 후 피동사가 생성된 것들도 있다. 이들은 피동사가 생성될 당시에는 어기가 자·타 양용동사가 아니라는 점에서, 엄밀히 논하면 자·타 양용동사로부터 파생된 피동사로 볼 수 없다. 이러한 동사에는 '뒤틀리다', '뒤티이다', 'ᄲᅢ이다', '밧고이다', '섯기다', '펴이다', '헐이다', '글리다' 등이 있다. 그런데 이 중 어떤 동사는 자동 구문의 소멸 시기와 피동형 생성 시기가 1세기밖에 차이나지 않고, 어떤 동사는 2세기 이상 차이가 난다. 전자의 경우는 자·타 양용동사로부터 파생되었다고 볼 수도 있겠으나 후자의 경우는 그렇게 설명하기가 어렵다. 본고는 이에 대한 문제 의식은 가지고 있되, 편의상 이들을 구분하지 않고 함께 다룬다.

둥기다(牽)-븓둥기이다, 븟다(注)-븟이다, 샇다(積)-사히다, 셧다(混)-섯기다, 슬다(消)-슬이다, 실다(席)-실이다, 얽다(維, 纏)-얼기다/얼키다, 열다(開)-열이다, 이어다(動)-이어이다, 잃다(失)-일히다, 주므다/줌다(沈)-줌기다, 헐다₂(傷)-헐이다₂

(10) 자·타 양용동사로부터 파생된 피동사 [근대]

걷다₂(消)-것치다₂, 갈다(替)-갈리다, 두위틀다(飜)-뒤틀리다, 드위티다(飜)-뒤티이다, 마초다(中)-마초이다, 모도다(合)-모도이다/모도히다, 버믈다(界)-버므리다, 뻬다(貫)-뻬이다, 웃다(笑)-우이다, 펴다(展, 披)-펴이다, 헐다₁(毁)-헐이다₁

(9), (10)의 동사들은 모두 피동사를 파생시켰던 양용동사들이다. (10)의 목록은 중세에 양용동사로부터 파생된 피동사 목록[예(9)]에 비하면 그 수가 매우 적다. 이는 지극히 자연스러운 현상이다. 중세에 양용동사로 쓰이던 동사들이 현대에는 대부분 타동사로 사용되는 경향이 있기 때문이다 (구본관 1996: 164, 장윤희 2002나: 135). 많은 수의 양용동사가 자신의 자동사 용법을 17세기 이후에는 거의 가지고 있지 않게 된 것이다.[19]

우리는 이 목록을 바탕으로 양용동사가 이루는 자동 구문과 양용동사로부터 파생된 피동 구문이 어떠한 영향 관계에 있었는지를 검토할 것이다. 특히 양용동사가 자동사·타동사로서의 기능을 모두 유지한 시기와

---

[19] 근대 이후 자동사 용법을 잃은 양용동사를 소멸 시기에 따라 제시하면 아래와 같다.

가. 17세기 소멸: 덜다(除)

나. 18세기 소멸: 져다(折), 굴다(替), 모도다(合), 버믈다(界)

다. 19세기 이후 소멸: 눈호다(分)

라. 현재까지 자동사·타동사 용법 모두 유지: 걷다₂(消), 마초다(中), 및다(結)

마. 현재까지 자동사 용법만 유지: 불다(吹), 헐다₂(傷)

(가)-(다)는 근대에도 자동사 용법이 이어진 동사들이지만, 이들이 근대에 자동사로 활발히 사용되었다고 보기는 어렵다. 몇몇 동사를 제외하고 이들이 근대 시기에 자동사로 쓰인 예는 지극히 소수에 불과하기 때문이다.

피동사의 출현 시기를 구체적으로 살핌으로써, 두 부류 동사 간의 영향 관계를 고찰한다. 이를 통해 대다수의 양용동사들은 이미 15세기에 자동사 용법이 대부분 소멸되었음을 확인하고, 이것이 피동사의 출현과는 다소 무관한 것임을 증명하는 여러 근거를 제시할 것이다.

3.1.2.2. 자·타 양용동사의 소멸과 피동사의 발달 간의 영향 관계

앞서 살펴보았듯, 양용동사의 자동 구문과 이로부터 파생된 피동 구문은 통사·의미적 특성이 동일한 구문을 이룰 수 있었다. 아래에 몇 예를 제시한다.

> (11) 가. 히 점점 놉고 안개 거드니 〈三譯總解4:18b〉
>
> 　　 나. 젹두 한 말을 튀게 복가 젼디에 너허 슐 가온디 너흐면 산미 곳 <u>것치논</u>
> <u>니라</u> 〈閨閣4b〉
>
> (12) 가. 이씨의 손이 년ᄒᆞ여 니ᄅᆞ니 세 사ᄅᆞᆷ이 <u>그라</u> 나가 손을 디졉ᄒᆞ더라 〈을
> 병_장서17:58b〉
>
> 　　 나. 그 령 낸 관원이 <u>갈녓다고</u> 그 령을 억이는 것은 〈독립신문 1898/3/5〉
>
> (13) 가. 地軸이 爲ᄒᆞ야 <u>드위티고</u> 온 내히 다 어즈러이 흐르놋다 (地軸爲之飜 百
> 川皆亂流) 〈杜詩22:2b〉
>
> 　　 나. 遍身이 胖脹ᄒᆞ고 口脣이 <u>뒤티이고</u> 갓과 슬히 버서 허여디고 (遍身이
> 胖脹ᄒᆞ고 口脣이 飜ᄒᆞ고 皮膚ㅣ 脫爛ᄒᆞ고) 〈無冤錄1:45a〉

(11가), (12가), (13가)는 '걷-'(消), '글-'(替), '드위티-'(飜)가 자동사로 사용된 예이며, (11나), (12나), (13나)는 이에서 파생된 '걷히-', 갈니-', 뒤티이-'가 피동사로 사용된 예이다. (11가)는 "해가 점점 높아지고 안개가 걷히니", (11나)는 "젹두 한 말을 튀게 볶아 전대에 넣어 술 가운데 넣으면 산미가 곧 걷힌다", (12가)는 "이때 손님이 연이어 이르니, 세 사람이 번갈아 나

가 손님을 대접하였다", (12나)는 "그 법령을 낸 관원이 (다른 관원으로) 갈렸다고 그 법령을 어기는 것은", (13가)는 "地軸이 이 때문에 뒤집히고 수많은 강이 다 어지러이 흐르는구나", (13나)는 "전신이 팽창하고, 입술이 뒤집히고, 피부와 살이 벗겨지고 문드러지며"로 해석된다. 양용동사의 자동 구문과 이에서 파생된 피동 구문은 통사·의미적 특성이 동일하다.

동일한 통사·의미적 특성을 가지는 두 어휘 요소의 공존은 경제성의 원리에 어긋나므로 양용동사와 피동사는 서로 경쟁 관계에 놓였을 것으로 추측된다. 결과적으로 양용동사는 자동사 기능을 잃어버리게 되었는데, 고영근(1986), 구본관(1998), 황국정(2009), 김태우(2013) 등에서는 양용동사의 소멸 이유를 피동사의 발달과 관련하여 논의하여 왔다. 고영근(1986: 67)에서는 접미사에 의한 피동사의 증가로 능격 동사가 피동사의 체계로 변모했다고 하였다. 구본관(1998: 257)에서는 중세한국어의 능격동사는 현대로 오면서 현저히 감소하는데 이에 결정적 영향을 끼친 것이 피동의 '-이-'라고 하였다. 김태우(2013: 50-1)은 단순히 논항의 격 관계를 교체하는 것만으로 피동이라는 개념을 표상하기에는 기능 부담량이 너무 크고, 중의성을 유발할 위험까지 있기 때문에 이를 해결하기 위해 피동 접미사를 발달시켰을 것이라고 하였다. 그리고 이렇게 발달한 피동 접미사는 자·타 양용동사의 극적인 축소를 가져왔다고 하였다. 이상의 논의는 피동사의 발달이 양용동사의 소멸에 영향을 주었다는 입장이다. 반면 황국정(2009)는 자동 구문이 사라지지 않아도 이와 관련된 피동사가 실현될 수 있음을 근거로, 자동사의 기능 상실이 먼저라고 하였다.

본고는 양용동사의 자동사 용법의 소멸 시기와 양용동사로부터 파생된 피동사의 생성 시기, 그리고 양용동사가 자동사로 사용된 출현 빈도(token frequency) 등을 고려하여 이들을 검토함으로써, 현상의 본질에 한 걸음 더 들어가 보고자 한다. 이와 같은 작업에는 황국정(2009)의 방법론이 좋은 참고가 된다. 황국정(2009)는 15세기 국어에서 자동 구문을 형성하였던 동사들이 16세기 혹은 근대에 자동사의 용법을 상실하는 부류가 있다고 하면서, 이들의 통사적 지위 및 자동사가 소멸하는 시기, 자동사의 기능을 대체하게 된 피동사의 실현 시기 등을 논한 바 있다. 본고에서 시도하고자 하는 작업 역시 이와 맥락이 닿아 있다. 그런데 자동사의 기능 상실과 피동사 발달의 영향 관계에 대한 설명이 조금 더 보완될 필요가 있다. 황국정(2009: 135-6)는 피동사의 발달과 자동 구문의 선후 관계에 대해 자동사의 기능 상실이 먼저라고 보면서, 그 근거로 '밧고이다'와 '부치이다'를 예로 들었다. 만약 피동사의 발달이 먼저라면 피동사가 생기기 전에 자동 구문은 소멸되지 않아야 하는데, '밧고다'와 '부치다'는 피동형 '밧고이다'와 '부치이다'가 생기기 전에 자동사 용법이 사라졌기 때문이다. 본고도 이에 동의하는 바이나, 두 동사가 보여주는 예만으로 자동 구문의 소멸이 먼저라는 주장을 뒷받침하기에는 부족하다고 생각한다.[20] 이는 좀 더 많은 자료의 관찰을 통해 보완될 필요가 있다. 그리고 선행 연구에서는 동사의 빈도가 고려되지 않았는데, 본고는 동사의 출현 빈도도 중요한 정보라 생각하여 출

---

20) '부치이다'는《한영자전》(1897년)의 '바드랍다'에 대한 참조 항목으로 제시되어 있다(395면).

바드랍다 s. 라와; 온. To be soft; to be flexible. To be insufficient. (Prov.) *See* 부치이다.

'부치이다'가 참조 항목으로 제시되어 있지만,《한영자전》에서 '부치이다'는 표제어에 존재하지 않는다. 따라서 '바드랍다'와 유사한 의미를 가지는 '부치이다'가 무엇인지 명확히 알 수 없다. 대신《한영자전》에는 '붓치이다'가 표제어로 존재하는데, 아래에 그 예를 보인다.

(가) 붓치이다 s. 寓(우거홀-*우) 치여; 인. To stay at; to find protection in; to find shelter. See 쏠니이다.
(나) 붓치이다 s. 치여; 인. To fly-of a flag (v.i.)

(가)의 '붓치이다'는 "(사람이 잠이나 식사를 어디에서) 정하여 두고 하다"(〈고려〉)의 의미를 지니는 '부치다'이다. (나)의 '붓치이다'는 "(사람이 부채 따위를) 흔들어서 바람을 일으키다"(〈고려〉)의 의미를 지니는 것으로, '붗다'(飄)에서 파생된 '부치다'와 관련된 어형이다. 우리의 연구와 연관되는 것은 (나)의 '붓치이다'이다. 그런데 '부치다'는 '붗-'과 의미·통사적 차이가 없으며, 일반 자동사에 가까운 양상을 보이므로 이는 피동사로 보기 어렵다. 이는 '붗-'에 의미와 통사범주를 바꾸지 않는 접미사가 결합된 것으로 볼 수 있을 것이다. '붓치이다'는 '부치다'에 접사가 중첩되어 '붓치이다'로 쓰인 것으로 보인다.

현 빈도를 고려한 심층적 설명을 시도한다.

본고는 (9), (10)의 동사를 대상으로 양용동사들이 자동사 용법을 잃는 시기와 양용동사로부터 파생된 피동사의 생성 시기를 각 세기별로 나누어 관찰하였다. 그리고 시기의 간극에 따라 동사를 다섯 가지 부류로 나누었다. ①은 양용동사의 자동 구문의 소멸과 피동형 생성이 동시기에 일어난 부류, ②는 양용동사의 자동 구문이 소멸된 후에 피동형이 생성되는 부류, ③·④는 피동형이 생성된 이후에 양용동사의 자동 구문이 소멸되는 부류, ⑤는 피동형이 생성되었지만 양용동사의 자동 구문이 현재까지 유지되는 부류이다. 이를 정리하면 아래와 같다.

[표5] 자·타 양용동사의 자동 구문 소멸 시기와 피동사의 생성 시기(단위: 세기)

① 양용동사의 자동 구문 소멸과 피동형 생성이 동시기에 일어남

양용동사	자동 구문 소멸시기	피동형	피동형 생성시기
걸다₁(掛)	15	걸이다₁	15
걸다₂(滯)	15	걸이다₂	15
그르다(解)	15	글이다	15
들다(擧)	15	들이다	15
둪다(蓋)	16	두피다	15
두무다/둠다(沈)	15	둠기다	15
ㅈ무다/ㅈ다(沈)	15	줌기다	15
박다(印)	15	바키다	15
블둥기다(牽)	15	블둥기이다	15
븟다(注)	15	븟이다	15
샇다(積)	15	사히다	15
슬다(消)	15	슬이다	15
칠다(席)	15	칠이다	15
얽다(維, 纏)	15	얼기다/얼키다	15
이어다(動)	15	이어이다	15
모도다(合)	18	모도이다/모도히다	18

140

② 양용동사의 자동 구문이 소멸된 후 피동형이 생성됨

양용동사	자동 구문 소멸시기	피동형	피동형 생성시기
두위틀다(飜)	15	뒤틀리다	17
드위티다(飜)	15	뒤티이다	18
뻬다(貫)	15	뻬이다	18
밧고다(換)	15	밧고이다	16
셧다(混)	15	섯기다	16
잃다(失)	15	일히다	16
펴다(展, 披)	15	펴이다	18
헐다₁(毀)	16	헐이다₁	18
굴다(替)	18	갈리다	19

③ 피동형이 생성된 후 양용동사의 자동 구문이 소멸됨

양용동사	자동 구문 소멸시기	피동형	피동형 생성시기
막다(障)	16	마키다	15
열다(開)	16	열이다	15
버믈다(界)	18	버므리다	17

④ 피동형이 생성된 지 2세기 이상이 지난 후 양용동사의 자동 구문이 소멸됨

양용동사	자동 구문 소멸시기	피동형	피동형 생성시기
졊다(折)	18	것기다	15
짔다(悅)	19	깃기다	15
눈호다(分)	19	눈호이다	16
덜다(除)	17	덜이다	15

⑤ 피동형이 생성되었지만 양용동사의 자동 구문이 유지됨

양용동사	자동 구문 소멸시기	피동형	피동형 생성시기
걷다₂(消)	현재까지 유지	것치다₂	19
마초다(中)	현재까지 유지	마초이다	18
및다(結)	현재까지 유지	민치다	15
불다(吹)	현재까지 유지	불이다	15
웃다(笑)	현재까지 유지	우이다	18
헐다₂(傷)	현재까지 유지	헐이다₂	15

이를 통해 우리는 대체로 양용동사의 자동 구문 소멸과 피동사의 생성이 동시기에 일어난 부류(①)가 가장 많음을 확인할 수 있다. 피동형이 생성된 후에 양용동사의 자동 구문이 소멸되는 부류(③, ④)는 그에 비해 수가 적은 편이다.

본고는 양용동사의 자동 구문 소멸 시기와 양용동사로부터 파생된 피동사의 생성 시기의 검토를 통해, 다음의 세 가지를 주장한다.

〈주장 1〉 양용동사는 그 자체로 자동 구문이 점점 소멸되고 있었다.

이는 ①의 동사들이 이루는 자동 구문의 출현 빈도, ②의 동사들이 보이는 피동사 생성 시기, 피동사를 파생시키지 않았던 양용동사들의 소멸 양상 등에 의해 뒷받침된다.

첫 번째 근거는 15세기에 자동사 용법을 잃은 양용동사의 출현 빈도이다. ①에 속하는 대부분의 양용동사가 이루는 자동 구문은 타동 구문에 비해 매우 극소수이다. 만약 피동사가 등장하면서 그로 인해 양용동사가 소멸되기 시작하였다면, 많은 양용동사들이 중세한국어 시기에 극히 제한된 자동사 용법을 가지고 있는 것을 설명하기 쉽지 않다. 피동사가 생성되자마자 양용동사의 자동사 용법이 급속도로 위축되었다고 설명해야 하기 때문이다. 하지만 언어의 변화는 초기에는 비교적 완만하게 이루어지는 경향이 있다. 이를 고려하면, 양용동사가 이루는 자동 구문은 15세기 이전의 어느 시기부터 이미 소멸을 겪고 있었을 것으로 추정된다.[21] 15세기에

---

21) 이와는 반대로, 피동 접미사가 15세기 이전의 어느 시기에 발달하였다고 가정할 수도 있다. 15세기 이전의 어느 시기에 피동 접미사가 발달하여 양용동사를 소멸시켰고, 중세한국어 시기에 양용동사가 자동 구문을 거의 이루지 못하였던 것은 이미 그 변화가 충분히 진행 중이었기 때문인 것으로도 볼 수 있는 것이다. 그런데 15세기 이전의 차자표기 자료에서 피동의 파생접미사는 문증되지 않는다. 어떠한 설명 방식을 취하든 15세기 이전에 양용동사가 소멸했음을 보여주는 자료, 또는 피동사가 발달하였음을 보여주는 자료는 보이지 않는다. 현재의 모습을 바탕으로 그 원인이 무엇인지 추정할 수 있을 뿐이다. 본고는 차자 표기 자료에

양용동사의 자동 구문의 출현 빈도가 낮은 것은 이 시기는 이미 소멸이 충분히 진행된 단계였기 때문인 것으로 설명될 수 있다.

두 번째 근거는 ②의 자료들이 보여주는 양상이다. ②는 양용동사의 자동 구문이 소멸된 후에 피동사가 생성되는 동사이다. 이는 피동사의 생성과는 상관없이 양용동사의 자동 구문이 먼저 소멸되는 양상을 더욱 분명히 보여준다. 황국정(2009)에서 피동사의 발달보다 자동사의 기능 상실이 먼저라고 주장하면서 그 근거로 든 '밧고이다'가 바로 ②에 속하는 동사이다. ②의 양용동사들은 자신으로부터 파생된 피동사가 존재하지 않았음에도 불구하고 자동사 용법이 소멸되었다. 만약 피동사의 발달로 인해 양용동사가 소멸한 것이라면, 이들은 굳이 자신의 자동적 용법을 잃어버릴 필요가 없었을 것이다. ②의 동사들이 보이는 양상을 참고하면, 양용동사의 자동 구문의 소멸 원인을 피동사의 출현과 관련지어 논하기 어렵다는 것을 알 수 있다.

한편 ①, ②의 동사 중 18세기에 들어서야 자동사 용법이 사라지는 동사들이 있다. '모도다, 글다' 등이 이에 해당한다. 이들은 양용동사 소멸이라는 큰 변화의 흐름에서 약간 비껴난 동사들로, 꽤 늦은 시기까지 자동사의 용법을 유지하고 있었다. 이는 언어 변화의 점진성으로 설명할 수 있다. 양용동사가 소멸의 과정 중에 있다고 하여 모든 양용동사가 동일한 시기에 변화를 겪는 것은 아니다. 어떤 동사들은 다른 동사들에 비해 늦게까지 자신의 자동사 용법을 존속시키기도 하였는데, 이들이 그러한 부류에 속한다고 볼 수 있겠다.

세 번째 근거는 피동사를 파생시키지 않던 양용동사들도 15세기부터 양용동사로서의 용법을 잃고 있었다는 점이다. 이러한 사실이 자료를 통해 확인된다면, 이는 양용동사의 소멸 자체를 보여주는 근거로 활용될 수

서 피동 표지가 보이지 않는다는 점을 중시하여, 양용동사 소멸이 먼저 일어난 것으로 보는 입장을 취한다.

있다.

이를 확인하기 위해 피동형을 가지지 않은 양용동사들을 대상으로 그들의 자동사 용법의 존속 시기를 살펴보았다. 이때 검토 대상이 되는 동사는 적어도 근대 시기까지는 사어화되지 않고 존재하고 있어야 한다. 만약 근대에 소멸한 동사를 대상으로 그 동사가 이루던 자동 구문의 존속 시기를 관찰한다면, 자동 구문의 소멸 이유가 양용동사 소멸이라는 큰 변화에 의한 것인지 혹은 동사 자체의 소멸로 인한 것인지 판단하기 쉽지 않기 때문이다. 예를 들어 '가시-'(變)는 고영근(1986) 및 장윤희(2002나)에서 양용동사로 논의되어 온 것이다. 그런데 이는 16세기 이후에는 동사 자체가 거의 사용되지 않기 때문에,[22] 15세기 자료만을 가지고 자동 구문의 소멸 과정을 논하는 것은 부적합하다.[23] '배-'(亡)는 17세기까지 그 예가 보이지만, 17세기의 예들은《두시언해》나《경민편언해》의 중간본에 존재하는 예들이기 때문에 순수한 17세기의 예로 보기는 어렵다. 이 외에도 'ᄀ리ᄭᅵ-'(蔽), '범글-', '빗-', '다잊-', '흐늘/후늘-', '움치-'(縮) 등은 17세기 이후로 동사 자체가 거의 사용되지 않으므로 검토 대상에서 제외한다.

이러한 동사들을 제외하였을 때 관찰 대상이 될 수 있는 동사에는 '갊-'(藏), '벗-'(脫), 'ᄢᅵ-'(消), '쌔혀-'(拔), '여희-'(離), '흩-'(散), '어긔-'(違)' 등이 있다.[24]

---

22)《두시언해》중간본에만 그 예가 보인다.

23) '가시-'의 후대형을 '가시'로 보고, 이를 양용동사로 논의할 수도 있다. 하지만 '改'자의 의미를 가진 중세어의 '가시-'와 현대어의 '가시다' 사이에 의미의 접점을 찾기 쉽지 않기 때문에 논의의 대상에서 제외할 수도 있다. 이와 관련하여 장윤희(2002나: 134, 각주 49)가 참고된다.

24) 선행 연구에서 양용동사로 제시하였고 본고에서 논한 조건을 갖추었지만, 이 목록에 포함되지 않은 동사도 있다. '헡-'이 이에 속한다. '헡-'은 고영근(1986), 장윤희(2002나)에서 양용동사로 제시한 동사이다. 아래에 '헡-'이 자동사로 쓰인 예를 보인다.

　머리터리 ᄀ죽ᄒ샤 어즈럽디 아니ᄒ시고 ᄯᅩ 헡디 아니ᄒ샤미 四十九ㅣ시고 〈法華 2:17a-b〉

제시된 예는 "머리카락이 가지런하시어 어지럽지 않고 또 흐트러지지 않으심이 마흔아홉 번째이시고"로 해석된다. 그런데 '헡-'이 타동사로 쓰인 예는 거의 보이지 않는다. 선행 연구에서 어떠한 예를 근거로 하여 이를 양용동사라 판단하였는지 따로 제시하고 있지 않기 때

이 동사들이 자동사로 쓰인 예를 아래에 제시한다.

(14) 가. 本覺의 明이 妙애 갈모니 (本覺之明이 藏乎妙ᄒ니) 〈楞嚴4:10a〉

　　　나. 일로브터 가툐매 버스며 怨讎 여희ᄂᆞᆫ 이레 니르리ᄂᆞᆫ 다 六根 消復호ᄆᆞᆯ
　　　　　브터 ᄆᆞᅀᆞ매 블롬 업스실ᄊᆡ 境이 能히 ᄒ디 몯호미라 〈月釋19:11b〉25)

　　　다. ᄇᆞ리 香樓에 다ᄃᆞ라 ᄲᅵ고 아니 브틀ᄊᆡ 諸天이 ᄯᅩ 브티ᅀᆞᆸ다가 몯ᄒ고
　　　　　〈釋詳23:38b〉

문에 본고 역시 그 근거를 찾기 쉽지 않았다. '힐'이 쓰인 예 중에서 타동사 용법으로 볼 수 있음직한 예는 아마 아래와 같은 예일 것으로 생각된다.

　　　들면 머리 허트며 양ᄌᆞ 골업시 ᄒ고 나면 괴이 양ᄌᆞᄅᆞᆯ 지스며 (入則亂髮 壞形ᄒ고 出則窈窕作態ᄒ며) 〈內訓2上:12a〉

이 예는 "집안에 들어오면 머리카락을 흐트러뜨리고 용모를 꼴사납게 하고 집에서 나가면 그윽하고 정숙한 모습을 하며"로 해석될 수 있다. 그런데 '머리 허트며'는 스스로 머리를 흐트러뜨린다는 해석도 가능하지만, 제시된 예는 여성이 집에 들어와서는 머리의 모습에 신경을 쓰지 않아 머리가 흐트러진 상태로 있음을 의미할 수도 있다. 선행 연구에서 양용동사로 본 근거가 위의 예임은 확신할 수는 없으나, 본고는 '헐틀오/헐틀우' 따위를 제외하고 순수한 '힐'이 타동사로 쓰인 예를 찾을 수 없었다. 타동사로 해석할 수 있는 예도 자동적 해석이 가능하기 때문에, 본고는 '힐'을 자동사로 보았다.

25) 동일한 부분에 대한 《능엄경언해》의 예를 아래에 제시한다.

　　　일로브터 가툐ᄆᆞᆯ 버스며 怨 여희ᄂᆞᆫ 이레 니르리 다 六根올 스러 도라가샤 ᄆᆞᅀᆞ매 블로미 업스실ᄊᆡ 이런ᄃᆞᆯ로 境이 能히 ᄒ디 몯ᄒᄂᆞ니라 (自此로 至脫囚離怨之事히 皆由六根을 銷復ᄒ샤 心無所召ᄒ실시 故境이 不能爲也ᄒᄂᆞ니라) 〈楞嚴6:27a〉

《월인석보》에서 '가툐매 버스며'로 나타났던 것이 《능엄경언해》에는 '가툐ᄆᆞᆯ 버스며'로 나타나 있음이 확인된다. '벗'의 자동사 용법이 언해자에게 자연스레 느껴지지 않아, 이를 대격 논항을 요구하는 구문으로 언해한 것으로 추측된다.

한편 '벗'은 근대한국어 시기에 '三日이 디나면 (…) 갓과 술히 버서 허여디고 (…) 四五日이 디나면 머리터럭이 버서 쩌러디ᄂᆞ니라' 〈無寃錄1:45a〉와 같은 구문을 이루기도 하였다. 이때 '벗'은 자동사 "벗겨지다"라는 의미로 해석될 수도 있다. 그런데 이 시기에는 이미 '버서디다'가 널리 사용되고 있었기 때문에, '벗'은 자동사 용법을 거의 가지고 있지 않았을 것이다. 《증수무원록언해》의 예는 '벗' 자체가 가지는 의미라기보다는 후행하는 동사에 결합한 '-어 다'의 영향으로 인한 것으로 보인다. 본고는 이와 같은 예를 '벗'이 자동 구문을 이룬 예로 보지 않는다.

라. 旋嵐風이 부니 불휘 쌔혀 싸해 다 붖아디니 〈月千58a〉

마. 보며 드르며 아로매 <u>여희여</u> 道 求홈도 쏘 錯ᄒ며 (離見聞覺知ᄒ야 求道
도 亦錯ᄒ며) 〈金三4:62a〉

바. 도적이 크게 오니 그 믈이 <u>흐터</u> ᄃ라나거늘 (賊兵大至 其徒<u>散</u>走) 〈東新
忠1:59b〉

사. 닉듸에셔 판을 열고 포쥬를 셜시ᄒᄂ 거슨 크게 법예에 <u>어긔ᄂ지라</u> 일
이 온당치 못ᄒ니 〈독립신문 1897/1/5〉

(14가-마)의 동사들은 15세기에 자동 구문을 이룰 수 있었지만 그 예가
많지 않으며, 16세기 이후에는 거의 자동 구문을 거의 이루지 못하였다.
(14바)의 '흩-'은 17세기 이후로는 자동사로 사용되지 않았으며, 17세기 이
후에는 '-어디-' 결합형이 그 역할을 대신한다. (14사)의 '어긔-'는 20세기 초
에도 자동 구문을 이룰 수 있었는데 현대에는 타동사 용법만이 남아 있다.

이와 같은 자료를 살펴보았을 때, 피동사를 파생시키지 않은 양용동사
들도 대부분 중세에 자동사 용법을 잃고 있었던 것을 확인할 수 있다. 근대
까지 자동사 용법을 유지하고 있었더라도 근대 이후 그 용법이 소멸되거
나, 그 수가 매우 적었다.

지금까지 우리는 양용동사는 그 자체로 자동 구문을 잃고 있었음을 뒷
받침하는 여러 근거를 살펴보았다. 그런데 본고는 양용동사의 소멸과 피
동사의 생성이 전혀 무관한 현상임을 주장하는 것은 아니다. 양용동사의
자동 구문이 자체적으로 소멸을 겪었다 하더라도, 이는 피동사의 발달에
영향을 미칠 수 있다. 본고의 두 번째 주장이 바로 이것이다.

**〈주장 2〉 양용동사의 자동 구문의 소멸은 피동사의 생성 및 사용 빈도에 영향
을 미쳤다.**

첫 번째 근거는 ②의 자료들이 보이는 양상이다. ②는 양용동사의 자동

구문이 소멸된 후 피동사가 파생된 동사들이다. 이는 양용동사의 자동 구문의 소멸로 인한 어휘적 공백을 메우기 위해 피동사가 만들어진 것으로 볼 수 있다. 양용동사가 사라지자, 언중들은 양용동사의 자동사 용법과 동일한 의미를 지니는 어휘를 만들어 내기 위해 어기에 피동 접사를 결합하여 피동사를 생성한 것이다. 양용동사는 타동사 용법을 가지고 있었기 때문에 피동화를 겪을 수 있는 조건을 갖추고 있다. 이는 양용동사의 자동 구문의 소멸이 피동사의 생성에 영향을 미친 경우로 볼 수 있다.[26]

두 번째 근거는 ④의 자료들이 보이는 양상이다. ④의 자료는 ②의 동사들이 보여주는 양상과는 다르다. 이들은 피동사 생성은 중세에 일어났지만 자동사 용법이 꽤 오래 존속하여, 피동사가 생성된 후 적어도 두 세기가 지나서야 자동사 용법이 소멸된 동사들이다. 아래에 ④에 속하는 피동사들의 용례를 제시한다.[27]

(15) 가. ᄇᆞ람이 부러도 나모 ᄀᆞᆺ치 <u>것지</u> 아니ᄒᆞ고 〈八歲11b〉

　　 나. 氣中ᄒᆞᆫ 證은 해 豪貴ᄒᆞᆫ 사ᄅᆞ미 이를 因ᄒᆞ야 격발ᄒᆞ며 <u>것기</u>여 忿怒ᄒᆞ야 (氣中證候者 多生於驕貴之人 因事激<u>挫</u>忿怒) 〈救急方上12a〉

---

26) ②의 자료들이 양용동사의 자동 구문이 소멸하여 피동사가 생성된 경우라면, 이와는 반대로 양용동사의 자동 구문이 소멸하지 않아서 피동사가 생성되지 못한 경우도 있다. 양용동사의 대부분은 현재 타동사로 사용되는 일이 가장 많지만, 현대까지 여전히 양용동사로 사용되거나 혹은 자동사 용법만이 남아 있는 동사도 존재한다. 현대까지 양용동사로 사용되는 동사에는 'ᄀᆞ리다(蔽), 다ᄋᆞ다(盡), 디나다(過), 맞다(中), ᄆᆞ르다(退), 뭇다(終), 불다(吹), 비취다(照), 움즈기다(動)' 등이 있고, 자동사로만 쓰이는 동사에는 '굽다(曲), 기울다(傾), 놀라다(警), 디다(落), 붙다(附), 옮다(移)' 등이 있다. 이들은 양용동사의 자동 구문이 꾸준히 존속하였기 때문에 피동사가 생성되지 못하였다. 이는 양용동사의 자동 구문의 존속이 피동사의 생성 여부에 영향을 미친 것으로 볼 수 있을 것이다. 한편, 이들과는 달리 자동 구문이 근대까지 존속한 동사들(④)이 이미 중세에 피동형을 가지고 있었던 이유는 현재로서는 설명하기 쉽지 않다.

27) 한편 ④의 동사 중에서 '깃기-'는 주로 사동사로 사용되었으며, 피동사 사용된 예는 한 예밖에 문증되지 않아 본격적 검토 대상으로 삼기 어렵다. 따라서 '것기-'와 '느호아-', '덜이-'를 중심으로 그 예를 제시하였다.

(16) 가. 온 디구가 두쪽으로 <u>논호와</u> 동 반구와 셔반구가 되야 〈독립신문 1899/
10/20〉

나. 오직 君子小人이 이예 <u>ᄂ호일</u> ᄯ이 아니라 (不惟君子小人이 於此焉<u>分</u>
이라) 〈小學5:94a〉

(17) 가. ᄲᅳᆫ 거슬 슬희여 ᄒ거든 글롤 ᄲᅧ셔 ᄯᅩ ᄶᅵᄒ면 ᄲᅳᆫ 마시 <u>덜거니와</u> (愚人厭
苦者 其未蒸再末 可<u>減</u>苦味) 〈新救荒4b〉

나. ᄂ외야 生死業을 짓디 아니ᄒ면 罪이 불휘 永히 <u>덜인</u> 젼ᄎ로 (更不造
生死之業ᄒ면 則罪根이 永<u>除</u>故로) 〈金三3:56a〉

(15가), (16가), (17가)는 양용동사 '져-', 'ᄂ호-', '덜-'이 이루는 자동 구문
이고, (15나), (16나), (17나)는 이의 피동형 '것기-', 'ᄂ호이-', '덜이-'가 이루
는 구문이다. 피동형이 이미 중세부터 존재하였음에도 불구하고 양용동
사의 자동 구문은 꽤 오래 지속되다가 근대 이후 소멸되었다. 양용동사의
자동 구문이 소멸된 시기와 피동사가 생성된 시기 간의 간극이 크므로 시
기만을 고려한다면 이들은 서로 영향을 주고받은 것으로 보이지 않는다.

그런데 동사가 사용된 빈도를 고려하면 양용동사의 자동 구문의 소멸
이 피동사의 사용 빈도에 영향을 주었음을 확인할 수 있다. ④에 속하는 양
용동사들의 피동형은 대부분 중세에 생성되었다. 하지만 중세에 이들이
피동사로 사용된 예는 매우 극소수이며, 대부분 18세기를 전후로 하여 활
발히 사용되었다. 이들이 18세기 전후에 활발히 사용되기 시작한 것은 자
신과 동일한 기능을 하는 양용동사의 자동사 용법이 그즈음 소멸되었기
때문이다. (15나)의 '것기-'는 18세기 이후 본격적으로 쓰이기 시작하였는
데 이는 '져-'의 자동사 용법이 18세기 이후에 소멸된 것과 관련된다. (16
나)의 'ᄂ호이-'는 중세에 서너 예 밖에 존재하지 않았는데, 18세기 이후에
는 활발히 사용된다. 이 역시 'ᄂ호-'의 자동사 용법이 19세기 즈음 소멸되
는 것과 관련지을 수 있다. (17나)의 '덜이-'는 18세기 이후에 그 사용이 증
가하였는데 이는 17세기 이후 '덜-'의 자동사 용법이 소멸한 것과 관련된

다. 즉 ④의 피동사들은 양용동사의 자동 구문이 소멸된 이후에 활발히 사용될 수 있었던 것이다. 이는 양용동사의 자동 구문의 소멸이 피동사의 사용 빈도에 영향을 미친 경우로 볼 수 있다.

한편, 역방향의 영향 관계 역시 존재한다. 피동사의 발달이 양용동사의 자동 구문 소멸에 영향을 미칠 수도 있었던 것이다. 이것이 본고의 세 번째 주장이다.

〈주장 3〉 피동사의 발달도 양용동사의 자동 구문 소멸에 영향을 미칠 수 있었다.

이는 ③의 동사에 의해 뒷받침될 수 있다. ③은 피동사가 생성된 후, 양용동사의 자동사 용법이 소멸된 동사들이다. 특히 ③의 동사 중 '막다'와 '열다'는 15세기에는 자동 구문이 꽤 많이 보이는데 16세기부터는 자동 구문이 감소하는 경향이 있다.[28] 이 감소의 원인 중 하나로 피동사의 존재를 들 수 있는 것이다. 피동사 생성을 자동 구문 소멸의 직접적 원인이자 최초

---

28) 한편 '버므리-'는 피동형이 17세기에 만들어졌다는 점, 그리고 피동형이 거의 사용되지 않았다는 점에서 다른 동사들과는 다르다. '버므리-'는 피·사동사가 동형인 어형으로, 사동사로서의 '버므리-'는 매우 활발히 사용되었지만, 피동사로 사용되는 예는 매우 드물다. 아래에 '버믈-'과 '버므리-'의 예를 제시한다.

(1) 가. 더러운 일에 <u>버므디</u> 아니ᄒᆞ며 (不涉穢濁ᄒᆞ며) 〈御內1:2a〉
　　가'. 오히려 漳水에 病을 <u>버므러</u> 蒿里예 餞送호ᄆᆞᆯ 기리 져 ᄇᆞ리과라 (尙纏漳水疾 永負蒿里餞) 〈杜詩24:36a〉
(2) 만일 明日에 일이 니러나면 온 집 사ᄅᆞᆷ이 <u>버므리여</u> 다 죽을 ᄡᅥ시니 엇디 ᄒᆞ여야 됴ᄒᆞ리오 (假如明日事發起來時 帶累一家人都死也 怎的好) 〈朴通中28a〉
　　cf. 만일 ᄂᆡ일 일이 니러ᄂᆞ면 왼집 사ᄅᆞᆷ이 <u>벌으러</u> 다 죽을 거시니 엇지 ᄒᆞ여야 됴ᄒᆞ리오 (假如明日事發起來 帶累一家人都死 怎的好呢) 〈朴新2:34b〉
(3) 새배 하ᄂᆞᆯ 儀仗을 조차 들오 나조희 御香을 <u>버므려</u> 도라가노라 (曉隨天仗入 暮惹御香歸) 〈杜詩21:14b〉

(1가)는 '버믈'이 자동사로 사용된 예, (1가')은 타동사로 사용된 예, (2)는 피동사 '버므리-'의 예, (3)은 사동사 '버므리-'의 예이다. (2)의 '버므리-'와 같은 피동형이 존재하였지만, 피동형이 사용된 예는 거의 보이지 않는다. 따라서 '버믈-'의 자동 구문의 소멸은 '버므리-'와는 큰 관련이 없는 것으로 보인다.

의 원인으로 보기는 어렵지만, 그 소멸을 가속화하는 요인으로 작동하였을 가능성은 충분하다. 양용동사의 자동 구문이 소멸해 가는 과정 속에서 이와 동일한 기능을 하는 신생어의 탄생, 즉 피동사에 영향을 받아 소멸 속도가 빨라졌을 가능성이 있기 때문이다.

지금까지 우리는 양용동사의 자동 구문의 소멸 시기와 피동사의 생성 시기를 시기별로 나누어 제시하고, 특히 동사의 출현 빈도를 고려하여 살펴봄으로써 두 동사 간의 관계를 면밀히 고찰하였다. 양용동사의 자동 구문의 소멸은 피동사의 존재 여부와는 별도로 일어난 변화이다. 하지만 양용동사의 소멸은 중세한국어 시기에 일어난 큰 변화 중 하나이므로, 소멸의 과정 속에서 피동사와 서로 영향을 주고받을 수 있었다. 즉 두 동사 부류 사이에는 양방향적 영향 관계가 성립하는 것이다. 본고의 이와 같은 관찰은 양용동사와 피동사가 맺고 있는 관계의 전체적 양상을 파악하였다는 점에서 의의가 있다. 그리고 본고의 자료 검토를 통해 고영근(1986), 구본관(1998), 김태우(2013)의 주장과 황국정(2009)의 주장은 서로 대치되는 것이 아니라 충분히 양립 가능한 주장임을 확인하였다.

3.1.3. 자동사

3.1.3.1. 자동사로부터 파생된 피동사 목록

중세와 근대한국어 시기에는 자동사 어기에 피동 표지가 결합한 동사들이 존재한다. 우리는 제2장에서 피동의 원형적 특징을 언급하면서 원형적 피동의 특성 중 형태적 특성만을 갖춘 유형, 즉 비원형적 피동문이 있음을 지적한 바 있다. '날리다', '울리다'와 같이 자동사에 피동 접사와 형태가 동일한 접사가 결합하여 파생된 단어들이 이에 해당한다.[29] 이들은 피동의 본질적 특성인 논항의 승격과 강등이 일어나고 있지 않다는 점에서 피동의 원형성에서 매우 떨어져 있다. 그러면 이러한 동사들은 구체적으로 어떠한 구문을 이루며, 이들은 왜 피동 접미사와 형식이 동일한 '-이/히/기/리-'를 취하고 있는지가 설명되어야 할 것이다. 우리는 제2장에서 선행 연구에서 자동사 피동으로 제시한 동사를 재검토함으로써, 검토 대상을 선별한 바 있다. 이 目에서는 그 목록을 바탕으로 하여 해당 어휘들의 옛 모습을 추적하고, 그 양상을 구체적으로 살핌으로써 이들의 존재를 설명할 수 있는 방법을 논한다.

검토 대상을 다시 제시하면 아래와 같다.

(18) 자동사에 피동 표지가 결합한 동사

　　중세: 늘이다(飛), 도티다(瘇)[이상 중세·근대 모두 존재], 덞기다(染)

　　근대: 곪기다(膿), 울리다(響), 조을리다(眠), 쁘이다(浮), 찌이다₁(靉, 湠),

　　　　　 틔이다(燃)

이 중에서 '덞기-'는 "~에 물들다"라는 의미의 자동사 '덞-'에 '-기-'가 결합하여 파생된 동사이다.[30] 이는 '이는 일후미 心魂이 이대 아로미 <u>덞규</u>ㅁ로 心光이 窮究ᄒ야 볼가 모든 世界예 비취유미니 (此ᄂ 名心魂이 靈悟의 所<u>染</u>

---

29) 이들은 선행 연구에서 피동사로 다루어지거나, 혹은 양용동사로 다루어져 왔다. 전자의 입장에서는 이를 동형의 사동사에서 파생된 것으로 보거나, 자동사 '울다'나 '날다'로부터 파생된 것으로 본다. 후자의 입장에서는 '울리다' 따위를 양용동사 혹은 타동사·능격동사의 교체로 본다(이상 남수경 2011나). 한편 제2장에서 잠깐 언급하였다시피, 이들을 동형의 사동사에서 파생된 것으로 본다면 이는 '자동사 피동'의 범주 안에서 다루기가 어려워진다. 본고가 동형의 사동사가 존재하는 것까지 모두 어기가 자동사인 것의 범주로 다루는 것은 연구의 편의를 위한 것이다. 결론적으로 본고는 이들을 동형의 사동사로부터 파생된 것으로 보지 않는 입장을 취하는데, 이에 대해서는 이 目의 말미에 다시 상술한다.

30) '덞-'의 활용형은 아래와 같다.
　가. 오직 <u>덞디</u> 아니ᄒ며 기우디 아니호미 爲頭홀씨 白拂 잡고 左右에 侍衛ᄒ니 〈月釋13:14a〉
　나. ᄆᆞᆯ가 ᄉᆞ모초미 至極ᄒ면 心魂이 이대 아로매 <u>덞며</u> 佛境이 心光애 나ᄐᆞ리니 (證徹之極이면 則心魂이 <u>染</u>於靈悟ᄒ야 佛境이 現于心光ᄒ리니) 〈楞嚴9:58a〉
　다. 흐르는 피 님니ᄒ야 의샹의 두로 <u>덞써라</u> (流血淋漓 偏汚衣裳) 〈東新烈5:17b〉

으로 心光이 研明ᄒ야 照諸 世界니)'〈楞嚴9:57b〉에서만 그 용례가 보인다. "이는 心魂이 깨달음(靈悟)에 물들어 그 心光이 窮究하고 밝아 모든 세계에 비치는 것이니"로 해석된다. 협주에서는 이 부분이 '心魂이 이대 아로매 덜며(心魂이 染於靈悟ᄒ야)'〈楞嚴9:58a〉로 표현되어 있다는 점에서, '덞-'과 '덞기-'는 그 의미·통사적 차이가 없음을 알 수 있다. 본고는 '덞-'과 '덞기-'는 의미 차이가 없다는 사실만을 지적하고, 예가 지극히 적다는 점에서 이를 깊이 다루지는 않는다. 그리고 선행 연구에서 선별한 예 외에, 본고가 새로 추가한 동사 'ᄠᅳ이다(浮), ᄢᅵ이다₁(霙, 湙), ᄐᆞ이다(燃)' 등도 함께 논한다.

3.1.3.2. 동사의 검토

① 놀이다(飛)

'놀이-'는 '놀-'에 '-이-'가 결합한 어형으로, 중세와 근대에 모두 그 예가 보인다. '놀이-'를 살펴보기에 앞서 '놀-'의 사용 양상을 검토해 보자. '놀-'은 중세에 자동사로 사용되었으며, [+agentivity]와 [-agentivity] 자질을 가지는 명사구를 모두 주어로 취할 수 있었다. 아래에 그 예를 보인다.

(19) 가. 그 仙人이 즉자히 虛{空}애 ᄂᆞ라 오나ᄂᆞᆯ 〈釋詳3:1b〉

　　나. **부텨둘히** 次第로 虛空애 ᄀᆞ독ᄒ샤 鴈王ᄀᆞ티 ᄂᆞ라 뎌 나라해 가시니
　　　　〈月釋7:34b〉

　　다. 그 그려기 ᄂᆞ라 大海예 드러가 차 얻니다가 몯ᄒ야 次第로 利師跋國에
　　　　가니 〈月釋22:62b〉

(20) 가. 네 ᄇᆞ르ᄆᆞᆯ 펴란ᄃᆡ 그 오시 ᄂᆞ라 뮈여 반ᄃᆞ기 네 모매 여희리어니ᄯᆞᆫ (汝
　　　　ㅣ 乃披風ᄒ란ᄃᆡ 其衣ㅣ 飛搖ᄒ야 應離汝體어닛ᄃᆞᆫ) 〈楞嚴3:83b〉

　　나. 두 남기 서르 因ᄒ야ᄡᅥ 브리 나 남기 다ᄋ면 ᄌᆡ ᄂᆞᆯ며 ᄂᆡ 滅ᄒᄂᆞ니 (兩木이
　　　　相因ᄒ야 火出木盡ᄒ면 灰飛煙滅ᄒᄂᆞ니) 〈圓覺上2-1:47b〉

152

다. 사햇는 눈과 <u>느는</u> **서리**예 이 바미 치우니 (積雪飛霜此夜寒) 〈杜詩16: 50a-b〉

(19)는 '늘-'이 '그 仙人', '부텨둘ㅎ', '그 그려기' 등의 [+agentivity] 자질을 가지는 명사를 주어로 취한 구문이다. 이때 '늘-'은 행위자의 의지나 의도에 의한 행위(willed or volitional acts)를 나타낸다는 점에서 비능격(unergative)[31] 동사의 특성을 가진다. 그리고 "(사람이나 날짐승, 물체 따위가 공중에) 떠서 위치를 옮겨가다"의 의미를 나타낸다. 반면 (20)은 '늘-'이 '그 옷', '직', '서리'와 같은 [-agentivity] 자질을 가지는 명사를 주어로 취한 구문이다. 이때 '늘-'은 주어가 의미적으로 피행위주(patient)라는 점에서 비대격(unaccusative) 동사의 특성을 가진다. 그리고 "(물체나 물질이) 공중에 떠서 움직이게 되다"의 의미를 나타낸다.[32] 이처럼 중세어의 '늘-'은 비능격과 비대격 동사의 특성을 모두 가지고 있었다.[33]

근대어의 '늘-'은 주로 [+agentivity]의 명사구를 주어로 취하며, [-agentivity]의 명사구를 주어로 취하는 구문은 거의 보이지 않는다. 아래에 각각의 예를 보인다.

---

31) 이와 같은 자동사의 분류는 Perlmutter(1978)를 따른 것이다. Perlmutter(1978)에서는 의미에 기초하여 자동사 부류를 비대격과 비능격으로 나누었다. 통사·의미적 접근방법을 수용한 Levin and Rappaport Hovav(1995)는 내적 동사(internally caused verb)는 일반적으로 비능격 동사에, 외적 동사(externally caused verb)는 비대격 동사에 대응된다고 하였다.

32) 해당 예에서 '늘-'은 모두 한문의 '飛'에 대응하는데, 한문에서 '飛'자는 "날다"는 물론 "날리다, 휘날리다" 등의 의미를 모두 가지고 있었다. (20)은 '飛'의 다의적 의미가 '늘-'로 언해된 것으로 볼 수도 있다.

33) 현대어에서 이러한 양상을 보이는 동사로는 '앉-'이 있다. '앉-'은 '민수가 의자에 앉았다'에서는 비능격 구문을 이루지만, '차에 뿌옇게 먼지가 앉았다'에서는 비대격 구문을 이룬다. 동일한 양상을 보이는 영어의 예로는 'bounce'와 'roll'이 참조된다. 'bounce'는 유정명사를 주어로 취하여 'She was happily bouncing up and down on the bed'와 같은 비능격 구문을 이루기도 하지만, 무정명사를 주어로 취하여 'The ball bounced away'와 같은 비대격 구문을 이루기도 한다. 'roll' 또한 'They rolled down the hill' 구문과 'The ball rolled down the hill'과 같은 구문을 이룬다.

(21) 가. 집 안희 **열나믄 져븨 즈웅**이 삿기 쳐 <u>ᄂᆞᄂᆞ</u> 양을 보니 〈병자218〉

　　 나. 밧그로셔 **흔 사름**이 <u>ᄂᆞᄂᆞ</u> ᄃᆞ시 ᄃᆞ라와 〈三譯總解1:21b〉

　　 다. 홀연이 **암 졔비** 외로이 <u>ᄂᆞ라</u> ᄃᆞ니거늘 (後忽孤飛) 〈三綱英烈12〉

(22) 가. 닐곱 가지 <u>ᄂᆞ라</u> 뎐ᄒᆞᄂᆞᆫ **주검 긔운**이며 (七種飛尸) 〈臘藥15b〉

　　 나. 녕외고운비(嶺外孤雲飛) 녕 밧긔 **외로온 구름**이 <u>ᄂᆞᄂᆞ</u>도다 〈을병_장
서13:58a〉

　 (21)은 '눌-'이 '열나믄 져븨 즈웅', '흔 사름', '암 졔비' 등의 [+agentivity] 자
질을 가지는 명사를 주어로 취한 예이다. (21가)는 "집 안에 여남은 마리의
제비 암수가 새끼를 쳐 나는 모습을 보니", (21나)는 "밖에서 한 사람이 나
는 듯이 달려와", (21다)는 "갑자기 암컷 제비가 외로이 날아다니거늘"로
해석된다. 이때 '눌-'은 행위주의 의지나 의도에 의한 행위를 나타낸다는
점에서 비능격 동사의 특성을 가진다. (22)는 '눌-'이 '주검 긔운'과 '외로운
구름'과 같은 [-agentivity] 자질을 가지는 명사를 주어로 취한 예이다. (22
가)는 "일곱 가지의 날아 달려드는 듯 전염되는 주검의 기운이며", (22나)
는 "고개 밖에 외로운 구름이 떠다니는구나"로 해석된다. 이때 '눌-'은 주어
가 의미적으로 피행위주라는 점에서 비대격 동사의 특성을 가진다. '눌-'
이 (22)와 같이 비행위주성 명사를 주어로 취하는 예는 중세에 비해 매우
감소하였다.

　 다음으로 '눌-'에서 파생된 '눌이-'를 살펴보자. '눌이-'는 자동사와 타동사
로 모두 사용될 수 있었다. 먼저 타동사로 사용된 '눌이-'의 예를 살펴보자.

(23) 가. 날 爲ᄒᆞ야 새를 <u>눌이면</u> 내 됴히 이바도리라 (爲我防護鳥雀 我當好相供
給)[34] 〈月釋22:54a〉

　　 나. 시혹 地獄이 이쇼ᄃᆡ 미볼 브를 <u>눌여</u> 罪人의게 가게 ᄒᆞ며 (或有地獄 使

---

34) 저경 출처: 大方便佛報恩經 大正新脩大藏經 第03冊 No.156, 0145c09

諸火燒 趁及罪人)35)〈月釋21:80a〉

(24) 져직에 ᄑᆞᄂᆞᆫ 연이 色樣이 ᄀᆞ장 만하(…) 아ᄒᆡ들이 사 가 ᄂᆞᆯ려 하ᄂᆞᆯ에 ᄀᆞ득

ᄒᆞ니(這市上所賣的風箏色樣狠多 … 孩子們買去 放得滿天)〈朴新1:21a〉

(23)은 중세의 예, (24)는 근대의 예이다. 'ᄂᆞᆯ이-'는 (23가)에서는 '새', (23
나)에서는 '믜ᄫᅳᆯ 블', (24)에서는 '연'이라는 대상 논항을 목적어로 취하여,
"(사람이 무엇을) 공중에 띄워 움직이게 하다"(〈고려〉)의 의미를 나타낸
다. (23가)는 "나를 위하여 새를 날려주면 내가 (너를) 성대히 대접할 것이
다", (23나)는 "어떤 지옥은 뜨거운 불을 날려 죄인에게 가게 하며", (24)는
"상점에서 파는 연이 色樣이 매우 많아 … 아이들이 사서 가 (연을) 날려 (연
이) 하늘에 가득하니"로 해석된다.

'ᄂᆞᆯ이-'가 자동사로 사용된 예를 아래에 제시한다.

(25) 가. 麾下ㅣ 元戎을 주기니 믌ᄀᆞ애 ᄂᆞᆯ이ᄂᆞᆫ 銘旌이 잇도다(麾下殺元戎 湖邊
有飛旌)〈杜重1:58a〉

나. 디새 헤여디여 十里예 ᄂᆞᆯ이고(解瓦飛十里)〈杜詩4:20a〉

다. 아랫 굴형은 萬尋이나 ᄒᆞᆫ 두들기로소니 프른 믌겨리 해 ᄂᆞᆯ여 두의잇
ᄂᆞᆺ다(下壍萬尋岸 蒼濤鬱飛翻)〈杜詩6:48b〉

라. 믌겨리 두위잇고 ᄀᆞᄅᆞ미 어듭고 비 ᄂᆞᆯ이ᄂᆞᆫ 처석미로다(散居浪飜江黑
雨飛初)〈杜詩25:23a〉

마. 서근 隨求眞言 ᄒᆞᆫ 字ㅣ ᄇᆞᄅᆞ매 ᄂᆞᆯ여 俱博의 ᄲᅥ에 브드뎌 잇거늘〈靈驗
9a-b〉

(26) 가. 玉斧로 修成ᄒᆞ니 玉屑이 ᄂᆞ리ᄂᆞᆫ쏘다(玉斧修成飛玉屑)〈伍倫4:19a〉

나. 騷風雨 ᄇᆞ롬에 ᄂᆞ리ᄂᆞᆫ 비〈方言類釋 申部方言5a〉

다. 塵垢 안즌 몬지 飛塵 ᄂᆞ리ᄂᆞᆫ 몬지〈蒙類補3b〉

---

35) 저경 출처: 地藏菩薩本願經 大正新脩大藏經 第13冊 No.0412, 0782b03

라. **믈결**이 <u>날니지</u> 아니ᄒ고 나무 가지 소ᄅᆡ 아니ᄒ면 거의 가히 사라날
거시니 (波不揚條不鳴, 則庶可以生活) 〈諭湖南民人等綸音4b〉

마. 이날은 <u>눈</u>이 <u>눌니고</u> ᄇᆞ람이 크게 브러 〈을병_장서7:31a〉

바. **약간 ᄶᅥ러진 조희** 탁ᄌᆞ 아ᄅᆡ우히 <u>눌니일</u> ᄲᅵᆫ이러라 〈을병_장서9:22a-
22b〉

아. **밀집**은 가ᄇᆡ야와 <u>날니고</u> 밀알은 무거워 처진다 ᄒᆞ시니 〈성경직해31a〉

(25)는 중세의 예, (26)은 근대의 예이다. (25)의 '눌이-'는 '銘旌', '디새',
'프른 믌결', '비', '서근 隨求眞言 흔 字' 등의 대상 논항을 주어로 취하고 있
다. 이들 예에서 '눌이-'는 "(머리카락이나 천 따위가 바람 따위에) 나부끼
거나 펄럭이다"[예(25가)], "(물체나 물질이) 공중에 떠서 움직이게 되다"
[예(25나-마), 예(26)]의 의미를 나타낸다. (25가)는 "부하가 장군을 죽이니
물가에 날리는 銘旌이 있구나", (25나)는 "기와가 부서져서 십 리에 날리
고", (25다)는 "아랫 구렁은 萬丈이나 되는 두둑인데, 푸른 물결이 많이 날
려 뒤집어지는구나",36) (25라)는 "물결이 뒤집히고 강이 어둡고 비가 날리
는 처음이로다", (25마)는 "썩은 隨求眞言 한 글자가 바람에 날려 俱愽의 뼈
에 붙어 있거늘"로 해석된다. (26)은 '눌이-'가 '玉屑', '비', '몬직', '믈결', '조
희', '밀집' 등의 무정명사를 주어로 취한 예이다. (26가)는 "옥도끼로 修成
하니 玉雪이 날리는구나", (26나)는 "騷風雨 바람에 날리는 비", (26다)는 "塵
垢 앉은 먼지 飛塵 날리는 먼지", (26라)는 "물결이 날리지 않고 나무의 소리
가 나지 않으면 거의 살아날 수 있을 것이니", (26마)는 "이날은 눈이 날리
고 바람이 크게 불어", (26바)는 "약간 떨어진 종이가 탁자 아래위에서 날
릴 뿐이더라", (26사)는 "밀집은 가벼워서 날리고 밀알은 무거워서 처진다
고 하니"로 해석된다.

본고의 관심의 대상은 '눌-'[(19)-(22)]과 이로부터 파생된 자동사 '눌이-'

---

36) 번역은 이현희·이호권·이종묵·강석중(1997: 363)을 참조함.

[(25), (26)]에 있다. 이들의 양상을 시기별로 정리하면 아래와 같다.

[표6] '놀-'과 '놀이-'의 시기에 따른 의미 양상

의미＼시기	중세	근대	현대
① (사람이나 짐승 따위가) 공중에 떠서 위치를 옮겨가다	놀다[비능격]	놀다[비능격]	날다
② (물체나 물질이) 공중에 떠서 움직이게 되다	놀다[비대격], 놀이다	놀다[비대격](소수), 놀이다	날리다

이 표를 통해 우리는 다음과 같은 사항을 확인할 수 있다.

첫째, 중세어의 '놀-'은 행위주성 명사와 비행위주성 명사를 모두 주어로 취할 수 있었다는 점에서, 이는 비능격과 비대격의 용법을 모두 가지고 있는 동사라 할 수 있다. 그런데 비대격 동사로서의 '놀-'은 근대를 기점으로 거의 소멸되었으며, 현대의 '날-'은 비능격 동사로서만 사용된다. 행위주성 명사만을 주어로 취하는 것이다. 비행위주성 명사를 주어로 취하는 '놀-'이 소멸된 이유는 어떠한 공간을 나는 행위는 주로 행위주성 명사와 관련하여 일어나기 때문인 것으로 보인다.[37]

둘째, 비대격 동사로서의 '놀-'과 이로부터 파생된 '놀이-'는 중세한국어 시기에는 ②의 의미를 나타내는 데에 있어 통사·의미적 특성이 동일한 구문을 이루었다. 하지만 현대에는 동일한 의미를 나타내지 못하고, '날리-'만이 ②의 의미를 나타내게 되었다. 이는 바로 앞서 살펴본 것처럼 '놀-'이 비대격 동사로서의 용법을 잃은 결과이다. 현대어의 '날-'은 ①의 의미를 나타내던 '놀-'이 이어져 온 것이고, '날리-'는 ②의 의미를 나타내던 '놀이-'가 이어져 온 것이다. '날-'과 '날리-'는 이처럼 담당하는 의미 영역이 다르므로 현대에도 공존하고 있다.

---

37) 이와 같은 양상은 '불-'(吹), '울-'(響)에서도 보인다. 관련된 내용은 2.2.2.2와 ④에서 기술하는 '울리다' 참조.

셋째, '늘-'이 행위주성 명사와 비행위주성 명사를 모두 주어로 취할 수 있었던 반면, '늘이-'는 비행위주성 명사만을 주어로 취한다. '늘이-'가 보이는 이와 같은 특성은 '-이-'의 기능이 무엇인지에 대한 실마리를 제공하는데, 이에 대해서는 이 항의 말미에 다시 상술한다.

내용을 요약하면, 중세·근대한국어 시기에 "(물체나 물질이) 공중에 떠서 움직이게 되다"의 의미를 나타내는 데에 있어서, 자동사 '늘-'은 '늘이-'와 통사·의미적 특성이 동일한 구문을 이룰 수 있었다. 현대어에서 이 의미는 '날리-'로 주로 표상되며, '날-'은 행위주성 명사만을 주어로 취하는 구문을 이룬다.

② 도티다

'도티-'는 '돋-'에 '-히-'가 결합한 어형으로, 중세와 근대한국어 시기에 그 예가 보인다. '도티-'를 살피기에 앞서 '돋-'의 양상부터 검토한다. '돋-'은 중세와 근대에 자동사로 사용되었으며, 아래와 같은 구문을 이루었다.

(27) 가. 그저긔 **沸星**이 도다 둘와 어울어늘 〈釋詳3:29a〉

　　나. 몃 디위를 닙 디며 쏘 **가지** 도다뇨 〈南明下61b〉

　　다. 枝는 가지오 駢은 어울씨니 소내 몯 **쑬 숀가라기** 도드며 바래 몯 쑬고 기 니슬씨라 〈楞嚴1:19a〉

(28) 가. **두역**이 만히 도드면 열이 셩ᄒᆞ야 눈의 드러 해 되기 쉬오니 〈痘出太多 則熱毒恐入眼爲害〉 〈痘經23b〉

　　나. 癭발子 목에 **혹** 도든 놈 〈方言類釋 戌部方言5b〉

(27)은 중세의 예, (28)은 근대의 예이다. (27)의 '돋-'은 '沸星', '가지', '몯 쑬 숀가락' 등을 주어로 취하고 있으며, (28)의 '돋-'은 '두역'과 '혹'을 주어로 취하고 있다. 이들 예에서 '돋-'은 "(해나 달이) 지평선이나 수평선 위로 처음 솟아오르다"(27가), "(무엇이 사물에) 겉으로 자라 나오거나 나타나

다"[(27나, 다), (28)]의 의미를 나타낸다(이상 〈고려〉 참조). (27가)는 "그때 沸星이 돋아서 달과 어우러지거늘", (27나)는 "몇 번을 잎이 졌으며 또 가지가 돋았는가", (27다)는 "枝는 가지이고 骿은 어우르는 것이니, 손에 쓸데없는 손가락이 돋으며 발에 쓸데없는 발가락이 이어지는 것이다"로 해석된다. (28가)는 "두역이 많이 돋으면 熱毒으로 인해 눈에 들어가 해가 되기 쉬우니", (28나)는 "목에 혹 돋은 사람"으로 해석된다.

'돋-'에서 파생된 '도티-'는 자동사와 타동사로 모두 사용될 수 있었다. 타동사로 쓰일 경우 '도도-'로도 나타난다. 아래에 중세와 근대에 '도티/도도-'가 타동사로 쓰인 예를 제시한다.

(29) 가. 엇게 우희도 도텨 닙고 블토개 드리우디 말라 ㅎ니라 〈月釋25:27a〉

　　나. 명록 비쳇 비단애 니근 실로 **흉븨** 도텨 쁜 비갸 오새 (明綠抹 絨胸背的 比甲) 〈飜朴上27a〉

　　다. 내 **늘개**를 도쳐 ㄴ가라 긔별을 드리다가 엿줍ㄴ니 잡습고져 〈계축下 9a〉

　　cf. 내 늘개를 도쳐시면 긔별을 드리다가 엿줍ㄴ니 삼습고져 〈서궁44b〉

　　라. 칼집은 **실** 돗친 花梨木으로 ㅎ고 (起線[38]花梨木鞘兒) 〈朴新1:18a〉

(30) 가. 方面을 몰라 보시고 **벼스**를 도도시니 (不覺方面 聿陞官爵) 〈龍歌9:36b〉

　　나. 아릐 우희 **농**을 도도아 삭여시딕 비늘과 발톱이 싱긔 비동ㅎ여 갓가이 가지 못홀너라 〈을병_장서5:39b〉

　　다. 이 샹쇠 죡히 내게 **큰 화**를 도돌 ㅼ름이오 〈明義卷首下존현각일긔:38b〉

(29)는 '도티-'가, (30)은 '도도-'가 사용된 예이다. 이들은 각각 '돋-'에 사동 접미사 '-히-'와 '-오-'가 결합된 어형으로, 15세기부터 공존하였다. 제시

---

38) '起線'은 입체적인 효과나 아름다운 선을 나타내기 위하여 형체의 선을 따라 입체적으로 조각되어진 줄(선)을 의미한다(이육화 2011: 273 각주 46번 참조).

된 예에서 '도티/도도-'는 "(무엇을) 겉으로 나오게 하거나 나타나게 하다" [예(29), 예(30나)], "승진시키다"[예(30가)], "(사람이 다른 사람의 신경이나 감정을) 자극하여 날카롭게 하다"[예(30다)]의 의미를 나타낸다. (29가)는 "어깨 위에도 (옷을) 돋게 해서 입고 팔꿈치에 드리우지 말라고 하였다", (29나)는 "명록 빛의 비단에 熟絲[삶아 익힌 명주실]로 흉배를 돋게 하여 짠 비갑 옷에", (29다)는 "내가 날개를 돋쳐 날아가서 기별을 들어 말씀드리고 싶구나", (29라)는 "칼집은 실을 돋게 해서 만든 花梨木으로 하고"로 해석된다. (30가)는 "方面을 몰라 보시고 벼슬을 높이시니", (30나)는 "아래위에 용을 돋우어 새겼는데 비늘과 발톱이 생기가 넘쳐 가까이 가지 못하였다", (30다)는 "이 상소는 충분히 나에게 큰 화를 돋울 따름이고"로 해석된다. 현대에는 '도도-'의 후대형인 '돋우-'만이 사용된다.

자동사 '도티-'는 중세한국어 시기부터 보이는데, 중세한국어 시기에는 항상 '소홈'과 함께 사용되었다.

(31) 가. 須達이 부텨와 즁괏 마를 듣고 <u>소홈 도텨</u> 自然히 ᄆᆞᅀᆞ매 깃븐 ᄠᅳ디 이실씨 (於時須達 聞佛僧名 忽然毛豎 如有所得 心情悅豫)[39] 〈釋詳6:16b〉

나. 王이 드르시고 <u>소홈 도텨</u> 讚嘆ᄒᆞ시고 무르샤ᄃᆡ (王聞此語 心驚毛豎 慨歎所以 問使者言)[40] 〈釋詳11:32a-b〉

다. 魔王이 듣고 깃거 <u>소홈 도텨</u> 부텻긔 ᄀᆞ장 깃븐 ᄆᆞᅀᆞᆷ 내야 (魔王歡喜 擧身毛竪 魔王於佛法生歡喜心)[41] 〈月釋4:30b〉

(31)의 '도티-'는 '소홈'을 주어로 취하는 자동 구문을 이루며 '소홈 도티-'와 같이 사용되었다. 이는 털이 꼿꼿이 섬을 의미하는 '毛竪'의 번역에 해당하는데, 언해자는 이를 '소홈 도티-'로 언해하였다. 이때 '도티-'는 "살갗이

---

39) 저경 출처: 大正新脩大藏經 第10卷 第4冊 No.0202, 0418c13

40) 저경 출처: 大方便佛報恩經 大正新脩大藏經 第03冊 No.156, 0139c05

41) 저경 출처: 阿育王傳 大正新脩大藏經 第50冊 No.2040, 0119b13

오그라들며 겉에 좁쌀 같은 것이 도톨도톨하게 돋다"(〈고려〉)의 의미를 나타낸다.[42] 이러한 의미는 앞서 살펴본 (27나, 다)와 (28)에서 '돋-'이 가지는 의미인 "(무엇이 사물에) 겉으로 자라 나오거나 나타나다"와 유사한 면이 있다. (31가)는 "수달이 부처와 중의 말을 듣고 소름이 돋아 자연히 마음에 기쁜 뜻이 있으므로", (31나)는 "왕이 듣고 소름이 돋아 찬탄하시고 물으시되", (31다)는 "마왕이 듣고 기뻐하여 소름이 돋아 부처께 매우 기쁜 마음을 내어"로 해석된다.

우리의 관심의 대상은 자동사 '돋-'과[(27), (28)] 이로부터 파생된 자동사 '도티-'(31)에 있었다. 이들은 'S[대상]이 V' 구문을 이루며, 어떠한 대상이 표면에 나타나거나 드러난다는 의미를 가진다는 점에서 통사·의미적 특성이 동일한 구문을 이룬다. 그런데 이러한 특성은 '도티-'가 '소홈'을 주어로 취하는 구문에 한정된다. 중세한국어 시기에 '도티-'는 '소홈'과만 공기하였으며, 그 외의 명사와 어울려 쓰인 예는 보이지 않기 때문이다.

---

42) 이 '소홈 도티-'는 18세기에 들면 '소오름 돗' 및 '소오름 ㅎ-'로 나타난다. 아래에 그 예를 보인다.

　가. 두 손이 가슴을 안앗고 遍身이 <u>소오름 돗고</u> 술빗치 누르고 죄이엿ᄂᆞ니라 (兩手ㅣ 抱胸하고 遍身이 寒栗하고 肉色이 黃緊이니라) 〈無寃錄3:72a〉
　나. 그 말이 흉악ᄒᆞ고 불길ᄒᆞ야 <u>소오름이 돗는지라</u> 〈한즁록3:11b〉
　다. 起栗 <u>소오름 돗다</u> 〈광재물보 形氣1a〉
　라. 이째 광경이 사ᄅᆞᆷ으로 ᄒᆞ여곰 머리털이 셔고 몸이 <u>소오름 ㅎ니</u> (此時光景 令人髮竪而體栗) 〈明義卷首下존현각일긔:31b〉

(가)는 凍死한 시체에 대한 설명으로 "두 손이 가슴을 안고 있고 온몸이 소름이 돋았으며 살빛이 누르고 긴축되어 있다", (나)는 "그 말이 흉악하고 불길하여 소름이 돋았는구나", (다)는 "소름 돋다"로 해석된다. (라)는 장형 사동문으로, '이째 광경[사동주]이 사ᄅᆞᆷ[피사동주]으로 ᄒᆞ여곰 머리털이 셔고 몸이 소오름 ㅎ(게 ㅎ)니' 구성에서 '-게 ㅎ-'가 생략된 문장이다. 문장에 '-으로 ᄒᆞ여곰'과 같은 피사동주를 나타내는 표현이 있으면, '-게 ㅎ-'와 같은 표현이 문면에 직접 드러나지 않더라도 사동문으로 해석하는 것이 자연스럽다. 따라서 이는 "이때의 광경이 사람으로 하여금 머리털을 곤두세우고 몸에 소름이 돋게 하니"로 해석된다. '소오름'이 주로 이 시기에 '돋'과 결합하였음을 고려하면 제시된 예에서 '소오름'에 결합하는 'ㅎ-'는 '돋'의 代動詞로 볼 가능성이 있다. 또는 '소오름'이라는 명사를 술어로 만드는 역할을 하고 있는 것으로도 볼 수 있을 것이다.

반면 근대한국어 시기의 '도티-'는 '소흠' 외의 명사를 주어로 취하여 '돋-'과 통사·의미적 특성이 동일한 구문을 이루기도 하였다. 아래에 '도티-'가 사용된 예를 제시한다.

(32) 가. 놀기 돗친 것フ치 늘나 올나갈 쌔에 〈텬로력뎡2:197b〉

　　　나. 머리 쏙닥이에는 뿔이 넷이 돗쳣느듸 긴 쏠 긋히는 눈이 돗쳣고 〈독립신문 1897/7/22〉

(32)는 '도티-'가 '놀기'나 '뿔' 등을 주어로 취한 예이다. 이때 '도티-'는 "(무엇이 사물에) 겉으로 자라 나오거나 나타나다"의 의미를 나타내는데, 이는 (27나, 다)와 (28)에서 살펴본 근대한국어 시기의 '돋-'이 가지는 특성과 유사하다. (32가)는 "날개가 돋은 것 같이 날아 올라갈 때에", (32나)는 달팽이의 모습을 묘사하는 부분으로 "머리 꼭대기에는 뿔이 넷 돋아 있는데, 긴 뿔의 끝에는 눈이 돋아 있고"로 해석된다. 즉 근대의 '돋-'과 '돗치-'는 통사·의미적 특성이 유사한 구문을 이룰 수 있었다.

(32)의 '돗치-'의 형성 과정에 대해서는 두 가지 가능성을 생각해 볼 수 있다. 첫째는 이를 중세의 '도티-'가 구개음화된 어형으로 보는 것이다. 둘째는 '돗치-'를 '돗치-'를 '돋-'에 대한 일종의 강조 표현으로 이해하여, '돋-'에 강세접미사 '-치-'가 결합한 어형으로 보는 것이다.

본고는 첫 번째 방법을 따라 근대의 '돗치-'를 '도티-'가 구개음화된 표기로 본다.[43] 두 번째 방법은 '돗치-'의 어기 '돋-'이 자동사라는 점에서 문제가 된다. 강세접미사는 일반적으로 타동사를 어기로 취하기 때문이다(이현희 1997, 이병기 2008). 자동사 어기에 강세접미사가 결합하는 것이 불가능하지는 않으나(김유범 2005, 이병기 2008), 흔한 현상은 아니라는 점

---

43) 이때 '도티-'가 자동사 '돋-'에 '-히-'가 결합한 어형인지, 혹은 타동사 '도티-'가 자동사로 轉用된 것인지는 후술한다.

에서 '돗치-'를 강조 표현으로 보기 쉽지 않다.

  동일한 통사·의미적 특성을 가지는 두 어휘가 공존할 필요는 없으므로, '돋-'과 '도티-' 중 어느 하나는 소멸될 것으로 예상된다. 그런데 현대에 들어 '돋히-'는 사라졌으나, 이를 달리 표기한 '돋치-'는 '돋-'의 강조어로 표준어로 등재되어 있다. '돋치다'가 '돋-'의 강조어가 된 것은 '밀치다' 등에서 '-치-'가 강조의 역할을 하는 것에 말미암은 것이라 생각된다. 이를 '돋히-'로 표기하지 않는 이유는 일반적으로 피동사는 타동사로부터 파생되는데, 만약 '돋치-'를 '돋히-'로 쓰면 이것이 '돋-'의 피동형이라는 느낌을 주기 때문인 것으로 보인다.

  마지막으로 '도티-'는 다른 단어들과는 달리 어기에 접사 '-히-'가 결합되었다는 점에서 주목된다. 구본관(1997: 133-5)에서는 피동 접미사가 피동사뿐만 아니라 자동사를 형성하기도 하였다는 점을 근거로 들어 이때의 '-이-'는 유추로 인한 것이라 하였다. 그리고 유추의 불규칙성과 예측불가성에 기인하여, 접미사의 이형태 중에서 특히 '-이-'만이 그러한 기능을 하는 것으로 보인다고 하였다. 그런데 '도티-'를 참고하면 '-이-'뿐만 아니라 '-히-' 또한 그러한 기능을 하는 것으로 확인된다. '덮기-'를 고려하면 '-기-'도 마찬가지이다. 즉 '-이-'뿐만 아니라 '-히/기-'도 어기에 결합하여 어기와 통사·의미적 차이가 없는 자동사를 형성할 수 있었던 것이다.

  내용을 요약하면, 근대의 '돋-'과 '도티-'는 통사·의미적 특성이 유사한 구문을 이룰 수 있었다. 현대에 '돋히-'는 사라지고 '돋치-'로 표기된 어형이 '돋-'의 강조어로 인정되고 있다.

③ 곪기다

  '곪기-'는 '곪-'에 '-기-'가 결합한 어형으로, "염증이 생겨 고름이 들게 되다"(〈고려〉)의 의미를 가진다. '곪기-'의 어기 '곪-'은 자동사로 사용되었으며, 아래와 같은 구문을 이룬다.

(33) 가. 등의 브스름이 나 <u>곪거든</u> 늘 하눐ᄃ랫불휘룰 ᄀ눌에 사ᄒ라 디허 ᄀ라 플 굳게 ᄒ야 발로ᄃᆡ ᄒᄅᆞ 세 번이나 다ᄉᆞᆺ 번이나 ᄇᄅᆞ면 즉재 됴ᄒᆞ리라 (發背已結成膿 生括蔞根[하눐ᄃ랫불휘] 細剉擣研 如糊塗之 日三五度卽差) ⟨救簡3:44a-b⟩

나. <u>골믄</u> 터히 허여디고 더데 아니 짓거든 사당을 믈에 플어 머기면 더데 진ᄂ니라 (發膿棄不肯醫 但調砂糖水與喫卽結痂) ⟨痘瘡上36a⟩

(33가)는 "등에 부스럼이 나서 곪을 때에는 날것의 하눌타리[박과의 식물]를 가늘게 썰고 찧어서 풀과 같게 하여 바르되, 하루에 세 번이나 다섯 번 바르면 즉시 좋아질 것이다", (33나)는 "곪은 데가 헤어지고 딱지가 앉지 않을 때에는 사탕을 물에 풀어 먹이면 딱지가 생길 것이다"로 해석된다. '곪-'에서 파생된 '곪기-'는 17세기 문헌인 《두창집요》에서부터 그 예가 보이는데, '곪-'과 그 통사·의미적 차이가 거의 느껴지지 않는다.

(34) 가. 귀과 구블은 도로혀 덥단 증이 부를 적과 <u>곪길</u> 적과 더데 지을 제 ᄀ장 사오나오니 (耳尻反熱於起 脹貫膿收醫時極忌) ⟨痘瘡上35a⟩

나. 쏘 글오ᄃᆡ 도들 ᄢᅢ예 돋디 아니ᄒ며 부를 ᄢᅢ예 붇디 아니ᄒ며 <u>곪길</u> ᄢᅢ예 곪디 아니ᄒ며 더데 지을 ᄢᅢ예 아니 지으면 다 닐운 함복 도업이니라 (又曰 當出不出 當脹不脹 當貫不貫 當醫不醫 勾謂之陷伏倒醫) ⟨痘瘡下22a⟩

다. 죵긔도 무슴 죵긔던지 이 싱물 싱닭에 <u>곪기는</u> 법이요 어듸던지 붓고 <u>곪기는</u> 듸는 거긔 죵긔 믄드는 싱물이 들어가셔 그럿케 되는 것이라 ⟨독립신문 1897/7/22⟩

(34가)는 "귀와 꼬리뼈가 오히려 더운 증세는 (두진이) 부풀 때와 곪을 때와 딱지가 질 때에 매우 꺼려지는 증상이니", (34나)는 "두창이 돋아야 할 때 돋지 않거나, 부풀어 올라야 할 때 부풀어 오르지 않거나, 곪아야 할

때 곪지 않거나 딱지가 생겨야 할 때 생기지 않으면 이를 다 함복, 도엽이라 한다",[44] (34다)는 미생물에 관한 설명 중 일부로 "종기도 어떠한 종기든지 이 생물로 인해 곪는 법이오, 어디든지 붓고 곪는 데는 거기에 종기를 만드는 생물이 들어가서 그렇게 되는 것이다"로 해석된다.

특히 (34나)의 예는 '곪-'과 '곪기-'의 관계를 잘 보여준다. 이는 'X₁-을 때에 X₂-지 아니하며'가 세 번 연속되어 있는 구성이다. 그런데 앞의 두 절은 X₁과 X₂에 모두 동일한 동사 '돋-', '붇-'이 사용되어 있는 반면, 세 번째 절의 X₁에는 '곪기-'가, X₂에는 '곪-'이 사용되어 있다. 서로 다른 어형이 사용되어 있지만, 맥락을 고려하였을 때 X₁의 '곪기-'와 X₂의 '곪-'은 의미 차이가 없는 것으로 보인다. 혹 '곪기-'를 사동으로 보아 "(두창을) 곪게 하여야 할 때 (두창이) 곪지 않거나"로 해석할 수도 있지만, 이 부분은 함복과 도엽에 대한 일반적 특징을 제시하는 부분이므로 사동적 해석은 맥락상 적절하지 않다. 따라서 이 예는 '곪기-'와 '곪-'이 의미 차이 없이 교체되어 쓰일 수 있었음을 잘 보여주는 예라 할 수 있겠다.

통사·의미적 차이가 없는 두 어형의 공존은 경제성의 원리에 어긋나므로, 둘 중 한 어형이 사라질 것으로 기대된다. 그런데 현대어에서는 '곪기-'의 표기를 달리한 '곰기-'가 표준어로 인정되고 있다.[45] '곰기-'의 표준어 등재는 두 가지 점에서 문제가 될 수 있다. 첫째, '곪-'과 '곰기-'는 의미가 뚜렷하게 구별되지 않는다. 〈표준〉에서 '곪다'는 "상처에 염증이 생겨 고름이 들게 되다"로, '곰기다'는 "곪은 자리에 딴딴한 멍울이 생기다"로 기술되어 있으나, 실제 예에서 이 두 의미는 명확히 구별되지 않는다. 아래에 '곰기-'의 예를 제시한다[밑줄은 필자].

(35) 가. 숙근이는 전일 용칠이가 몽둥이로 때려 터트린 데가 <u>곰겨서</u> 꼼작을 못

44) 번역은 한의학고전 DB(https://mediclassics.kr/)의 '痘疹' 항목을 참조하였다.
45) '곪기-'와 관련하여 경남 방언에는 '겡기다', '공기다' 등의 어형이 존재한다. 이것이 '곪기-'에서 유래한 것인지, '곰기-'에서 유래한 것인지 밝힐 필요가 있을 것이다.

하고 앓는다는 것이다. 《최태웅, 바보 용칠이》

나. 날이 지날수록 옴종은 군데군데 <u>곰기고</u>, 곪은 것이 터져서는 더 큰 종
기로 번지었다. 《이기영, 봄》

다. 탱자나무 가시에 발을 찔렸었다. 누렇게 <u>곰긴</u> 것을 그대로 끌고 다니
며 일을 해서, 그저 아물지를 못 한 것이다. 《심훈, 상록수》

　제시된 예는 〈표준〉의 '곰기다' 항목에 대한 예문이다. 하지만 제시된
예의 '곰기-'를 '곪-'으로 대체하여도 큰 문제가 없어 보인다. (35)의 '곰겨
서', '곰기고', '곰긴'을 '곪아서', '곪고', '곪은'으로 바꾸어도, 현대의 감각으
로는 그 의미 차이를 느끼기 어렵다. 둘째, '곪-'과 '곰기-'의 의미 차이를 인
정한다 하더라도 '곪기-'의 형태가 아닌 '곰기-'의 형태로 등재되어 있다는
점이 문제가 될 수 있다. '곰기-'는 형태와 의미를 고려하였을 때 '곪기다'에
서 비롯된 것이 분명하다. 어떠한 연유에서 어원을 밝히지 않는 쪽으로 표
준어가 정해진 것인지는 알 수 없으나, 여기 '곪-'이 사용되고 있음에도 불
구하고 '곪기-' 대신 '곰기-'가 표준어로 지정된 것이다. 표준어를 소리 나는
대로 적지만 어법에 맞도록 함을 원칙으로 하는 한글맞춤법의 규정에 따
르면, 이는 '곪기-'로 적혀도 무방하다. 사전적 처리와 관련한 문제는 본고
의 연구 범위에서 벗어나므로 깊이 다루지는 않겠으나 '곰기-'의 표준어 등
재와 관련하여 여러 부분이 문제가 될 수도 있음을 언급해 둔다.

　내용을 요약하면, 근대 시기의 '곪-'과 '곪기-'는 의미 차이 없이 공존하며
동일한 구문을 이룰 수 있었다. '곪기-'는 현대어에서는 표기를 달리하여
'곰기-'로 쓰이고 있다. 현대어 사전에서 '곰기-'의 의미는 '곪-'의 의미와는
조금 다른 것으로 기술되고 있으나, 실제적으로는 크게 다르지 않은 듯하다.

④ **울리다**

　'울리-'는 '울-'에 '-리-'가 결합한 어형으로, 중세와 근대 시기에는 타동사
용법만이 보인다. 자동사로 사용되어 "(장소에 소리가, 또는 소리로 장소

가) 주위의 공간에 진동을 일으키면서 퍼지다"(〈고려〉)의 의미를 나타내는 예는 19세기 말 이후의 자료에서 문증되기 시작한다.

'울리-'를 살피기에 앞서, 어기 '울-'의 특성을 먼저 살펴보자. '울-'은 자동사로 사용되었으며, 중세와 근대 시기에 아래와 같은 구문을 이루었다.

(36) 가. **그 져믄 아ᄃ리** 어미를 붓들고 크게 <u>우니</u> (其少子扶母大哭) 〈東新烈7:
　　　　53b〉

　　　나. 지아비 죽엄을 셩 아래 누이고 슬피 <u>우니</u> (乃枕其夫之屍於城下而哭)
　　　　〈三綱英烈3a-b〉

(37) 가. 百千 **바오리** 절로 울어늘 〈釋詳11:16b〉

　　　나. **하ᄂᆞᆳ 부피** 절로 <u>우니</u> 〈月千29b〉

　　　다. ᄯᅩ **풍륫가시** 虛空애 ᄃᆞᆯ여 이셔 절로 <u>우니</u> 〈月釋8:15a〉

　　　라. 그런 後에 찻ᄂᆞᆫ 玉이 징징히 <u>우ᄂᆞ니</u> (然後에 玉鏘鳴也] 니) 〈小學3:
　　　　18b〉

(36)은 '울-'이 유정 명사를 주어로 취한 예이며, (37)은 무정 명사를 주어로 취한 예이다. (36)의 '울-'은 "(사람이) 기쁘거나 슬프거나 아파서 소리를 내며 눈물을 흘리다"(〈고려〉)의 의미를 나타낸다. (36가)는 "그 어린 아들이 어미를 붙들고 크게 우니", (36나)는 "지아비의 주검을 성 아래 눕히고 슬피 우니"로 해석된다. (37)의 '울-'은 "(기적이나 종이) 진동하거나 작동하여 소리가 나다"(〈고려〉)의 의미를 나타낸다. (37가)는 "백천 개의 방울이 절로 울리거늘", (37나)는 "하늘의 북이 절로 울리니", (37다)는 "또 악기가 허공에 달려서 저절로 울리니", (37라)는 "그런 후에 차고 있는 옥이 쟁쟁히 울리니"로 해석된다.

(37)과 같이 무정명사를 주어로 취하는 '울-'은 16세기 이후 급격히 감소하여 근대에는 거의 보이지 않는다. 즉 '울-'은 [+agentivity]와 [-agentivity] 자질을 가지는 명사구를 모두 주어로 취할 수 있었는데, 16세기 이후

[-agentivity]의 명사구를 주어로 취하는 구문을 이룰 수 없게 된 것이다.[46] 이는 앞서 살펴본 '늘-'(飛)과 '불-'(吹)이 보이는 양상과 유사하다. 이들 역시 중세에는 행위주성 명사와 비행위주성 명사를 모두 주어로 취할 수 있었으나, 근대 이후 행위주성 명사만을 주어로 취할 수 있게 되었다.

'울-'로부터 파생된 '울이-'는 중세와 근대에 사동사로 사용되었다.

(38) 가. 錫杖을 늘여 니건 히예 **ᄀᆞᇘ 사ᄅᆞᆷ을** 울이니 곳 獻ᄒᆞ요믈 어느 나래 門徒를 許ᄒᆞᆯ다 (飛錫去年啼邑子 獻花何日許門徒) 〈杜詩9:20a-b〉

나. 수천빅 말ᄉᆞᆷ이 가히 ᄌᆞᄌᆞ히 **귀신을** 울닐지라 〈明義卷首下존현각일긔:44b〉

다. 국본을 근심ᄒᆞ오시ᄂᆞᆫ 지극ᄒᆞᆫ 뜻으로 나오셔 근측ᄒᆞ고 비졀ᄒᆞ오시미 다만 **귀신을** 울니올 ᄲᅮᆫ이 아니라 〈闡義1:12b〉

(39) 가. 法雷를 뮈우시며 **法敲를** 울이샤 (震法雷 鳴法鼓) 〈眞言17a〉

나. 이런 ᄃᆞ로 君子ᄂᆞᆫ 술위예 이시면 방올 소리를 듣고 거러 ᄃᆞ니면 佩玉을 울이ᄂᆞ니 (故로 君子ㅣ 在車則聞鸞和之聲ᄒᆞ고 行則鳴佩玉ᄒᆞᄂᆞ니) 〈飜小4:20b-21a〉

다. 듕군이 샤조ᄒᆞ고 두 번 **쇼중을** 울려든 각 군이 안자셔 쉬고 〈練兵34b〉

라. 紅門으로 드러와 都廳 장幕을 지나면 **북을** 울리ᄂᆞ니라 〈武藝68a-b〉

(38)의 '울리-'는 '울-'(哭)의 사동사로, "(사람이 다른 사람을) 울게 하다"의 의미를 나타낸다. (39)의 '울리-'는 '울-'(響)의 사동사로, "(사람이나 사물이 어떤 물체를) 진동하여 소리가 나게 하다"의 의미를 가진다.[47]

---

46) 이러한 설명은 (36)의 '울-'(哭)과 (37)의 '울-'(響)의 의미적 유사성에 근거하여 이들을 다의 관계로 봄을 전제한다.

47) 한편 김창섭(1990/2008)에서는 '종을 울린다' 구문을 이루는 타동사 '울리다'는, '아이를 울린다'와 같은 문장으로부터 은유에 의해 형성된 것으로 보았다. 그런데 중세어에서 '울-'(哭)과 '울-'(響)은 (36), (37)에서 살펴본 바와 같이 자동 구문을 이룰 수 있었다. 따라서 (38), (39)의 사동사(타동사) '울리-'는 각각 (36), (37)의 '울-'로부터 형성된 것으로 보아도 무리가 없을 듯

한편 자동사 '울리-'가 사용된 예는 근대에 거의 존재하지 않는다. 아래의 예에 사용된 '울리-' 및 '울니이-', '울이이-'는 자동사로 볼 수도 있으나, 타동적 해석 또한 가능하다.

(40) 가. 響 울이일 향 〈倭語類解上20b〉

　　나. 퉁퉁 퉁퉁ᄒ다 퉁퉁 울니다 〈한불ᄌ뎐522〉

　　다. 울니다 動鳴 울다 울니이다 〈한불ᄌ뎐69〉

　　라. 콩콩 콩콩 울니다 〈한불ᄌ뎐215〉

　　마. 뎅뎅 誼聲 쎙쎙 쎙쎙 울니다 〈한불ᄌ뎐468〉

　　바. 텅텅 텅텅ᄒ다 텅텅 울니다 〈한불ᄌ뎐511〉

　　사. 녀현에 ᄒ기럴 며느리ᄂ 그름ᄌ와 울니넌 소리 갓ᄃ ᄒ니라 〈여소학 107〉

(40)의 '울니다'는 대부분 '퉁퉁', '콩콩', '뎅뎅' 따위의 악기나 물체 따위를 두드릴 때 나는 소리를 묘사하는 말과 함께 사용되었다. 이는 사전의 표제어에 대한 기술이며 맥락이 주어져 있지 않기 때문에, 해당 예에 사용된 '울니다'를 자동사로 단정하기 어렵다. "퉁퉁 울리게 하다", "땡땡 울리게 하다" 등의 사동의 의미로도 해석될 수 있기 때문이다. (40사)는 "여헌에 이르기를, 며느리는 그림자와 울리는 소리 같다고 하였다"로 해석된다. (40사)의 '울리는 소리'의 '울니-' 역시 그 통사범주가 명확하지 않다. 이는 '소리가 울리다'는 물론 '소리를 울리다'의 관형사형일 수 있기 때문이다.

자동사 '울리-'는 19세기 말 이후 본격적으로 사용된 것으로 보인다.

(41) 가. 그 우는 소리난 眞實노 悽愴ᄒ고 또 그 소리가 山이 울니ᄂ니 他獸들

하다. 파생어 '울리-'가 나타내는 두 의미가 어기 '울'에도 존재함을 고려하면, 은유는 (36)의 '울-'과 (37)의 '울' 사이의 관계를 설명하는 데에 적용할 수 있을 것이다.

은 그 소리만 들어도 戰慄ᄒ야 恐怖ᄒ다 ᄒᄂ이다 〈新訂尋常3:41b〉

나. 죽도에셔는 대수풀이 무셩ᄒᄃᆡ 그 대수풀이 바룸 소리와 ᄀᆞ치 울니여
절도ᄉ의 베고 자ᄂ 벼기에 들니면 그 영문에 병란이 니러난다 ᄒ야
그 셤에 대 일홈을 경침죽이라 ᄒ엿더니 〈대한매일신보 1908/04/24〉

다. 각각 본국 말을 ᄒ며 흥셩ᄒᄂ 소ᄅᆡ에 산이 울니ᄂᄃᆡ 〈경향보감4:
232〉

(41가)는 사자에 대한 설명의 일부로, "그 우는 소리는 진실로 처참하고,
또 그 소리가 산에 울리니 다른 짐승들은 그 소리만 들어도 전율하며 두려
워한다고 한다"로 해석된다. (41나)는 "죽도에서는 대나무 숲이 무성한데,
그 대나무 숲이 바람 소리처럼 울려 (그 소리가) 절도사가 베고 자는 베개
에까지 들리면 그 영문에 병란이 일어난다고 하여 그 섬의 대나무 이름을
경침죽이라 하였더니", (41다)는 "각각 본국 말을 하며 흥정하는 소리에 산
이 울리는데"로 해석된다. 제시된 예들의 '울리-'는 모두 "(기적이나 종이)
진동하거나 작동하여 소리가 나다"(〈고려〉)의 의미를 나타내며 자동사로
사용되고 있다. 이는 (37)에서 살펴본 자동사 '울-'(響)이 이루는 구문의 특
성과 유사하다.

이와 같은 자동사 '울이-'의 형성 과정은 두 가지로 생각해 볼 수 있다. 첫
째, 김창섭(1990/2008: 77-9)의 논의를 따라 '아이를 울린다' 구문으로부터
은유에 의해 형성된 것으로 보는 방법이다. 이에 따르면 '종이 울린다'와
'종을 울린다'의 '울리-'는 별개의 두 동사가 아니라 자동사·타동사가 미분
화된 하나의 동사가 된다. 둘째, '울-'에 피동사의 기능에 유추된 접미사가
결합된 것으로 보는 방법이다.

본고는 '울-'과 '울이-'의 양상이 '늘-'과 '늘이-'가 보이는 양상과 유사하다
는 점을 근거로, 두 번째 방법으로 '울이-'의 형성을 설명한다. '울-'과 '늘-'
은 행위주성 명사와 비행위주성 명사를 모두 주어로 취할 수 있었는데, 현
대에는 행위주성 명사만을 주어로 취하는 쪽으로 변화하였다. 그리고 비

행위주성 명사를 주어로 취하였을 때 나타내었던 의미는 '-이-' 결합형인 '울이-'와 '늘이-'가 대신하게 되었다. 피동 접사 결합형이 [-agentivity]의 명사구만을 주어로 취하는 구문을 나타낸다면, 여기에 결합한 '-이-'는 피동 접사의 기능과 전연 무관한 것으로 볼 수 없을 것이다. 따라서 본고는 자동사 '울이-'의 형성에는 피동 접사가 관여한 것으로 본다.

이상의 고찰을 바탕으로, 어기 '울-'과 이로부터 파생된 자동사 '울리-'의 시대에 따른 사용 양상을 정리하면 아래와 같다.

[표 7] '울-'과 '울리-'의 시기에 따른 의미 양상

	중세	근대	현대
① (사람이) 기쁘거나 슬프거나 아파서 소리를 내며 눈물을 흘리다	울다	울다	울다
② (기적이나 종이) 진동하거나 작동하여 소리가 나다	울다	(?)	울리다

중세에는 '울-'이 ①과 ②의 의미를 모두 나타낼 수 있었는데, 근대 이후 ②의 의미를 나타내는 '울-'은 소멸되고 현대에는 이 의미를 주로 '울리다'가 나타내게 되었다.[48] 근대에는 '울-'(哭)과 사동사 '울이-'(哭, 響)가 존재하였고, 자동사로 사용되는 '울이-'는 거의 보이지 않는다. 개화기 시기에 자동사로 사용되는 '울리-'(響)가 문증되는데, 이는 중세 시기의 자동사 '울-'(響)이 이루었던 구문과 그 특성이 유사하다. 현대어의 '울-'은 주로 哭의 의미로 사용되며 자동사 '울리-'는 響의 의미를 나타낸다. 이 둘은 구별되는 의미이므로 서로 공존하고 있다.

---

48) 현대한국어 사전에서는 '울-'이 ②의 의미를 나타낼 수 있는 것으로 기술되어 있다. 그런데 현대의 언중들은 주로 '울리-'를 통해 ②의 의미를 나타내는 경향이 있다. '울-'이 響의 의미를 나타내는 용법은 일상 구어에서는 거의 사라져 문학적 표현에서만 남아 있다. 즉 ②의 의미에 있어서 '울-'과 '울리-'가 공존하는 것처럼 보이지만, 실제로 '울-'은 "響의 의미를 나타내는 데에는 거의 사용되지 않는다.

⑤ 조을리다

'조을리-'는 '조을-((조올-)'에 '-리-'가 결합한 어형으로[49] 18세기부터 보이며, '됴을니-', '조을리-' 등으로 나타난다. '조을리-'를 살피기에 앞서, 어기 '조올-'의 사용 양상을 검토한다. '조올'은 중세부터 사용되었으며 아래와 같은 구문을 이루었다.

> (42) 가. 阿難아 가줄비건댄 사르미 잇브면 <u>조올오</u> 자믈 니기 호면 곧 끽야 드
>   틀 보안 스랑호고(阿難아 譬如有人이 勞倦則眠호고 睡熟호면 便寤호
>   야 覽塵호얀 斯憶이오) 〈楞嚴3:14a〉
>
> 나. 과연 덕지 뻐러딘 후의 <u>조오는</u> 듯 자는 듯 끽는 듯호야(果於落痂之後
>   血氣愈益虛似睡非睡) 〈痘經13a〉
>
> 다. 茅屋앳 景趣를 드로므로브터 竹林에 가 <u>조올오져</u> 오직 스치노라(自聞
>   茅屋趣 只想竹林眠) 〈杜詩8:51a〉
>
> 라. 드듸여 親히 스스로 扶持호야 낫과 밤의 <u>조오디</u> 아니호며(遂親自扶持
>   호야 晝夜不眠호며) 〈御內3:39b〉[50]

'조올' 혹은 '조올-'은 (42가, 나)에서는 "잠을 자려고 하지 않는데도 자꾸 잠들게 되다"의 의미를, (42다, 라)에서는 "눈을 감고 몸과 정신이 쉬는 상태가 되다"(이상 〈고려〉)의 의미를 나타낸다. (42가)는 "사람이 피곤하면

---

49) '졸다'와 '졸립다'의 방언형과 그 분포에 대한 연구는 성은실(2013)이 참조된다.

50) 동일한 내용을 언해한 다른 문헌의 예를 제시하면 아래와 같다.

가. 낫과 바미 <u>조오디</u> 아니호며 〈內訓3:47b〉
나. 밤야 나쟈 <u>조디</u> 아니호며 〈飜小9:73a〉
다. 낫밤을 <u>조으디</u> 아니호며 〈小學6:67b〉
라. 그 형을 친히 붓드러 듀야로 <u>자디</u> 아니호며 〈五倫兄19b〉

(라)의 《오륜행실도》에서는 다른 문헌과는 달리 '자'라는 어휘가 사용되어 언해되어 있다. 18세기 말에 '조올'의 의미가 축소되어 "졸다"의 의미만을 나타내게 된 결과, '자'로 수정된 것은 아닌지 추측해 볼 수 있다.

졸고, 잘 자고 나서 문득 깨어 대상을 보면 기억하고", (42나)는 "과연 딱지가 떨어진 후에는 <u>조는 듯</u> 자는 듯 깨는 듯하여", (42다)는 "茅屋의 景趣를 들었는데 竹林에 가서 (너와 함께) <u>잠들고자</u> 생각한다", (42라)는 "(袞[人名]이) 마침내 몸소 스스로 (형을) 扶持하여 밤낮으로 <u>잠을 자지</u> 않으며"로 해석된다. 'ᄌᆞ올/조올-'은 '졸다'는 물론, '자다'의 의미도 나타낼 수 있었던 것이다.

'ᄌᆞ올-'에서 파생된 '조을리-'의 예는 아래와 같다.

(43) 가. 제 혹 <u>됴을닌</u> 씌면 물채롤 날을 맛뎌 노얘 물을 보라 ᄒᆞ고 〈을병_장서2:2a〉[51]

나. 나도 쏘흔 <u>조을닐</u> 적이 만흐니 만일 줌을 드러는 병이 나기도 쉬올 쁜 아니라 (…) ᄆᆡ양 **줌이 오면** 왕가를 식여 무슴 말을 ᄒᆞ라 ᄒᆞ면 왕개 홀 말이 업노라 ᄒᆞ고 〈을병_장서2:2a-b〉

다. 몸이 곤ᄒᆞ야 심히 <u>조을니딩</u> 줌을 자다가는 혹 감긔 더홀가 ᄒᆞ야 〈을병_장서3:24a〉

라. ᄀᆞ장 <u>조을리니</u> 다시 적이 자쟈 〈捷蒙4:11a〉 (아다바시 널 울거러믜 지치 바한 운타 야)

마. 우리 길 ᄃᆞ닐 제 禮ᄒᆞ여 謙讓ᄒᆞ여 ᄃᆞ니면 <u>조올린</u> 故로 짐즛 희롱ᄒᆞ엿노라 (be jugūn yabure de dorolome gocishūn i yabuha de amu <u>šaburame</u> ojoro jakade tuttu jortai efihe kai) 〈淸老1:23a-b〉 [amu: 잠. šabura-: 자다][52]

바. 이러ᄒᆞ면 ᄂᆡ일 <u>조을리기예</u> 니르지 아니ᄒᆞ리라 (uttu oci cimari amu <u>šaburara</u> de isinarakū ombi) 〈淸老4:7b〉

---

51) 숭실대학교 소장본에는 '제 혹 조을닌 쌔면'으로 나타난다.
52) 《청어노걸대》의 만주어 전사는 최동권·김양진·김유범·황국정·신상현(2012)를 참고하였다.

'조을리-'는 "잠을 자고 싶은 느낌이 들다"의 의미로, 《을병연행록》과 몽고어 및 만주어 학습서와 관련된 문헌에서 그 예가 보인다. (43가)는 "제(왕개[人名]가) 혹 졸릴 때면 말채를 나에게 맡겨 '나리, 말을 보십시오'라고 하고", (43나)는 "나도 또한 졸릴 적이 많으니 만약 잠에 들면 병이 나기도 쉬울 뿐만 아니라 (…) 매번 잠이 오면 왕가를 시켜 무슨 말을 하라고 하면 왕가가 할 말이 없다고 하고", (43다)는 "몸이 피곤하여 매우 졸리되, 잠을 자다가는 혹 감기가 심해질까 하여", (43라)는 "매우 졸리니 다시 조금 자자", (43마)는 "우리가 길을 다닐 때 예도를 차리고 겸양하여 다니면 졸린 까닭에 일부러 말장난을 하였노라", (43바)는 "이러하면 내일 졸리지 않을 것이다"로 해석된다. 특히 (43나)는 앞부분에서는 '조을니-'가, 뒷부분에서는 '줌이 오-'가 사용되어 있어 '조을니-'의 의미를 더욱 분명히 보여준다.[53]

형태적으로 '조을리-'는 'ᄌᆞ올-'에서 파생된 것으로 보이나, '졸다'와 '졸리다'의 사건 구조를 고려하면 '졸리다'를 '졸다'의 피동사로 보기 어렵다. 피동사의 사건 구조와 관련한 논의로 김윤신(2001)을 참조할 수 있다. 김윤신(2001: 95)에서는 피동은 복합사건의 하위사건에 부여된 중점을 선행하는 과정 사건으로부터 후행하는 결과상태 사건으로 이동시키는 것이라고 하였다. 예를 들어 '잡히다'의 경우 x가 y를 잡아서 y가 잡히는 행위가 먼저 일어나고, 이로부터 y가 잡힌 상태가 도출된다. 피동은 '잡히는 작용'과 '잡힌 상태' 중에서 후자인 '잡힌 상태'에 초점을 두는 것이다.[54]

이를 '졸다'와 '졸리다'에 적용해 보자. '졸다'는 "잠을 자려고 하지 않는데도 자꾸 잠들게 되다"의 의미를 나타낸다. '졸다'는 '깨어 있는 상태'에서 '잠들게 되는 상태'로 바뀌게 되는 것을 의미하므로, '졸다'가 나타내는 결

---

53) 현대어의 '졸리-'는 인칭 제약이 있어 1인칭 평서문과 2인칭 청자 의문문에서만 가능하고, 3인칭을 주어로 하는 문장에는 성립하지 않는 것으로 논의되어 왔다(남수경 2011나: 134). 그런데 (43가)의 주어는 3인칭으로 나타나고 있다. 하지만 이 예를 인칭 제약을 어기는 것으로 보기는 어렵다. '졸리-'는 동사는 물론 형용사로도 쓰일 수 있는데, (43가)의 '졸리-'는 주어의 상태를 나타내는 형용사로 볼 수 있기 때문이다.

54) '잡히다'와 '잡다'의 사건 구조의 차이에 대한 상세한 내용은 김윤신(2001: 114-5) 참조.

과상태 사건은 결국에는 잠이 드는 것을 의미하게 될 것이다. 그런데 '졸다'가 나타내는 결과상태, 즉 '잠들게 되는 상태'를 '졸리다'의 의미로 볼 수는 없다. '졸리다'는 "잠을 자고 싶은 느낌이 들다"를 의미할 뿐이지, '졸다'의 결과로 인해 도출되는 사건이 아니기 때문이다. '졸다-졸리다'를 능동·피동 관계로 볼 수 없음은, 일반적인 능동사·피동사와 비교하였을 때 더욱 명확하다. 무엇을 잡으면 그것이 잡히게 되고, 무엇을 먹으면 그것이 먹히게 되고, 무엇을 내쫓으면 그것이 내쫓기게 된다. 하지만 졸면 졸리게 된다고 할 수는 없다. 오히려 잠을 자고 싶은 느낌이 든 후에, 자려고 하지 않는데 자꾸 잠들게 되는 사태가 초래된다고 할 수 있을 것이다. 즉 졸리면 졸게 되는 것이다. 따라서 '졸다'와 '졸리다'는 능동-피동의 관계를 이루는 것으로 보기 어렵다.

내용을 요약하면 'ᄌ올-'과 '조을리-'는 형태·의미적으로 유사한 특성을 가지지만, 사건 구조를 고려하였을 때 능동-피동의 관계로 보기 어려움을 알 수 있다.

⑥ '쁘이-'(浮), '끼이-₁'(饚, 渒), '틱이-'(燒)

지금까지 살펴본 예 외에 자동사 피동으로 볼 수 있는 동사에는 '쁘이-'(浮), '끼이-₁'(饚, 渒), '틱이-'(燒) 등이 있다. 아래에 해당 예를 제시한다.

(44) 가. 위시를 게다가 밀티니 혹 쌔디며 혹 뻐 오락가락 ᄒ니 〈太平4a〉

　　가'. 두예를 벗기고 마시니 차 닙히 우히 쁘이여 다 닙으로 드러ᄀ니 〈을병_장서2:15b〉

(45) 가. (힝역 독이) 간장의 들면 눈에 예막이 끼고 (攻肝則眼生瞖膜) 〈痘瘡上42a〉

　　가'. 토시탕은 힝역 후에 예막 끼인 이를 고티ᄂ니 (兔屎湯治痘後生瞖障) 〈痘瘡下59a〉

　　나. 여슨 히를 상복을 벋디 아니ᄒ니 머리 뾱이오 양지 삐 끼이고 (六年不

脫喪服 蓬頭垢面)〈東新烈6:18b〉

    cf. 冠帶 띠 지거든 지를 무텨 시서징이다 講ㅎ고 (冠帶垢어든 和灰請

      漱ㅎ고)〈女訓下3b〉

  다. 안개 삐고 구름 껴 우흔 붉고 아랜 어드워〈南明下8a〉

  다. 홀연 구름이 삐이고 비 쓰리더니〈을병_장서1:10a〉

(46) 가. 불에 토 죽은 거시라 (火燒死)〈無冤錄3:42b〉

  가. 믈읫 불에 토이여 죽은 사름을 검험홈애 몬져 元申人 드려 무르딕 (凡

    檢被火燒死人애 先問元申人호딕)〈無冤錄3:42b〉

  가″. 털이 불에 토이면 오고라디ᄂ느니라 (眉毛髮等이 有卷毛ㅎ고)〈無冤錄

    3:43a〉

  (44)는 '뜨-' 및 '쓰이-'가 사용된 예로, "(사물이 물위에) 솟아오르거나 머물러 있는 상태가 되다"의 의미를 나타낸다. (44가)는 '뜨-'가 사용된 예이며, "위씨를 그곳에 밀치니 혹 빠지며 혹 떠 오락가락하니"로 해석된다. (44가')은 '쓰-'에 '-이-'가 결합한 '쓰이-'가 사용된 예로, "뚜껑을 벗기고 마시니 찻잎이 물 위에 떠 다 입으로 들어가니"로 해석된다. '쓰이-'가 사용된 예는 18세기에 한 예 보인다.

  (45)는 '삐-' 및 '삐이-'(翳, 洩)가 사용된 예로, (45가, 나)에서는 "때나 먼지 따위가 엉겨 붙다", (45다)에서는 "안개나 연기 따위가 퍼져서 서리다"의 의미를 나타낸다. (45가)는 '삐-'가 사용된 예로 "(행역의 독이) 간장에 들어가면 눈에 예막이[55] 끼고"로 해석된다. (45가)은 (45가)와 동일한 맥락인데 '삐-'가 아니라 '삐이-'가 사용되어 있다. 이는 "토시탕[토끼의 똥을 물에 넣고 끓인 탕]은 행역 후에 예막이 생긴 사람을 고치니"로 해석된다. (45

<hr>

55) 예막: 창(瘡)이 나은 뒤에 창구(瘡口)가 서로 맞붙은 곳이 구슬처럼 하얗게 변하는 것(《身機踐驗》권6의 明角罩病證(각막과 관련된 질환) 중 明角罩昏(각막이 흐릿한 경우)에 대한 내용의 일부 참조(한의학고전DB 한국한의학연구원, accessed June 12, 2017, https://mediclassics.kr/books/130/volume/6#content_105)

나)는 '씨이-'가 사용된 예로, "여섯 해를 상복을 벗지 아니하니, 머리가 쑥과 같고 얼굴에는 때가 끼고"로 해석된다.[56] (45다)는 '씨-'가 사용된 예로, "안개가 끼고 구름이 껴 위는 밝고 아래는 어두워"로 해석된다. (45다')은 '씨이-'가 사용된 예로 "갑자기 구름이 끼고 비가 뿌리더니"로 해석된다.

(46)은 '트-' 및 '트이-'(燒)가 사용된 예로 "불이 붙어서 타다"의 의미를 나타낸다. (46가)는 '트-'가 사용된 예이며 "불에 타 죽은 것이다"로 해석된다. (46가')은 (46가)에 바로 이어지는 부분인데, '트-'에 '-이-'가 결합한 '트이-'가 사용되어 있다. "무릇 불에 타 죽은 사람을 검사할 때에는 먼저 처음 발견한 사람에게 묻되"로 해석된다. 제목인 (46가)에서는 '트-'를 사용하였으면서 바로 이어지는 본문인 (46가')에서는 '트이-'를 사용한 것은 한문의 영향으로 보인다. (46가')에서 '불에 트이-'에 대응하는 부분은 '被火燒'인데 이는 한문의 '被' 피동인 '被+NP[행위자]+VP[행위]' 구성이다. 《증수무원록언해》가 직역의 성격을 띤 문헌임을 고려하면, '트-'(燒)를 피동의 의미를 살려 번역하기 위해 이를 '트이-'로 언해한 것으로 추측된다. (46가″) 역시 '트이-'가 사용되어 있는데, 이는 '捲毛'에 대한 협주로 "털이 불에 타면 오그라든다"로 해석된다.

이와 같은 예들은 어기가 모두 자동사이며, 어기와 파생어의 의미가 큰 차이가 없다는 점에서 공통적이다. 이들은 현대어에서 어기만이 남아 있고 파생어는 사용되지 않는다.[57]

지금까지 우리는 '늘이다(飛), 도티다{이상 중세와 근대에 모두 존재}, 곪기다(膿), 울리다(響), 조을리다(眠), 뜨이다(浮), 씨이다₁(靉, 渹), 트이다(燃){이상 근대에만 존재}' 등을 검토하였다. 이들의 형성 과정과 접사의

---

56) (45나)의 '띠 씨이-'의 경우 '띠 씨-'가 사용된 예를 찾을 수 없어서, '띠 지-'가 사용된 구문을 대신 제시하였다.

57) '뜨이다'는 '뜨다'의 피동사로 사전에 등재되어 있는데 이는 '開', '抹', '擧'의 의미이며, "물에 뜨다"(浮)의 의미를 가지는 '뜨-'의 피동형이 아니다.

의미 기능을 확인하기 위해, 어기와 파생어가 현대까지 모두 존재하고 있는지를 기준으로 동사를 두 부류로 나누면 아래와 같다.[58]

가. 현대에 어기만 남아 있는 동사

돋다-도티다, 곪다-곪기다, 삐다-삐이다, 트다-트이다, 뜨다-뜨이다

나. 현대에 어기와 파생어가 모두 남아 있는 동사

늘다-늘이다, 울다-울이다,[59] 조올다-조을리다

우리는 (가)의 부류와 (나)의 부류를 나누어 그 형성 과정을 논한다.

한편, 이들의 형성 과정을 설명하는 데에 있어서 본고는 이들이 동형의 사동사로부터 파생되었다고 보는 설명 방식을 취하지 않는다. 그간의 선행 연구에서 이러한 동사들을 다루면서 동형의 사동사가 있는 어형을 중시하여, 사동사가 먼저 형성되고 이것이 유추 혹은 轉用에 의하여 자동사로도 사용되었다고 설명하는 경우가 있었다. 제시된 동사 중에서는 '도티-'와 '늘이-', '울리-'가 동형의 사동사를 가지고 있다는 점에서 이러한 설명을 적용할 수 있을 것이다. 하지만 이와 같은 설명은 다음과 같은 점에서 문제가 된다. 첫째, 사동사로부터의 파생 혹은 자동사로의 轉用은 사동사 파생이 먼저 일어났음을 전제한다. 하지만 역사적으로 보았을 때 사동사 파생이 먼저 일어났다는 증거가 존재하지 않는다. '늘이-'와 '도티-'는 사동형과 피동형이 동시기에 공존하는데 사동사 형성이 먼저 일어났고, 이것이 피동사로 전용되었다고 볼 수 있는 명확한 근거가 존재하지 않는 것이다. 무엇이 먼저 생성되었는지 알 수 없으므로 자동사로부터 사동사가 형성되었을 가능성도 완전히 배제하기 어렵다.[60] 둘째, 많은 동사들 중에서 이들

---

58) '돋치다', '곪기다'와 같이 표기를 달리하여 현재에 표준어로 인정되고 있는 동사는 (가)의 부류에 포함한다.

59) 자동사 '울이다'(響)는 19세기 초 이후 문증되나, 연구의 편의를 위해 함께 제시한다.

60) 다만 타동사 '울리-'와 자동사 '울리-'는 문증되는 시기가 꽤 차이가 난다. 타동사 '울리-'는 15

만이 자동사로 轉用될 수 있었던 이유를 설명하기 쉽지 않다. 따라서 본고는 이들을 설명하는 데에 있어서 타동사로부터 파생되었다고 보는 입장을 취하지 않는다.

그러면 각각의 동사들에 결합한 '-이-'는 무엇인가. (가)의 동사들은 어기와 파생어의 통사·의미적 차이가 뚜렷하지 않다는 점이 특징적이다. 어기에 결합된 접사가 무엇인지 명확히 알기는 어려우나, 李賢熙(1987)과 구본관(1997)의 논의를 참고하면 의미와 통사범주를 바꾸지 않는 접미사의 일종으로 볼 수 있을 것이다.[61] 동일한 의미를 나타내는 두 어휘가 존재하는 것은 경제성의 원리에 어긋나므로, 어기와 파생어 중에서 파생어가 소멸되었다.[62]

(나)의 동사들은 (가)와 달리 어기와 파생어가 현대까지 공존하고 있는데, 이는 어기와 파생어의 의미가 다르기 때문이다. 즉 (나)의 동사들의 어기에 결합된 '-이-'는 어떠한 의미 기능이 존재하였던 것으로 볼 수 있다. 본고는 '늘이-'와 '울리-'가 보여주는 양상을 통해 (나)의 동사에 결합한 '-이-'의 기능을 설명하고자 한다.

세기부터 보이지만, 자동사 '울리-'는 19세기 이후에 보이기 때문이다. '울리-'에 한해서는 타동사로부터 자동사가 생성되었을 가능성이 있다. 하지만 이 경우 왜 어떠한 표지가 결합되지 않았는지가 설명되어야 할 것이다. '∅'의 형태를 가지는 피동 접사가 결합한 것으로 보더라도, 왜 이 동사에만 '∅'로 상정되는 피동 표지가 결합하였는지는 설명하기 어렵다.

61) 한편 '끼이-'처럼 어기가 'i'로 끝나는 어기는 다르게 생각해 볼 여지도 있다. 18세기를 전후로 'X이아-'와 같은 접사의 중첩형이 활발히 쓰이기 시작해 볼 수 있는데, 이러한 중첩형의 범람 속에서 '끼-'와 같이 'i'로 끝나는 동사들도 그 영향을 받았을 가능성이 있다. '끼이-'가 사용된 예가 17-18세기에 주로 보인다는 점이 이를 뒷받침해준다. '끼이-'는 단순히 어기에 '-아-'가 결합한 경우이므로 일반적인 접사 중첩형의 구조([[어기+접사₁]+접사₂])와는 다르지만, 중첩의 경향이 확대 적용되어 어기가 피동사가 아닌 예에까지 그 영향을 미쳤을 수도 있다. 만약 '끼이-'가 이처럼 중첩형의 표기에 영향을 받은 것이라면 이는 자동사에 피동 접사가 결합한 것이 아니라, 단순히 표기상의 이유로 '이'가 한 번 더 쓰인 것이 될 것이다. 참고로 'i'나 'y'로 끝나는 어간들의 어간 말에 '이'가 한 번 더 표기되는 단어들은 근대의 언간 자료에도 몇몇 보인다. '당긔아-, 빗치아-, 디내아-'와 같은 예가 그것이다.

62) 다만 '도티다'는 '돋다'의 강조 표현인 '돋치다'로, '곪기다'는 '곰기다'의 형태로 현대한국어에서 사용되고 있다.

우리는 앞서 '늘-'은 행위주성 명사와 비행위주성 명사를 모두 주어로 취할 수 있었으며, '늘이-'는 비행위주성 명사만을 주어로 취하는 구문을 이루었음을 논하였다. '늘이-'가 보이는 이와 같은 양상은 피동문이 보이는 양상과 매우 유사하다. 피동사는 일반적으로 피행위자를 주어로 하는 구문을 이루므로 피동문의 주어는 행위주성을 가지지 않는다. 피동문의 주어가 행위주성이 없다는 것은 곧, 피동사가 [-agentivity] 자질을 가진 명사구를 주어로 취하는 것이라고도 할 수 있다. '늘이-'의 '-이-'는 피동사가 가지는 이와 같은 특성에 유추되어, 주어의 행위주성이 박탈되어 있음을 표시하는 기능을 하는 것으로 보인다. 즉 '늘-'에 결합하는 피동 표지는 피동사가 주어로 [-agentivity]를 취하는 특성에 유추된 것으로 볼 수 있다. 자동사에 결합하는 '-이-'를 이와 같이 설명하면, '늘-'과 달리 '늘이-'가 비행위주성 명사만을 주어로 취하는 현상이 해명될 수 있을 것이다.

이와 같은 설명은 '울리-'(響)에도 적용될 수 있다. '울-'은 행위주성 명사와 비행위주성 명사를 모두 주어로 취할 수 있었는데, 자동사 '울리-'는 비행위주성 명사만을 주어로 취한다. 이러한 양상은 '늘-'과 '늘이-'가 보이는 양상과 매우 유사하다. 따라서 '울리-'의 '-리-' 역시 주어의 행위주성이 박탈되어 있음을 나타낸다고 할 수 있다.

한편 '조을리-'의 어기 'ᄌᆞ올-'은 '늘-'과 '울-'과는 달리, 주어로 행위주성 명사만 나타난다는 점에서 완전히 동일한 양상을 보이지는 않는다. 다만 '졸리다'가 '졸다'에 비해 주어의 행위주성이 떨어짐을 고려하면, '졸리다'의 '-리-' 역시 행위주성이 박탈되어 있음을 나타내는 것으로 볼 수 있다. 아래의 예를 살펴보자.

(47) 가. 나는 선생님의 관심을 받고 싶어서 수업 시간에 일부러 {졸았다/²²졸렸다}.

나. 나는 선생님의 관심을 받고 싶어서 수업 시간에 {졸려고 했다/²²졸리려고 했다}.

제시된 예는 '졸다'와 '졸리다'가 행위자의 의도를 나타내는 표현인 '일부러' 및 '-려고 하다'와 공기하는 예이다. '졸다'는 이러한 의도 표현과의 공기가 자연스럽지만 '졸리다'는 매우 어색하다. 이는 조는 것은 어느 정도 행위자의 의지가 개입할 수 있는 행위인데 반해, 졸린 것은 행위자의 의도가 개입할 수 없는 행위이기 때문인 것으로 생각된다. 즉 '졸리다'가 나타내는 사태에는 행위주성이 제거되어 있음을 알 수 있다. 이는 '늘이-'와 '울리-'가 보이는 특성과 매우 유사하다.

이와 같은 양상을 고려하였을 때, (나)의 동사에 결합된 '-이-'는 피동사의 [-agentivity] 자질에 유추된 접미사로 볼 수 있다. 동사의 생성 과정에서 피동사가 영향을 주었다는 점에서 이들을 피동문과 전혀 무관한 것으로 보기는 어렵다. 하지만 논항의 승격과 강등을 통해 행위주성이 박탈된 것이 아니라는 점에서 이를 원형적인 피동문으로 볼 수는 없을 것이다.

지금까지 우리는 비원형적 피동문을 이루는 동사의 어기와 파생어가 이루는 양상을 관찰하였다. 일부는 어기에 의미와 통사범주를 바꾸지 않는 접미사가 결합한 것으로, 또 다른 일부는 피동 접사에 유추된 접미사가 결합한 것으로 설명하였다. 이와 같은 동사들은 외형적인 면이나 형성 과정에 있어서는 '피동사'가 가지는 특징과 유사한 면이 있지만, 해당 동사가 쓰인 문장이 피동문의 통사적 특성을 가지지 않는다는 점에서 '피동문'과는 큰 관련성이 없음을 확인하였다.

3.2. 접사의 특성

3.2에서는 우리의 관심을 어기에서 접사로 돌려 접사와 관련된 것을 논한다. 먼저 피동 접사의 이형태와 그 교체 환경을 검토하고, 둘 이상의 접사가 중첩하는 현상을 살핀다.[1]

3.2.1. 접사의 이형태

이 項에서는 중세와 근대한국어 시기 피동 접사의 여러 이형태와 그 교체 양상에 대해 논한다. 15세기 피동사 연구는 이로부터 시작하였다고 해도 무방할 정도로 많은 연구자들이 피동 접사의 이형태와 교체 환경에 대해 논의하여 왔다.[2] 여러 연구 중 피동 접사의 이형태를 심도 있게 논한 구본관(1998), 김주필(2011), 장윤희(2015)의 논의를 대표적으로 살펴보도록 한다. 해당 연구에서 제시한 접미사의 이형태와 그 교체 환경을 아래에 보인다.

(1) 구본관(1998: 262-4)의 논의

　가. -i-계: 어기의 말음이 ㅊ(내조치-), ㅍ(두피-), ㅎ(답사히-), ㅀ(알히-), ㅅ (뭇기-), 일부의 ㄺ(얼기-), '르/ㄹ' 변칙(글아-), 'ㅂ' 변칙(붙아-), 일부의 모음(삑-, 뵈-)

　나. -ɦi-계: 하향이중모음 j(믜아-, 미아-), 일부의 모음(그리아-, 더디아-), ㄹ(굴아-, 걸아-), 'ㄷ' 변칙(들아-, 聞-), 'ㅅ' 변칙(굿아-)

　다. -hi-계: ㄱ(머키-), ㄷ(거티-), ㅂ(니피-), ㅈ(고치-), 일부의 ㄺ(얼키-), ㄵ (연치-)

　라. -ki-계: ㅁ(둠기-), ㄻ(숨기-), ㅅ(싯기-)

(2) 김주필(2011: 66)의 논의

　가. -i-계: 모음으로 끝나는 용언 다음

　나. -ɦi-계: y, r, (β), z로 끝나는 용언 다음

　다. -hi-계: 무성폐쇄음으로 끝나는 용언 다음(단 'ㅅ'은 자음군단순화를 먼저 겪기 때문에 이 환경에 포함되지 않음) cf. 좇+히→조치, 딮+히→두피

---

1) 연구의 편의상 예문 번호와 각주 번호를 새 번호로 시작한다.

2) 백채원(2021)에서는 중세·근대국어 피동 연구의 쟁점과 과제를 논하며 형태론적 쟁점 사항을 상세히 다루었다. 자세한 내용은 해당 연구 참조.

라. -ri-계: r 뒤의 ɦi가 ri로 변화함으로써 15세기 후기에 출현함

마. -ki-계: 'ㅁ'('ᆱ' 포함), 'ㅅ'('ᆹ' 포함)으로 끝나는 용언 다음 (줌가-, 잇가-)

(3) 장윤희(2015: 38-9)의 논의[3]

　　가. -이-

　　　　① '-히-', '-기-'가 통합하지 않는 자음(ㅊ, ㅍ, ㅎ(ᆶ), ㅅㅣ)일 때 (조치-, 두

　　　　　　피-, 다히-; 알히-, 봇기-)

　　　　② 어근이 'ㄹ/르' 불규칙 어간일 때 (글아-, 뿔아-)

　　　　　　어근이 '그스-/긎ㅇ-'와 같은 교체를 보일 때 (긎이-)

　　　　③ 어근 말음이 모음일 때 (쓰이-, ㅂ리이-)

　　　　④ 어근이 'ㄷ' 불규칙 어간일 때 (들이-[聞], 일쿨이-)

　　가'. -이(ɦi)-: 어근 말음이 'ㄹ', 'ㅿ'일 때 (걸이-, 들이-; 븢이-)

　　가''. -ㅣ-: 어근 말음이 '이' 이외의 모음일 때 (뵈-)

　　나. -히-: 어근 말음이 'ㄱ(ㄺ), ㄷ, ㅂ, ㅈ(ㄵ)'일때 (마키-, 얼키-, 다티-, 자피-,

　　　　고치-, 연치-)

　　다. -기-: 어근 말음이 'ㅁ(ㄲ), ㅅ'일 때 (담가-, 숨기-, 싯가-)

　　이에 대해 본격적으로 논하기에 앞서, 어기와 접사의 음운론적 관계에 대해서 본고는 곽충구(2004)와 동일한 입장을 취한다. 곽충구(2004: 19)에 서는 함북 방언의 피·사동사를 다루면서, 어기와 접사의 결합이 규칙성 은 띠지만 어기의 말음과 접사의 두음 사이의 음운론적 관계는 설명할 수 없다고 하였다. 즉 단일한 기저 어간을 설정하고, 접사가 어기의 말음에 따라 교체되는 것을 음운론적으로 해명할 수 없다고 보았다. 이에 따르면

---

3) 이 부분은 장윤희(2015)의 연구의 결과를 바탕으로 하여 장윤희(2015: 38-9)에서 제시한 부분 을 조금 수정한 것이다. 장윤희(2015)에서는 '긎이-'는 '-ɦi-' 파생이 아니라 '-i-' 파생을 겪은 것 으로 보고 있으므로, 본고는 이를 (3가)에서 (3가②)로 그 위치를 옮겨 제시하였다. 그리고 '들이-'[聞]와 같은 'ㄷ' 불규칙 동사는 '드르-+-이-'의 과정으로 형성된 것으로 보고 있으므로, 이를 (3가④)로 옮겨 제시한다. 그리고 '보채-'는 피동사로 보고 있지 않으므로 (3가'')의 예에 서 제외한다.

우리는 단지 '어기의 말음이 a일 때, 접사의 두음은 b이다' 정도의 기술만을 할 수 있을 뿐이며 a에 포함될 수 있는 자음들의 음운론적 공통점, a와 b 사이의 음운론적 관계 등을 파악할 수는 없다. 그간 많은 연구들이 이형태 분류를 논의하여 왔지만 어기와 접사 간의 음운론적 공통점을 찾지는 못하였다. 본고는 어기와 접사의 결합에 있어서 어떠한 경향은 있을 수 있지만, 필연적 규칙성은 없다고 보는 입장이다. 따라서 어떠한 계열의 접미사를 취하는 음소들의 공통점을 찾는 데에는 주력하지 않는다. 이러한 입장에 서서 세 연구를 비교해 보면, 대체로 구본관(1998)과 장윤희(2015)의 논의가 유사하고, 김주필(2011)은 두 연구와는 조금 다른 시각에서 이형태를 분류하였음을 알 수 있다.

먼저 '-i-'계 접미사와 관련된 것을 살펴보자. 구본관(1998)과 장윤희(2015)는 표면형을 중시하여 '조치-', '두피-' 따위를 '좇+이', '둪+이'로 분석하였는데, 김주필(2011)은 표면형을 중시하는 경향을 비판하며 이들을 '좇+히', '둪+히'로 분석하였다. 특히 김주필(2011)에서는 '고치-'(곶+-히-)나 '조치-'(좇+-히-)처럼 'ㅈ'과 'ㅊ'으로 끝나는 용언의 피동형을 모두 '-히-'가 결합한 것으로 보고 있다. 이 논의에 따르면 15세기 국어의 파찰음 'ㅈ, ㅊ'은 'i, y' 앞에서 구개음으로 되는 변이음 규칙이 적용되며, 겸양법 선어말어미로 '-즐-'을 취한다는 점에서 그 음운론적 현현 방식이 동일하다. 'ㅊ'으로 끝나는 용언 다음에 '히'가 결합되는 것으로 보아도, 'ㅎ'은 독립적인 segment로 실현되는 경우가 없기 때문에 그 음성형을 해치지 않는다. 그리고 15세기 자음 체계를 중시하여 'ㅌ'이나[4] 'ㅍ'(둪-)으로 끝나는 용언 다음에도 모두 '-히-'가 결합하는 것으로 처리하였다(이상 김주필 2011: 53-4). 이에 따르면 'ㄿ, ㅁ, ㅅ, ㅺ'을 제외한 무성폐쇄음 전체가 'hi' 계열의 접사를 취하게 된다.

김주필(2011)의 설명은 어기의 말음에 따른 접사의 선택 관계를 최대한

---

[4] 'ㅌ'으로 끝나는 용언이 무엇인지는 제시되어 있지 않다.

규칙화하려고 시도하였다는 점에서 의의가 있다. 하지만 어간 말 'ㅈ', 'ㅊ' 을 가지는 용언이 모두 '-히-'를 취하는 것으로 본 점, 체계를 중시하여 어간 말에 'ㅌ', 'ㅍ'을 가지는 용언까지 모두 '-히-'가 결합한 것으로 본 점은 다시 생각해 볼 필요가 있다.

먼저 어간 말 'ㅈ', 'ㅊ'을 가지는 용언이 선어말어미의 이형태 '-슳/줳/슳-' 중에서 '-줳-'을 선택하는 공통성이 있다고 하여, 이들이 피동 접사의 선택 에도 동일하게 행동할 것이라고 단정하기 어렵다. 특히 선어말어미의 선 택과 관련된 음소 연쇄 환경과, 피동 접사의 선택과 관련된 음소 연쇄 환경 이 서로 다르다는 점이 고려되지 않았다. '-슳/줳/슳-'의 선택과 관련한 음 소 연쇄 환경은 어간 말 자음 'ㅈ', 'ㅊ'과 선어말어미의 두음인 'ㅅ/ㅈ/ㅿ'의 연쇄로, 자음과 자음의 연쇄이다. 그런데 '-i/ɦi/hi/ki-'의 선택과 관련한 음 소 연쇄 환경은 어간 말 자음 'ㅈ', 'ㅊ'과 피동 접사의 두음 'Ø/ɦ/h/k'의 연쇄 이다. '-ɦi/hi/ki-'가 후행할 경우 자음과 자음의 연쇄이지만, '-i-'가 후행할 경우는 자음과 모음의 연쇄가 된다. 즉, 피동 접사의 선택에 있어서는 '자 음+모음'의 연쇄도 가능한 것이다. 후행 자음의 종류 또한 다르다. 다시 말 해 어간 말 'ㅈ', 'ㅊ'을 가지는 용언이 '-슳/줳/슳-'을 선택하는 문제와 '-이/ 히/기-'를 선택하는 문제를 동일선상에서 비교하기 어렵고, 설사 이 둘의 비교가 가능하다 할지라도 각각의 이형태 선택에 있어서 음운 연쇄의 환 경이 다르다는 점이 고려되어야 한다.

그리고 김주필(2011)에서는 어간 말에 'ㅌ', 'ㅍ'을 가진 용언도 '-히-'를 선 택한다고 보았다. 이 설명은 '히'를 취하는 어기들의 공통점을 '폐쇄음'으 로 범주화하기 위한 방책인 듯하다. 이러한 범주화의 문제점은 '잇기-'의 설명에서 발견된다. 김주필(2011: 64-5)에서는 '잇기-'를 '잀-'에 자음군단순 화가 일어난 '잇-'에 '-기-'가 통합된 것으로 보아 이를 '잇+기'로 분석하였 다. '잀+이'로 분석하지 않은 이유는, 체계를 중시하는 논의에 근거하면 'ㄱ' 다음에는 '히'가 통합되어 '잇키-'가 도출되어야 하는데 '잇키-'라는 형 태는 보이지 않기 때문이라고 하였다. 이러한 설명은 어간 말 'ㄱ' 다음에는 접사 '히'가, 'ㅅ' 다음에는 접사 '기'가 통합해야 함을 전제로 한다.

본고는 이 전제가 타당한 것인지를 다시 생각해 보고자 한다. 앞서 언급하였듯 어간과 접사 사이의 선택 관계는 어떠한 음운론적 규칙에 의해 지배되는 것이 아니다. 경향은 있을 수 있지만, 엄격한 규칙은 없다. 따라서 어간 말 'ㄱ' 다음에 '히'가 통합되어야 한다는 전제는 성립되지 않는다. 이 전제를 포기하면 '잇기-'는 '있+이'로 쉽게 분석될 수 있다. 어간 말 'ㅊ, ㅍ'(좇-, 둪-)을 가지는 어기와 'ㄷ, ㄵ'(닫-, 엱-)을 가지는 어기가 동일한 형태의 접사를 취해야 할 당위가 사라지므로, 전자에는 '이'가, 후자에는 '히'가 결합한 것으로 설명될 수 있다.

자음 체계를 중시하여 어간 말 'ㄱ' 다음에 접사 '히'가 통합되어야 함을 고수한다면 하나의 어기가 두 가지 종류의 접사를 취하는 예에 대해서 또 다른 복잡한 설명을 해야 한다. 예를 들어 '박다'의 피동사 '바키-'는 18세기는 '박이-'로도 나타난다. 'ㄱ'으로 끝나는 어기가 접사 '히'는 물론 '이'도 취하는 것이다. '얼기-'와 '얼키-' 역시 마찬가지이다. 만약 체계를 중시하는 입장에 선다면, 자음 체계가 변화를 겪음으로써 어기가 다른 종류의 접사를 취하게 되었다는 식의 설명을 해야 할 것이다. '바키-'와 '박이-'처럼 하나의 어기가 두 종류의 접사를 취하는 동사는 비록 소수이지만, 이들은 어기의 말음과 접사의 두음 사이에 엄격한 선택 규칙이 존재하지 않았음을 방증하는 예라 할 수 있을 것이다.

따라서 본고는 구본관(1998), 장윤희(2015) 등의 논의와 같이 1차적으로는 표면형을 중시하여 접사의 이형태를 기술한다. '조치-', '두피-' 따위는 모두 '-i-'가 결합된 것으로 분석될 수 있다.

한편 '-i-'계 접사와 관련하여, '쁘이-', 'ᄇ리이-'와 같이 모음으로 끝나는 어기 뒤에 나타나는 '-이-'의 처리가 문제가 된다. 개음절 어기에 결합하는 '-이-'에 대해 장윤희(2015)에서는 '-i-'가 결합한 것으로, 김주필(1988/2011: 62), 구본관(1998)에서는 '-ɦi-'가 결합한 것으로 논하였다.[5]

그런데 개음절 어기에 결합하는 '-이-'를 '-i-' 혹은 '-ɦi-'로 보는 설명은 다음과 같은 점에서 문제가 된다. 먼저 이를 '-ɨ-'로 보았을 때의 문제점을 살펴보자. 장윤희(2015: 40)에서는 모음 뒤에 나타나는 '-이-'에 대해서는 '가아', '사아' 등과 같이 두 모음이 모두 실현되는 것이 불가능하지 않다는 점, 16세기 '-ɦi-)-ɨ-'의 변화 이후에도 근대어에 '믜이-'나 '후리이-' 등이 나타난다는 점을 근거로 이때의 '-이-'를 '-ɨ-'로 볼 수 있음을 주장하였다. 하지만 '가아', '사아'와 같은 표기와 '쁘이-', 'ᄇ리이-'와 같은 표기는 외형적으로 모음이 연속되어 있다는 점에서는 동일하지만, 실제로는 성격이 다르다. 일반적으로 용언 어간 '가-', '사-'와 연결어미 '-아'의 결합형은 '가', '사'로 표기된다. '가아', '사아'와 같은 표기는 연결어미 '-아'가 줄어들지 않은 수의적인 표기이며, 이때 '아'는 잉여적인 존재라 할 수 있다.6) 그런데 '쁘이-'와 'ᄇ리이-'의 '이'는 피동의 의미를 나타내는 데에 있어서 필수적인 요소이다. 따라서 선행 음절에 축약될 수 없고 표기에서 생략될 수도 없다. 즉 두 종류의 표기는 모음이 연속되어 있다는 점에서는 동일하나, 전자는 생략 가능한 요소가 표기된 것이고, 후자는 생략이 불가능한 요소가 표기된 것이다. 그러므로 '가아', '사아'와 같은 표기의 존재를 근거로 '쁘이-' 및 'ᄇ리이-'의 '-이-'를 'ɨ'로 보기는 어렵다.

개음절 어기에 결합하는 '이'를 '-ɦi-'로 보는 방법 또한 문제가 된다. 이를 '-ɦi-'로 설정하는 것은 '뱟-'나 '쁘-'와 같이 'ᆞ'나 'ㅡ'로 끝나는 1음절 어간의 활용 양상에 근거한다. 이들은 모음으로 시작하는 어미와 결합할 경우 '뺘'

---

5) 김주필(2011: 61-4)에서는 'ᆞ'나 'ㅡ'로 끝나는 용언('샏', '쁘' 등)이 피동 접사 '이'를 만나도 탈락하지 않는 이유는 'ᆞ', 'ㅡ'와 i 사이에 자음 ɦ가 개재하기 때문이라고 하였다. 이에 따르면 모음 뒤의 '이'는 'ɦi'가 되어야 할 것이다. 그런데 이 연구에서는 'ɦ'는 이미 일부 환경에서 소실되어 'r_', 'z_', 'y_'의 환경에 있는 접미사 '이'의 'ㅇ'만 'ɦ'의 음가를 유지하고 있다고 하였다. 'ᆞ', 'ㅡ' 뒤의 'i'는 'ɦ'의 음가를 가지고 있는 것으로 설명하였는데, 'ɦ'의 음가를 유지하는 환경에 'ᆞ', 'ㅡ' 뒤는 제시되어 있지 않다.

6) 이 외에 '아'가 잉여적으로 표기된 예로는 '오라~오라아'(久), '즈라~즈라아'(長大), '녀~녀아'(行) 등이 있다. 후자의 두 예에 대해 최진(2014: 40-1)에서는 어간 말음이 'ㅏ'나 'ㅓ'일 경우 '아, 어'가 줄어든 경우와 줄어들지 않은 경우가 공존하였는데, 16세기에 들면 '아, 어'가 줄어들지 않은 형태는 거의 나타나지 않는다고 하였다.

혹은 '뼈'와 같이 어기의 'ㆍ'나 'ㅡ'가 탈락하지만, 파생에서는 '뻣이-', '쓰이-'와 같이 어기의 말음이 탈락하지 않는다. 모음이 탈락하지 않는 이유를 설명하기 위해 '이'의 'ㅇ'를 [ɦ]로 설정하는 것이다.[7] 그런데 근대 시기에도 'ㆍ'나 'ㅡ'로 끝나는 어기 뒤에 '이'가 결합한 어형이 존재한다. '틋이다', '쓰이다' 등이 그것이다. 근대에는 이미 'ɦ'가 소멸된 이후이므로 이때의 '이'는 '-ɦi-'로 볼 수 없다. 혹 근대 시기의 '틋이다', '쓰이다'에 나타나는 '이'를 '-i-'로 볼 수도 있겠으나, 이 경우 동일한 음운적 환경을 가진 어기에 결합한 '이'를 중세와 근대의 것을 다르게 설명해야 한다는 난점이 있다. 중세 시기에는 '-ɦi-'가 결합한 것으로, 근대 시기에는 '-i-'가 결합한 것으로 서술해야 하는 것이다.

이에 본고는 鄭然粲(1987)의 논의를 참조하여 모음으로 끝나는 어기에 결합하는 '-이-'는 순수한 '-i-'가 아니라 공음소(empty phoneme)를 포함한 '-이-'로 보는 입장을 취한다. 鄭然粲(1987)은 형식은 있으나 내용은 없는 공음소를 가정하고, 여러 문헌 자료에 나타나는 현상에 대해 공음소를 적용하여 그 존재를 입증하였다. 이에 따르면 공음소는 문자경계와 음절경계가 일대일의 대응을 유지할 수 있게 하며, 그 앞에 음절경계가 놓여 있음을 명시하는 기능을 한다. 鄭然粲(1987)의 논의를 참조하면 모음으로 끝나는 어기에 결합하는 '-이-'는 실질 음소로 보면 'ㅣ'이지만 음절로는 '이'를 이루며, 이때의 'ㅇ'은 공음소로 볼 수 있다. 개음절 어기에 결합하는 '이'의 'ㅇ'은 그 앞에 음절 경계가 놓여 있음을 표시하기 때문에 선행 음절에 어떠한 영향을 끼치지 않는다. 이처럼 개음절 어기에 결합하는 '이'에 대해 공음소

---

7) 이에 대한 문제점은 구본관(1998)에서 언급되었다. 구본관(1998: 250-1, 각주 23)에서는 어기가 'ㆍ', 'ㅡ'로 끝나는 경우 피동 접미사가 결합되어도 어기의 모음이 탈락하지 않는다는 사실이, 모음으로 끝나는 피동 접미사의 이형태가 '-i-'가 아니라 '-ɦi-'임을 뒷받침하는 결정적 증거가 될 수 없다고 하였다. 그리고 金周弼(1988)을 참조하여 '어느', '그'와 같은 대명사는 주격 조사와 결합할 때 'ㅡ'를 탈락시키지 않는다고 하였다. 구본관(1998)에서는 모음으로 끝나는 어기에 결합하는 '-이-'를 무엇으로 볼지 명확하지 않지만, 일단은 '-ɦi-'가 결합하는 것으로 보고 논의를 진행한다고 하였다.

'ㅇ'을 두어 설명함으로써 이를 자음적인 요소('ɦ')로 설명하지 않아도 된다는 이점이 있으며, 모음 충돌도 막을 수 있다.

그런데 몇몇 모음으로 끝나는 2음절 어간의 경우, 어기와 접사가 축약된 것처럼 보이는 예들이 있다. '보이-', '가도이-', 'ᄂ호이-', '몃구이-'의 경우 '뵈-', '가되-', 'ᄂ회-', '몃귀-'로 나타나기도 하는 것이다. 아래에 그 예를 보인다.

(4) 가. 蜀애 도라가도 有益호미 업고 梁애 <u>가되유니</u> 또 門ㅅ 부체 굳도다 (還蜀
祇無益 囚梁亦固局) 〈杜詩24:6a〉

나. 뫼히 積草嶺에서 <u>ᄂ회여</u> 길히 明水縣으로 가ᄂ 디 달랏도다 (山分積草
嶺 路異明水縣) 〈杜重1:23b-24a〉

다. 굴헝에 <u>몃귀여</u> 주구리라 호매 오직 疎放홀 ᄯᄅ미로소니 (欲塡溝壑唯
疎放) 〈杜詩7:3a〉

라. 船師ㅣ 樓 우흿 사ᄅᆷ ᄃ려 무로ᄃᆡ 므스기 <u>뵈ᄂ뇨</u> 〈月釋22:32b〉

이러한 어형의 어간이 무엇인지에 대해서는 두 가지로 나누어 설명할 수 있다.

첫 번째는 피동형이 역행동화를 겪은 것으로 보는 방법이다. (4가)-(4다)의 어형들이 이에 해당한다. 이에 따르면 (4가)의 '가되유니'는 '가도이-'의 역행동화형인 '가되이-'의 활용형이다. (4나)의 'ᄂ회여'는 'ᄂ호이-'의 역행동화형인 'ᄂ회이-'의 활용형이며, (4다)의 '몃귀여'는 '몃구이-'의 역행동화형인 '몃귀이-'의 활용형이다. 우리는 앞서 개음절 뒤에 나타나는 '이'의 'ㅇ'을 공음소로 보았는데, 이때 어기와 '이' 사이에는 형태소 경계이자 음절 경계가 놓이게 된다. 만약 (4가)-(4다)를 축약으로 설명한다면, 음절 경계와 공음소를 뛰어 넘어 어기의 말음과 접사의 'ㅣ'가 축약되었다고 설명해야 하는 어려움이 있다. 즉 '가도$이'의 구조에서, '이'의 'ㅣ'가 공음소 'ㅇ'과 음절 경계($)를 뛰어 넘어 'ㅗ'와 축약이 이루어져야 하는 것이다. 하지만 역행동화로 설명한다면 그러한 축약을 가정할 필요가 없다. 피동형의 역행동화형은 '뼉이-', '뾔이-', '보채이-'와 같은 어형에서도 찾아볼 수 있으므로, (4가)-(4다)의 예들도 동일한 과정을 겪은 것으로 보아도 무리가 없는 것이다. 즉 (4가)-(4다)는 '가도이-', 'ㄴ호이-', '몃구이-'가 역행동화를 겪은 어형인 '가되이-', 'ㄴ회이-', '몃귀이-'의 활용형으로 볼 수 있고, 이때의 '이'는 공음소를 포함한 '이'로 볼 수 있다.[8]

두 번째는 피동형이 축약된 것으로 보는 방법이다. (4라)의 '뵈-'가 이에 해당한다. '보-'의 피동형인 '보이-'는 중세어에서는 항상 '뵈-'로 축약되어 나타난다. 그러므로 '보-'에 결합한 '-이-'는 순수한 '-i-'로 볼 수 있으며, 공음소를 포함한 '-이-'로는 보기 어렵다. 앞서 언급하였듯, 공음소와 음절 경계를 뛰어 넘어 축약이 일어나기는 어렵기 때문이다. 따라서 (4라)의 '뵈ㄴ뇨'는 피동사 '보이-'가 축약된 '뵈-'의 활용형이 된다.

다음으로 '-ɦi-'계 접사에 대해 살펴보자. 세 연구 모두 '-ɦi-'는 'ㄹ'과 'ㅿ' 말음 어간을 어기로 한다는 점에서는 유사하나,[9] 세부 기술에 있어서는 조금씩 차이가 있다. 구본관(1998)은 'j'나 일부 모음 뒤에서의 환경도 포함하였고 김주필(2011)에서는 말음이 'j'와 'β'인 경우를 포함하였다. 장윤희(2015)에서는 말음이 'ㄹ'과 'ㅿ'인 경우로만 제한하였다.

본고는 '-ɦi-'가 결합하는 환경에 대해서는 장윤희(2015)의 방법이 가장 자연스러운 설명력이 있다고 생각하여 이 논의를 따른다. 즉 '긏-'과 같은

---

8) 한편 어기가 'j'로 끝나는 동사의 피동형은 '괴예-'(愛), '미예-'(繫), '믜예-'(憎), '얽미예-'(拘) 등과 같이 접사가 '-예-'로 표기된 예도 존재한다. 鄭然粲(1987: 22-3)에서는 同音 및 準同音의 三疊이 생김으로써 音節 層列에서 경계의 불분명과 발음의 부자연스러움을 초래하게 되는데, 표면형에서 떨어져 나간 음절의 흔적이 표기에 반영된 것을 'ㅇㅇ'로 보았다. 李基文(1998: 140)에서는 '괴예', '미예ㄴ니라' 등의 'ㅇㅇ'에 대해 어중의 yy 또는 yi에 나타나는 긴장된 협착을 나타내고자 한 것이라고 하였다.

9) 장윤희(2015)에서는 '걸이-', '돌이-' 등의 '-이-'는 'ㄹ' 뒤에서 'ㄱ'이 약화된 공시적 교체형으로서의 '-이-'로 보았고, '븟이-'의 '-이-'는 '-기-'의 통시적 변화형으로서의 '-이-'로 보았다('븟기-〉 븟이-). 반면 'ㅿ'말음 어간이지만 '긏이-'의 경우는 '븟이-'와는 달리 불규칙 용언이므로('그스-' ~'긏ㅇ-) 이에 결합한 '-이-'는 순정의 '-i-'로 보았다.

'ㅅ' 불규칙 용언은 '그스- ~ 긎ㅇ-'의 교체를 보이는데, '긎ㅇ-'에서 나타나는 'ㅇ'는 어간의 것으로 보고, 이는 '긎ㅇ-'에 '-i-'가 결합한 것으로 본다.

한편 '들이-'(聞)과 같은 'ㄷ' 불규칙 동사는 구본관(1998)에서는 '-ɦi-'가, 장윤희(2015)에서는 김성규(1995)를 따라 '드르-'(LL)에 '-i-'가 결합한 것으로 보았다. 장윤희(2015: 44)에서는 '드르-'(LL)에 '-이-'(H)가 결합될 때 'ㅡ' 탈락이 일어나 이것이 "드리-'(LR)가 되는 것을 막기 위해, 'ㅡ' 탈락과 함께 두 번째 음절의 'ㄹ'이 첫 번째 음절의 종성으로 발음되는 음절 재구조화가 일어났고, 결과적으로 '들이-'가 LH의 성조를 가진다고 하였다.

그런데 '들이-'의 형성은 다른 방법으로도 기술될 수도 있다. '듣-'(聞)은 활용에서는 '듣-'과 '드르-'의 교체를 보이지만, 파생에서는 '듣-'과 '들ㅇ-'의 교체를 보이는 것으로 설명하는 것이다. 이렇게 활용과 파생에서 다른 어간을 취하는 동사로는 '누르-'를 들 수 있다. 장윤희(2015: 54-5)에서는 피·사동 파생에서 어근으로 불규칙 활용을 하는 어간이 올 경우 활용에서와 마찬가지로 불규칙 어간이 오는 것이 일반적인데, '누르-'(壓)와 'ᄆᆞ르-'(乾)는 피동형, 사동형이 각각 '눌이-'와 'ᄆᆞᆯ오-'로 나타남을 지적한 바 있다.

본고는 활용과 파생에서 각각 다른 이형태가 선택된다는 방법으로 '들이-'(聞)의 형성을 기술하는 쪽을 택한다. 즉 '듣-'은 파생에서 모음으로 시작하는 형태소 앞에서 '들ㅇ-'의 어형이 선택되는 것이다. 이와 같은 설명은 다른 'ㄷ' 불규칙 동사의 피동형에도 적용된다. '일쿋-'은 활용에서는 '일쿋- ~ 일ᄏᆞ르-', 파생에서는 '일쿋- ~ 일쿨ㅇ-'의 교체형을 보이며, 피동형 '일쿨이-'는 '일쿨ㅇ-'에 '-i-'가 결합한 것이 된다. '싣-'(載) 역시 활용에서는 '싣- ~ 시르-', 파생에서는 '싣- ~ 실ㅇ-'의 교체형을 가지며, 피동형 '실이-'는 '실ㅇ-'에 '-i-'가 결합한 것이다. 이러한 설명은 기존의 설명보다 더 간결하며, 같은 양상을 보이는 단어들을 일관성 있게 처리할 수 있다는 장점이 있다.

다음으로 '-ki-'계 접사에 대해 살펴보자. '-ki-'와 관련된 어형 중에서는 '돔기-', '줌기-'의 형성 과정이 문제가 된다. '돔기-', '줌기-'의 형성은 李基文(1962)를 따라 특수어간교체로 설명할 수도 있고, 유창돈(1962)를 따라 쌍형어간 배분활용설로 설명할 수도 있다. 특수어간교체로 설명하는 방식을 따르면 재구형 "ᄃᆞᆨ-', "ᄌᆞᆨ-'을 설정하여야 한다. 이들은 자음으로 시작하는 형태 앞에서는 말음절의 'ㄱ'이 탈락하고, 모음으로 시작하는 형태 앞에서는 말음절의 'ㆍ'가 탈락한다. 'ᄃᆞᆷ기-'와 'ᄌᆞᆷ기-'는 재구형 "ᄃᆞᆨ-'과 "ᄌᆞᆨ-'이 접사 '-i-' 앞에서 말음절의 'ㆍ'가 탈락하여 형성된다. 한편 쌍형어간으로 설명하는 방식을 따르면, 'ᄃᆞᄆᆞ- ~ ᄃᆞᆰ-', 'ᄌᆞᄆᆞ- ~ ᄌᆞᆱ-'의 교체형이 설정된다. 전자는 자음으로 시작하는 형태 앞에서, 후자는 모음으로 시작하는 형태 앞에서 선택된다. 'ᄃᆞᆷ기-'와 'ᄌᆞᆷ기-'의 경우 모음 앞에서 선택되는 어간인 'ᄃᆞᆰ-'과 'ᄌᆞᆱ-'에 '-i-'가 결합한 것으로 볼 수 있다. 즉 'ᄃᆞᆷ기-'와 'ᄌᆞᆷ기-'의 형성을 설명하는 데에 있어서 하나의 재구형으로부터 피동형이 도출되는 과정을 상정할 수도 있고, 복수의 기저형 중 한 어형으로부터 형성되는 과정을 상정할 수도 있는 것이다.

본고는 유창돈(1962)를 따라 이를 복수 기저형으로 설명하는 입장을 취한다. 이는 "ᄃᆞᆨ-', "ᄌᆞᆨ-'과 같은 추상적인 단일 기저형을 설정하지 않아도 되는 이점이 있다. 또한 우리는 앞서 '눌이-', '들이-', '일쿨이-', '실이-' 등을 다루면서, 이들은 활용과 파생에서 각각 다른 어간이 선택되어 형성되는 것으로 보았다. 'ᄃᆞᆷ기-'와 'ᄌᆞᆷ기-'도 동일한 방식으로 설명한다면, 이와 같은 단어들을 모두 복수 기저형을 가지는 것으로 일관성 있게 처리할 수 있다는 장점이 있다.

마지막으로 '-ri-'계 접사를 살펴보자. 김주필(2011)에서는 15세기 접사의 이형태 목록 중 하나로 '-리-'를 제시하였지만 구본관(1998), 장윤희(2015)에서는 '-리-'를 이형태로 제시하지 않았다.

'-리-'계 접사와 관련하여 특히 유의해야 할 점은, 어형에서 '-리-'가 분석될 수 있는 것과 여기에 '-리-'가 결합하였다고 볼 수 있는 것을 구별하여 논하여야 한다는 것이다. 우리는 후자의 경우, 즉 '-리-'가 결합 가능성을 보이는 경우에 한해 이를 피동 접사의 이형태로 인정하는 입장을 취한다. 하나의 형태소로 인정받기 위해서는 '-리-'가 독립적으로 어떠한 단어를 파생시킬 수 있어야 하기 때문이다.

이를 염두에 두고 '-ri-'가 결합한 것으로 논의된 단어들을 검토해 보자. 'X리-'와 같은 어형은 'ɦ'가 소멸되면서 어중의 'ㄹㅇ' 연속체가 'ㄹㄹ'로 적히게 되는 과정에서 처음 보이기 시작한다. 'ㄹㅇ'이 'ㄹㄹ'로 표기된 예에 대해 일찍이 허웅(1975: 179)에서 아래의 예를 제시한 바 있다.[10]

> (5) 가. 得호미 잇는 돗호ᄃᆡ 能히 쓰디 몯호미 <u>ᄀᆞ오눌인</u> 사ᄅᆞ미 手足이 번득ᄒᆞ
> 며 봄과 드룸괘 惑디 아니호ᄃᆡ (若有所得호ᄃᆡ 而未能用호미 猶如<u>壓</u>人
> 이 手足이 宛然ᄒᆞ며 見聞이 不惑호ᄃᆡ 心觸客邪ᄒᆞ야 而不能動툿ᄒᆞ니)
> 〈楞嚴9:66a〉
>
> 나. 濠梁에 ᄒᆞᆫ쁴 <u>블료ᄆᆞᆯ</u> 보라 (濠梁同見<u>招</u>) 〈杜詩15:7a〉

(5가)는 'ᄀᆞ오누르-'(壓)의 피동사이다. 이는 선행 연구에서 '리'가 결합한 예로 언급되거나(우인혜 1997: 208, 김주필 2011: 52) 혹은 이를 'ᄀᆞ오눌ㄹ+이'로 분석하여 '이'가 결합한 것으로 논의하여 왔다(구본관 1998: 253). 그런데 (5가)의 'ᄀᆞ오눌인'은 간경도감판 규장각 영인본과 세종대왕기념사업회 소장본 확인 결과 'ᄀᆞ·오:눌·인:사ᄅᆞ·미'로 나타난다. 그간 허웅(1975)에서 제시한 예를 그대로 수용함으로써 이를 접사 '리'와 관련이 있는 것으로 논의하여 온 것이다.[11] 'ᄀᆞ오눌인'의 '눌인'은 'ㄹ' 불규칙 동사인 '누르-'가 모음으로 시작하는 접사 '-i-' 앞에서 '눌ㅇ-'의 형태가 선택된 것으로 볼 수 있다. 즉 (5가)의 예는 접사 '리'와는 아무런 관련이 없다.

(5나)는 '브르-'(召)의 피동사인데, 이는 '브르- ~ 블ㄹ-'의 교체형을 보이는 동사이다. '블리-'는 모음으로 시작하는 접사 앞에서 '블ㄹ-'의 형태가 선택되어 이에 '-i-'가 결합한 것으로 설명될 수 있다. 즉 이는 어형에서 '-리-'

---

10) (5가)의 예는 앞뒤 맥락을 함께 제시한다.
11) 이러한 사실은 장윤희(2015: 55)에서도 지적되었다.

가 분석될 수는 있지만, '-리-'가 결합하였다고 보기는 어렵다.

한편 한재영(1984)과 우인혜(1997: 207)에서는 '듣-'(聞)의 피동사인 '들리-'도 '-리-' 피동으로 제시하였다.[12]

　　(6) 지게 밧긔 둘희 신이 잇거든 말솜이 <u>들리거든</u> 들고 (戶外예 有二屨 l 어든 言 <u>聞</u>則入ㅎ고) 〈小學3:10b〉

한재영(1984: 29)에서는 이 예를 근거로 '리'의 출현이 16세기까지는 소급이 가능하다고 하였다. 그런데 《小學諺解》가 편찬된 16세기 말은 'ɦ'가 소멸되는 시기였다. 따라서 이 예는 '들ㅇ-'에 '-i-'가 결합한 '들이-'가 'ɦ'의 소멸로 인해 '들리-'로 표기된 예로 볼 수 있다. (6)의 '들리-'에서 '-리-'는 분석은 될 수 있지만, 이를 '듣-'에 '-리-'가 결합하였다고 볼 수는 없는 것이다. 따라서 이 예도 '-리-'의 결합 가능성을 보여주는 근거가 되기 어렵다.

이러한 논의를 통해 선행 연구에서 '-리-' 결합형으로 본 예들이 실상은 '-리-'와 상관이 없거나, 혹은 '-i-'가 결합한 것으로도 충분히 설명이 가능함을 확인하였다. 즉 (5), (6)의 예는 '-ri-'의 결합력을 보여주는 예로 볼 수 없으므로, 중세한국어 시기의 '-ri-'는 피동 접사의 한 이형태로 인정되기 어렵다.[13]

지금까지의 논의를 반영하여 접미사의 이형태에 따른 중세한국어 시기의 피동사를 제시하면 아래와 같다.

---

12) 피동사 '들리-'와 달리, 사동사 '들리-'는 이미 이두 자료에서부터 그 예가 보인다. 경주 남산 신성비의 예가 그것이다('辛亥年二月卄六日, 南山新城作節, 如法以作 後三年崩破者, 罪敎事 爲聞敎令誓事之).

13) 구본관(1998: 253)에서도 피동 접사의 이형태로서의 '-리-'는 16세기 이후에나 논의될 수 있다고 하였다. 그리고 그 전까지의 'ㄹㄹ'은 모두 어기나 어간의 일부이지 접사의 일부가 아니라는 점에서, '-리-'를 접사로 보기 어렵다고 하였다.

(7) 접미사의 이형태에 따른 15세기 피동사 목록[14]

가. -i-

① '-i-'

· ㄹ: 블리다(召) ['브르-/블르-'의 복수 기저형]

· ㄺ: 얼기다(構)

· ㄿ: 붋이다(踏)

· ㅁㄱ : 듧기다(沈), 즘기다(沈) ['ᄃᆞ-~듧-', 'ᄌᆞ-~즘-'의 복수 기저형]

· ㅅㄱ: 갓기다(削), 것기다(折), 뭇기다(束), 봇기다(炒), 잇기다(牽)

· ㅇ(ɦ): 글이다(解), 궁이다(牽), 눌이다(壓), 들이다₁(聞), 뻘이다(刺), 일쿨이다(稱) ['그르-/글ㅇ-', '그스-/궁ㅇ-', '누르-/눌ㅇ-', '듣-/들ㅇ-', '쩌르-/뻘ㅇ-', '일쿤-/일쿨ㅇ-'의 복수 기저형]

· ㅈ: 민치다(結)

· ㅊ: 내조치다(逐), 믈리조치다(逐), 조치다(逐)

· ㅍ: 두피다(蓋)

· ㅎ: 노히다(放), 사히다(積)

· 모음: 보이다(見)[15]

② '-Øi-'

· 모음이나 j: 괴이다(愛), 그리이다(畵), 내티이다(逐), 더디이다(投), 달애이다(柔), 믜이다(憎), 민이다(係), 브리이다(使), 븥둥기이다(牽),

---

14) 접미사의 이형태의 출현 환경을 제시함에 있어서 본고는 '-다' 앞의 어간형을 기준으로 한다. 예를 들어 '-i-'계 접사가 결합하였다고 볼 수 있는 '얼기다'의 경우, 접사의 출현 환경은 'ㄺ'으로 명시된다. 그리고 우리는 앞서 모음이나 'j' 뒤에서는 공음소가 포함된 '이'가 결합한 것으로 보았다. 공음소가 포함된 '이'는 실질 음소로 보면 'ㅣ'라는 점을 고려하여 이를 '-i-' 계열로 다루되, 순수한 '이'는 '-i-'로, 공음소가 포함된 '이'는 '-Øi'로 표시하는 방법을 택한다. 이는 일반적으로 공형태를 'Ø'로 표시함을 고려한 것이다. 그리고 이 목록은 각 시기별로 새로이 생성된 피동사만을 제시한 것이다.

15) '보이다'는 중세한국어 시기에 항상 '뵈'로 축약되어 나타난다는 점에서 '-i-'가 결합한 것으로 분류하였다.

ᄇ리이다(棄), ᄡ이다₂(矢), 쓰이다(用), ᄡ이다(包), 스이다(書), 얽
미이다(係), 이어이다(動), 쥐이다(操), ᄎ이다(踢), 티이다₁(打)

나. -ɦi-

· ㄹ: 걸이다(掛/滯), 굴이다₁(摩), 늘이다(飛), 덜이다(減), 들이다₂(擧),
들이다₃(入), 둘이다(懸), 몰이다(驅), 믈이다(囓), 밀이다(推), 불이
다(吹), 븓들이다(拘), 술이다(消), 실이다(席), 열이다(開), 지즐이다
(壓), 헐이다₁(傷)

· ㅿ: 븟이다(注), 앗이다(奪)

다. -hi-

· ㄱ: 마키다(碍), 머키다(食), 바키다(拓)

· ㄵ: 연치다(載)

· ㄷ: 가티다(囚), 거티다₁(捲), 다티다(閉), 도티다(瘇), 무티다(埋)

· ㄺ: ᄆ얼키다(構), 얼키다(構)

· ㅂ: 니피다(被), 더위자피다(拘), 자피다(拘)

· ㅈ: 고치다(揷)

라. -ri-: (없음)

마. -ki-

· ㄲ: 숨기다(烹)

· ㅁ: 담기다(抹)

· ㅅ: 싯기다(洗)

(8) 접미사의 이형태에 따른 16세기 피동사 목록

가. -i-

① '-i-'

· ㅀ: 일히다(失)

· ㅺ: 깃기다(說), 섯기다(混)

· ㅇ(ɦ): 실이다(載) ['싣~실ㅇ-'의 복수 기저형]

196

② '-∅i-'

　　· 모음이나 j: ᄂᆞ호이다(分), 보차이다, 뽀이다₁(螫), ᄭᅴ이다(牽), 아이
　　다(奪),16) 후리이다(奪), ᄒᆞ이다(爲)

나. -ɦi-

　　· ㄹ: 잇글이다(牽), 폴이다(賣), 할이다(謗)

다. -hi-

　　· ㅎ: 니치다(忘)

라. -ri-: (없음)

마. -ki-: (없음)

　　이를 통해 우리는 '-i-'가 가장 많은 어기에 결합할 수 있었으며 '-ki-'는 결
합할 수 있는 어기가 많지 않았고, '-ri-'는 중세에는 접미사로서 자격을 가
지지 못하였음을 확인할 수 있다.

　　다음으로 지금까지 검토하였던 이형태 교체 조건을 바탕으로 삼아, 근
대한국어 시기의 피동 접사에 대해 논한다. 근대에 새로 생성된 피동사는
중세에 비하면 그 수가 적다. 아래에 그 목록을 접미사의 이형태에 따라 제
시한다.17)

　(9) 접미사의 이형태에 따른 17세기 피동사 목록

　　가. -i-

　　　① 순수한 '-i-'

---

16) 이는 'ㅿ'의 소멸에 따른 '앗아'의 후대형이다. '아아'는 '아+-아-'로 분석되는 것이 아니라는
　　점에서 '∅i'가 결합한 것으로 보기 어렵다. 이를 '∅i'가 결합한 쪽으로 분류한 이유는 선행 어
　　기와 축약이 일어나지 않는다는 점을 고려한 것이다. 이는 분류의 편의를 위한 조치며, '우아'
　　등에 대해서도 동일한 방식으로 분류하였다.

17) 이 시기에는 'ɦ'가 소멸하였으므로 '-ɦi-'에 의한 피동사는 따로 제시하지 않는다.

· ㄹ: 버므리다(累)

② '-Øi-'

· 모음: 굠초이다(藏), 버히이다(斬), 쯔로이다(從), 쯰이다₁(靉, 渫), 쌔이다(選), 티이다₂(轤)

나. -hi-

· ㄱ: 딕히다(點)

· ㄷ: 어티다(得)

· ㄹㅂ: 볼피다(踐)

다. -ri-

· ㄹ: 슬리다(牽), 플리다(解)

라. -ki-: (없음)

(10) 접미사의 이형태에 따른 18세기 피동사 목록

가. -i-

① 순수한 '-i-'

· ㄱ: 박이다(拓)

· ㄴㅎ: 슨히다(止)

· ㄹ: 갈리다(分), 길리다(養), 썩질리다(切) ['가르-~갈르-', '기르-~길르-', '썩지르-~썩질르-'의 복수 기저형]

② '-Øi-'

· 모음이나 j: 구긔이다, 굿초이다(具), 니이다(連), 다ᄉ리이다(治), 뒤티이다(飜), 마초이다(中), 모도이다(合), 밧고이다(換), 쯔이다₁(開), 쯔이다₂(抹), 쯔이다₃(浮), 쎄이다(貫), 쯰이다₂(挾), 우이다(笑)[18], 트이다(燃), 펴이다(展), 픠이다(掘)

---

18) 사동형 '웃이-'를 고려하면 이는 어기 '웃-'이 '웃-'으로 재구조화되고, 'ɦ'가 소멸됨으로써 '우이-'로 표기된 것이다. '아이-'(奪)과 마찬가지로, 선행 어기와 축약이 일어나지 않는다는 점에서 공음소를 가지는 부류로 처리하였다.

나. -hi-

· ㄴㅈ: 언치다(載)

· ㅂ: 졉히다(疊)

다. -ri-

· ㄹ: 싀을리다(牽), 쑬리다(鑿), 헐리다₂(毁)[19]

라. -ki-

· ㅅ: 앗기다(奪)

· ㅊ: 쭞기다(逐)

(11) 접미사의 이형태에 따른 19세기 피동사 목록

가. -i-

① 순수한 '-i-'

(없음)

② '-∅i-'

· 모음: 쇠이다(絏)

나. -hi-

· 모음: 모도히다(合), 쌔히다(選)[20]

· ㄱ, ㄷ: 씩히다(斬), 것치다₂(消)

다. -ri-

· ㄹ: 갈리다₂(替)

라. -ki-

· ㄷ: 듯기다(聞)

---

19) 두시언해 중간본에 '헐이-'가 사동사로 쓰인 '北녁 ㅂ릭미 南極을 헐이ᄂᆞ니(北風破南極)'〈杜重4:34b〉와 같은 예가 존재한다. 사동형 '헐이-'는 어기 '헐-'에 '-hi-'가 결합한 것으로 볼 수 있다. 그런데 피동형 '헐리-'가 사용된 18세기는 'h'가 소멸된 시기이므로, 본고는 이를 '-ri-'가 결합한 것으로 보았다.

20) 이는 '쌔혀-'의 재분석으로 생성된 것이므로, 엄밀히 논하면 모음 뒤에 '-hi-'가 결합한 것으로 볼 수 없다. 이를 모음 뒤에 '-hi-'가 결합한 분류한 것은 단지 분석의 관점에 의한 것이다.

근대한국어 시기의 목록 중에서는 다음의 두 가지 현상이 주목된다. 첫째, 중세에는 존재하지 않았던 '-리-'가 결합한 것으로 보이는 단어들이 존재한다. 둘째, '모도이다'와 '모도히다'처럼 하나의 어간에 각기 다른 이형태가 결합한 어형이 존재한다. 이 두 가지 사항에 대해 자세히 검토해 보자.

〈접사 '-리-'와 관련된 문제〉

첫 번째로 논할 사항은 접사 '-리-'와 관련된 것이다. 우리는 앞서 '-리-'와 관련하여 분석 가능성과 결합 가능성을 분리하여 논하였으며, 결합 가능성이 있는 경우에만 '-리-'의 독립성을 인정할 수 있다고 보았다. 그리고 중세어에서 'X리-'의 어형을 가지는 것들을 'X르-+-이-'로 분석함으로써, 이들을 '-리-'가 결합한 것으로 보지 않는 입장을 취하였다.

17세기 이후에도 'X리-'의 꼴을 가지는 피동사가 존재하는데, 이들을 다룸에 있어서도 분석 가능성과 결합 가능성을 분리하여 논할 필요가 있다. 어떠한 동사는 단지 어형에서 '-리-'를 분석해 낼 수 있을 뿐이지만, 어기에 '-리-'가 결합하였다고 볼 수 있는 동사도 존재하기 때문이다.

어형에서 '-리-'를 분석해 낼 수 있는 동사의 예로는 아래와 같은 것들이 있다.

(12) 가. 郭平이 스스로 폴리여 분墓를 밍ㄱ니 〈家禮7:16a〉

　　　가'. 오달지의 ᄉ촌아ᅀ 경빅 부체 가난ᄒᆞᆫ 히예 후리여 먼 듸 폴여 갓거늘
　　　　　(吳達之以從祖弟敬伯夫妻 荒年被略賣江北) 〈二倫16a〉

(13) 가. 녜 後漢 나라 陳元이 제 어믜 **할린** 배 되어늘 (昔애 後漢陳元이 爲母所
　　　　　訟이어늘) 〈警民重23a〉

　　　가'. 덕쟝이 본듸 강딕ᄒᆞ여 ᄂᆞ믜게 **할여** 주글 죄로 가티게 ᄒᆞ엿거늘 (德璋
　　　　　素剛直 一日爲仇家陷於死罪) 〈二倫22a〉

(14) 가. 욕심의 **잇글려** 이 역모를 ᄀᆞ티 ᄒᆞ엿다 ᄒᆞ고 〈闡義2:24a〉

　　　가'. 眼光ㅣ ᄯᅡ해 딜 時節에 惡葉의 **잇글일** 배 되이디 아니ᄒᆞ리라 (眼光落

200

地之時예 不爲惡業의 所産ㅣ리라)〈禪家19a〉

(15) 가. 지아븨 상구로 더브러 홈씌 혼 술릐예 <u>실리여</u> 가니 (與夫柩共載一轝而

去)〈東新烈5:22b〉

가′. 네 아바니믄 계오구러 머리 들 만히여셔 혼 술 밥도 몯 먹고 등에 <u>실여</u>

여두랜날 가니〈순천145:3〉

(16) 가. 대개 受杖홀 째예 <u>눌녀</u> 짜히 이셧고 (盖受杖時에 <u>按捺</u>在地ᄒ고)〈無冤

錄3:23a〉

가′. 罪롤 두푸미 마치 足히 제 <u>눌이며</u> 제 ᄢ러러디ᄂ 젼ᄎ로 뫼홀 이여 바롤

블옴 ᄀᆮᄒ니라 (覆罪호미 適足自<u>壓</u> 自墜故로 如戴山履海也ㅣ라)〈楞

嚴8:94b〉

　(12가)는 '포리-', (13가)는 '할리-', (14가)는 '잇글리-', (15가)는 '실리-', (16
가)는 '눌리-'가 사용된 예이다. (12가′)-(16가′)의 예에서 알 수 있듯 이들은
중세 시기에는 '포이-, 할이-, 잇글이-, 실이-, 눌이-'로 나타났다. '포리-', '할
리-', '잇글리-'는 '포-', '할-', '잇글-'에 접사 '-ɦi'가 결합하여 형성되었으며,
'실이-'와 '눌이-'는 파생 '실ㅇ-'과 '눌ㅇ-'에 '-i'가 결합하여 형성되었다. 어
중의 'ㄹㅇ'의 연속체는[21] 16세기 중엽 이후 'ɦ'의 소멸로 인해 'ㄹㄹ'은 물
론 'ㄹㄴ'으로도 표기되었다. 제시된 동사들이 근대에 'Xㄹ-'의 꼴을 가지
게 된 것은 'ɦ'의 소멸로 인한 표기의 변화와 관련된 것이다. 즉 이들은 어
기에 '-리-'가 결합한 것이 아니라, 어형에서 '-리-'가 분석될 수 있을 뿐이다.
　그런데 아래와 같은 예는 '-리-'가 결합한 것으로 보아도 무리가 없다.

(17) 가. 의밧긔 남의게 <u>쓸녀</u> ᄒ기를 슬흔 일 ᄒᄂ 것도 구ᄎᄒ 일이니〈계녀서:

우암 션싱계녀셔〉

---

21) 어중의 'ㅇ'([ɦ])은 (12가)-(14가)의 경우는 접사의 것이며, (15가), (16가)의 경우는 어기의
것이다.

나. 발등을 걸고 것구로 <u>쓰을려</u> 가느니라 〈武藝69b〉

(18) 셩의 나라 흐는 명은 실로 어진 쯧이로듸 그러나 뻣인 거시 <u>플니이듸</u> 못호 엿고 〈산셩35b-36a〉

(19) 간사흔 굼기 다만 추셰흐기의 <u>쑬니이고</u> 〈明義2:63b〉

(20) 셔문 안히 남편으로 <u>헐닌</u> 곳이 이셔 지금 막디 아니호고 불근 남그로 목칙을 셰워시니 필연 본됴의 창업흔 스젹을 알게 홈이오 〈을병_숭실9〉[22]

(21) 그 령 낸 관원이 <u>갈넛다고</u> 그 령을 억이는 것은 〈독립신문 1898/3/5〉

(17)은 '쓸니/쓰을리-', (18)은 '플니이-', (19)는 '쑬니이-', (20)은 '헐니-', (21)은 '갈니-'가 사용된 예이다. 이들은 중세 시기에는 '-이-' 결합형인 '쓸이-', '플이-', '쑬이-', '헐이-', '굴이-' 등이 존재하지 않았다.[23] 그러므로 (17)-(21)의 예들은 '-리-'에 의한 파생을 겪은 것으로 볼 수 있다. 즉 이들은 어기에 '-리-'가 결합된 것으로 볼 수 있는 것이다. 따라서 (17)-(21)과 같은 예는 피동 접사의 이형태의 하나로서 '-리-'를 인정하는 근거가 된다. 이러한 파생이 가능하였던 이유는 (12가)-(16가)의 예에서와 같이 어중에 'ㄹㅇ'을 가지는 피동사가 'ㄹㄹ'로 표기되는 과정에서 재분석된 접사 '-리-'가 새로운 문법적 지위를 얻었기 때문인 것으로 보인다.[24]

이상의 자료를 통해 근대에 'X리-'의 어형을 가진 단어 중에서는 어형에서 '-리-'가 분석되는 단어도 존재하지만, '-리-'가 결합하였다고 볼 수 있는 단어도 존재함을 확인하였다. 이러한 단어의 존재는 '-리-'가 피동 접사의 이형태로서의 지위를 획득하게 되었음을 보여주는 근거라 할 수 있다.

---

22) 장서각 소장본에는 '셔문 남편의 <u>헐닌</u> 곳이 이셔 지금 막지 아니호고 붉은 남그로 목칙을 셰워시니 필연 본됴의 창업흔 스젹을 홋스름을 알게 홈이오' 〈을병_장서19:32b-33a〉 로 나타난다.

23) 특히 '쓰을' 및 '플'의 경우 중세에는 'ㄱㅅ-'라는 어휘로 표현되었다. 따라서 중세에 '쓰을리-'와 같은 어형의 존재는 애초에 불가능하다.

24) 구본관(1998: 253)에서는 'ㄹ'로 끝나는 어기에 '-fi-'가 아닌 '-리-'가 결합하게 된 것을 '르/르' 변칙에 유추된 것으로 보았다.

⟨하나의 어기가 두 종류의 접사를 취하는 현상⟩

다음으로 논할 사항은 하나의 어기가 두 종류의 접사를 취하는 현상이다. 동일 어기에 두 계열의 접사가 결합한 것으로 보이는 현상은 소신애(2007)에서 상세히 연구되었다. 소신애(2007)에서는 파생어의 재형성이 일어나는 경우를 두 가지로 나누어 논하였다. 첫째는 어기의 재구조화에 따라 파생어가 재형성되는 경우이다. 둘째는 어기 변화와 무관하게 어기에 상이한 접사가 결합함으로써, 새로운 파생어가 재형성되는 경우이다.

본고는 소신애(2007)을 참고하여 파생어가 재형성된 경우를 두 부류로 나누어 제시한다. 아래에 그 예를 보인다. 괄호 안의 숫자는 생성 시기를 의미한다.

(22) 어기의 재구조화에 따라 파생어가 재형성되는 경우

　　가. '-i-'와 '-hi-': 볼이다(15)-볼피다(17)

　　나. '-fii-'와 '- ki-': 앙이다(15)-앗기다(18)

(23) 어기 변화와 무관하게 상이한 접사가 결합함으로써 파생어가 재형성되는 경우[25]

　　가. '-i-'와 '-hi-': 모도이다(18)-모도히다(19), 쌔이다(17)-쌔히다(19)

　　나. '-i-'와 '-ki-: 조치다(15)-봊기다(18), 들이다(聞, 15)-듯기다(19)

　　다. '-hi-'와 '-i-': 바키다(15)-박이다(18)

(22)는 어기의 재구조화에 따라 파생어가 재형성된 경우이다. 소신애(2007)의 논의에 따르면 (22가)는 활용 어간이 '볿-'에서 '볿-'으로, (22나)는 '앙-'에서 '앗-'으로 어기가 재구조화되어 파생어 또한 재형성된 경우라 할 수 있다. (23)은 이러한 어기의 재구조화와는 상관없이, 하나의 어기가 두

---

25) '얼기'와 '얼키'도 하나의 어기('얽-')에 '-i-'와 '-hi-'가 결합한 경우이나, 이는 동시기에 생성되었으므로 목록에는 제시하지 않았다.

계열의 접사를 취함으로써 파생어가 재형성된 경우이다.

　우리는 이 중에서 (23)의 동사들의 형성 과정을 주목한다. 이 동사들은 하나의 어기가 두 종류의 접사를 동시에 취한 것으로 보인다. 하지만 '모도히-'와 '쌔히-'의 형성은 어기와 접사의 결합으로 설명하기 어려운 면이 있다. '모도히-'는 과도 교정된 표기와 관련 지어 설명할 수 있고, '쌔히-'는 '쌔혀-'의 재분석 과정과 관련이 있다. 따라서 (23)의 동사들의 형성 과정은 구분되어 논할 필요가 있다. 본고는 이들을 어기에 상이한 접사가 결합한 것으로 볼 수 있는 것과, 그렇게 볼 수 없는 것으로 나눌 수 있음을 주장한다. (23)의 동사를 중심으로 이에 대해 하나씩 살펴보자.

• **'모도이-'와 '모도히-'**

　먼저 (30가)의 '모도이-'와 '모도히-'에 대해 살펴보자. 이는 '-i-' 결합형과 '-hi-' 결합형이 공존하는 경우이다. 아래에 그 예를 보인다.

(24) 가. 녀뢰 힘이 굿바 쏜 거슬 문탁 우희 노핫더니 거매 어즈러이 <u>모도이니</u>
　　　　(女奴力勸 置于門闌上 車馬駢集)〈種德中12b〉

　　나. 목 믠 者ㅣ 긔운이 우희 <u>모도인더라</u> (縊者ㅣ 氣聚於上이라)〈無寃錄 2:16b〉

(25) 가. 그 덕을 밝히지 못ᄒ야 정샤를 손실ᄒᄆᆡ 빅셩이 훗터지고 허물이 우희 빠이고 앙홰 몸에 <u>모도히니</u> (不明厥德 政失民散 罪積于上 殃集于躬)
　　　　〈諭八道四都耆老人民等綸音1a〉

　　나. 허다흔 병인이 <u>모도혀</u> 압희 나아와 곳침을 구ᄒ거늘〈훈ᄋ진언17a〉

　(24)는 '모도이-'가 사용된 예, (25)는 '모도히-'가 사용된 예이다. (24가)는 "女奴가 힘이 부쳐 싼 것을 문탁 위에 놓았더니 車馬가 어지럽게 모이니", (24나)는 "목 맨 자의 기운이 위에 모인 것이다", (25가)는 "그 덕을 밝히지 못하여 정사가 잘못되므로, 백성들이 흩어지고 죄가 위에 쌓이고 재앙

204

이 몸에 모였는데",[26] (25나)는 "허다한 병인이 모여 (예수의) 앞에 나아가 고침을 구하거늘"로 해석된다.

이처럼 '-i-'계와 '-hi-'계가 공존하는 현상은 다른 피동형에도 보인다. 아래에 '쓰히-, 보히-, 믜히-'의 예를 제시한다.

(26) 가. 특별히 자니 갓흔 유지흔 남자는 <u>쓰히지</u> 아니ᄒᆞ고 용렬흔 무리들이 양양 자득홈은 〈설중매16〉

　　나. 다시 긴 담빅듸가 길거리에 만히 <u>보히고</u> 〈독립신문 1898/3/5〉

　　다. <u>믜흰</u> 라귀와 라귀 삭기를 맛날 거시니 〈신약전서 마대21:2〉

(26가)는 '쓰히-', (26나)는 '보히-', (26다)는 '믜히-'가 사용된 예이다. 이들은 '-이-' 결합형인 '쓰이-', '보이-', '믜이-'가 존재하였음에도 불구하고 '-히-' 결합형이 공존하는 예이다.[27] 이들은 '-i-'계와 '-hi-'계가 혼용된다는 점에서 '모도이-'와 '모도히-'와 동일한 양상을 보인다.

이러한 'X이-'와 'X히-'의 공존과 그 형성 과정에 대해서는 두 가지 가능성을 생각해 볼 수 있다. 첫째, 어기 'X'에 '-이-'도 결합하고, '-히-'도 결합할 수 있었던 것으로 보는 방법이다. 둘째, 유성음 사이에서의 'ㅎ' 약화에 대한 반동 작용으로, 일종의 과도 교정된 표기로서 'X히-'가 나타난 것으로 보는 방법이다.

본고는 제시된 예들의 'X히-'의 'X'가 모두 개음절 구조를 가진다는 점을 고려하여 두 번째 방법을 택하여 'X이-'와 'X히-'의 공존을 설명한다. 즉

---

26) 이 인용문은 한국고전종합DB 승정원일기 고종 19년 임오(1882년) 7월 20일 기사의 번역을 참고하여 필자가 약간 수정하였다(http://db.itkc.or.kr/inLink?DCI=ITKC_ST_Z0_A19_07A_20A_00270_2004_096_XML).

27) 이러한 현상은 우인혜(1997)에서도 언급되었다. 우인혜(1997: 218-9)에서는 '이'와 '히'의 혼용 표기가 19세기 후반 개화기 국어나 20세기 초의 소설들에까지 생산적이었다고 하면서, '쓰히다, 믜히다, 싸히다, 보히다' 등을 예로 들었다. 최전승(2011/2014: 367-8)에서는 어중의 'ㅎ' 첨가를 다루면서 '보히-'의 예를 들었다.

(25), (26)의 예에서 'X히-'의 'ㅎ'은 모두 유성음 사이에서 나타난다. 그런데 근대한국어 시기에는 'ㅎ'이 나타날 필요가 없는 환경인데도, 유성음 사이에서 'ㅎ'이 첨가된 표기가 존재한다. 이는 'ㅎ' 약화에 대한 일종의 반동 작용으로 보이는데, 이와 같은 표기의 존재를 고려하면 '모도이-'와 '모도히-', '쓰이-'와 '쓰히-', '보이-'와 '보히-', '미이-'와 '미히-' 등은 'X이-'와 'X히-'의 공존형인 '바키-'와 '박이-'와는 다른 형성 과정을 거쳤을 가능성이 있다.

먼저 유성음 사이에서 'ㅎ'이 약화된 표기부터 살펴보자. 일반적으로 유성음 사이의 'ㅎ'은 약화되기 쉽다는 특징을 가지는데, 이러한 특징은 표기에 반영되기도 한다. 아래에 그 예를 보인다.

(27) 가. 牛頭獄卒을 勑ᄒᆞ야 罪人을 다 <u>노하</u> 하느래 나게 ᄒᆞ니라 〈月釋23:89a〉

　　나. 인군이 그 말ᄉᆞᆷ 드르시고 왈 어진 어미 ᄌᆞ식이 그른 일이 엇지 잇스리요 ᄒᆞ시고 즉시 <u>노아</u> 보ᄂᆞ니라 〈계녀서: 우암선생 계녀서 318〉

(28) 가. 몬져 沙瓶에 믈 서 되를 다마 글혀 一百 번 솟글커든 알ᄑᆡᆺ 藥을 <u>너허</u> ᄒᆞᆫ듸 글혀 두 되에 니를어든 (先用磁瓶盛水三升煮 令百沸却 入前藥 同煎 至二升已) 〈救急方上31b〉

　　나. 麻黃末과 甘草末 各 三兩을 <u>너어</u> 달혀 粥을 민ᄃᆞ라 ᄃᆞᄉᆞᄒᆞ기를 기ᄃᆞ려 (用糟五斤ᄒᆞ야 入麻黃末甘草末各三兩ᄒᆞ야 煮成粥候溫ᄒᆞ야) 〈無寃錄 [복각본 완영판]1:48b〉

(27)은 '놓-'의 활용형이 (27가)에서는 '노하'로, (27가)에서는 '노아'로 나타난 예이다. (28)은 '넣-'의 활용형이 (28가)에서는 '너허'로,[28] (28나)에서는 '너어'로 나타난 예이다. 이처럼 유성음 사이의 'ㅎ'은 표기에서 탈락되기도 하였다.

이러한 'ㅎ' 약화에 대한 반동 작용으로, 근대한국어 시기에는 'ㅎ'이 없

---

28) 국립중앙도서관 소장본에는 '녀허'로 나타난다.

는 어형인데도 'ㅎ'을 넣어 표기하는 과도 교정된 표기가 존재한다. 이와 관련하여 최전승(2011/2014)의 연구가 좋은 참고가 된다. 최전승(2011/2014)에서는 모음 사이에서 'ㅎ'이 첨가되는 여러 자료를 제시하였는데, 그 일부를 아래에 보인다.

(29) 가. 뒤을 <u>이흘</u> ᄌ식 〈소대성전1a〉 ~ 뒤를 <u>이을</u> 자식 〈이딕봉전上1a〉

　　나. 긔치 검극을 다 <u>뉘히고</u> 〈趙雄傳3:2b〉 cf. 젓바 <u>뉘이고</u> 〈救簡1:16b〉

　　다. 남 <u>우힐</u> 쥴 젼혀 잇고 〈남원고사4:25a〉, 좌우 계인이며 견상으셔 그 거동을 보고 크게 <u>우희며</u>29) 〈홍길동전_완판36장17a〉 ~ 셔로 <u>우어</u> 왈 〈홍길동전_완판36장17b〉

　제시된 예는 유성음 사이에서 'ㅎ'이 첨가된 예이다. (29가)는 '잇-'의 활용형 '이흘'과 '이을'이 사용된 예이며 (29나)는 '누이-'의 활용형 '뉘히-'와 '뉘이-'가 사용된 예, (29다)는 '우이-'의 활용형 '우히/우희-' 및 '우이-'가 사용된 예이다.30)

　이와 같은 예를 참고하면 '모도이-'와 '모도히-'의 공존도 동일한 양상으로 이해될 수 있다. 유성적 환경에서 'ㅎ'이 약화되는 현상에 대한 반동 의식으로, 당시의 언중들은 'ㅎ'이 원래 존재하지 않은 어형인데도 'ㅎ'을 회복하여 'X히-'라는 어형을 사용한 것이다. 이들은 외형적으로는 하나의 어기에 두 접사가 결합하여 'X이-'와 'X히-'가 형성된 것으로 보이지만, 실제

---

29) 최전승(2011/2014: 352)에서는 '우흐며'로 제시하였는데, 국립중앙도서관 소장본 확인 결과 '우희며'로 나타난다. '우히-'의 두 번째 음절이 단모음이 아닌 이중모음 '우희'로 나타나는 것은 독특하다. 이 시기에 'ㅢ〉ㅣ'의 변화가 있었음을 고려하면, 이는 'ㅢ〉ㅣ'의 변화에 대한 일종의 과도교정된 표기일 가능성이 있다.

30) (29다)에서 전자의 두 예가 '우히/우희'의 예인데 비해, 마지막의 예는 '웃-'의 활용형이다. 'ㅎ'이 첨가되지 않은 예를 보이기 위해서는 '우이-'의 예를 제시하는 것이 적절하였을 것이다. '우이-'가 사용된 예로는 '몸이 죽으며 나라히 亡ᄒ야 天下애 <u>우이미</u> 되오미(身死國亡ᄒ야 爲天下笑ᄒ니)' 〈御內2:107a〉가 있다.

로는 'X이-'를 'X히-'가 약화된 어형으로 잘못 파악하여 'X히-'가 존재하게
된 것이다. 즉 '모도히-, 쓰히-, 보히-, 민히-' 등은 일종의 과도 교정된 표기
로 볼 수 있으며, 하나의 어기에 상이한 접사가 결합되어 형성된 단어로 보
기 어렵다.[31]

• '바키-'와 '박이-'

다음으로 (23다)의 '바키-'와 '박이-'에 대해 살펴보자. 이들은 '이'계와
'히'계가 공존하는 어형이지만, '히'계의 생성이 먼저라는 점에서 (23가)의
동사들과는 다르다. '바키-'는 15세기부터, '박이-'는 18세기부터 문증된다.
아래에 동일한 맥락에서 '바키-'와 '박이-'가 사용된 예를 제시한다.[32]

(30) 가. 거믄 졈이 두루 박혀시딘 히의 형톄 임의 둥근 거시오 〈을병_장서9:
66a〉

나. 거문 졈이 두루 박여시되 히의 형톄 임의 둥근 거시오 〈을병_숭실4〉

(31) 가. 가쇽 바키다 〈同文下8b〉

나. 戳刺 가쇽 박이다 〈蒙類下6b〉

---

31) 한편 최전승(2011/2014: 352)에서는 (29)에서의 'ㅎ'은 어간과 어미가 통합되는 과정에서 축
약이 야기되어 형태론적 구분이 모호하게 되는 위치에 나타난다고 하면서, 안정된 형태론적
구조를 유지하기 위해 수의적으로 모음 사이에 'ㅎ'을 첨가하여 표현적 강화를 추구한 것으
로 보았다.

32) '박이-'가 가장 먼저 문증되는 예는 아래와 같다.

ㅂ람 믈결이 쉴 적 업스니 中原 짜 사름이 빅예 타 박이지 못ㅎ여서 그러모로 병 엇
ㄴ니라 〈三譯總解7:18b〉

이는 조조가 자신의 군사들이 배를 타는 것에 익숙하지 않은 것을 걱정하자, 방통이 이에 대
한 원인과 그 해결책을 알려주는 부분이다. "바람으로 인한 강의 물결이 쉴 때가 없는데, 中
原 땅 사람이 배에 타 견디지 못하여서 그러므로 병을 얻는 것이다"로 해석된다. 이는 현대어
의 '배기다'("참기 어려운 일을 잘 참고 견디다" 〈표준〉)의 옛말로, (30)-(33)의 '박이-'와는 동
음이의의 관계에 있는 단어로 볼 수 있다.

(32) 가. 나ㅣ 못 <u>박혀</u> 죽기를 엇지 감히 예수로더브러 ㄳ치 ㅎ리오 〈쥬년70b〉

　　 나. 십ㅈ가에 못 <u>박여</u> 도라가심일너니 〈신학월보7:31〉

　　　　 cf. 쟝명군은 슈죡의 <u>모시 박이도록</u> 일을 ㅎ고 (少壯旣胼胝從公) 〈易言4:17b〉

(33) 가. 슌치 십일년부터 강희 ㅅ년의 니르히 믹년에 음즐문을 <u>박혀</u> 두로 돌닌 쉬 이믜 만쟝이오 〈敬信54b〉

　　 나. 맛누의 병을 인ㅎ야 음즐문을 <u>박여</u> 포시ㅎ고 누의 낫기를 빌엇더니 〈敬信55b〉

　　(30가)-(33가)는 '바키-'가, (30나)-(33나)는 '박이-'가 사용된 예이다. (30)은 동일한 내용에 대한 숭실대 소장본과 장서각 소장본의 예로, "(해에) 검은 점이 두루 박혀 있지만 해의 형체는 이미 둥근 것이고"로 해석된다. (30나)의 숭실대 소장본에는 '박이-'로 나타났던 것이, 그보다 후대에 필사된 (30가)의 장서각 소장본에는 '박히-'로 수정되어 있음을 알 수 있다. (31)은 동일한 내용에 대한《동문유해》와《몽어유해》의 예로, "가시 박히다"로 해석된다. (31가)에는 '바키-'로, (31나)에는 '박이-'로 나타나 있다. (32)는 '못 박히/박이-'가 사용된 예로, (32가)는 "내가 못 박혀 죽기를 어찌 감히 예수와 함께 하겠는가", (32나)는 "십자가에 못 박혀 돌아가심이니"로 해석된다. (32)에서 참고로 제시한 예는 '못(굳은살)이 박이-'가 쓰인 예인데, 이는 "굳은살이 생기다"의 의미를 나타낸다. 이러한 의미를 나타낼 때에는 오직 '박이-'만이 사용된다. (33)은 사동사 '바키/박이-'의 예로, "(사람이 인쇄물이나 사진을) 인쇄기나 촬영기를 이용하여 나타나게 하다"(〈고려〉)의 의미를 나타낸다. (33가)는 "순치 11년부터 강희 4년에 이르기까지 매년 음즐문(陰騭文)을 박혀 두루 돌린 수가 이미 만 장이오", (33나)는 "맏누이의 병으로 인해 음즐문을 박혀 보시하고 누이가 낫기를 빌었더니"로 해석된다. 이처럼 '바키-'와 '박이-'는 통사·의미적 특성이 동일한 구문을 이루었고, 피동형은 물론 사동형도 동일한 모습으로 공존한다.

그러면 '바키-'와 '박이-'의 공존은 어떻게 설명될 수 있는가. 우리는 앞서 '모도이-'와 '모도히-'의 공존을 다루면서, 유성음 사이의 'ㅎ' 약화에 의한 반동 작용으로 '모도히-'가 출현하였다고 설명하였다. 하지만 '박히-'의 'ㅎ' 은 유성음 사이에 위치하지 않기 때문에, 'ㅎ'이 약화될 수 있는 환경이 아니다. 따라서 이는 '모도이-'와 '모도히-'의 공존 양상과는 다른 기제로 설명되어야 할 것이다.

본고는 이를 하나의 어기에 상이한 두 접사가 결합하여 형성된 것으로 본다. 즉 '바키-'는 '박-'에 -hi-'가, '박이-'는 '박-'에 '-i-'가 결합되어 형성된 것이다. 이는 다음의 두 가지 사실에 의해 뒷받침된다. 첫째, 각 시기의 파생어 목록을 살펴보았을 때 17세기 이후에도 꾸준히 새로운 파생어 형성이 진행되고 있었다. 둘째, 소신애(2007)에 따르면, 함북 방언의 노년층의 피·사동사 중에서는 상이한 접사 결합을 통해 파생어가 재형성되는 변화가 현재에도 진행 중이다. 즉 새로운 파생어가 형성되는 것이 가능하고, 파생어가 재형성되는 것 또한 가능하다는 점을 고려하면, '박이-'와 같이 새로운 접사 결합을 통해 피동사가 재형성되는 것은 충분히 개연성 있는 현상인 것이다. 따라서 '바키-'와 '박이-'는 하나의 어기에 상이한 접사가 결합하여 새로운 파생어가 형성된 경우로 볼 수 있다.

- '쌔이-'와 '쌔히-'

다음으로 '쌔이-'와 '쌔히-'의 형성 과정을 논한다. 이들은 19세기까지 공존하다가 소멸하였으며, 소멸 이후에는 '쏩히-'가 이를 대체하였다. '쌔이/쌔히-'는 근대 시기에 자동사는 물론 타동사로도 쓰일 수 있었는데, 아래에 그 예를 보인다.[33]

---

33) (34), (35)의 예에서 '쌔히-' 및 '쌔이-'가 '샌히-', '샌이-'로 나타나는 것은 근대 시기 'ㆍ'와 'ㅏ' 의 혼기로 인한 것이다. 본고는 중세의 어형을 고려하여 이를 '쌔히-' 및 '쌔이-'로 제시한다.

(34) 가. 너는 샹샹에 <u>썐이</u>ᄂ 관원이라 그저 ᄒ 거름에 ᄒ 거름식 놉하 除ᄒ여 가거니와 (你常選官 只是一步高如一步除將去) 〈朴通中46a〉

나. 七年에 后ㅣ 쪼 모든 집 ᄌ식과 흠의 <u>썐여</u> 宮의 드르시니 (七年에 后ㅣ 復與諸家子로 俱選入宮ᄒ시니) 〈御內2:56b〉

다. 舉人 향시에 <u>썐인</u> 사름 〈方言類釋 西部方言8b〉

라. 송긔 과연 쟝원으로 <u>썐이고</u> 송괴 쪼흔 ᄎ방ᄒᆞᆫ지라 (及唱第祁果首選) 〈感應5:42b〉

(35) 가. 병ᄌ년 과거의 거인으로 <u>썐히고</u> 졍츅년의 진ᄉ 급졔ᄒ엿더라 (中丙子科 北□舉人) 〈感應3:17b〉

나. 쟝원으로 <u>썐힌</u> 글은 틱쥬 좌필의 글이라 (此台州左蹕文也) 〈感應3:30a〉

(36) 가. 뎌의 쳐근 **칼을다가** <u>쌔이고</u> 쪼 붓을 가져다가 ᄂ체 그럿더니 (把他的 小刀子拔了 又將筆來面皮上花了) 〈朴通中47a〉

나. 첫 봄의 **큰 피ᄂᆯ** <u>쌔이면</u> ᄉ계애 열이 막히ᄂ 병이 업ᄂ닝이다 〈馬經上 50a〉

(37) 가. 왕이 속은 줄을 노호이 녀겨 **도미의 눈을** <u>쌔히고</u> (王後知見欺 怒甚 誣 都彌以罪 矐其兩眸子) 〈三綱英烈30〉

나. 환퇴 그 **남글** 버히고 <u>썐혀</u> ᄇ리다 〈사략1:94a〉

'쌔이/쌔히-'는 (34), (35)에서는 피동사로 사용되었으며, "뽑히다"의 의미를 나타낸다. (34가)는 "너는 늘 선발되는 관원이기 때문에 단지 한 걸음 한 걸음씩 (관직이) 높아져 임관하여 가지만", (34나)는 "7년에 后가 또 여러 집안의 자식들과 함께 뽑혀 宮에 드시니", (34다)는 "舉人 鄕試에 뽑힌 사람", (34라)는 "宋祁가 과연 장원으로 뽑히고, 宋郊 또한 唱榜하였다", (35가) 는 "병자년 과거에 舉人으로 뽑히고, 정축년에 진사로 급제하였더라", (35 나)는 "장원으로 뽑힌 글은 태주 좌필의 글이다"로 해석된다. '쌔이/쌔히-' 는 (36), (37)에서는 타동사로 사용되었으며, "뽑다"의 의미를 나타낸다. (36가)는 "그의 작은 칼을 뽑고, 또 붓을 가져다가 얼굴에 (그림을) 그렸더니", (36나)는 "첫 봄에 큰 피를 뽑으면 사계절에 열이 막히는 병이 없습니다", (37가)는 "왕이 속은 것을 노엽게 여겨 도미의 눈을 뽑고", (37나)는 "(공자와 제자들이 큰 나무 아래에서 예법을 익히고 있었는데) 桓魋가 그 나무를 베고 뽑아 버렸다"로 해석된다.

'쌔히-'의 형성 과정에 대해서는 민현식(2008)의 논의가 참조된다. 민현식(2008: 374-5)에서는 중세에 '빼다/뽑다'의 옛말인 '쌘-'의 부사형 '빠'(쌘+아)에 '혀-'가 결합한 통사적 합성어인 '쌔혀-'가 《석보상절》에 능동형으로 쓰인 것이 확인된다고 하였다. 그리고 '쌔혀-'는 'ㅎㅎ'의 소실로 후대에 '쌔혀-'가 되어 능동과 사동 문맥에서 쓰이는데, 이것을 '-히-'가 내재한 것으로 인식함으로써 어간 재구조화가 되었다고 하였다.

본고는 재구조화 과정을 통해 '쌔이/쌔히-'가 형성되었다는 점에 대해서는 민현식(2008)의 논의에 동의하나 그 세부 설명에 있어서 두 가지 점을 보완하고자 한다. 첫째, '쌔혀-'는 '쌘-'의 '부사형'에 '혀-'가 결합한 것이 아니다. 둘째, '쌔혀-'는 능동과 사동 문맥뿐 아니라 피동의 문맥에서도 사용될 수 있었다. 이에 대해 자세히 살펴보자.

먼저 민현식(2008)에서는 '쌔혀-'를 '쌘-'의 부사형과 '혀-'가 결합한 합성어로 보았다. 그런데 'X혀/X혀-'의 형식을 가진 동사들을 살펴보면, '-혀/혀-'는 용언 어간에 직접 통합하는 특징을 가짐을 알 수 있다. '가도혀다(收), 니르혀다(起), 도르혀다(廻), 모도혀다(包)' 등에서 '-혀/혀-'는 어간 '가도-', '니르-', '도르-', '모도-' 등에 직접 결합되어 있으며, 어간의 활용형에 결합되어 있는 것이 아니다. 따라서 '쌔혀-'는 '[[쌘+아]+[혀]]'가 아닌 '[[쌔]+[혀]]'로 분석하는 것이 타당하다.[34]

---

34) 그런데 15세기에 '쌔'가 '-혀-'와 결합하지 않고 독립된 어간으로 쓰인 예는 거의 보이지 않는다. '쌔'가 독립된 어간으로 사용된 예는 16세기 이후에 보인다. 이것이 '쌔혀-'의 재분석의 결과로 인한 것인지, 혹은 단지 15세기에 '쌔'의 활용형이 문증되지 않은 것인지는 생각해 볼 필요가 있다.

다음으로 '쌔혀-'와 '쎄혀-'는 능동과 사동 문맥에서는 물론, 피동의 문맥에서도 쓰일 수 있었다. 아래에 해당 예를 보인다.

(38) 가. 또 ᄒᆞᆫ **누늘** ᄆᆞ즈 **쌔혀** 그 使者를 맛디고 〈釋詳24:51b〉

　　 나. **環刀 쌔혀** 仙人ㅅ 手足을 베텨늘 〈月釋4:66b〉

(39) 가. 旋嵐風이 부니 **불휘 쌔혀** ᄯᅡ해 다 ᄫᅡ디니 〈月千58a〉

　　 나. 여스시 그르면 **根이 쎄혀고** (六解則根拔ᄒᆞ고) 〈楞嚴5:12a〉

(38)은 '쌔혀-'가 능동의 의미를, (39)는 피동의 의미를 지니는 예이다. (38가)는 "또 한 눈을 마저 **뽑아** 그 使者에게 맡기고", (38나)는 "還刀를 **뽑아** 선인의 손과 발을 베거늘", (39가)는 "선남풍이 부니 뿌리가 **뽑혀** 땅에 부서지니", (39나)는 "여섯가지가 풀어지면 根이 **뽑히고**"로 해석된다.

이처럼 '쌔혀/쎄혀-'(이하 '쌔혀-'로 통일)가 (39)의 예에서와 같이 피동의 의미를 나타낼 수 있었던 이유에 대해서는 두 가지 가능성을 생각해 볼 수 있다. 첫 번째는 '쌔혀-'가 '쌔히-+-어'로 재분석된 결과, '쌔히-'가 피동사로 인식된 것으로 보는 방법이다. 두 번째는 '쌔혀-' 자체를 양용동사로 보는 방법이다.

본고는 첫 번째 방법을 따라 이를 설명한다. (39)의 '쌔혀' 및 '쎄혀고'는 '쌔혀/쎄혀-'에 연결어미가 결합한 어형이지만, 당시의 언중들은 이를 '쌔혀-'의 활용형이 아닌, '쌔히-'에 연결어미가 결합한 어형으로 분석한 것으로 보인다. 그리고 '쌔히-'에 내재되어 있는 '-히-'를 다른 피동사들에 유추하여 이를 피동 접사로 인식하였다. 즉 재분석된 어간 '쌔히-'가 피동사 '쌔히-'로 인식됨으로써, '쌔혀-'의 활용형이 피동의 의미를 가질 수 있었던 것이다.

만약 두 번째 방법을 따른다면, 'X혀-'의 어형을 띠는 '쌔혀-'가 양용동사로 사용될 수 있었던 원인을 설명할 수 있어야 한다. 이는 '쌔-'가 양용동사로 사용되었거나, 혹은 '-혀-'가 결합함으로써 파생어가 양용동사의 기능을 얻은 것으로 설명될 수 있을 것이다. 그런데 '쌔-'는 중세와 근대에 자동사로 쓰인 예가 문증되지 않는다. '쌔-'는 아래와 같이 타동사로만 사용되었다.

(40) 가. 미양 三公이 쌔 쳔거ᄒᄂ 배 이실 제 (每三公이 有所選擧애) 〈小學6: 101b〉

나. 子의 님금이 쟝ᄎ 仁政을 行ᄒ려 ᄒ샤 쌔 굴히야 子를 브리시노소니 (子之君이 將行仁政ᄒ샤 選擇而使子ㅣ로소니) 〈孟栗3:15a〉

다. 문무의 ᄀᄌ와 니력 잇ᄂ 쟈를 쌔 세 고을의 네 관원을 밧고아 〈제주대정정의윤음 5b〉

라. 황샹이 과거를 당ᄒ야 시관을 쌘ᄂ니 〈을병_장서11:23b〉[35]

마. 신긔영[영문 일홈]은 ᄂᆯ닌 군ᄉ를 쌔 두니 (神機營則選鋒之軍) 〈易言 3:64a〉

제시된 예에서 '쌔-'는 중세는 물론 근대에도 모두 목적어를 취하는 타동사로만 사용되고 있다. (40가)는 "매번 三公이 (사람을) <u>뽑아</u> 천거하는 바가 있을 때", (40나)는 "선생의 임금이 장차 仁政을 행하려 하시어 (사람을) <u>뽑아</u> 가리어 선생을 등용하셨으니", (40다)는 "문무를 갖추고 이력이 있는 사람을 <u>뽑아</u> 세 고을의 네 관원을 바꾸어", (40라)는 "황상이 과거를 당하여 시관을 <u>뽑으니</u>", (40마)는 "신기영은 날쌘 군사를 <u>뽑아</u> 두니"로 해석된다. '쌔혀-'가 양용동사로 쓰인 원인을 '-혀-'에다 둘 수도 있지만, 타동사 어기에 '-혀-'가 결합하여 생성된 파생어가 자·타 양용동사로 쓰이는 경우가 흔치 않다는 점에서 문제가 된다. 따라서 본고는 '쌔혀-'가 피동적 용법을 보이는 것은 어간의 재분석을 통해 설명하는 입장을 취한다.

---

35) 숭실대 소장본에는 '황상이 과거를 당ᄒ야 시관을 굴힐싀 쏘 팔고문당으로 시관을 쌘ᄂ니'로 나타나 있다.

214

다시 (34), (35)의 '쌔이-'와 '쌔히-'의 형성 과정으로 돌아가자. 우리는 '쌔혀-'를 '쌔히-+-어'로 재분석하는 과정에서 피동사 '쌔히-'의 존재를 설정할 수 있음을 확인하였다. 이를 고려하면 재분석의 과정에서 새로이 인식된 어간 '쌔히-'가 단독으로 피동사로 사용될 수 있는 것은 매우 자연스러운 현상이다.[36] 그리고 '쌔이-'의 형성은 '쌔히-'의 'ㅎ'이 유성음 사이에서의 약화된 결과 '쌔이-'가 된 것으로 보는 방법과, 타동사 '쌔-'에 피동 접사 '-이-'가 결합한 것으로 보는 방법 등이 있다. 그런데 전자의 설명은 '쌔이-'가 '쌔히-'보다 문증되는 시기가 더 빠르다는 점에서 문제가 된다. 따라서 본고는 '쌔이-'를 '쌔-+-이-'로 보는 분석을 따른다. (40)의 예에서 살펴보았듯 '쌔-'는 그 자체로 타동사 어간으로 사용될 수 있기 때문에, 이는 충분히 피동화를 겪을 수 있었다.

내용을 요약하면 '쌔이-'는 '쌔-+-이-'로 분석되며, '쌔히-'는 '쌔혀-'의 활용형을 '쌔히-+-어'로 재분석하는 과정에서 어간 '쌔히-'를 피동사로 인식함으로써 형성된 것이라 할 수 있다. 따라서 '쌔이-'와 '쌔히-'는 하나의 어기에 상이한 접사가 결합함으로써 새로운 파생어가 형성된 경우로 볼 수 없다.

• '조치-'와 '쫓기-', '들이-'와 '듯기-'

다음으로 '-i-'계와 '-ki-'계가 공존하는 어형을 살펴보자. 이에는 '조치-'와 '쫓기-', '들이-'와 '듯기-'가 있다. '조치-'와 '쫓기-'는 '좇/쫓-'에 '-i-'가 결합한 어형과 '-ki-'가 결합한 어형이 공존하는 경우이다. '들이-'와 '듯기-'는 '들ㅇ-'에 '-i-'가 결합한 어형과, '듣-'에 '-ki-'가 결합한 어형이 공존하는 경우이다.

---

36) '쌔혀-'의 재분석을 통해 생성된 피동사 '쌔히-'를 설정함에 있어서, 타동사로 쓰이는 '쌔히-'의 형성 과정을 고민할 필요가 있다. 타동사 '쌔혀-'가 '쌔히-+-어'로 재분석되는 과정에서 이 것이 타동사의 활용형으로 인식되어 형성된 것으로 보는 방법, 혹은 어간 '쌔-'에 사동 접미사 '-히-'가 결합된 것으로 보는 방법 등이 있다. 전자로 설명한다면 '쌔혀-'의 재분석 결과 새로이 인식된 어간 '쌔히-'가 타동사로도, 피동사로도 사용되었다고 보아야 한다.

이들은 이미 '뽗기-'와 '듣기-'라는 '-i-'가 결합한 어형이 존재함에도 불구하고, '-ki-'가 결합한 어형이 새로 생성되었다는 특징적이다. 그런데 접사 '-기-'는 어기에 결합하여 새로운 단어를 만들어 내는 능력이 크지 않았다. 15세기에 '-기-'가 결합한 어형에는 '담기-', '싯기-', '숢기-'가 있고 18세기에는 '앗기-'가 존재할 뿐이다. 접사 '-기-'는 어기의 말음이 'ㅁ'('숢기-', '쑴기-'37))이나 'ㅅ'('싯기-', '앗기-', '뽗기-', '듯기-')일 때 결합하는 경향이 있었던 것으로 보인다.

먼저 '조치-'가 사용된 예를 살펴보자.

(41) 가. 모든 사ᄅ미 막다히며 디새며 돌ᄒ로 텨든 <u>조치여</u> ᄃ라 머리 가셔 순
      지 高聲으로 닐오듸 〈釋詳19:31a〉

   나. 그제 혼 龍이 金翅鳥의게 <u>坐쳐</u> 〈月釋25:30a〉

   다. 렬뷔 졋 먹는 아기 안고 <u>坐쳐</u> 강애 다ᄃ라 아기란 ᄀ애 노코 강므레 ᄃ
      라들어늘 (烈婦抱乳子走賊追之及江 江水方漲 烈婦度不能脫 置乳子岸
      上 走入江) 〈三綱宣烈32a〉

   라. 만일 머리곳 아래 이시면 저컨대 ᄂ외게 <u>좃치이거나</u> 或 밀티여 우믈에
      드러간 거시니라 (若頭ㅣ 在下ㅣ면 恐被人趕逼이어나 或推入井이니
      라) 〈無寃錄3:12a〉

   마. 일변 츈방은 <u>坐치여</u> 나가고 〈한중록 154〉

제시된 예의 '조치-'는 '좇-+-이-'로 분석되며 "쫓기다"로 해석된다. 이는 15세기부터 사용되었으며, 근대에는 그 빈도가 뜸하다가 19세기에 소멸되었다. (41가)는 "모든 사람이 막대며 기와며 돌로 치거든, <u>쫓겨</u> 달아나 멀리 가서 오히려 고성으로 말하기를", (41나)는 "그때 한 용이 金翅鳥에게

---

37) '쑴기-'는 피동사로 보기는 어려우나, 'ㅁ' 말음 어간이 '-기-'를 취한 경우를 보이기 위해 함께 제시하였다.

쫓겨", (41다)는 "烈婦가 젖 먹는 아기를 안고 (도적에게) 쫓겨 강에 다다라, 아기는 강에 놓고 (자신은) 강물에 달려들거늘", (41라)는 "만약 머리가 아래 있으면 아마 남에게 쫓기거나 혹 밀쳐져 우물에 들어간 것이다", (41마)는 "한편 춘방은 쫓겨 나가고"로 해석된다.

다음으로 18세기 이후에 사용된 '쫏기-'의 예를 살펴보자.

(42) 가. 명황이 쫏기여 촉으로 드러가고 〈을병_장서2:33a-33b〉

　　　나. 이 사름은 일즉 다른 디방에셔 여러 번 성인의게 쫏기임을 닙은 쟈ㅣ라 〈주년68b〉

　　　다. 검은 빗 사름들은 다 쫏기여 아프리가 속에로 드러가 잇ᄂᆞ니라 〈ᄉᆞ민12〉

제시된 예의 '쫏기-'는 '쫏-+-기-'로 분석되며 역시 "쫓기다"로 해석된다. (42가)는 "명황이 쫓겨 촉으로 들어가고", (42나)는 "이 사람은 일찍이 다른 지방에서 여러 번 성인에게 쫓김을 입은 자이다", (42다)는 "검은 빛깔의 사람들은 다 쫓겨 아프리카 속으로 들어가 있다"로 해석된다. 동일한 의미를 가진 '조치-'와 '쫏기-'는 경쟁 관계에 놓이게 되었는데, 이 경쟁에서 '쫏기-'가 승리하였다. 신어만이 살아남은 것이다.

독특한 것은 일반적으로 음절말에 'ㅊ'을 가지는 동사는 '그치-'(止, 絶), '내조치-'와 같이 접사 '-이-'를 취하는 경향이 있는데, '쫏기-'는 '-기-'를 취하고 있다는 것이다. 이는 '쫏-'의 음절말 'ㅊ'이 8종성 법칙에 따라 'ㅅ'으로 적힌 점, 그리고 'ㅅ' 말음 어기가 '-기-'를 취하는 경향에 영향을 받은 것으로 보인다. '쫏-'은 8종성 법칙에 의해 '쫏-'으로 표기되었는데, 그 결과 '쫏-'은 마치 음절말에 'ㅅ'을 형태음소로 가지고 있는 용언처럼 여겨지게 되었다. 그리고 '싯기-', '앗기-'와 같이 음절말 'ㅅ'을 가진 어기가 접사 '-기-'를 취하는 경향에 영향을 받아, '쫏-' 역시 '-기-'를 취한 것이라 할 수 있다.

'듯기-'의 형성도 이와 크게 다르지 않다. '듯기-'는 19세기 의성 김성일가

언간에 그 예가 보인다.[38]

(43) 싀졉 ㄳ흔 ᄆ음으로 오려 ᄒ여 와 가지고 오던 이튼날부틈 무댱으로 도로 간다 소문이 <u>듯기던이</u> (김성일가-050, 1848년, 아내 → 남편)

'듯기-'는 현재 경상 방언과 함경 방언에 남아 있는데, 제시된 언간이 의성 지역의 언간임을 고려하면, 이 예는 경상 방언이 반영되었을 가능성이 높다. '듯기-'는 근대의 표기법적 특징과, 'ㅅ' 말음 어기가 '-기-'를 취하는 경향에 영향을 받아 형성된 것으로 생각된다. 근대에는 음절말의 'ㄷ'이 'ㅅ'으로 표기되곤 하였으므로, '듣-'도 '듯-'으로 표기될 수 있었다. 그리고 'ㅅ' 말음 어기가 접사 '-기-'를 취하는 경향에 영향을 받아, 'ㅅ' 말음 어기인 것처럼 보이는 '듯-'이 '-기-'를 취할 수 있었던 것으로 보인다.[39] 이 역시 '쫏기-'와 마찬가지로 표기된 어형을 기준으로 하여 접사의 이형태가 선택된 예라 할 수 있겠다. 차이가 있다면 '쫏기-'의 경우 어간 말에 형태음소 'ㅊ'을 가진 어형이 8종성법에 따라 'ㅅ'으로 적히게 되어 '-기-'를 취한 경우라면, '듯기-'는 어간 말 'ㄷ'을 가진 어형이 근대 시기의 표기법의 경향에 따라 'ㅅ'으로 적히게 되어 '-기-'를 취하였다는 점이 다르다.[40]

지금까지 우리는 중세와 근대한국어 시기 접미사의 이형태에 따른 피동사의 목록을 제시하고, 접사 '-리-'와 관련된 사항과 하나의 어간이 두 종

---

38) 이 예는 황문환·김주필·배영환·신성철·이래호·조정아·조항범(2017)의 '듯기다[02]' 항목을 참조하였다.

39) 이러한 설명은 어간이 후행하는 접사를 선택함을 전제로 한다. 그런데 어기와 접사의 관계를 논함에 있어서, 어간이 항상 기준이 되는 것은 아니다. 어기의 말음(a)과 피동 접사의 두음(b) 사이의 음운론적 관계는 불확실하기 때문이다. 현재로서는 어떤 경우에는 '어기의 말음이 a일 때 피동 접사의 두음은 b이다'로, 어떤 경우에는 '피동 접사의 두음이 b일 때는 어기의 말음은 a이다'로 양방향의 관계를 고려하여 그 경향성을 논하는 수밖에 없다.

40) 표준어 '닫히-'(閉)에 대응하는 경상 방언의 어형으로 '닫기-'가 있다. '닫기-'도 '듯기-'와 비슷한 원리로 생성되었으리라 예상된다.

류의 접사를 취하는 현상을 집중적으로 살펴보았다. 중세와 근대에 'X리-'의 어형을 가지는 피동사는 대부분 어형에서 '-리-'를 분석해 낼 수 있는 것이었으며, 어기에 '-리-'가 결합된 것으로 볼 수 있는 피동사는 많지 않았다.

그리고 어기에 상이한 접사가 결합함으로써 파생어가 재형성되는 경우가 있었다. 몇몇 어휘는 '-i-'와 '-hi-', 혹은 '-i-'과 '-ki-'에 의한 파생형이 공존하는 것이다. '모도이-'와 '모도히-', '바키-'와 '박이-', '쌔이-'와 '쌔히-', '조치-'와 '뽓기-', '들이-'와 '듣기-'가 이에 속한다. 우리는 이들을 하나의 어기에 상이한 접사가 결합한 파생어로 볼 수 있는 것과, 그렇게 볼 수 없는 것이 있음을 확인하였다.

전자에 속하는 것으로는 '바키-'와 '박이-', '조치-'와 '뽓기-', '들이-'와 '듣기-'를 들 수 있다. 이 중에서 '뽓기-'와 '듣기-'는 각각 8종성법과 근대 시기 표기법의 특징으로 인해 'ㅅ'으로 표기된 어형이 기준이 되어, 'ㅅ' 말음 어기가 '-기-'를 취하는 경향에 영향을 받아 생성된 것으로 보았다. 후자에 속하는 것으로는 '모도이-'와 '모도히-', '쌔이-'와 '쌔히-'를 들 수 있다. '모도이-'는 '모도-'에 '-이-'가 결합한 것으로 보았으며, '모도히-'의 경우 유성음 사이의 'ㅎ' 약화에 대한 반동 의식이 작용하여 'ㅎ'을 잘못 복원한 결과, 과도 교정이 일어난 표기로 보았다. 그리고 '쌔이-'는 타동사 어간 '쌔-'에 피동 접사 '-이-'가 결합한 것으로 보았다. '쌔히-'는 '쌔혀-'를 '쌔히-+-어'로 재분석하는 과정에서 새로이 인식된 어간 '쌔히-'를 피동사로 인식하게 되어 형성된 것으로 보았다.

3.2.2. 접사 중첩 현상

다음으로 중세와 근대한국어 시기에 피동 접사가 중첩된 어형에 대해 논한다. 먼저 접사 중첩형을 가지는 동사들과 그 실현 양식을 검토하고, 중첩형이 출현하게 된 배경을 고찰한다.

피동 접사 중첩형은 크게 피동사에 '-이-'가 결합한 유형과 '-우-'가 결합한 유형으로 나눌 수 있다. 전자를 'X이이-'형, 후자를 'X이우-'형이라 칭한다. 현대어에서 피동 접사 중첩형으로 논의되어 온 동사에는 '갈리우다(分), '불리우다'(呼), '날리우다'(飛), '쓰이우다'(書) 등이 있다. 이들은 'X이우-'형으로 볼 수 있다. 한국어사 자료에서도 피동 접사 중첩형이 존재하는데, 대다수가 'X이이-'의 모습을 띤다는 점이 특징적이다.

먼저 중세한국어 시기에 존재한 피동 접사 중첩형을 살펴보자. 중세한국어 시기에는 'X이이-'형만 존재하며 'X이우-'형은 보이지 않는다. 'X이이-'형의 동사에는 '내조치이다/쪼치이다(逐), 잇기이다(牽), 자피이다(拘), 니치이다(忘)' 등이 있다. 아래에 해당 예를 보인다.

(44) 가. 胡騎ㅣ <u>쪼치이다</u> 호믈 듣논 돗ᄒᆞ요니 너무 깃거셔 셔욼 이를 묻노라
　　　 (似聞胡騎走 失喜問京華) 〈杜詩3:27b〉

　　 나. 鄭老ㅣ 모미 지즈로 <u>내조치이니</u> 台州예셔 音信이 비르수 傳ᄒᆞ야 오ᄂᆞ다 (鄭老身仍竄 台州信始傳) 〈杜詩21:41b〉

(45) 가. ᄆᆞ렛 荇이 ᄇᆞᄅᆞ매 <u>잇기이니</u> 프른 쯰 긴 돗 ᄒᆞ도다 (水荇牽風翠帶長)
　　　 〈杜詩11:21a〉

　　 나. ᄉᆞ긔 밍ᄀᆞ로ᄆᆞᆫ 崔浩의게 <u>잇기인</u> 거시니 高允의 주글 죄란 노ᄒᆞ쇼셔
　　　 (制由崔浩ㅣ로소니 請赦其死ᄒᆞ쇼셔) 〈飜小9:45b〉

　　 cf. 밍ᄀᆞ롬이 崔浩로 말미암으니 〈小學6:41b〉

(46) 八風과 五欲애 ᄆᆞᅀᆞ미 日月 ᄀᆞᆮ면 天堂과 地獄에 能히 <u>자피이디</u> 아니리라
　　 (八風五欲애 心如日月ㅣ면 天堂地獄에 所不能攝ㅣ리라) 〈禪家29b〉

(47) 하 <u>니치이디</u> 마ᄂᆞ니 수미로다마ᄂᆞᆫ 각벼리 보낼 거시 업세라 〈순천148:9〉

(44가)는 '쪼치이-'는 '[[쫓+이]+이]'로 분석되며 17세기까지 사용되었다. (44나)의 '내조치이-'는 '[[내좇+이]+이]'로 분석되며 19세기까지 그 예가 보인다. (45)의 '잇기이-'는 '[[ᅌᅵᆨ+이]+이]'로 분석되며 중세 이후에는 소멸된다.41) (46)의 '자피이-'는 '[[잡+히]+이]'로 분석되며 18세기까지 존재한다.

(47)의 '니치이-'는 '[[닞+히]+이]'로 분석되며 18세기까지 그 예가 보인다.

한편 《선가귀감언해》에는 'X이우-'형으로 보이는 아래와 같은 예가 존재한다.[42]

(48) 道ᄂᆞᆫ 本來 性을 오슬오미라 엇뎌 世上에 <u>ᄢᅴ우믈</u> 蘄求ᄒᆞ리오 (道本全生ㅣ라 何蘄世之爲用ㅣ리오) 〈禪家49b〉

제시된 예의 'ᄢᅴ우믈'은 표면적으로 '[[ᄡᅳ+이]+우]+움+을'로 분석되며, "도는 본래 삶을 온전히 하는 것이다. 어찌 세상에 쓰임을 바라겠는가"로 해석된다. '-우-'가 순수한 '-우-'라면 'ᄢᅴ-'의 'j'가 후행음절에 'j'를 삽입시켜 'ᄢᅴ유믈'로 나타났을 텐데, (48)의 'ᄢᅴ-'는 후행음절에 'j'를 삽입시키지 못하였다. 따라서 (48)의 'ᄢᅴ우믈'의 '-우-'는 자음적 성격이 있는 음소를 포함하는 접미사처럼 보인다.

그런데 일반적으로 'X이우-'형은 19세기를 전후로 문증된다. 19세기 이전에 'X이우-'형으로 볼 수 있는 예가 단지 (48)의 예에서만 보인다는 점을 고려하면, (48)의 'ᄢᅴ우믈'은 'X이우-' 중첩형이 아닌 다른 방식으로 설명되어야 할 것이다.

본고는 (48)의 'ᄢᅴ우믈'이 'ᄢᅴ유믈'로 나타나지 않은 것은 문헌의 성격과 관련된 것으로 보고자 한다. 《선가귀감언해》에는 선행 음절의 'j'가 후행 음절에 'j'를 삽입시키지 않은 경우가 종종 보이기 때문이다.

(49) 가. 出家ᄒᆞ야 즁 <u>되요미</u> 엇뎌 져근 이리리오 (出家爲僧ㅣ 豈細事乎리오) 〈禪家50a〉

가. 그러나 사ᄅᆞ미 흔갓 이 말슴만 보고 親切히 返照工夫이 업스면 ᄆᆞ츰

---

41) '잇기이-'의 어간 '잣-'은 근대에 그 어간이 '잇글'로 바뀜에 따라 근대에는 쓰이지 않는다.

42) 이 부분은 원간본인 보현사판과 중간본인 송광사 성보박물관 소장본에 동일한 모습으로 나타난다.

내 得意를 훈 虛頭漢이 되오믈 免티 몯ᄒ리라 〈禪家5a〉

(50) 가. 五祖ㅣ 니ᄅ샤ᄃᆡ 本眞心을 디킈요미 勝念十方諸佛ㅣ라 ᄒ시고 (五祖

　　　ㅣ 云守本眞心이 勝念十方諸佛ㅣ라 ᄒ시고) 〈禪家42a〉

　　가'. 祖師ㅣ 니ᄅ샤ᄃᆡ 千經과 萬論이 本眞心 디킈오매 디남 업다 ᄒ시다

　　　(祖師ㅣ 云千經萬論이 莫過守本眞心ㅣ라 ᄒ시다) 〈禪家48b〉

(51) 가. 오직 能히 이ᄀᆞ티 바ᄅ 다 알면 三世의 걸여 ᄆᆡ욤이 되이디 아니ᄒ야

　　　(但能如是直下頓了ᄒ면 不爲三世의 所拘繫ᄒ야) 〈禪家61a〉

　　가'. 三業 기슴을 ᄆᆡ오매 百福 바티 茂盛ᄒᄂ니라 〈禪家39a〉

　(49)는 '되-'의 활용형으로, (49가)에서는 '되요미', (49가')에서는 '되오믈'
로 나타난다. 후자의 '되오믈'은 이 시기라면 '되요믈'로 나타날 터인데, 'j'
가 삽입되지 않은 어형으로 나타나 있는 것이다. (50)은 '디킈-'(守)의 활용
형으로, (50가)에서는 '디킈요미', (50가')에서는 'j'가 삽입되지 않은 '디킈
오매'로 나타난다.[43] (51가)의 'ᄆᆡ욤이'는 'ᄆᆡ-' 혹은 'ᄆᆡ이-'(繫)의 활용형이
며,[44] (51가')의 'ᄆᆡ오매'는 'ᄆᆡ-'(耘)의 활용형이다. 의미가 다른 두 어형이
지만, 'j'로 끝나는 음절 구조를 가지고 있다는 점에서는 공통된다. (51가)

---

43) (50가')의 '디킈오매'를 '디킈-'의 사동형인 '디킈오-'의 활용형으로 볼 수도 있다. 그런데 일반
　　적으로 '디킈오-'는 사동의 의미가 뚜렷한 맥락에서 사용된다.

　가. 그 어미 이 ᄯ니믈 東山 딕희오고 〈釋詳11:40b〉
　나. 집 사ᄅ미 절로 주그면 도ᄌᆞᄀᆡ게 災禍 어들가 두리여 더욱 사ᄅᆷ ᄒ야 딕킈오더니 (家人懼
　　　其自殞 得禍于賊 益使人守視) 〈三綱烈17〉

　(가)는 "그 어미가 딸에게 동산을 지키게 하고", (나)는 "집안 사람들이 (趙氏가) 스스로 죽으
　면 도적에게 災禍를 얻을까 두려워하여, 사람으로 하여금 (趙氏를) 더욱 지키게 하더니"로
　해석된다. 이러한 예들에 반해 (50가')은 사동의 의미가 뚜렷하지 않다. 이는 "祖師께서 말씀
　하시길, 千經과 萬論의 내용은 本眞心을 지키는 것에 지나지 않는다고 하셨다"로 해석된다.
　따라서 이는 '디킈-'의 활용형으로 볼 가능성도 있다.
44) (51가)의 'NP의 V옴이 되-'와 같은 피동적 구문에는 타동사와 피동사가 모두 사용될 수 있었
　다. 따라서 'ᄆᆡ욤이'는 'ᄆᆡ-'의 활용형일 수도, 'ᄆᆡ이-'의 활용형일 수도 있다. 둘 중 어느 방법
　으로 보든, 어간의 'i'나 'j'로 인해 후행 음절에 'j'가 삽입되었다는 것은 다르지 않다.

222

의 '미오매'는 후행 음절에 'j'를 삽입시키지 않았다. 즉《선가귀감언해》는 'j'의 삽입이 엄격히 실현되지 않는 특징을 가진 문헌으로 볼 수 있다. '쁴우믈'의 존재도 동일한 맥락에서 이해될 수 있다.

따라서 본고는 (48)의 '쁴우믈'을 'X이우-'의 모습을 띠는 접사 중첩형으로 보지 않는다. 즉 중세 시기에는 'X이이-'형의 중첩형만 존재하였다고 할 수 있다.

다음으로 근대한국어 시기에 존재한 피동 접사 중첩형을 살펴보자. 근대에는 'X이이-'형이 중세에 비해 크게 늘어나고, 19세기 이후에는 'X이우-'형도 보이기 시작한다. 먼저 'X이이-'형에 속하는 동사를 아래에 제시한다.

(52) 가티이다(囚), 갈니이다(分), 걸리이다(滯), 것기이다(切), 굴니이다(磨), 내조치이다(逐), 노히이다(放), 눌리이다(壓), 니치이다(忘), 닙히이다(加), 다티이다(閉), 덜리이다(減), 두피이다(蓋), 들리이다(聞), 둘리이다(懸), 마키이다(防), 몰리이다(驅), 무티이다(埋), 믈리이다(咬), 믜이이다(憎), 미이이다(繫), 밋치이다(結), 바키이다(拓), 븓들리이다(拘), 볼피이다(踏), 또치이다(追), 섯기이다(混), 슨히이다(絶), 실이이다(席), 쑬리이다(鑿), 앗기이다(奪), 언치이다(載), 얼키이다(構), 열리이다(開), 울리이다(響), 잇글리이다(牽), 자피이다(拘), 졉히이다(疊), 즘기이다(沈), 펴이이다(伸), 플니이다(解), 폴리이다(賣), ㅎ이이다(爲)

(52)의 목록을 통해 근대에는 중세에 비해 훨씬 더 많은 수의 피동사가 중첩을 경험하였음을 알 수 있다.

다음으로 'X이우-'형에 속하는 동사를 아래에 제시한다.

(53) 덥히오다(蓋)[18세기], 몰니우다(驅), 밀니우다(推), 발피우다(踏), 슬리우다(牽), 잡피우다(拘), 팔니우다(賣)[이상 19세기][45]

'X이이-'형이 대부분 18세기를 전후로 하여 본격적으로 사용된 데 비해, 'X이우-'형은 19세기 이후 본격적으로 사용되기 시작하였다. 또한 'X이이-' 형은 현대로 오면서 대부분 소멸되었지만, 'X이우-'형은 현대에도 종종 쓰이고 있다. 동일한 음절이 둘 이상 반복되는 것은 꽤나 잉여적인데 '-이우-'는 그러한 느낌을 '-이이-'에 비해 상대적으로 덜 가지고 있기 때문인 것으로 추정된다. 혹은 '-이우-'의 '-우-'가 어떠한 기능을 하고 있을 가능성도 있다.[46]

이와 같은 피동 접사 중첩형들은 대체로 다음과 같은 경향이 있다. 첫째, 'X이이-'형은 모두 접사의 여러 이형태 중에서 '-이-'가 다시 피동사에 결합한 경우이다. 어기의 말음이 모음인 경우 접사 '-이-'가 선택되는 경향이 있는데, 피동사는 모두 모음으로 끝나는 어간을 가지므로 이에 다시 접사가 중첩될 때 '-이-'가 선택되는 것이다. 중첩된 접미사도 피동 접사가 가지는 음운론적 경향을 따르는 것으로 볼 수 있겠다. 둘째, 피동 접사 중첩형은 중세한국어 시기에는 그 예가 극히 적고, 18세기 이후 매우 활발하게 나타난다.

---

45) 각각의 동사가 이루는 예를 제시하면 아래와 같다.
   가. 흔 번 귀경ᄒ여 미혹고 덥히온 마음을 끼치고져 ᄒ노라 〈을병_숭실4〉
      cf. 흔 번 귀경ᄒ야 미혹ᄒ고 덥히인 ᄆᆞᆷ을 끼치고져 ᄒ노라 〈을병_장서9:61b〉
   나. 이는 물 업슨 움올과 노을에 몰니우는 기운 갓트미 〈예수셩교 베드로후서02:17〉
   다. 빅가 바람올 이기지 못ᄒ여 밀니우는 바 되미 가는디로 가 한 져근 셤셕세 갓가오니 〈예수셩교 사도행전27:15-16〉
   라. 예루살임이 외방 사룸의게 발피우미 되여 외방 사룸의 긔약이 차며 밋츨지니 〈예수셩교 누가21:24〉
   마. 너희 쟝차 ᄂᆞ롤 위ᄒᆞ는 고로 왕과 방빅의게 ᄭᅳᆯ니워 가면 〈예수셩교 마태10:18〉
   바. 션빅와 바리식인이 음힝ᄒ다가 잡피운 바 게집을 쓸어다 사룸 가온디 셰우고 〈예수셩교 요한08:03〉
   사. 우리 예루살롬에 올나가 인ᄌᆞ가 졔사쟝과 션빅의게 팔니워 죽올 죄올 뎡ᄒ여 〈예수셩교 마태20:18〉
46) '-우-'의 기능에 대해서는 기존 논의(南廣祐 1962, 이상억 1999, 임홍빈 1998 등)에서 언급된 바 있다. 이를 상세히 논의한 임홍빈(1998: 324-6)에서는 '-우-'를 저하된 행동주의 가치를 회복시켜 주는 기제로 보았다.

여기서 우리는 다음과 같은 의문을 품을 수 있다. 중첩형은 어떠한 경우에 사용되는 것이며, 중첩형이 가지는 특별한 표현적 효과는 있는가? 왜 중첩형은 18세기 이후에 활발히 사용되는가? 우리는 이에 대한 대답을 하나씩 찾아가는 방식으로 연구를 진행하되, 특히 'X이이-'형을 중심으로 그 배경을 탐색한다.

3.2.2.1. 중첩형 출현의 통사·의미적 조건

먼저 'X이-'와 'X이이-'형의 비교를 통해 중첩형 출현에 통사·의미적 조건이 있는지를 검토한다. 본고는 비교적 빈도가 높게 나타나는 '자피이-'와 '마키이-'를 대상으로 그 용례를 살펴보았다. 먼저 '자피-'와 '자피이-'의 예를 아래에 보인다.

(54) 가. 대량이 싸호다가 패ᄒ야 <u>잡힌</u> 배 된디라 (大亮戰敗被擒) 〈種德中7b〉

　　가. 젹쟝 댱필이 긔이히 너겨 <u>잡히인</u> 빅여 인이 다 죽으되 (賊將張弼異之 就執百餘人皆死) 〈種德中7b〉

　　나. 문시 <u>잡피믈</u> 니버 도적긔 모글 믜여 핍박ᄒ여 (文被擄寇繫頸逼) 〈東新烈1:11b〉

　　나. 그 안해 홍조이로 더브러 도적긔 <u>자피이믈</u> 니버 (與其妻洪召史被虜於賊) 〈東新孝8:57b〉

　　다. 아이 나가다가 도적의게 <u>잡히니</u> (弟季 出遇赤眉 爲賊所捕) 〈五倫兄05b〉

　　다. 셩이 함몰ᄒ매 두 사름이 <u>잡히이니</u> (城陷 巡被執) 〈五倫忠33a〉

제시된 예는 동일한 통사적 환경에서 '자피-'와 '자피이-'가 사용된 예이다. (54가, 가')은 관형사형에서 '잡힌'과 '잡히인'이 사용된 예이다. 특히 (54가')은 (54가)에 바로 이어지는 문장인데 선행 문장에는 비중첩형이, 후행 문장에는 중첩형이 사용되어 있음을 알 수 있다. (54나, 나')은 명사형에서 '잡피믈'과 '자피이믈'이, (54다, 다')은 어말어미 '-니' 앞에서 '잡히니'와 '잡히이니'가 사용된 예이다.[47]

다음으로 '막히-'와 '막히이-'의 예를 살펴보자.

(55) 가. 이는 담이 ᄆᆞᆷ 굼긔 <u>막힌</u> 증이니 딘심산으로 흘리라 〈馬經上82b〉

　　가'. 이 닐온 부화<u>막키인</u> 증이니 빅합산으로 곳티고 골믜혈을 쌔이라 〈馬經下55a〉

　　나. 텽졍 의리 헌신을 국문ᄒᆞ쟈 ᄒᆞ는 흉흔 계슈의 <u>막히니</u> 〈闡義1:72b-73a〉

　　나'. 오늘 문침시 션도 쏘흔 이 무리를 인ᄒᆞ야 <u>막히이니</u> 〈闡義1:49a〉

　　다. 오회라 졔유홀 길히 이믜 <u>막히고</u> 챠쳥흔 일의 쟝ᄎᆞᆺ 힝ᄒᆞ니 〈闡義1:42b-43a〉

　　다'. 샹소홀 길흔 임의 <u>막히이고</u> 〈明義卷首下존현각일긔:33b〉

　　라. 긔운이 임의 <u>막히매</u> 피 쏘흔 <u>막히이ᄂᆞᆫ</u> 故로 굿고 ᄃᆞᆫᄃᆞᆫᄒᆞᄂᆞ니라 (氣旣壅而血亦壅故로 堅硬이니라) 〈無寃錄1:33a〉

　　마. 드러오던 굼기 졀노 <u>막히이고</u> 통 믿흘 향ᄒᆞ야 딩녈이 <u>밀니이디</u> 〈을병장서7:52b-53a〉

(55가, 가')은 관형사형에서 '막힌'과 '막키인'이 사용된 예이다. (55나, 나')은 연결어미 '-니' 앞에서 '막히니'와 '막히이니'가 사용된 예이며, (55다, 다')은 연결어미 '-고' 앞에서 '막히고'와 '막히이고'가 사용된 예이다. (55라)는 '막히-'와 '막히이-'가 한 문장 안에서 함께 사용되어 있으며, (55마)는 '막히

---

47) (54가), (54나)의 예는 '-은 배 돠' 또는 '-옴을 닙-' 따위의 피동 구문에 '잡히-'가 사용된 예이다. 구문 자체가 피동의 의미를 띠고 있기 때문에 이 구문에 사용된 '잡히-'가 과연 진정한 의미의 피동사인지는 논란이 될 수 있다. 그런데 피동적 구문에서도 피동사가 사용될 수 있었으며, '잡히-'는 15세기부터 피동사로 사용되고 있었기 때문에 이에 사용된 '잡히-'는 피동사로 보아도 문제가 없다.

이-'는 물론 '밀나-'의 중첩형인 '밀니이-'가 바로 이어 사용된 예이다. 이를 통해 동일한 통사적 환경은 물론이고 하나의 맥락 안에서도 중첩형과 비중첩형이 동시에 사용될 수 있었으며, 서로 다른 피동사의 중첩형이 함께 사용될 수 있었음이 확인된다.

이와 같은 예를 살펴보았을 때, 중첩형이 쓰일 수 있었던 특별한 통사적 환경이 존재하였던 것은 아님을 알 수 있다. 비중첩형과 중첩형은 동일한 통사적 환경에서 서로 자유롭게 교체되어 사용될 수 있었으며, 하나의 문헌 내에서는 물론 같은 문장 안에서도 공존하고 있기 때문이다. 즉 이들은 전혀 상보적 분포를 보이지 않으며 자유롭게 넘나들며 사용될 수 있었다.

중첩형의 출현이 특별한 통사적 환경이나 문헌적 특징을 전제하지 않는다면, 중첩형을 이룰 수 있었던 동사들의 공통점은 존재하는지 의문을 제기할 수 있다. 만약 중첩이 가능한 피동사의 부류가 따로 존재하거나, 중첩형이 가능한 피동사들의 의미적 공통점을 밝힐 수 있다면 우리는 이를 중첩형 출현의 의미적 조건으로 기술할 수 있을 것이다.

그런데 중첩이 가능한 피동사들은 그 의미가 워낙 다양하여 이들 사이에 어떤 특별한 공통점을 찾는 것이 쉽지 않다. 피동화가 될 수 있는 동사의 의미 부류조차 명확히 밝혀져 있지 않은데, 접사의 중첩이 가능한 동사의 의미 부류를 찾는 것은 더욱 어렵다. 혹 이들이 피해 피동일 가능성도 생각해 볼 수 있으나, 접사가 중첩된 어형 중에서는 '니치이다', '다티이다', '열리이다', '울리이다' 등과 같이 피해의 의미가 느껴지지 않는 동사가 많다는 점에서 일관된 설명이 쉽지 않다.

그러면 중첩형과 비중첩형은 그 표현적 효과도 완전히 동일한가? 만약 중첩형과 비중첩형이 가지는 표현적 효과가 완전히 동일하다면 이는 경제성의 원리에 어긋나는 것이 된다. 언중들은 동일한 의미를 나타내기 위해 접사를 한 번 더 쓰는 수고를 하지 않았을 것이기 때문이다. 따라서 중첩형과 비중첩형은 무엇인가 달랐으리라 추측할 수 있다. 이에 대해 더 심도 있게 고찰하기 위해서는 중첩이라는 언어학적 기제를 생각해 볼 필요가 있다. 다음 目에서는 중첩이라는 기제가 가지는 특성과, 선행 연구에서 접사 중첩형을 어떻게 다루었는지 살펴본다.

3.2.2.2. 중첩형의 표현적 효과

범언어적으로 중첩(reduplication)을 활용하는 언어는 흔히 존재한다. Rubino(2013)에 따르면 세계의 여러 언어는 문법적 장치로서 중첩의 기제를 가지지 않은 언어, 부분 혹은 전체 중첩을 활발히 사용하는 언어, 전체 중첩만을 가진 언어로 나눌 수 있다. 한국어는 이 중 두 번째 유형에 속한다. '집집', '깊이깊이', '깜빡깜빡' 등과 같이 온전한 단어는 물론 어근도 중첩될 수 있기 때문이다.

본고의 관심의 대상은 문법 요소의 중첩이다. 현대한국어에서 동일한 문법 요소가 중첩되는 경우로는 과거표지 '-었-'의 중첩형 '-었었-'이 있다. 접사의 중첩은 지금까지 거의 논의되지 않았는데, 이는 현대한국어에는 'X이이-'와 같은 접사 중첩형이 존재하지 않기 때문인 것으로 생각된다.

그런데 범언어적으로 살펴보았을 때 남아프리카 언어의 일부에 접사 중첩이 가능한 언어들이 존재함이 눈에 띈다. 특히 사동 표지가 중첩된 현상에 대해서 Dixon(2000)과 Dubinsky, Lloret and Newman(1998)의 연구를 참고할 수 있다. Dixon(2000: 59)에서는 형태적 사동 절차가 두 번 적용되는 경우를 논하면서, 이들은 일반 사동문과 의미가 같거나 혹은 강조의 의미를 나타낸다고 하였다. 아래에 스와힐리어의 예를 제시한다.[48]

(56) 가. mwalimu   hu-wa-som-**esha**   wanafunzi kurani

         teacher   HAB-3PL-study-**CAUSE**   students Korean

---

48) (56), (57)에 사용된 약호가 뜻하는 바는 아래와 같다.
    AGR: 일치 / CAU: 사동 / HAB: 습관 / INT: 강화 / NOM: 주격 / 3PL: 3인칭 복수

"The teacher teaches the students the Korean (they want to study it)"

가. mwalimu   hu-wa-som-**es(h)-esha**   wanafunzi   kurani

     teacher   HAB-3PL-study-**CAUSE-CAUSE**   students   Korean

(Dixon 2000: 66)

(56가)는 '가르치다'의 의미인 동사 'som'에 사동 표지 'esha'가 결합된 예이며, (56가')은 사동 표지 'esha'가 두 번 결합된 예이다. Dixon(2000: 66)에 따르면 (56가)와 (56가')의 의미는 같다. 표지가 두 번 결합하여도 단일 사동의 의미를 나타내는 것이다.

Dubinsky, Lloret and Newman(1998: 490)에서는 오로모어의[49] '-s'는 문법적 주어의 수에 따라 사동 형태소로 기술되거나 강화사(intensifier)의 역할을 한다고 하였다. 아래는 오로모어의 예이다.

(57) 가. terfaa-n   toltuu   gurbaa   aannan   Dug-**siis-is**-e.

     NOM   boy   milk   drink-**CAU-CAU**-AGR

"Terfa made Toltu make the boy drink the milk"

나. toltuu-n   gurbaa   aannan   Dug-**siis-is**-e.

     NOM   boy   milk   drink-**CAU-INT**-AGR

"Toltu made (forced) the boy to drink the milk"

(Dubinsky, Lloret and Newman 1998: 490)

(57)은 '마시다'를 의미하는 'Dug'에 '-s'가 두 번 결합되어 있는 문장이다. '-s'의 기능을 판단하는 데에 있어서 해당 문장의 문법적 주어의 수가 그 기준이 된다. (57가)의 주어는 'Terfa'와 'Toltu'이다. 주어가 두 개이기 때문에

---

49) 오로모어는 아프리카·아시아어족의 쿠시트 어파에 속하며, 에티오피아와 케냐의 동부와 북부에서 사용되는 언어이다.

두 번 사용된 사동 접미사가 모두 사동의 기능을 할 수 있다. 따라서 이 문장은 "Terfa[사동주]는 Toltu[피사동주이자 사동주]로 하여금 소년[피사동주]이 우유를 마시게 하였다"의 의미를 가지는 이중 사동문이 된다. 그런데 (57나)의 주어는 'Toltu'뿐이다. 접미사가 두 번 사용되었지만 주어가 하나이므로, 이 문장은 "Toltu가 소년으로 하여금 우유를 마시게 하였다"의 의미를 가지는 단순 사동문이 되며, (57가)와 같은 이중 사동문은 될 수 없다. 즉 (57가)에서 사동접사의 중첩은 이중 사동의 기능을 수행하고, (57나)에서는 선행하는 접사는 사동을, 후행하는 접사는 강조의 기능을 수행한다.

이처럼 사동 표지의 중첩을 통해 강조의 의미를 나타내는 언어에는 Nguni語, Sotho語, Tsonga語 등이 있다(Doke 1954, Dubinsky, Lloret and Newman 1998: 491-2에서 재인용).[50]

(58)   Causative   Intensive

　Nguni: -isa   -isisa

　Sotho: -isa   -isisa

　Tsonga: -isa   -isisa

Dubinsky, Lloret and Newman(1998)에서는 사동 표지와 강화 표지의 동형성은 이와 같은 남부 반투어를 살펴본다면 우연한 것이 아니라고 하였다. 그리고 오로모어를 비롯한 쿠시트어에서 이들은 서로 구별되는 동형의 형태소가 아니라, 본질적으로 하나의 형태소라고 하였다.

이와 같은 언어에서 보이는 현상은 사동 표지의 중첩이라는 점에서, 한국어의 피동 표지의 중첩과 그 성격이 완전히 같다고 보기는 어렵다.[51] 하지만 결합가 변화와 관련된 문법 표지가 문장에 반복되어 사용된다는 점

---

50) 이들은 모두 남아프리카에서 사용되는 반투어의 일종이다.

51) 중세·근대한국어 시기에는 사동접사 중첩형도 꽤 많이 존재하였다. 이들은 오로모어를 비롯한 여러 언어에서 보이는 현상과 꽤 유사하다고 볼 수 있을 것이다.

에서는 충분히 공통점이 있다고 할 수 있을 것이다. 따라서 이러한 언어의 존재는 중세·근대 한국어 접사 중첩형의 표현적 효과와 관련하여 시사하는 바가 있을 것으로 생각된다.

현대한국어 연구에서는 접사 중첩형이 관심을 받지 못하였지만, 중세·근대한국어 혹은 방언을 대상으로 한 연구에서는 접사 중첩형의 형성 배경이 꾸준히 논의되어 왔다. 이러한 연구들은 접사 중첩형의 형성을 어떠한 관점으로 바라보았는지에 따라 크게 세 부류로 나누어진다. 피동의 강조 및 강화로 본 연구, 음장 혹은 성조와 관련된 것으로 본 연구, 어기와 접사의 분리 의식이 반영된 것으로 본 연구 등이 그것이다.

먼저 접사 중첩을 강조 및 강화로 다룬 연구를 살펴보자. 이상억(1999: 189)에서는 사·피동사의 형태론적 표현형식에 의한 중첩형을 다루면서 중세한국어의 사동·피동 접미사의 중첩형은 아무 구문상의 변화를 일으키지 못하며, 다만 단일형으로는 약하거나 불분명하게 느껴지는 표현을 강화시키는 기능을 지닌 것으로 추측하였다. 한재영(1984: 37-8)는 '가되이-, 보채이-, 뾔이-, 뼉이-, 잇기이-, 뛰이-, 자피이-' 등의 예에서 피동 접미사 {-이-}가 {-이이-}의 모습으로 나타남을 언급하고,[52] 이는 현대한국어의 '꽃이 꺾여졌다'처럼 피동 표현을 보다 강하게 하려는 욕구의 반영, 즉 피동 표현의 강조로 보았다. 유경종(1994)는 근대·현대한국어 피동 중첩형의 통사·형태적 특징을 밝히고 그 발생 원인을 보다 상세히 규명하려 하였다. 유경종(1994: 72-3)는 중첩 표현의 생성 원인을 의미전달의 강화와 분화에 대한 욕구, 근대한국어라는 과도기적 특성에 따른 문법형태의 분화 욕구 등으로 보고, 피·사동사 중첩형의 생성 원인을 다음의 세 가지로 제시하였다. 첫째, 'ㄹ'이나 '르/르' 변칙용언 등이 근대한국어에 이르러

---

52) 제시된 예 중에서 '가되아-, 보채아-, 뾔아-, 뼉아-, 뛰아-' 등은 '가되-, 보채-, 뾔-, 뼉-, 뛰-' 등이 피동사로 쓰이면서 이에 자음으로 시작하는 어미가 통합된 예가 없으므로, 이는 피동 접사 중첩형으로 보기 어렵다. 본고는 이들을 '가도아-, 보차아-, 뽀아-, 쓰아-, 뿌아-'가 역행동화를 겪은 어형으로 보았다.

'ㄹ'이나 'ㄴ'이 첨가되어[53] '리'나 '니'로 적히게 되자, 어근과 접사의 구분이 모호하게 되면서 원래의 형태를 다시 유지하려는 형태론적 배려로 다시 '이'를 중첩하게 되었다. 둘째, 피동과 사동의 모호성으로 인해 사동은 '우'계 접미사를, 피동은 '이'계 접미사를 중첩시켜 피·사동 기능을 확연하게 분화하고자 하였다. 셋째, 피동의 의미를 강조하는 형태적 배려로 접사를 중첩하였다. 이는 경상 방언의 피동 접미사의 모음이 두 개의 모라(mora)를 가지고 있는 것에 남아 있으며, 이를 통해 접사의 중첩이 단순한 형태의 중복이 아니라 변별적 기능을 지니고 있음을 알 수 있다고 하였다. 설명의 타당성 여부는 차치하더라도, 중첩의 이유를 상세히 자세하고 그 원인을 다원적으로 파악하고 있다는 점에서 참고할 만하다.[54] 마지막으로 우인혜(1997: 120, 213-4)는 '이이' 중첩은 피동 의미가 약화되는 느낌으로 인해 피동의 의미를 보다 두드러지게 나타내고자 하는 의도에서 빚어진 것으로 보았으며, 동음 축약에 의해 현대로 오면서 점차 줄어들었다고 하였다. 그리고 '이우'형의 경우 'ㅣ' 모음에 후행된 '이'는 잘 드러나지 않기 때문에 구분이나 강조를 위해 '오/우'를 덧붙인 것으로 설명하였다.

중첩형을 음운론적 이유로 설명하려는 연구도 있다. 곽충구(1980: 25-6)에서는 18세기 국어의 형태소 경계에서 보이는 몇 가지 표기들을 다루면서, '이, 히, 리, 기' 다음에 '이'가 重加되는 예들은 음장을 표기하기 위한 것이고 하였다. 또한 白斗鉉(1983: 196)에서는 경상 방언의 피동형에서 피동 접사가 HL로 길게 실현되는 현상이 국어사 문헌 자료에서 피동의 '이'가 중

---

53) 그런데 'ㄹ'이나 'ㄴ'이 '첨가'된다고 보기는 어렵다. 어중의 'ㄹ ㅇ' 연속체가 'ɦ'의 소실로 인해, 결과적으로 'ㄹㄹ' 혹은 'ㄹㄴ'으로 표기되는 것이기 때문이다.

54) 유경종(1994)의 설명은 다음과 같은 점에서 재고될 필요가 있다. 먼저 이 연구에서는 'ㄹ'이나 '륵/르' 변칙 용언들이 'ㄹ'이나 'ㄴ'이 첨가되어 '리'나 '니'로 적히게 됨으로써 그 경계가 모호하게 되어 중첩이 일어났다고 하였다. 그런데 바로 앞의 각주에서 지적하였듯 'ㄹ'이나 'ㄴ'이 '첨가'되었다고 볼 수 없으며, 중첩이 일어난 용언이 반드시 'ㄹ'이나 '륵/르' 변칙 용언인 것도 아니다. '믹치다, 내조치다, 니피다, 바키다' 등과 같은 동사도 중첩을 겪기 때문이다. 또한 피동은 '이'계, 사동은 '우'계를 중첩함으로써 피·사동의 의미 기능을 확연히 분화하였다고 하였지만, 19세기에 들면 피동도 '우'계 접미사가 중첩될 수 있었다.

첩된 것과 연관성을 가지고 있을 것이라 추정하였다.

중첩형을 분리 의식이 반영된 것으로 본 연구도 있다. 구본관(1998: 259)에서는 어기와 접사를 분리하려는 화자의 의식이 표기에 반영된 것으로 보았다. 앞서 살핀 유경종(1994)에서는 원래의 형태를 다시 유지하려는 형태론적 배려로 다시 '이'를 중첩하였다고 했는데, 이 역시 분리 의식의 반영으로 볼 수 있을 것이다.

지금까지 언급한 선행 연구를 요약하여 정리하면 아래와 같다.

[표8] 선행 연구에서 제시한 접사 중첩의 이유

중첩의 이유	선행 연구
강조 및 강화	① 이상억(1999): 단일형으로는 약하거나 불분명하게 느껴지는 표현을 강화 ② 한재영(1984): 피동 표현의 강조 ③ 유경종(1994) 　- 피·사동 기능을 확연하게 분화(사동은 '우'계, 피동은 '이'계) 　- 피동의 의미를 강조 ④ 우인혜(1997): 피동의 의미를 보다 두드러지게 나타내고자 하는 의도
음장 및 성조와 관련	① 곽충구(1980): 음장 표기 ② 白斗鉉(1983): 경상 방언의 성조와 관련
분리 의식의 반영	① 유경종(1994): 어근과 접사의 구분이 모호하게 되면서 원래의 형태를 다시 유지하려는 형태론적 배려 ② 구본관(1998): 어기와 접사를 분리하려는 화자의 의식이 표기에 반영

각각의 입장은 의미론, 음운론 혹은 화자의 인식과 같은 화용론적 요인을 배경으로 하고 있는데, 대부분의 선행 연구가 의미적 접근 방법을 취하여 중첩형의 존재를 '강조' 및 '강화'로 설명하고 있음을 확인할 수 있다.

중첩의 이유를 적절히 설명하기 위해 각각의 입장이 가지고 있는 장·단점을 검토해 보자. 먼저 첫 번째는 중첩의 이유를 강조 및 강화로 보는 입장인데, 접사의 중첩이 이러한 효과를 가지고 있다고 서술하기 위해서는 중첩형과 비중첩형 사이에 의미 차이가 있는지, 또는 중첩형이 '무엇'을 강조하기 위함인지가 설명되어야 할 것이다. 하지만 우리는 앞서 '자피-'와 '자피이-', '마키-'와 '마키이-'를 비교해 보았으나 비중첩형과 중첩형 사이에 의미 차이를 확인할 수 없었으며, 중첩형이 비중첩형에 비해 더 강조된 내용을 표현하는 것도 아니었다. 즉 중첩형을 피동의 의미를 강조하는 것으로 볼 수 있는 결정적 증거가 존재하지 않는다.

두 번째 입장은 중첩의 이유를 음운론적으로 설명한 입장이다. 곽충구(1980)과 白斗鉉(1983)은 각각 18세기의 언어와 경상 방언을 대상으로 하고 있는데, 연구 대상은 다를지라도 중첩형을 음장의 반영으로 추정하고 있다는 점에서는 같다. 그런데 만약 중첩이 음장의 반영이라면 왜 15세기 한국어에는 그러한 음장이 표기에 반영되지 않았는지에 대한 설명이 필요하다. 피동 접사 중첩형은 근대한국어 시기에 매우 활발히 나타나는데, 만약 이것이 장음을 표시하기 위한 것이었다면 적어도 피동사는 중세한국어 시기에 상성으로 나타나야 할 것이다. 하지만 중세한국어 시기 대부분의 피동사는 平去형의 성조를 가진다. 또한 이러한 음장이 왜 현대에는 대부분 사라지고 경상 방언에만 남아 있는지에 대한 설명도 필요하다. 현재로서는 이러한 부분에 대한 적절한 설명을 하기 어렵다는 점에서 두 번째 입장을 따르기 쉽지 않다.

이처럼 중첩형의 사용이 철저한 언어학적 배경 하에서 사용된 것이 아니라면 우리는 이것이 단순한 표기의 차원에서 어기가 피동사임을 표시하기 위해 사용된 것은 아닌지 추측해 볼 수 있다. 즉 후행 접사(편의상 '-이$_2$'로 칭한다)는 선행 어기의 의미나 어기의 피동성을 강조하기 위해 사용된 것이 아니라, 어기에 피동 접사가 포함되어 있다는 인식론적 현저성을 강화하기 위해 사용된 것으로 보는 것이다. 중첩형의 사용 이유를 표기적인 것과 관련된 것으로 추정한다면, 이는 세 번째 입장과 유사한 면이 있다.

이처럼 선행 어기가 피동사임을 강조하기 위해 '-이$_2$'가 사용된 것으로 본다면, 왜 어기가 강조될 필요가 있었는지에 대한 배경을 논할 필요가 있다. 앞서 살펴보았듯 피동 접사 중첩형은 중세에는 '내조치이다/쪼치이다,

잇기이다, 자피이다, 니치이다'뿐이었는데, 18세기 이후에 크게 증가하였다. 중첩형이 18세기를 기점으로 활발히 사용되는 이유는 무엇인가. 우리는 이를 확인하기 위해 먼저 피동사의 형성 기제를 살피고, 피동사의 어휘부 등재 여부를 판단한 다음, 시기에 따른 피동사의 유형 빈도(type frequency)를 고려함으로써 중첩형의 형성 배경을 탐색해 보고자 한다.

3.2.2.3. 중첩형 출현의 배경

접사 중첩형의 출현 배경을 탐색하기 위해 먼저 피동사의 형성 기제를 살피기로 한다. 접사가 중첩되는 현상은 피동사를 어기로 하여 일어나므로, 피동사의 형성 원리를 살피는 것은 접사의 중첩 과정을 논함에 있어 좋은 단서가 될 수 있다.

단어의 형성을 바라보는 입장은 크게 두 가지로 나뉜다. 규칙으로 기술하려는 입장과 유추로 기술하려는 입장이 그것이다.[55] 피동사는 둘 중 어떠한 과정을 거쳐 형성되는가. 피동사는 외형적으로는 '어기+접사'의 모습을 띠고 있지만, 이를 근거로 피동사가 '(타동사)어기+-이/히/기/리-'라는 공시적 규칙을 통해 형성되는 것이라고 할 수는 없다. 모든 타동사 어간에 피동화가 자동적으로 적용되어 생산적으로 피동사가 파생되지 않으며, 그 적용 영역이 명확하지도 않기 때문이다. 또한 피동 접사가 어떠한 특징을 가지는 동사 어기에 결합할 수 있는지 예측할 수도 없다. 선행 연구에서 피동화의 여러 제약을 제시하였지만, 이는 언어 변화의 우연한 결과물로 볼 수 있으며 중세·근대어의 피동사는 그 제약에 구애받지 않는 동사도 많다.

---

55) 규칙과 유추의 관계에 대해서는 최형용 외(2015: 21-8)가 참조된다. 이에 따르면 규칙과 유추를 구별하지만 규칙의 테두리 내에서 유추가 보조적 역할을 담당하고 있다고 보는 견해, 규칙과 유추를 대등하지만 서로 배타적인 것으로 보는 견해, 규칙과 유추를 정도성으로 구별하려는 견해, 유추를 규칙 이상의 존재로 간주하는 견해 등이 있다.

본고는 피동사 형성을 유추에 의한 것으로 본다. 이는 현재 형태론 분야의 연구들에서도 어느 정도 받아들여지고 있는 입장으로, 일찍이 구본관(1992), 박진호(1994), 채현식(1994) 등의 연구에서는 단어 형성 규칙이 단어 형성 과정을 기술하기에 적합하지 않음을 지적하면서 어휘적 관련성과 유추에 기반한 단어 형성론을 제안한 바 있다(송원용 2005).

이처럼 피동사 형성이 어떠한 기제에 의해 이루어지는지를 중요시하는 이유는, 이것이 당시 언중들의 어휘부에[56] 피동사가 등재되어 있었는지 여부를 판단하는 기준이 될 수 있기 때문이다. 어휘부 등재 여부를 논하기에 앞서, 어휘부 등재 단위에 대한 입장을 정리할 필요가 있다. 어휘부의 등재에 대해서는 최소등재, 완전등재, 그리고 이를 절충한 절충적 입장이 존재한다. 채현식(2003: 31)에서 등재 단위에 대한 입장의 차이를 상세히 논하였는데, 본고는 채현식(2003)을 참고하여 각각의 입장을 간략히 서술하고 이에 따라 피동사가 어휘부에 등재가 될 수 있는지의 여부를 살핀다.

첫 번째 최소등재 입장은 내적 구조가 불투명한 단어와 생산성을 잃은 단어를 제외한 모든 복합어가 필요할 때마다 생성된다는 입장이다. 만약 피동사 생성이 매우 생산적이고 공시적인 규칙을 통해 만들어졌다면, 언중들은 필요할 때마다 어기와 접사를 각각 결합하여 새로운 단어를 만들어냈을 것이며, 이때 만들어진 [ab]라는 단어는 어휘부에 등재되지 않았을 것이다. 하지만 피동사 생성은 그리 규칙적이지 않으며 모종의 어떤 이유에 의해 [a]와 [b]는 서로 자유로이 결합할 수 없었다. 피동 접사와 결합이 불가능한 동사 어기들이 훨씬 많았던 것이다. 피동사는 이처럼 매우 불규칙한 양상을 보이므로, 최소등재의 입장을 따르면 피동사는 어휘부의 등

---

56) 본고에서 사용하는 '어휘부'는 화자의 머리 속에 있는 사전을 가리키는 것으로 심리어휘부(mental lexicon)을 의미한다. 어휘부와 관련한 기본 입장은 박진호(1994)를 따른다. 이에 따르면 어휘부는 표층어휘부와 심층어휘부로 구성되며, 표층어휘부에는 통사원자가 아닌 형태소들이 등재되어 있고 심층어휘부에는 통사원자들이 등재되어 있다(박진호 1994: 18-9).

재 대상이 된다. 두 번째 완전등재 입장은 임시어를 제외한 모든 실재어가 저장되어 있다는 입장이다. 이에 따르면 피동사는 임시어가 아니므로 등재의 대상이 된다. 세 번째 절충적 입장은 단일어화 된 단어와 약간의 생산적 패턴을 보이는 단어들은 저장되지만, 생산성이 높은 패턴을 보이는 단어들은 그때그때 생성된다는 입장이다. 그런데 피동사는 생산성이 지극히 낮은 편이다. 전체 타동사의 수에 비하였을 때 피동사의 수는 매우 적기 때문이다. 이 입장에 따르면 피동사는 어휘부에 등재된다.[57]

셋 중 어느 입장을 취하든 피동사는 어휘부에 등재되는 것으로 볼 수 있다. 언중들은 필요할 때마다 'a+b'의 규칙을 적용하여 [ab]를 만든 것이 아니라, 이미 한번 만들어져 어휘부에 등재되어 있는 [ab]를 통째로 꺼내어 썼을 가능성이 크다. 그리고 다른 유형의 피동사가 필요한 경우는 어휘부에 저장되어 있는 [ab]에 유추하여 새로운 피동사를 만들어냈을 것이다. 본고는 세 입장 중에서 완전등재의 입장을 택하고 어휘부 모형은 박진호(1994)에서 제시한 것을 따른다. 이에 의하면 표층어휘부에는 통사원자인 피동사가 등재되고, 심층어휘부에는 비통사원자인 피동 접사가 등재된다.

다음으로 피동사의 유형 빈도를 살펴보자. 중세·근대한국어 시기에는 약 150개의 피동사가 존재하는데, 그 중 15세기에 새로이 생성된 동사는 83개이다. 달리 말하면 15세기 피동사의 유형 빈도는 83이다. 그런데 16세기 이후 피동사의 유형 빈도는 급격히 줄어 16세기에 새로이 보이는 피동사는 15개, 17세기에는 13개, 18세기에는 29개, 19세기에는 9개이다.[58] 16-19세기에 존재하는 피동사의 총 개수는 65개이다. 15세기 한 세기에 83개가 존재하였음과 비교하면, 피동사의 유형 빈도는 16세기를 기점으로 하여 낮아진다고 할 수 있다.[59]

---

57) 이 문단의 내용은 채현식(2003: 31)을 주로 참고하였다. 채현식(2003: 31)에는 각각의 입장에 대한 설명과 그 입장을 따르는 기존 연구가 정리되어 있다. 채현식(2003)은 여러 입장 중 절충적 입장을 따른다.

58) 이 개수는 어기의 재형성으로 인해 파생어가 재형성된 경우도 모두 포함한 개수이다.

피동사의 유형 빈도가 감소한다는 것은 달리 말하면 심층어휘부에 등재된 비통사원자인 접사가 유추의 과정에 참여하는 빈도가 현저히 낮아진 것이라 할 수 있다. 이 과정에서 통사원자인 피동사 'X이-'에 포함되어 있는 '-이-'와, 비통사원자인 피동 접사 '-이-' 사이의 체계적 관련성이 약화되었을 것으로 추정된다. 다시 말해, 'X이-'의 꼴을 가진 단어들을 바탕으로 이에 공통적으로 포함되어 있는 '-이-'를 인식하고, 이 '-이-'를 활용하여 새로운 피동사를 만들어 내는 것이 유추에 의해 피동사가 생성되는 원리이다. 그런데 '-이-'를 활용하여 새로운 단어를 파생하는 빈도가 16세기 이후 급격히 줄어들게 되었다. 이처럼 '-이-'가 유추에 참여하는 빈도가 낮아짐으로써, 심층어휘부에 등재되어 있는 '-이-'와 표층어휘부에 등재되어 있는 피동사 'X이-'와의 관련성이 약해지게 되었다. 그 결과 '[X+이]'의 내부 구조를 갖는 것으로 분석되던 단어들은 해당 단어가 피동 접사를 포함하고 있다는 인식론적 현저성이 낮아지게 되었고, 그 결과 내부 구조가 불투명해져서 '[X이]'의 구조로 인식되기 시작하였다.

중첩형은 이 과정에서 사용되기 시작한 것으로 보인다. 즉 피동사의 유형 빈도의 감소로 'X이-'와 '-이-' 사이의 체계적 관련성이 약화된 결과, 'X이-'에 접사가 포함되어 있다는 인식론적 현저성이 낮아지게 되자 이에 대한 반동 작용으로 접사를 중첩한 것이다. 즉 'X이-'와 '-이-' 사이의 체계적 관련성을 회복하고, 해당 어형에 '-이-'가 포함되어 있다는 인식론적 현저성을 높이기 위해 접미사를 중첩하였을 가능성이 있다. 'X이이-'는 'X이-'가

---

59) 그런데 16세기 이후 피동사의 유형 빈도가 낮아진다고 하여, 15세기 피동 접미사의 생산성이 절대적으로 높았다고 볼 수는 없다. 어떤 문법 요소의 생산성을 측정할 수 있는 방법에는 여러 가지가 있는데 그 중 하나가 가능어(possible word)에 대한 실제어(actual word)의 비율을 계산하는 방법이다. 이를 적용하여 15세기 피동 접미사의 생산성을 측정해 보자. 황국정(2009: 374-6)에서 제시한 15세기 동사 목록을 참조하면 15세기 동사는 약 800여 개인 것으로 보인다. 하지만 모든 동사가 피동화를 겪지는 않으며, 앞서 언급하였듯 15세기에는 83개의 피동사가 존재하였으므로 실제어의 수는 대략 83으로 잡을 수 있다. 가능어에 대한 실제어의 비율이 지극히 적은 것이다. 15세기 공시적인 관점에서 피동 접미사의 생산성은 그리 크지 않다.

피동사임을 표시하기 위해 접사 '-이-'가 한 번 더 표기된 것이다. 이는 피동의 의미나 어기의 동작성을 강조하기 위한 것과는 거리가 멀다. '-이₂-'는 단지 선행 어기가 피동사임을 표기적 관점에서 강조하는 기능을 한다.

이는 중첩형이 존재하는 피동사의 대부분이 15세기에 만들어진 것이라는 사실에 의해 뒷받침될 수 있다. 중첩이 가능한 피동사는 총 44개인데, 그 중 30여 개의 동사가 15세기에 만들어진 피동사에 접사가 중첩된 어형이다. 이는 전체 중첩형의 약 65%에 해당하는 비율이다. 피동사의 내부 구조가 불투명해지기까지는 어느 정도의 시간이 필요하였을 것이므로, 만들어진 지 오래된 피동사가 중첩을 겪는 것은 자연스러운 현상이라 할 수 있겠다.

중첩형에 대한 이와 같은 설명은 구본관(1998)과 그 입장이 유사하다. 구본관(1998: 290)에서는 사동의 '-오-'가 사동의 '-이-'에 의해 파생된 사동사를 다시 어기로 하는 경우가 있다고 하면서('降히오-, 띄오/띄우-, 데우-' 등), 중첩 현상에 대해 '-이-'가 결합된 사동사가 어휘화되어 화자들이 이를 사동사로 인식하지 못하게 되어 다시 사동 파생에 참여하였을 가능성, 사동의 의미를 강조하기 위해 사동접사가 이중으로 결합되었을 가능성을 제시하였다.[60] 전자의 설명을 피동 접미사의 중첩에 적용한다면, 피동사를 화자들이 피동사로 인식하지 못하게 되어 다시 피동 파생이 이루어졌을 가능성이라고 할 수 있을 것이다. 이 점은 지금까지 우리가 설명한 바와 맥락이 닿아 있는 부분이다.

그런데 이러한 설명에서 '다시 사동 파생에 참여'하였다는 설명은 다시 생각해 볼 필요가 있다. 사동이든 피동이든 다시 파생에 참여하기 위해서는 파생 전의 어기가 가지는 기본 조건을 만족시켜야 한다. 하지만 피동사는 다시 피동 파생의 어기가 될 수 없다. 어기가 타동사도 아니며, 주어의 강등과 목적어의 승격이 일어날 수 없는 문장구조를 가지고 있기 때문이

---

60) 이 외에 '-이-'와 '-오-'가 합성된 사동 접미사를 인정할 가능성도 제시하고 있다.

다. 이는 사동사도 마찬가지이다. 'A[사동주]가 B[피사동주]에게 C를 V_CAU'
라는 사동문이 다시 사동 파생을 겪는다면 'A[사동주]가 B[피사동주이자
사동주]에게 C[피사동주]가 D를 V_CAU-CAU'의 구조가 되어야 할 것이다. 만
약 논항이 하나 더 늘지 않는다면 이것을 사동 파생에 다시 참여하였다고
보기는 어렵다. 아래 예에서 알 수 있듯 사동접사 중첩형인 '降히오-', '쯰오/
쯰우-', '데우-' 등이 사용된 문장은 비록 사동 접미사는 중첩되었지만 중첩
전과 비교해 보았을 때 사동이 두 번 일어났다고 볼 수 없다.

(59) 가. 法을 爲ᄒ야 魔ᄅᆞᆯ 降히오며 (自謂 爲法降魔) 〈圓覺下3-1:53a〉

　　　나. 涪江애 술 醉코 빈ᄅᆞᆯ 쯰오놋다 (涪江醉泛船) 〈杜詩8:60a〉

　　　다. 두워 두워 데우라 가디 말라 우리 ᄎᆞ니 머구리라 (罷罷 休旋去 我只涼
　　　　　喫) 〈飜老上63b〉

　　(59가)는 "법을 위하여 악마를 항복시키며", (59나)는 "부강에서 술에 취
하고 배를 띄우는구나", (59다)는 "괜찮다, (음식을) 데우러 가지 마라. 우리
는 찬 것을 먹겠다"로 해석된다. 이들은 사동주와 피사동주가 한 번씩 나
타나는 일반 사동문과 다를 바 없는 구조인 것이다. 즉 (59)의 예는 접사는
중첩되어 있지만, 사동 파생에 재참여한 것으로는 볼 수 없다.
　　한편 선행 어기가 피동사임을 표기적 관점에서 강조하는 '-이_2'가 결합
된 어형, 즉 'X이_1이_2'는 현대한국어에 전혀 존재하지 않는다. 모두 말끔히
사라진 것이다. 'X이이-'가 소멸된 이유 중 하나로 '-이_2'의 제한된 기능을
들 수 있다. '-이_2'는 표기적 관점에서 선행어가 피동사임을 강조하는 것뿐
이며, 명제의 의미에는 아무런 영향을 끼치지 못하였다. '-이_1'이 사건을
바라보는 관점의 변화를 야기하는 기능을 가진 반면, '-이_2'는 그 역할이 매
우 미미하였던 것이다. 'X이이-'의 소멸에 영향을 미친 또 하나의 이유는
음절의 잉여성이다. 'X이이-'와 같이 동일한 음절이 반복되는 어형은 언중
에게 잉여적인 느낌을 준다. 두 번째 음절이 '이'가 아니라 '히', '기' 등이더

라도 '이' 음절이 어중에 연속되게 되므로 이 또한 마찬가지이다. 즉 'X이이-'의 소멸은 '-이$_2$'가 명제의 의미에 거의 기여하는 바가 없고, 음절의 연속 또한 잉여적 느낌을 주기 때문인 것으로 생각된다.

이는 'X이우-' 중첩형이 현대에 여전히 사용되고 있는 것과는 대비된다. 같은 중첩형임에도 불구하고 '밀리우다', '쓰이우다' 따위는 현대까지 살아 남은 것이다. 'X이우-'가 살아남은 이유는 두 가지로 생각해 볼 수 있다. 먼저 'X이우-'에 포함된 '이'와 '우'는 서로 변별되는 음절이다. 따라서 'X이이-' 만큼 언중들에게 잉여적 느낌을 크게 주지 않았을 것이다. 또한 'X이우-'에 포함되어 있는 '-우-'가 어떠한 기능을 가지고 있었을 가능성도 있다. 任洪彬(1978: 110)에서는 '불리우다', '씌우다'처럼 피동사 어간에 다시 '-우-'가 연결될 수 있는 것들을 논하면서 피동화는 행동주의 가치 저하라는 특징을 가지고 있는데, '-우-'는 저하된 행동주의 가치를 다시 회복시켜 주는 정교한 기제라고 하였다. 19세기 말에 등장한 'X이우-'형으로 '밀니우다, 자피우다, 폴리우다, 슬니우다' 등이 있는데, 이들은 모두 행위자가 존재하는 동사이며 실제 문맥에서도 그러한 요소가 나타난다는 점에서 任洪彬(1978)의 주장은 설득력이 있다.

마지막으로 피동 접사의 중첩은 아니지만, 근대한국어 시기에 부사화 요소가 부사에 중첩되는 현상을 고찰할 필요가 있다. 李賢熙(2010)에서는 이미 완성된 부사에 부사화 요소인 '-이', '-히', '-로'가 잉여적으로 덧붙어 나타나는 현상을 '외오이', '골오로', '별로이' 및 '별로히' 유형으로 나누어 논한 바 있다. 그리고 덧붙는 요소는 문법적으로 의의가 없는 잉여적인 존재인 경우가 많은데, 이러한 현상은 근대한국어 시기의 문헌에서 많이 목격된다고 하였다. 아래에 해당 예를 제시한다(예는 李賢熙 2010 참조).

(60) 가. 희이 명일 오ᄒ의 <u>외오이</u> 안ᄌᆺ다가 ᄯᅩᄒᆫ 한긔 나거늘 〈쾌심편 31: 115〉

나. 빈 골ᄒᆞ며 치워홈을 넘녀ᄒᆞ며 ᄀᆺ브며 편안홈을 <u>골오로</u> ᄒᆞ야 ᄀᆞ장 不得己커야 비로소 쑤지즈믈 더을 씨니라 (軫其飢寒ᄒᆞ며 <u>均其勞逸</u>ᄒᆞ야 甚

不得已라야 始加訶詰이니라) 〈御內2:13a〉

다. 늬 몸이 죽은 후에 내 몸이 살아나면 수궁에 일등 공신 너박계 또 잇난
야 별로이 사당 지어 사시향화 나라에서 지내리라 〈수궁별주부산중
토처사전 58〉

(60가)는 부사 '외오'에 '-이'가, (60나)는 '골오'에 '-로'가, (60다)는 '별로'
에 '-이'가 결합한 예이다. 부사화 요소가 결합한 어형에 다시 부사화 요소
가 결합되어 있는 것이다. 선행 어기에 이미 포함되어 있는 요소가 중첩된
다는 점, 이와 같은 중첩형이 근대한국어 문헌에서 주로 보인다는 점 등을
고려하면 우리가 논하고 있는 접사의 중첩 또한 이와 유사한 맥락에서 이
해될 수 있을 것이다. 부사화 요소의 중첩과 피동 접사의 중첩이 하나의 원
리에 근거하여 일어난 현상인 것인가에 대해서는 재검토가 필요하겠지
만, 동일한 기능을 하는 어떠한 요소가 중첩되는 현상이 근대어 문헌에 활
발히 보인다는 사실은 특기할 만하다. 이러한 중첩이 근대 시기 표기법의
한 경향일 수도 있다.

이와 관련하여 우리는 사동접사 중첩형의 존재를 떠올려보게 된다. 사
동접사 중첩형은 '-외/위-'형{'알외-(報), 앗외-(先), 걸위-(滯), 닛위-(連), 물
외-(乾)' 등}, '-이오-'형{'데우-(溫), 됴히오-(好), 띄오-(浮), 삐오-(冠), 삐우-
(用), 셰오-(立), 치오-(滿), 틔오-(駕), 틔오-(燃)' 등}, '-우이-'형(뉘이-) 등이
존재한다.[61] 사동접사 중첩형 역시 17세기 이후 활발히 사용된다. 피동 접
사 중첩형이 15세기에는 극소수로 사용된 것과는 달리, 사동접사 중첩형
은 이미 15세기부터 꽤 활발히 사용되고 있었다. 사동접사가 이미 차자 표
기 자료에서부터 보이는 것을 참고하면 사동접사 중첩형도 인식론적 현
저성을 높이기 위한 하나의 방도로 생각해 볼 수 있다. 그런데 사동접사 중

---

61) 南廣祐(1962), 구본관(1998), 장윤희(2015) 등에서 제시한 것을 참고로 하였다. 한편 '삐이-
(螫)'와 '삐이-(用)'는 '삐'와 '삐'가 독립된 어간으로 사용된 예가 없으므로, 본고는 이를 중
첩형으로 보지 않았다.

첩형은 차자 표기 자료에 거의 보이지 않는다. 중세 시기의 사동접사 중첩형 중에서 차자 표기 자료에 보이는 어형으로는 장윤희(2006: 105)를 참고하면 '셰오-'(三烏-)〈悼二將歌〉가 있다. 우리의 설명을 사동접사 중첩형에도 적용할 수 있을지는 아직 불확실하지만 그 가능성은 열려 있다. 사동접사 중첩형이 15세기부터 존재하기는 하였지만 17세기 이후 그 사용례가 더 늘어났음을 고려하면, 이 역시 인식론적 현저성을 높이기 위한 방도로 볼 수 있는 것이다. 혹은 (60)의 예와 연관시켜 근대한국어 시기에 보이는 일종의 표기 경향으로 볼 가능성도 있다.

지금까지 우리는 단순한 표기적 혼란으로도 볼 수 있는 피동 접사 중첩형들에 어떠한 원리가 근간되어 있음을 전제하고, 이에 대한 설명을 시도해 보았다. 그리고 중첩형들은 피동사의 유형 빈도가 감소된 이후 활발히 사용되었다는 사실을 바탕으로, 피동사에 결합하는 '-이$_2$-'는 'X이-'와 '-이-' 사이의 체계적 관련성을 회복하고 피동 접사가 포함되어 있다는 인식론적 현저성을 높이기 위해 결합된 것으로 보았다. '-이$_2$-'는 선행 어기가 피동사임을 표기적으로 강조해 주기 위한 수단인 것이다. 그리고 사동접사를 중첩함으로써 사동의 의미를 강조하는 언어가 있음을 확인하고, 접사 중첩이 한국어 고립적인 현상이 아님을 논하였다. 마지막으로 근대한국어 시기에 부사화 요소가 부사에 잉여적으로 덧붙는 현상을 제시함으로써 접사의 중첩이 근대의 표기법의 경향과도 관련이 있을 가능성을 함께 제시하였다.

4. 피동문의 통사·의미적 특성

제4장에서는 피동문의 통사·의미적 특성을 고찰한다. 현대어 피동 연구에서는 피동문의 통사적 특성과 관련하여 행위자의 격 표지 실현 양상, 피동문에 '을/를' 성분이 나타나는 현상 등이 중점적으로 논의되어 왔다. 피동문의 의미적 특성과 관련하여서는 피동문과 능동문의 의미 차이 및 피동문이 나타낼 수 있는 여러 의미가 다루어져 왔다. 본고는 현대어 연구에서 쟁점으로 논의되어 온 사항을 중심으로 제4장의 논의를 진행한다. 이 장에서 논하는 내용은 크게 두 가지이다.

첫째, 중세·근대한국어 시기 피동문의 행위자와 피행위자의 격 표지 실현 양상을 살핀다.

둘째, 중세·근대한국어 시기 피동문의 의미 양상을 살피고, 의미들 간의 상관관계를 논한다.

첫 번째 사항에 대해서는 4.1에서 살핀다. 특히 행위자 논항이 대격으로 실현되는 현상과, 피행위자와 관련된 명사구에 '을/를'이 결합하는 예를 중점적으로 검토한다. 두 번째 사항에 대해서는 4.2에서 살핀다. 4.2에서는 제2장에서 제시한 피동문의 네 가지 의미를 바탕으로 중세·근대어 피동문의 의미를 검토하고, 각 의미가 맺고 있는 관계를 고찰한다.

4.1. 피동문의 통사적 특성

피동은 능동문의 주어[행위자]가 부사어로 강등되고, 목적어[피행위자]가 주어로 승격하는 과정이다. 따라서 피동문의 행위자는 사격으로, 피행위자는 주격으로 나타나는 것이 일반적이다. 그런데 중세·근대어에는 피동문의 행위자 논항이 대격으로 표지되는 경우가 있다. 4.1.1에서는 피동문의 행위자 논항이 가지는 일반적 격 표지와 특이한 격 표지의 예를 다루고, 예외적인 현상들을 처리하는 방법을 논한다. 그리고 중세·근대어 피동문에는 피행위자의 신체의 일부나 소유물과 관련한 명사구에 '을/를'이 결합되는 경우가 있다. 이는 현대어 논의에서 '을/를' 피동으로 논의되어 온 현상이다. 중세·근대어의 '을/를' 피동문에 대해서는 4.1.2에서 살핀다.

4.1.1. 행위자의 격 표지

피동문의 행위자 논항의 격 표지를 본격적으로 살피기에 앞서, 행위자 논항의 생략 가능성에 대한 특징을 간략히 언급한다. 일반적으로 피동문의 행위자는 생략되는 경우가 많다. Jespersen(1924/1992: 168)은 자신의 동료들이 제시한 통계에 따르면 피동문의 70-94%가 능동문의 주어, 즉 행위자에 대한 언급이 없었다고 하였다. 한국어의 피동문도 이와 다르지 않다. 한국어는 논항 생략이 비교적 자유로운 언어인데다가 중세·근대어의 문장은 특히 논항이 생략되는 경우가 잦아, 행위자는 물론 피행위자마저 명시적으로 제시되어 있지 않은 경우가 흔하다.

그런데 문헌의 특성상 행위자 논항이 거의 생략되지 않는 경우도 있다.

《救急方諺解》나《臘藥症治方諺解》와 같은 의학서가 그러하다. 의학서는 병에 걸리거나 신체에 손상을 입었을 경우, 그 증세와 처방에 대한 정보를 담고 있는 책이다. 증세의 원인을 파악하기 위해서는 어떤 존재에 영향을 받았는지가 중요한 정보이므로, 외부의 행위주나 영향주에 대한 내용은 생략되기 어렵다. 동사 '믈이-'(咬)가 사용된 문장이 이러한 양상을 잘 보여준다.

(1) 가. 사ᄅᆞ미 ᄆᆞᆯ게 믈이며 ᄇᆞᆯ이며 (凡人被馬咬踏) 〈救急方下15b〉

　　나. **ᄇᆡ얌 믈여든** 사ᄅᆞ믹 ᄯᅩᆼ을 두터이 ᄇᆞᄅᆞ고 (蛇囓 人屎[사ᄅᆞ믹 ᄯᅩᆼ]厚塗帛裹 卽消) 〈救簡6:49b〉

　　다. **쥐며 구렁의게** 믈리인 병과 (鼠蟒) 〈臘藥4a〉

(1)은 'X(게/의게) 믈이-'가 사용된 구문이다. 이때 X는 행위자로, 'ᄆᆞᆯ'(1가), 'ᄇᆡ얌'(1나), '쥐며 구렁'(1다) 등이 나타난다. (1가)는 "사람이 말에게 물리거나 밟히며", (1나)는 "뱀에게 물리거든 사람의 똥을 두터이 바르고",[1] (1다)는 "쥐며 구렁이에게 물린 병과"로 해석된다. 무엇에 물렸는지에 따라 증세와 처방이 달라지므로, (1)과 같은 문장에서 행위자 논항은 중요한 정

---

1) 《구급간이방언해》에 'X 믈이-'로 나타나는 구문은《구급방언해》에서는 'X(이) 믈-'과 같은 능동문으로 주로 나타난다. (1가)와 같이 행위자에 격 표지가 결합한 예도 있지만 흔치 않다. 《구급방언해》와《구급간이방언해》는 각각 1466년, 1489년에 간행된 것으로 추정되는데 모두 원간본은 전하지 않고 16세기 복각복인 중간본만 전한다. 원간본의 발행 시기를 비교하면 두 문헌은 약 20년의 차이가 있다. 그런데《구급방언해》에는 능동 구문이,《구급간이방언해》에는 피동 구문이 주로 사용되는 것을 실제의 언어 현실이 반영된 것으로 보기는 어렵다. 20년 사이에 피동사가 급진적으로 증가하였다는 근거를 찾기 어렵고, 설사 그러한 경향이 있었을지라도 언어의 변화가 이처럼 신속하게 문헌에 반영되지는 않기 때문이다. 한편《구급간이방언해》의 'X 믈이-' 구문에서 'X'에 격 표지가 잘 쓰이지 않는 이유를 관용화와 관련하여 생각해 볼 수도 있다. 'X가 Y를 믈-' 구문이 피동화되어 '(Y가) X에게 믈이-'로 나타나고, 이 구문이 관용표현처럼 굳어져 'X 믈이-'가 널리 사용되었을 가능성이 있는 것이다. 'X 믈이-'가 관용표현이 되었음은 현대어에서 '물리-'가 이루는 일부 구문에 의해 뒷받침된다. 현대어에서 '물리-'가 보문 구성에 사용되면 '벌레에게 물린 곳'과 '벌레 물린 곳'이라는 표현이 모두 가능한데, 후자의 경우처럼 격 표지가 사용되지 않는 쪽도 꽤 널리 사용되기 때문이다.

보를 담고 있다. 그러므로 이는 생략되기 어렵다.

이러한 경향은 동사 '헐이-'(傷)가 사용된 예에서도 찾아볼 수 있다.

(2) 가. 쏘 **고민 발토배** 헐여 毒氣 알폰 싸홀 고튜딕 (又方治熊爪牙傷毒痛)〈救
急方下63b〉

나. **지네와 여러 가짓 毒흔 벌에** 헐인 딀 고튜딕 (治蜈蚣諸毒虫傷)〈救急
方下80b-81a〉

다. **곰과 버믜게** 헐인 딗 됴흔 물근 술로 헌 딗 싯고 (熊虎傷 好漬酒[)]됴흔
물근 술]洗瘡)〈救簡6:33a〉

제시된 문장에서 '헐이-'는 "상처를 입다", "다쳐서 헐다", "문드러지다"
등의 의미를 가진다. (2)는 'X(애/의게) 헐이-'가 사용된 구문이다. X에는
'고민 발톱'(2가), '지네와 여러 가짓 毒흔 벌에'(2나), '곰과 범'(2다) 따위의
명사가 나타난다. (2가)는 "또 곰의 발톱에 상처를 입어 독기로 인해 아픈
곳을 고치되", (2나)는 "지네와 여러 가지 독한 벌레에게 상처를 입은 곳을
고치되", (2다)는 "곰과 범에게 상처를 입은 곳에는 깨끗하고 맑은 술로 다
친 곳을 씻고"로 해석된다. (2)의 예에서도 피행위자에게 상처를 입힌 존
재는 중요한 정보를 표현하고 있으므로 생략이 어렵다. 즉, 피동문의 행위
자는 생략되는 것이 일반적이더라도 문헌의 특성이나 사용되는 동사의
의미적 특징, 혹은 맥락에 따라 중요한 정보를 담고 있다고 판단되는 경우
에는 생략되지 않기도 한다.

4.1.1.1. 일반적 격 표지

다음으로 중세와 근대어 피동문의 행위자의 격 표지 실현 양상을 검토
한다. 일반적으로 현대어 피동문에서는 행위자가 유정명사일 경우 해당
명사구에는 '에게'가, 단체명사나 무정명사일 경우는 '에'가 결합한다.

(3) 가. 오랫동안 숨어 지내던 범인이 어제 {경찰에게/경찰에/순경에게/^{??}순경
에} 잡혔다.

나. 드디어 범인이 {CCTV에/^{??}CCTV에게} 찍혔다.

(3가)는 유정명사 '경찰'이 '에게'와 결합한 예이다. '경찰'이 개개인의 경
찰이 아닌 경찰 조직을 의미하는 경우는 '경찰에'와 같은 표현도 가능하다.
'순경'은 그 자체로 복수성을 가지지 않기 때문에 '순경에게 잡혔다'는 자연
스러우나 ^{??}순경에 잡혔다'는 어색하다. (3나)는 무정물 CCTV가 '에'와 결
합한 예이다. CCTV는 무정물이기 때문에 '에게'와의 결합이 불가능하다.[2]

현대어의 양상을 참조하여 중세와 근대어 피동문에서 행위자로[3] 나타
나는 성분의 격 표지를 살펴보자. 연구의 편의상 행위자의 유정성 여부에
따라 나누어 검토한다. 먼저 행위자가 유정물인 경우를 제시한다. 이 경우
행위자 명사구는 여격이나 처격 표지를 취하는 것이 일반적이다.

(4) 가. 그제 흔 龍이 <u>金翅鳥의게</u> **坚쳐** 〈月釋25:30a〉

나. 아비 버믹게 **자피여** 가거늘 (其父爲<u>虎</u>所**攬**) 〈續三初孝9a〉

다. 丞相文天祥이 <u>元ㅅ 張弘範의그에</u> **자펴** 가아 腦子를 먹고 죽다가 몯ㅎ
야 (<u>元張弘範</u>至潮陽 丞相文天祥被**執** 呑腦子不死) 〈三綱忠24〉

라. 드르샤매 미츠샨 太姒ㅣ <u>太姜과 太任</u>씌 **괴이샤** 아춤 나조히 勤勞ㅎ샤
뻐 婦道애 나ᅀᆞ시니라 (及入 大姒思媚<u>大姜大任</u> 旦夕勤勞 以進婦道) 〈內
訓3:10b〉

마. 싸호믈 즐겨 제 軍 알픽 가다가 <u>帝釋손딕</u> **믜에ᄂ니라** 〈月釋11:29a〉

₂₎ 한편 '-에 의해'가 결합한 명사구를 행위자로 볼 수 있는지에 대한 논란이 있으나, 중세·근대
한국어 시기에는 이러한 조사 상당 구성으로 볼 수 있는 표현이 존재하지 않기 때문에 직접적
으로 다루지 않는다.

₃₎ 본고의 '행위자'는 행위주(agent), 영향주(effector), 처소(locative), 도구(instrument) 등을 포
함하는 넓은 개념이므로 처소, 도구 등의 논항이 피동문에서 부사어로 나타나는 예도 모두 포
함하여 다룬다.

바. 彦琛이 죽거늘 徐敬業의 亂애 <u>兵馬</u>애 **자펴** 갯거늘 (彦琛卒 値徐敬業難

陷<u>兵</u>中) 〈三綱烈15〉

사. 子華ㅣ <u>齊</u>예 브리이더니 (子華 使於齊러니) 〈論栗2:2b〉

행위자 명사구의 격 표지는 (4가, 나)에서는 '의게/이게', (4다)에서는 '의

그에', (4라)에서는 '씌', (4마)에서는 '손듸', (4바, 사)에서는 '애/예'로 나타

난다. (4가-마)처럼 선행 체언이 유정명사일 때는 여격 표지가, (4바, 사)처

럼 선행 체언이 단체 명사일 때는 처격 표지가 결합한다.

그런데 행위자 명사구는 속격 표지를 취하기도 한다.

(5) 가. 진조로 느민 **아쳐롬 보믈** 구틔여 議論ᄒ리아 (敢論才見忌) 〈杜詩3:28a〉

(협주: 才見忌ᄂ 賈誼ㅣ 以才로 **見忌於人**ᄒ니)

나. 婆婆ㅣ 兒夫ㅣ <u>胡人의</u> 사ᄅ잡힌 **배 됨으로브터** (婆婆 自從兒夫**爲胡人**

所虜) 〈伍倫7:1a〉

다. 계ᄉ왜난의 <u>도적의</u> **자피인 배 되여** 잇ᄯ러 가고져 ᄒ거늘 졷디 아니ᄒ

대 (癸巳倭亂 **被執於賊** 欲牽去不從) 〈東新烈3:60b〉

(5)는 행위자 명사구 '늠'(5가), '胡人'(5나), '도적'(5다)에 속격 표지 '의/이'

가 결합한 예이다.

이처럼 행위자 명사구가 속격 표지와 결합하는 현상은 피동적 구문의

예에서 주로 찾아볼 수 있다. 고대 중국어의 대표적 피동 표현인 '爲NP

(所)VP'('爲' 피동), '被VP'('被' 피동), '見VP'('見' 피동) 등은 주로 'NP₁[피행위

자]이 NP₂[행위자]{의/이게} V옴이 ᄃ외-', 'NP₁[피행위자]이 NP₂[행위자]

{의/이게} V은 배 ᄃ외-', 'NP₁[피행위자]이 NP₂[행위자]{의/이게} V옴을 닙-',

'NP₁[피행위자]이 NP₂[행위자]{의/이게} V옴을 보-' 등과 같은 피동적 구문

으로 언해되었다.[4] (5)의 예는 이러한 피동적 구문의 예로, (5가)는 '見' 피

동, (5나)는 '爲' 피동, (5다)는 '被' 피동의 언해이다. 이러한 구문에서 행위

자는 주로 내포문의 명사구로 나타나는데, 이때 내포문의 명사구는 주로 속격 또는 여격을 취한다.[5] 중세·근대한국어 시기에는 이러한 구문이 매우 흔하다.

다음으로 행위자가 무정물인 경우를 제시한다. 이 경우 행위자 명사구는 처격이나 속격 표지를 취한다.

(6) 가. 妙音을 體ᄒ면 말쓰매 **걸이디** 아니ᄒ고 〈月釋18:63a〉

　　나. 如來ㄴ 외야 煩惱애 **미이디** 아니ᄒ실씨 自在ᄒ시고 〈月釋7:49b〉

(7) 가. 이 法華經도 能히 衆生이 一切 苦와 一切 病을 여희에 ᄒ며 能히 <u>一切 生死ㅅ</u> **미요ᄆᆞᆯ** 그르게 ᄒᆞᄂ니라 〈月釋18:51b-52a〉

　　나. 오히려 <u>言敎</u>의 **자표미** ᄃᆞ외야 그슥ᄒ야 낟디 아니ᄒ니 (尙爲<u>言敎</u>의 所攝ᄒ야 隱而不現ᄒ니) 〈金三序11a〉

　　다. 시혹 반ᄃᆞ기 ᄠᅥ러디여 브릐 **ᄉ로미** ᄃᆞ외리니 (或當墮落ᄒ야 爲<u>火</u>所燒ᄒ리니) 〈法華2:64a〉

　　라. <u>迷惑</u>이 **두푸미** ᄃᆞ외야 能히 제 보디 몯홀씨 (爲<u>迷</u>所覆ᄒ야 不能自見홀시) 〈金剛下118a〉

(6)은 행위자 명사구에 처격 표지 '애'가, (7)은 속격 표지 'ㅅ/이/의'가 결합한 예이다. 동명사형이 후행할 때에는 (7)과 같이 속격 표지가 결합하는 것이 일반적이다.

---

4) '見' 피동, '爲' 피동, '被' 피동이 모두 이와 같은 피동적 구문으로만 언해되는 것은 아니다. 때로는 피동사로 언해되기도 하고, 타동사나 자동사로 언해되는 경우도 있다.

5) 여격을 취하는 예는 아래와 같다.

　가. 겨며서 <u>지아븨</u>게 ᄇ리ᄆᆞᆯ 보아 다ᄅᆞᆫ ᄃᆡ 아니 갈 줄 밍셔ᄒ엿더니 (少見棄於<u>其夫</u>誓不他適) 〈東新烈2:50b〉

　나. 원계 이긔믈 타 적진 듕의 돌입ᄒ엿다가 <u>도적의</u>게 죽은 배 되니 (原桂 乘勝 逐之突入虜中 遂爲<u>賊</u>所害) 〈五倫忠83b〉

　다. 권금이 밤의 <u>버믜</u>게 자피ᄆᆞᆯ 니버ᄂᆞᆯ (權金夜被<u>虎</u>搏) 〈東新烈1:8b〉

그런데 중세한국어 자료에는 선행 체언이 무정물임에도 불구하고, '이게/의게'와 같은 여격 표지가 결합한 예가 존재한다.

(8) 가. 비옛 긔우니 <u>므릐게</u> **자펴** 아라우히 막딜여 긔우니 수이 통티 몯ᄒ거든
　　　 (盖腹中元氣 **爲水所倂** 上下關格氣不能通) 〈救簡1:65a〉
　　 나. 喪亂ᄒ 저긔 <u>얼구릐게</u> 지즈로 **브리여** 둔니노니 凄凉ᄒ야 書信도 通티
　　　 아니ᄒ놋다 (喪亂**形仍役** 凄凉信不通 懸旌要路口) 〈杜詩9:7b〉

(8)은 무정명사인 '믈'(水)과 '얼굴'(形)에 '이게/의게'가 결합한 예이다. (8가)는 물에 빠져 죽은 사람을 살리는 내용에 관한 것으로, "뱃속의 기운이 물에 잡혀 아래위가 가로막혀 기운이 수이 통하지 못하거든"으로 해석된다. '爲' 피동인 '爲水所倂'이 '므릐게 자펴'로 언해되었다. (8나)는 "전쟁 통에 육신에 부림을 받아 다니노니 처량하게도 편지도 통하지 않는구나"로 해석된다.[6] '形仍役'이 '얼구릐게 지즈로 브리여'로 언해되었다. 이와 같이 무정명사가 '에게'를 취하는 현상은 현대어에서도 가능하다. 무정명사를 의인화한다면 '저 화분에게 물을 주어라'와 같은 표현이 불가능한 것은 아니기 때문이다.

본고는 (8)의 예가 나타나는 이유를 동사의 어휘적 의미와 관련지어 생각해 보고자 한다. (8)에 사용된 동사는 각각 '자피-'(倂)와 '브리이-'(役)이다. 동사의 의미 특성을 고려하였을 때, 이들은 외부의 행위자가 문장에 존재할 가능성이 높은 동사이다. 무엇을 '잡'거나, 누군가를 '부리'거나 하는 행위는 저절로 일어난다기보다 주도성과 의도성을 가진 존재에 의한

---

6) (8나)의 번역은 전관수(2007)을 참조하였다. 한편 (8나)의 '브리여'를 본고는 '브리이-'의 활용형으로 보았지만 '브리-'의 활용형으로 볼 가능성도 있다. 그런데 '브리-'는 주로 타동사로 사용되었으며, 피동의 의미를 나타내는 경우는 'NP이 V옴이 ᄃ외-'와 같은 피동적 구문에 사용된 경우에 한한다. '煩惱이 <u>브륨미</u> ᄃ욀 씨라'〈釋詳11:3a〉, '艱難코 늘아와 ᄂ미 <u>브륨미</u> ᄃ외며 (貧窮下賤ᄒ야 爲人所使 ㅣ 며)'〈法華2:167a〉 등이 그 예이다. (8나)의 '브리여'는 피동적 구문에 사용된 것이 아니므로, 이는 피동사 '브리이-'의 활용형으로 볼 수 있을 것이다.

일어나는 행위이기 때문이다. 이를 '쌓이-'(積), '잠기-'(沈) 등의 동사가 가지는 의미와 비교하면 보다 명확하다. '쌓이-'는 외부의 행위자에 의해 일어나는 사태를 나타낼 수도 있지만, '눈이 쌓이다', '모래가 쌓이다'처럼 자연적으로 일어나거나 저절로 일어나는 사태를 나타낼 수도 있다. '잠기-' 역시 '다리가 물에 잠기다'와 같이 저절로 일어나는 사태를 나타내는 데에 흔히 사용된다. 두 부류의 동사의 의미를 비교해 보았을 때, '자피-'와 '브리이-'는 '쌓이-'나 '잠기-' 등의 동사보다 외부의 행위자가 존재할 가능성이 더 높은 동사라 할 수 있다.

이러한 동사의 의미적 특징에 근거하면 (8)에서 무정명사가 '의게/이게'를 취한 이유가 설명된다. '자피-'와 '브리이-'는 유정물 행위자의 존재가 함축될 가능성이 높은 동사인데, 이러한 특성에 말미암아 행위자가 무정물로 나타날지라도 명사구에 '이게/의게'가 결합하기도 하는 것이다.[7] (8)의 예도 이러한 경향에 의한 것으로 보인다.

지금까지 살펴본 예에서 행위자 논항은 여격이나 처격, 속격 표지를 취하였다. 이는 범언어적으로 피동문의 행위자 명사구가 취할 수 있는 표지와 다르지 않다. Kazenin(2001: 903-4)에서는 행위자가 피동문에 나타난다면 그것은 대부분 사격 명사구로 나타나며, 행위자 표지는 도구, 처소, 소유 등을 나타내는 표지로 표시될 수 있다고 하였다. 중세와 근대한국어에 행위자 명사구에 도구를 나타내는 표지 '로'가 결합된 예는 거의 보이지 않지만,[8] 앞서 살핀 예처럼 처소나 소유를 나타내는 표지와 결합된 예는 매우 흔하다. 중세와 근대어 피동문의 행위자 격 표지는 범언어적 경향성을 따른다고 할 수 있다.

---

7) 이 주장이 더 보완되기 위해서는 무정명사가 '에게'와 함께 쓰인 예를 더 발굴해 내고, 해당 문맥에서 어떠한 의미를 나타내는 피동사가 쓰였는지를 종합적으로 검토할 필요가 있을 것이다.
8) 현대어의 '칼로 손이 베였다'와 같은 문장이 이에 해당한다. 그런데 이러한 문장에서 '칼'을 행위자 명사구로 볼 수 있는지는 맥락에 따라 다르다. 남수경(2011나: 172)에서는 '칼이 내 손을 벤다'를 대응 능동문으로 본다면 '칼'이 행위자이지만, '철수가 내 손을 칼로 벤다'를 대응 능동문으로 본다면 '철수'가 행위자라고 하였다.

4.1.1.2. 특이한 격 표지

우리는 앞서 중세·근대어 피동문의 행위자 논항의 격 표지는 범언어적
으로 행위자 논항이 취하는 격 표지와 크게 다름이 없음을 확인하였다. 그
런데 피동문의 모든 예가 그러한 경향을 보이는 것은 아니다. 중세어에는
범언어적으로 일반적이지 않은 현상도 존재한다. 행위자 논항이 대격으
로 표시되는 현상이 그것이다. 아래의 예를 살펴보자.

(9) 가. 雜 숨튼 중싱 마순 아호블 노ᄒ면 어려ᄫᆞᆫ 厄을 버서나며 <u>모딘 귓거슬</u> 아
　　니 **자피리라** (應放雜類衆生至四十九 可得過度危厄之難 不爲諸橫惡鬼
　　所持)[9] 〈釋詳9:32b-33a〉

　　가. 雜 숨튼 중싱 마순 아호블 노ᄒ면 어려ᄫᆞᆫ 厄을 버서나며 <u>모딘 귓거슬</u>
　　아니 **자피리라** 〈月釋9:54a〉

(9가)는 '자피-'가 사용된 피동문에 '모딘 귓것'이라는 행위자가 대격으
로 나타나 있다. "잡다한 생명이 있는 생물 마흔 아홉을 놓아주면 어려운
액을 벗어나며 <u>모진 귀신에게</u> 잡히지 않을 것이다"로 해석된다. (9가)은
동일한 내용을 담고 있는《월인석보》부분으로《석보상절》과 그 내용이
동일하다. 저경을 참조하였을 때 '모딘 귓거슬 아니 자피리라'는 '不爲諸橫
惡鬼所持'의 언해인데, 이는 고대한어의 피동 구문인 '爲A所B' 구문이다. 일
반적으로 이 구문에서 A는 B라는 행위의 행위자이므로 (9)에서 '모딘 귓것'
(諸橫惡鬼)이 행위자임은 명확하다.

행위자가 대격으로 표지되는 예는 '조치-'가 사용된 문장에서도 보인다
[예(10가)].

---

9) 저경출처: 大正新脩大藏經 第38冊 No.1770 本願藥師經古迹 (2卷) [新羅 太賢撰] 第2卷

(10) 가. <u>모딘 놈을</u> **조치여** 金剛山애 디여도 호 낟 터럭도 아니 헐리니 〈月釋19:
2a〉

나. 시혹 <u>모딘 사룸믜그에</u> **조치여** 金剛山애 뻐러디여도 호 터럭도 호야디
디 아니호리니 〈釋詳21:4a〉

다. 시혹 <u>모딘 사룸미</u> **또초물 니버** 金剛山애 뻐러디여도 뎌 觀音 念호 히
므로 能히 호 터럭도 損티 몯호며 (或被惡人의 逐호야 墮落金剛山호야
도 念彼觀音力으로 不能損一毛호며) 〈法華7:88a〉

라. 시혹 <u>모딘 사룸미</u> **또차** 金剛山애 뻐러디여도 뎌 觀音力을 念호면 호
터럭도 損티 아니호며 〈月釋19:44a〉

제시된 예는 동일한 내용을 담고 있는 네 종류의 문헌을 보인 것이다.
(10가)는《월인천강지곡》其327에 해당하는 부분으로 "모진 사람에게 쫓
겨 금강산에 떨어져도 한 낱의 털도 다치지 않을 것이니"로 해석되며, '모
딘 놈'이 대격으로 표지되어 있다.

(10가)를 행위자가 대격으로 표지된 구문으로 보기 위해서는 (10가)의
'모딘 놈'이 행위자임을 증명해야 한다. (10가)의 '모딘 놈'이 행위자임은
(10나-라)의 예를 통해 뒷받침된다. (10나)는 '조치-'가 사용된 피동문으로,
행위자 논항이 여격으로 표지되어 '모딘 사룸믜그에'로 나타난다. (10다)
는 'NP이 VP옴을 닙-'의 형식을 취하는 피동적 구문으로, 행위자 논항이 속
격으로 표지되어 '모딘 사룸미'로 나타난다. (10라)는 (10가-다)와 달리 '모
딘 사룸미 또차'라는 타동문을 이루고 있다는 점에서 (10가-다)의 '모딘 놈'
및 '모딘 사룸'이 행위자임을 명확히 보여준다. 이는 한문 원문을 고려하여
도 마찬가지이다. 현재 우리의 검토 대상이 되는 부분은 '或被惡人逐'의 언
해인데, 이는 '被' 피동인 '被+NP(惡人)+VP(逐)' 구문이다. 이 구문에서 NP는
VP의 행위자이므로 '惡人'은 행위자라 할 수 있다. 이처럼 동일한 저경을
서로 달리 표현한 여러 불경 언해의 내용과 被 피동이 가지는 일반적인 특
성을 고려해 보았을 때, (10가)의 '모딘 놈'이 행위자임은 명백하다. (10가)

는 행위자 논항이 대격으로 표지된 것이지, '조치-'가 타동사인 것이 아니다.

한편 아래의 '걸이-'와 '마키-'는 대격 명사구와 함께 사용되었으나, (9), (10)의 예와는 양상이 조금 다르다.

(11) 가. <u>說法</u>을 걸이디 아니ᄒᆞ샤ᄆᆞ로 妙音이시고 (以<u>說法</u>不滯로 爲妙音이시고) 〈法華7:98a〉

나. <u>說法</u>을 마키디 아니ᄒᆞ샤ᄆᆞ로 妙音이시고 〈楞嚴6:66b〉

다. <u>說法</u>을 거티디 아니ᄒᆞ샤미 妙音이시고 〈釋詳21:16a〉

라. <u>說法</u>의 걸인 ᄃᆡ 업스샤ᄆᆞᆫ 妙音이시고 〈月釋19:49b〉

이는 묘음, 관음, 범음 등의 차이에 대해 설명하는 내용으로 모두 동일한 저경을 근간으로 한다. '滯'자를 《법화경언해》와 《월인석보》에서는 '걸이-'로, 《석보상절》에서는 '거티-'로, 《능엄경언해》에서는 '마키-'로 언해하였다. 그 번역이 어떠하든 모두 "설법에 {막히지/얽매이지/속박되지} 않으시므로 묘음이시고"로 해석된다. '說法'은 (11가-다)에서는 대격으로, (11라)에서는 주격으로 나타나 있다.[10]

이처럼 피동문의 행위자 논항이 대격으로 나타난 구문은 격 표지와 관련하여 독특한 양상을 보인다는 점에서 주목되지만, 이 문장에 사용된 동사를 자·타 양용동사로 볼 수 있는지의 문제와 관련하여 논의되기도 하였다. 황국정(2009), 李賢熙(2010)의 연구에서는 각각 (11가)와 (11나)의 예를 근거로 하여 '걸이-'와 '마키-'를 양용동사로 처리하였다. 황국정(2009: 316)에서는 (11가)의 예를 근거로 '걸이-'를 자·타 양용동사로 보았으며, (11다)

---

10) (11라)는 다른 예들과 달리 '說法'이 주격으로 나타난다. 《월인석보》의 언해자는 '妙音'과 '說法'의 관계를 [경험주]-[자극]의 관계로 이해한 듯하다. '說法이 걸인 ᄃᆡ 없-'의 경험주로 '妙音'을 상정하고, '說法'을 일종의 자극 논항으로 처리한 것이다. 이에 의하면 (11라)는 "(묘음에게는) 說法이 걸림이 되지 않으므로 묘음이 되시고"로 해석된다. 자극 논항이 주격으로 표시된 예로 볼 수 있을 것이다.

의 '거티-' 또한 자·타 양용동사로 보았다.[11] 李賢熙(2010: 93)에서는 (11나)의 예를 근거로 '마키-'도 '막-'과 마찬가지로 자동사·타동사 겸용동사라고 하였다.

그러면 (11가, 나)의 예는 자·타 양용동사 '걸이-'와 '마키-'가 이루는 타동 구문인가, 행위자가 대격으로 표지된 예인가. 만약 전자로 본다면 '걸이-'와 '마키-'가 일반적인 자·타 양용동사가 가지는 특징을 갖추고 있는지 살필 필요가 있다. 일반적으로 S=O 유형의 양용동사는 'NP₁이(S) V' 구문과 'NP₂이(A) NP₁을(O) V'의 구문을 이룬다. 이때 자동문의 주어(S)와 타동문의 목적어(O)는 동일 논항을 공유한다. 타동문의 주어는 [행위자], 목적어는 [피행위자]의 의미역을 가지는데, (11가, 나)가 '마키-'와 '걸이-'가 이루는 타동문이 되기 위해서는 '說法'이 목적어여야 하며, 피행위자의 의미역을 가져야 한다.

'妙音'과 '說法'의 의미역을 확인하기 위해 두 문장을 분석해 보자. (11가, 나)는 '說法을 {걸이디/마키디} 아니ᄒ-'가 내포문으로 안겨있는 구조로, 그 내부 구조는 다음과 같이 분석된다.

[[[[(妙音이) 說法을 {마키디/걸이디} 아니ᄒ-]-시-]-옴]ᅌᆞ로 妙音이시고]

이에 따르면 내포절의 주어, 즉 '妙音'은 피행위자이다.

다음으로 '說法'의 의미역을 확인하기 위해 이 피동문의 대응 능동문을 상정해 보자.[12] '妙音이 說法을 {마키-/걸이-}'에 대응하는 능동문은 다음의

---

11) 참고로 제시한 예의 '거티-'는 그 어간을 '어기+접사'로 분석하기 어렵다는 점에서 피동사가 아닐 가능성이 높다. 본고는 동일한 저경을 문헌마다 달리 언해한 양상을 보이기 위해, '거티-'가 사용된 문장을 일단은 (11)에 함께 제시하였다. '거티-'는 '顧흔돈 사ᄅᆞᆷ도 便安ᄒ며 ᄆᆞ쇼도 便安ᄒᆞ야 녀는 길헤 거틸 꺼시 업고라'〈月釋4:59b〉와 같이 주로 자동사로 사용되었다.
12) (11가, 나)와 같은 문장은 대응 능동문을 상정하기 어려운 피동문이다. 그런데 우리는 제2장에서 이와 같은 피동문도 통사부에서는 대응 능동문을 상정할 수 있는 것으로 보았다. 따라서 '說法' 혹은 제3의 외부의 행위주가 존재하는 대응 능동문의 상정이 가능하다.

두 가지로 상정해 볼 수 있다.

① 說法[행위주]이 妙音[대상]을 {막-/걸-}

② X[행위주]이 妙音[대상]을 說法[도구]으로 {막-/걸-}

①의 분석은 '說法'이라는 논항 자체를 행위주로 상정하는 방법이다. ②
의 분석은 어떠한 의지를 가진 외부의 행위주를 상정하고, 그 행위주가 說
法이라는 수단을 활용하여 妙音에게 행위를 하는 것으로 분석하는 방법이
다. 실제 (11가, 나)의 문장에서 행위주의 존재는 전혀 함축되지 않으므로
②의 문장이 피동문으로 도출될 때 행위주 'X'는 삭제된다.

①과 ② 중 어느 분석을 따르든, '說法'을 피행위자로 보기는 어렵다. '說
法'은 ①에서는 피행위자보다 오히려 행위자에 가까우며 ②에서는 도구
논항에 가깝기 때문이다. 다시 말해, '說法을 {마키디/걸이디} 아니ᄒᆞ샤ᄆᆞ
로 妙音이시고'에서 '說法을'은 행위주 혹은 도구 논항이 대격으로 표지된
것이지, '마키-'와 '걸이-'가 타동사로 쓰인 예로 보기 어렵다.

한편 '마키-'와 '걸이-'를 S=A 유형의 양용동사로 볼 가능성도 있다. S=A
유형의 양용동사는 'NP₁이 NP₂에 V' 구문과 'NP₁이 NP₂을 V' 구문을 이루며,
자동문의 주어와 타동문의 주어가 동일한 논항을 공유한다. 만약 이들을
S=A 유형의 양용동사로 본다면, '마키-'와 '걸이-'는 'NP₁이 NP₂애 {마키-/걸
리-}' 구문과 'NP₁이 NP₂를 {마키-/걸리-}' 구문을 이룰 수 있다. (11가, 나)는
후자의 방식으로 실현된 구문이 될 것이다.

하지만 일반적인 S=A 유형의 양용동사와 달리, '마키-'와 '걸이-'가 이루
는 타동 구문의 예는 매우 적다. 우리가 제3장에서 S=A 유형의 양용동사로
다룬 '불-', '웆-'은 자유롭게 자동 구문과 타동 구문을 이룰 수 있었다. 그러
나 '마키-'와 '걸이-'가 타동 구문을 이루는 예는 (11)에서 제시한 예가 전부
라 할 수 있을 정도로 그 수가 많지 않다. 따라서 본고는 이들을 양용동사
로 보는 입장을 취하지 않고, 부사어가 대격으로 표지된 예로 본다. 피동

문의 부사어 성분이 대격으로 표지된 예는 여러 예에서도 찾아볼 수 있기 때문이다.

행위자가 대격으로 나타나는 현상은 현대는 물론 중세·근대한국어 시기에도 흔히 보이는 현상이 아니라는 점에서, 내재되어 있는 어떠한 언어학적 원리를 상정하기 쉽지 않다. 또 이러한 양상을 보이는 예가 극히 적기 때문에 소수의 예로 일반화를 하기 어렵다. 그럼에도 불구하고 이들이 대격으로 표지될 수 있었던 여러 가능성을 제시하면 다음과 같다.

첫째, 동사들의 의미적 공통점에 초점을 두어, 이를 해당 동사가 가지는 특징으로 보는 것이다. Dixon(1979)에서는 범언어적으로 비일관적 혹은 예외적 격 표지 행태는 다음과 같은 경우에 발견된다고 하였다(연재훈 2011: 61에서 재인용).

  가. 동사의 의미특성에 따라

  나. 명사구의 의미특성에 따라

  다. 시제와 상에 따라

  라. 주절이냐 종속절이냐에 따라

이를 참고하면, 중세어에서 피동문의 부사어와 관련하여 예외적 격 표지가 나타나는 현상은 (가)의 경우와 관련시킬 수 있을 듯하다. 부사어가 대격으로 나타나는 예를 보이는 동사들은 '조치-', '자피-', '걸이-', '마키-'인데, 이들은 모두 속박, 구속의 의미를 나타낸다는 공통점이 있다. Dixon(1979)의 논의를 받아들인다면, 15세기에 속박의 의미를 가지는 피동사들은 경우에 따라 문장에서 부사어가 대격을 취할 수도 있다고 설명할 수 있다.

둘째, 이를 '에/를' 교체 현상으로 보는 것이다. 황국정(2015)에서는 중세한국어 시기 '에/를' 교체는 현대한국어의 교체보다 더 다양한 동사 구문에서 가능하였다고 하면서 이동동사('오-')와 태도동사('어긔-'), 결과-상황동사('當ᄒᆞ-')는 물론 심리동사('즐기-'), 인지동사('알-', '모ᄅᆞ-'), 사유동사

('너기-'), 지각경험동사('보-') 등의 구문이 보이는 '에/를' 격 교체에 대해 논하였다. 만약 지금까지 우리가 논한 현상들도 '에/를' 격 교체로 볼 수 있다면, 소수의 피동사가 이루는 구문도 '에/를' 격 교체를 보이는 동사 구문에 포함될 수 있을 것이다. 다만 모든 동사가 그러한 양상을 보이지는 않는다는 점, 그리고 이와 같이 격 교체를 보이는 피동사 구문이 매우 소수인 점이 지적되어야 할 것이다.

셋째, 문장의 정보 구조(information structure)를 고려하여, 행위자를 비롯한 기타 논항들이 문장에서 초점을 받았기 때문에 이들이 대격으로 나타난 것으로 볼 수도 있다.

넷째, 대격을 취하는 성분이 모두 부사어임에 착안하여, 한국어의 부사어 성분은 대격으로 표지되는 경향이 있다고 볼 수도 있다. 우리가 지금까지 논한 현상을 단지 특정 동사의 문제에 국한시키는 것이 아니라, 부사어가 가질 수 있는 특성의 하나로 보는 것이다.[13]

본고는 모든 가능성을 열어두되 어느 한쪽으로 결론을 짓지는 않으려 한다. 다만 제시된 동사들이 가지는 의미적 공통성이 뚜렷한 편이고, 이를 뒷받침해주는 유형론적 근거도 있다는 점에서 첫 번째 가능성에 무게를 둔다. 즉 속박, 구속의 의미를 가지는 피동사의 행위자 논항은 경우에 따라 '을/를'을 취할 수 있는 것이다.

지금까지 우리는 피동문의 행위자 논항을 중심으로 격 표지 실현 양상을 살펴보았다. 일반적으로 행위자 논항은 여격 표지 '이게/의게'나 처격 표지 '애/에/예'를 취한다. 동명사형이나 '-은 배 드외-'와 같은 구성이 후행할 경우, 행위자 논항은 'ㅅ/이/의'와 같은 속격 표지를 취하기도 하였다. 한편 피동사 '자피-, 조치-, 걸이-, 마키-' 등이 이루는 일부의 구문은 행위자

---

13) 이를 증명하기 위해서는 피동사뿐만 아니라 한국어 동사가 이루는 구문 전체를 대상으로 한 자료의 검토가 필요하다.

논항이 대격으로 나타나기도 하였다.[14] 본고는 특이한 격 표지의 예를 보이는 동사가 모두 속박 및 구속의 의미를 취한다는 점을 고려하여 이를 동사의 의미 특성에 따른 것으로 볼 수 있을 가능성을 제시하였다.

4.1.2. 피행위자의 격 표지

다음으로 피동문의 피행위자의 격 표지 실현 양상을 논한다. 현대어 피동문에서 피행위자는 일반적으로 주격 표지를 취하는데, 이는 중세·근대 한국어에서도 다르지 않다. 본고가 피행위자와 관련하여 주목하는 현상은 피행위자와 관련된 명사구에 '을/를'이 결합하는 현상이다. 이 項에서는 '을/를' 피동을 중점적으로 논하되, 다음의 단계에 따라 연구를 진행한다.

먼저, 현대어의 '을/를' 피동문의 특징과 '을/를' 피동문을 이룰 수 있었던 동사들을 참고하여 중세와 근대의 '을/를' 피동문의 예를 검토한다. 다음으로 주어와 '을/를' 성분이 맺는 의미 관계를 살피고, 현대의 '을/를' 피동문과 그 양상을 비교한다. 마지막으로 '을/를' 피동문에 나타나는 '을/를'의 의미 기능을 제시한다.

4.1.2.1. 현대한국어의 '을/를' 피동문과 중세·근대한국어의 '을/를' 피동문

중세와 근대의 예를 본격적으로 살피기에 앞서, 현대어 연구에서 '을/를' 피동과 관련하여 어떠한 쟁점들이 논의되어 왔는지 간략히 살핀다. 일반적으로 피동은 능동문의 목적어가 주어로 승격하고, 능동문의 주어가

---

14) '걸어'와 '마키-'가 이루는 구문의 경우, 문장에 나타나는 '說法'의 의미역을 무엇으로 보느냐에 따라 행위주가 아닌 도구 논항이 대격으로 표시된 것이라 할 수도 있을 것이다.

부사어로 강등되는 과정이다. 따라서 피동문에는 목적어가 나타날 수 없다. 그런데 아래의 예를 살펴보자.

(12) 가. 나는 영희에게 **손을** 잡혔다.

　　 나. 엄마가 아이에게 **젖을** 물렸다.

제시된 문장은 피동사 '잡히다', '물리다'가 사용되었음에도 불구하고 '손을', '젖을'이라는 대격 성분이 나타나 있다. 이와 같은 문장을 피동문이라 할 수 있는가? 이때 '을/를'의 의미 기능은 무엇인가? 그간 많은 연구에서 '을/를' 피동문이 가지는 여러 면모에 대해 연구하여 왔는데, 연구 쟁점을 간략히 요약하면 다음과 같다.

첫째, '을/를' 피동문이 생성되는 기제에 관한 것이다. 이에 대해서는 이중목적어 구문(송복승 1995), 능동문에 있던 목적어가 넘어온 것(이익섭·임홍빈 1983: 206), 능동구문의 목적어가 잔류한 것(이상억 1999), 이중자동구문(우형식 1996: 200-201), 외곽 사동이 내적 피동을 둘러싼 구조로 보는 것(김용하 2014) 등의 논의가 있다.[15]

둘째, '을/를'의 의미 기능에 대한 것이다.[16] 격조사로 보는 입장과 보조사로 보는 입장이 있는데, 격조사로 보는 입장은 다시 격조사가 사용되었지만 피동문으로 보는 입장(이정택 2003), 격조사가 사용되었지만 피동문이 아닌 것으로 보는 입장(이광호 1988, 우형식 1996, 고광주 2001, 남수경 2005 등)으로 나뉜다. 보조사로 보는 입장은 任洪彬(1978/1998), 유혜원(1999), 송창선(2009) 등이 있다.

셋째, 해당 문장의 문법적 지위에 대한 것이다. 이는 두 번째 쟁점과 연

---

15) 고영근(2017)에서는 '빼앗기다'가 이루는 구문을 중심으로, 이를 '구형 파생법'(phrasal derivation)으로 논한 바 있다. 이에 따르면 '돈을 빼앗기다'의 '-기-'는 '돈을 빼앗'이라는 구에 결합하여 문장 형성에 관여하는 형성소이다.

16) '을/를'의 기능에 대한 선행 연구는 박소영(2010: 69-70)을 주로 참조하였다.

관된다고 할 수 있다. 피동문으로 보는 입장과 타동문으로 보는 입장, 피동문으로 보되 목적어를 가질 수 있는 것으로 보는 입장 등이 있다. 그 외 중간적 입장으로는 의미범주상 피동문이지만 형태·통사범주상 타동문으로 본 논의(고광주 2001), '피동 타동문'으로 본 논의(이상억 1999) 등이 있다. 이광호(1988)은 사동문으로 보았다는 점에서 독특하다.

넷째, '을/를' 피동문이 나타낼 수 있는 의미에 대한 것이다. 任洪彬(1978/1998: 328)에서는 피해 피동의 '피해'라는 말이 대상성의 강화로 인한 관련 인물의 자유에 대한 손상을 의미하는 한에서, '을/를' 피동은 피해 피동의 성격을 지닌다고 하였다. 유혜원(1999: 212)에서는 '을/를' 피동은 [접촉성]을 전제로 하며, 어떤 행위주가 수동자에 대해서 어떤 형식으로든 접촉을 가짐으로써 수동자에게 어떤 영향을 미친다고 하였다. 이선희(2004: 176)는 이를 신체의 접촉이나 영향이 미치는 상황을 기술한 것으로 보았다.

이처럼 '을/를' 피동문에 대한 여러 쟁점 사항들이 존재하지만, 중세와 근대한국어 자료를 대상으로 이를 구체적으로 검토하기에는 한계가 있다. '을/를' 피동문의 특성을 보이는 예가 풍부하게 남아 있지 않기 때문이다.17) 본고는 '을/를' 피동문의 초기 모습과 그 실현 양상을 확인하는 데에 의의를 두고 연구를 진행한다.18)

먼저 '을/를' 피동문을 이룰 수 있는 동사를 살펴보자. 현대어에서 '을/를'을 취할 수 있는 동사 목록은 남수경(2011나: 188)를 참고할 수 있다.

---

17) 이는 자료의 양적 차이에 기인한다. 현재 남아 있는 중세·근대한국어 시기의 자료의 양은 현대한국어의 그것에 비하면 극히 적다. 또한 현대에 '을/를' 피동을 이룰 수 있는 동사들이 중세·근대 시기에 존재한다 할지라도, 그 동사가 '을/를'과 함께 쓰인 문장이 남아 있는가 하는 것은 또 다른 문제이다. 자료의 한계 및 여러 가지 요인으로 '을/를' 피동문의 옛 모습을 살필 수 있는 대상이 지극히 적을 수 있다는 점을 언급해 둔다.

18) 본고에서 제시한 예 외에도 필자가 미처 발견하지 못한 '을/를' 피동문이 충분히 있을 수 있다. '을/를' 피동문의 특징을 심도 있게 논하기 위해서는 더 많은 자료가 관찰되어야 할 것이다. 또한 본고에서는 19세기 말까지의 문헌 자료만을 대상으로 하였지만, 언간을 비롯한 필사본 자료를 비롯하여 20세기 초의 자료도 분석될 필요가 있다.

(13) 가로채이다, 거머잡히다, 걷어채다, 공먹이다, 긁히다, 꺼들리다, 꼬집히
다, 꿰뚫리다, 내리눌리다, 눌리다, 떠다박질리다, 떨리다, 떼이다, 뜯기
다, 물리다, 발리다, 밟히다, 버르집히다, 베이다, 붙들리다, 붙잡히다, 빨
리다, 빼앗기다, 설잡히다, 싸잡히다, 앗기다, 옴켜잡히다, 움켜잡히다,
읽히다, 잘리다, 잡히다, 적히다, 졸리다, 쥐어뜯기다, 쥐어질리다, 집히
다, 쪼이다, 찍히다₁, 찍히다₂, 찔리다, 차이다, 치받히다, 털리다,[19] 깎이
다, 꺾이다, 끼이다, 떠밀리다, 먹히다, 묶이다, 밀리다, 받히다, 부딪히다,
뽑히다, 쏘이다, 팔리다, 헐리다[20]

'을/를'을 취할 수 있는 현대의 피동사는 이처럼 매우 다양하다.

이에 반해, 중세와 근대에 '을/를'을 취할 수 있는 피동사는 현대만큼 다
양하지는 않다. 본고에서 검토한 중세·근대한국어 시기에 '을/를'을 취할
수 있는 피동사를 아래에 제시한다.

(14) 아이다, 후리이대[이상 중세], 끼이다, 막히다, 붙들리다, 쌔앗기다, 잡히
다, 졸리다, 찍히다, 찔리다, 팔리대[이상 근대][21]

(14)의 목록에서 현재 사어화된 '아이다'와 '후리이다', 현대한국어 동사
목록에는 없었던 '막히다'를 제외하면, 나머지 동사들은 현대한국어 목록
의 동사들과 다를 바가 없다. 중세·근대에 '을/를' 피동문을 이룰 수 있었
던 동사는 현대에 비하여 그 종류와 수는 극히 적지만, 연속선상에 있는 것
으로 볼 수 있겠다. 또한 '을/를' 피동문이 가능한 동사는 유혜원(1999)에서

---

19) 이상은 남수경(2011나)에서 〈표준〉을 참조하여 제시한 항목이다.
20) 이상은 남수경(2011나)에서 유혜원(1999), 고광주(2001), 남수경(2005)에서 제시한 동사를
    검토하여 제시한 항목이다. 이 목록에 고광주(2001)에서 제시한 동사 중 '부딪히다'가 빠져
    있어서 본고에서 추가하였다.
21) 이 중 '끼이다, 막히다, 붙들리다'는 19세기 말 이후에 '을/를' 피동문을 이룰 수 있었다.

[접촉성]이라는 특징을 가지고 있다고 언급하였는데, (14)의 동사들은 모두 신체 접촉을 통한 행위를 나타내고 있다는 점에서 현대의 특징과 동일하다.

(14)의 목록을 바탕으로, 각각의 동사들이 실제로 이루는 구문을 살펴보자. 중세에 '을/를' 피동문을 이룰 수 있었던 동사가 이루는 구문을 아래에 제시한다.[22]

> (15) 가. 彼ㅣ (…) 쏘 도즉을 맛나 쇠며 물을 아이고(彼ㅣ 以牛馬로 負妻子而 逃ᄒ다가 又遇賊ᄒ야 掠其牛馬ᄒ고)〈飜小9:71a〉

---

[22] 한재영(1984: 30-1)에서는 '앗이-', '후리이-'가 이루는 구문 외에 '갓기-', '굴이-'가 이루는 구문도 '을/를' 피동의 예로 제시하였다.

> 가. 故人이 도르혀 寂寞ᄒ야 자최롤 갓겨 다뭇 어려이 ᄃ니놋다 (故人還寂寞 削迹共艱虞)〈杜詩21:30a〉
> 나. 여듧차힌 모딘 藥을 먹거나 ᄂ오롤 굴이거나 邪曲ᄒ 귓거시 들어나 ᄒ야 橫死홀씨오 (八者橫爲毒藥 厭禱呪詛 起屍鬼等之所中害)〈釋詳9:37b〉

(가)의 '자최롤 갓기-'는 '削籍'을 언해한 것으로, 이는 "옛 친구는 여전히 寂寞하며 자취를 감추고 어려이 지내는구나"로 해석된다. '갓기-'가 중세·근대어에서 주로 사동사로 사용되었고 '자최롤 갓기-'는 '자취를 감추다, 자취를 지우다'로 해석하는 것이 자연스러움을 고려하면, (가)의 '갓기-'는 사동사로 보는 것이 적절할 듯하다.

(나)의 'ᄂ오롤 굴이-'는 '厭禱'를 번역한 것으로, "저주를 당하다"는 의미를 나타낸다. 이 예는 "여덟째는 독한 약을 먹거나, 저주를 당하거나, 사곡한 귀신이 들거나 하여 횡사하는 것이고"로 해석된다. '굴이-'는 이 외에도 'ᄂ올을 굴이거나 모딘 藥을 머거도 모딘 몸애 도라디리니'〈月釋19:2b-3a〉, '蠱毒 노을 굴인 병'〈救簡目錄5a〉 등에서 피동사로 사용되었다. '굴이-'의 어기 '굴-'이 타동사로 사용된 예는 아래와 같다.

> 다. 노을 구려 사룸 주기는 노ㅁ란 목 버히고 (咀呪殺人者斬)〈警民重18a〉

제시된 예는 쓰쿠바대학 소장본으로 '咀呪'가 '노을 굴-'로 언해되었다. "(남을) 저주하여 사람을 죽이는 자는 목을 베고"로 해석된다. 이처럼 'ᄂ올 굴-'과 'ᄂ올 굴이-'는 능동·피동의 관계로 볼 수 있지만, (나)의 'ᄂ오롤 굴이-'를 '을/를' 피동으로 보기는 어렵다. '을/를' 성분인 'ᄂ올'이 피행위자의 신체 부위와 관련되거나 피행위자의 소유물이 아니라는 점에서 보통의 '을/를' 피동문과는 매우 다른 특성을 가지기 때문이다. 'ᄂ오롤 굴이-'와 같은 표현은 'ᄂ올'이 초점화된 표현으로 볼 수 있을 것이다. 따라서 본고는 (가), (나)와 같은 예는 '을/를' 피동으로 다루지 않는다.

나. 攸ㅣ (…) 또 도적을 만나 그 **쇼와** 물을 <u>후리이고</u> (上同) 〈小學6:66a〉

(15가)의 '아이-'는 '앗-'의 피동사, (15나)의 '후리이-'는 '후리-'의 피동사이다. 이들은 "攸가 (…) 또 도적을 만나 소와 말을 빼앗기고"로 해석된다. (15)는 현대한국어의 '빼앗기다'가 이루는 문장과 다를 바가 없다.

다음으로 근대 시기에 존재하는 '을/를' 피동문의 예를 검토한다. 아래에 해당 예를 보인다.

(16) 가. 내 겨집이 되어 놈의게 **손을** <u>잡히니</u> 엇지 흔 손으로써 온 몸을 더러이리오 (我爲婦人 不能守節 而此手爲人執邪 不可以一手幷汚吾身) 〈三綱英烈16〉

나. 믈읫 사름의게 衣服이나 或 저즌 죠히로써 **口鼻롤** <u>막히여</u> 죽어시면 빗乾脹ᄒᄂ니라 (凡被人以衣服或濕紙로 搭着口鼻死則腹이 乾脹이니라) 〈無冤錄3:78a〉

나. 사름의게 物노써 **口鼻롤** 눌너 <u>막히여</u> 긔운을 내디 못ᄒ야 命絶ᄒ야 죽은 者ᄂ (被人以物로 壓塞口鼻ᄒ야 出氣不得ᄒ야 命絶死者ᄂ) 〈無冤錄3:78a〉

다. 봄에 히쥬로 잡혀 들어가 쟝작 틈에 **목을** <u>끼이여</u> 죽이니 나히 사십여 셰러라 〈치명일기 157a〉

라. 리가의 모는 **팔을** 이왕 <u>쎌니엿고</u> 리가의 쳐는 **뢰후를** 방쟝 <u>쎌니여</u> 거의 죽을 디경인 고로 〈독립신문 1898/1/18〉

마. 동일에 양쳔 사름 ᄒ나흔 **돈 삼빅 량을** <u>쌔앗기고</u> **억기를** <u>쯱히고</u> 〈매일신문 1898/5/2〉

바. 대졔ᄉ쟝의 종 ᄒ나흔 베드로의게 **귀룰** <u>쯱히던</u> 사름의 일가라 〈신약전서 요한18:26〉

사. 그 쟈근 쓸의 일홈이 긔니 **몸을** <u>풀리여</u> 가고져 ᄒ거늘 부뫼 듯디 아니ᄒ니 〈太平10b〉

아. 다라날 째에 붓들니기 쉬흐니 의복을 버셔야 ᄒ겟고 뎨일에 **머리털을**
붓들닐ᄼ 무셥더라 〈독립신문 1898/11/29〉

(16가)는 '잡히-', (16나, 나')는 '막히-', (16다)는 '끼이-', (16라)는 '찔니-',
(16마)는 '쌔앗기-'와 '찍히-', (16바)는 '찍히-', (16사)는 '폴리-', (16아)는 '붓
들니-'가 사용된 예이다. (16가)는 "내가 아내가 되어 남에게 손을 잡히니
어찌 남은 한 손으로 온 몸을 더럽히겠는가", (16나)는 "무릇 남에 의해 옷
이나 젖은 종이로 입과 코를 틀어막혀 죽음을 당하였으면 배가 乾脹(먹은
것이 없는데 배가 부른 상태)하다", (16다)는 "(아오스딩 성도는 신천 사람
으로 장연의 불태산에 가서 훈학하다가) 봄에 해주로 잡혀 들어가 장작 틈
에 목을 끼여 죽으니 나이 사십 여 세이더라", (16라)는 "이완식의 어머니
는 팔을 이미 찔렸고 이완식의 처는 뒷통수를 방금 찔려 거의 죽을 지경인
까닭에", (16마)는 "같은 날 양천 사람 한 명은 돈 삼백 량을 빼앗기고 어깨
를 찍히고", (16바)는 "대제사장의 종 하나는 베드로게에 귀를 잘리던 사람
의 일가이다", (16사)는 "그 작은 딸의 이름이 기(寄)이니 (뱀에게) 몸을 팔
려 가고자 하거늘 부모가 듣지 않으니", (16아)는 "달아날 때에 붙들리기
쉬우니 의복을 벗어야 하겠고 머리털을 붙들릴까 무섭더라"로 해석된다.
(16)에 사용된 동사들은 대부분 신체 접촉을 통한 행위를 나타내고 있다는
점에서 공통된다.
이와 같은 예를 대상으로, 피동문의 주어와 '을/를' 성분의 의미 관계를
확인해 보자. (15), (16)의 문장에 사용된 명사구들을 주어, 부사어, '을/를'
성분으로 나누어 제시하면 아래와 같다.[23]

---

23) 행위자나 피행위자가 문장에 직접 드러나 있지 않더라도, 앞뒤 맥락에서 제시되었거나 맥락
   을 통해 유추가 가능한 경우는 괄호 안에 제시하였다.

(17)

	주어	부사어	'을/를' 성분	서술어
가,나.	伮	도족	쉬며 몰	아아-/후리아-

(18)

	주어	부사어	'을/를' 성분	서술어
가.	내	눔	손	잡히-
나.	(사룸이)	사룸의게	口鼻	막히-
나.	(사룸이)	사룸의게	口鼻	눌너 막히-
다.	아오스딩	(박해자)	목	끼이-
라.	리가의 모	(김희진)	팔	찔니-
	리가의 쳐	〃	뢰호	찔니-
마.	양쳔 사룸	(남)	돈 삼빅량	쌔앗기-
	〃	〃	억기	쩍히-
바.	죵	베드로	귀	쩍히-
사.	긔	(뱀)	몸	풀리-
아.	도둑	(집쥬인)	머리털	붓들니-

이를 참조하였을 때, 피동문의 '을/를' 성분은 대부분 주어의 신체와 관련된 명사구이거나, 주어의 소유물과 관련된 명사구임을 확인할 수 있다. 몸과 마음, 자취(모습), 손, 입과 코, 목, 팔 등은 모두 피행위자의 신체의 일부와 관련되며, '쉬며 말', '돈 삼빅량' 등은 소유물과 관련된다.

이러한 의미 관계는 현대한국어 '을/를' 피동문의 명사구들이 가지는 관계와 유사하다. 주어와 '을/를' 성분이 맺는 관계에 대해 우형식(1996: 203)에서는 '전체-부분'의 비분리적 의미 관계, 우인혜(1997: 135)에서는 '불가분리성'(inalienability), 송복승(1995), 이선희(2004: 175)에서는 '전체-부분'의 비분리적 소유(inalienable possession) 관계, 이정택(2004: 176)에서는 소유주와 소유물의 관계 등으로 설명하였다. 중세와 근대한국의 '을/를' 피동문의 주어와 '을/를' 성분이 가지는 관계는 현대한국어 연구에서 제시한 것들과 거의 다르지 않은 것이다.

한편, (16나, 나', 다)의 예처럼 술어가 'V$_1$-어 V$_2$'로 나타나는 경우는 '을/를' 피동문 판별에 주의를 요한다.[24) 특히 (16나')처럼 V$_1$에는 타동사(누르-), V$_2$에는 피동사(막히-)가 사용되었을 경우, '을/를' 성분이 V$_1$의 논항일 가능성이 있다. 그리고 (16다)의 'V$_1$'에 사용된 '끼이-'는 타동적 용법도 가진다는 점에서 판별에 주의가 필요하다. 이러한 가능성에 유념하여 이들을 분석해 보자.

(16나)의 '口鼻룰 막히여 죽어시면'에서 V$_1$ '막히-'와 V$_2$ '죽-'은 둘 다 자동사이고, 동일 주어를 공유한다. 반면 (16나')의 '口鼻룰 눌너 막히여'에서 V$_1$ '누르-'는 타동사이고 V$_2$ '막히-'는 자동사로, 동사의 통사 범주가 다르다. 또한 동사 각각이 요구하는 주어도 다르다. '누르-'(vt)는 주어로 행위자를 요구하지만, '막히-'(vi)는 주어로 피행위자를 요구하는 것이다.

이를 고려하면 (16나, 나')은 다음과 같이 분석된다.

(16나) 사룸의게 衣服이나 或 저즌 죠히로써 口鼻룰 막히여 죽어시면

[(피행위자가) 사룸의게 衣服이나 或 저즌 죠히로써 口鼻룰 <u>막히어</u>]s$_1$ [(피행위자가) <u>죽어시면</u>]s$_2$
                     ↳ 피동사
       ↳ 자동사

(16나') 사룸의게 物노써 口鼻룰 눌너 막히여

[(피행위자가) 사룸(행위자)의게 [(행위자가) 物노써 (피행위자의) 口鼻룰 <u>누르어</u>]s$_1$ (口鼻이) <u>막히여</u>]s$_2$
                        ↳ 타동사
   ↳ 피동사

---

24) 일반적으로 'V$_1$-어 V$_2$' 구성은 해당 구성이 어떠한 의미·통사·형태적 특징을 가지고 있는지에 따라 합성동사, 연속동사구성, 보조동사 구성, 접속구성 등으로 분류된다. 이들 사이의 경계를 나눌 수 있는 기준이 논의되기도 하였으나, 최근에는 정도성의 문제로 특징짓는 듯하다. 이 중 접속 구성은 두 문장이 접속될 때 동일한 선행 성분이 생략되거나 성분 간의 자리 바꿈으로 두 동사가 우연히 나란히 연결되어 나타난 구성이다(강현화 1998: 201-2). (16나, 나', 다)의 '막히여 죽-', '눌너 막히-', '끼이여 죽어-'는 동사 각각이 본래의 의미를 유지하면서 각각의 논항을 요구한다는 점에서 접속 구성의 특징을 가지고 있다고 볼 수 있다.

(16나)는 '(피행위자가) 남에게 옷이나 젖은 종이로 口鼻를 막히-'와 '(피행위자가) 죽-'이라는 두 절이 접속되어 있는 구성이다. '口鼻롤'은 '막히-'가 이끄는 피동절에 사용되어 있다. 이때 피행위자 명사구와 '口鼻'는 유정물과 그 신체 부위라는 의미 관계를 지닌다는 점에서, '을/를' 피동문의 두 명사구가 맺는 의미 관계와 동일하다. 반면 (16나')은 '누르-'가 이끄는 절이 '막히-'가 이끄는 절에 내포되어 있는 구성이다. '(행위자가 물건으로 피행위자의) 口鼻를 누르-'가 '(피행위자가 행위자에 의해) 口鼻가 막히-'에 내포된 구성인 것이다. 이때 '口鼻롤'은 내포절 동사인 타동사 '누르-'가 요구하는 논항이며, '막히-'와는 관련이 없다.[25] 따라서 (16나')은 '을/를' 피동문이 아니다.[26]

---

25) 만약 (16나')의 '口鼻롤'을 V₂ '막히-'와 관련된 성분으로 보기 위해서는 선행절의 '口鼻롤'이 생략되고, 후행절의 '口鼻이'가 대격으로 표지된 것으로 보아야 한다. 하지만 이는 지나치게 복잡한 통사적 설명을 요구한다.

26) 본고는 (16나, 나')과 같은 예를 설명하기 위해 생략된 문장 성분이 있음을 전제하고, 이를 복원하는 접근 방법을 취하였다. 그런데 유경종(1995)에서는 이를 무표지를 설정하여 설명하였다. 유경종(1995)는 선행절 또는 후행절 중 어느 하나에 이미 피동 형식이 실현되면 다른 하나는 문맥상 피동의 의미가 예측 가능하기 때문에, 무표지로 실현될 수 있다고 하였다. '눌너 막히-'에서 선행절의 '눌너'는 '눌녀'로 나타나지 않아도 후행절에 '막히-'라는 피동사가 사용되어 있기 때문에, 피동의 의미를 가질 수 있는 것이다. 유경종(1995)에서는 이 현상을 하나의 근거로 삼아, 피동형을 선어말어미로 보아야 함을 주장하였다. 그 근거로 첫째, 피동형이 대등 접속문이나 부정문 구조에서 임의적으로 생략이 가능한 점, 둘째, 중세·근대한국어에는 피동 접미형에 의한 피동형 형성이 매우 생산성을 지닌다는 점, 셋째, 접사의 중첩 현상이 존재하는데 일반적으로 중첩은 굴절소에서 일어나는 현상이라는 점을 들었다.
하지만 (16나')의 예는 접사의 생략이 아닌 논항의 생략이라는 관점에서도 분석될 수 있는 문제이기 때문에, 이를 꼭 피동형이 무표지로 나타난 것으로 분석할 필요는 없다. 피동형 형성이 매우 생산성이 있다는 두 번째 근거 역시 재고해 볼 필요가 있다. 중세와 근대한국어 시기의 전체 동사의 수를 고려하였을 때, 피동화를 겪을 수 있었던 동사는 매우 소수에 불과하다. 현대에 '-어지-'로 나타나는 어휘가 중세에 접미 피동형으로 나타난다고 하여, 피동형 형성의 생산성이 높다고 일반화하기 어렵다. 또한 문법 요소의 중첩은 피동 접사 외에도 사동 접사, 그리고 '외오이', '골오로', '별로이'와 같은 부사화 접미사에서도 일어난다(부사화 요소의 중첩에 관한 연구는 李賢熙 2010 참조). 중첩될 수 있다고 하여 그것을 굴절소로 본다면, 부사의 어근도 모두 굴절이 가능한 것으로 보아야 할 것이다. 본고는 접사의 결합을 파생의 관점으로 보고, 파생 관계 내에서도 중첩이 가능한 것으로 본다. 그리고 (16나')의 예는 문장 성분이 생략된 것으로 설명하는 입장을 취한다.

다음으로 (16다)의 예를 살펴보자. (16다)는 '끼이여 죽이-'가 사용된 예로,[27] 이때 '끼이-'는 '끼-'(挾)의 피동형 '끼이-'로 보인다. 이를 직역하면 "(아오스딩 성도는 신천 사람으로 장연의 불태산에 가서 훈학하다가) 봄에 해주로 잡혀 들어가 장작 틈에 목을 끼여 죽이니 나이 사십 여 세이더라"로 해석된다. '목을 끼인' 것의 주어는 아오스딩인데, '죽이니'의 주어는 박해자이기 때문에, 이를 그대로 해석하면 문장이 어색하다. 이것을 자연스럽게 해석하기 위해서는 두 가지 방법이 있다. 첫째는 '끼이-'를 피동사로 보고, 생략된 성분을 복원하여 문맥을 이해하는 방법이다. 둘째는 '끼이-'를 타동사로 해석하는 방법이다.

첫 번째 방법에 따라 '끼이-'를 피동사로 가정하고, 생략된 성분을 복원하여 (16다)의 문장을 분석하면 아래와 같다.

① [(아오스딩이) (박해자에게) 쟝작 틈에 **목이(목을)** 끼이어)]s₁ [(박해자가)
                                                 ↳ 피동사
(아오스딩을) 죽이니]s₂
       ↳ 타동사

①의 분석에 따르면 이 문장은 두 절이 접속된 구조로, 선행절은 '끼이-'가 이끄는 피동사절, 후행절은 '죽이-'가 이끄는 타동사절이다. 선행절의 주어는 아오스딩이며 후행절의 주어는 박해자, 목적어는 아오스딩이다. 두 동사는 각각의 독립적인 사건을 나타내고 있으며, 동일한 주어와 목적어를 공유하고 있지 않다.[28] '목을'은 선행절의 동사 '끼이-'와 관련된 논항

---

27) 피동사와 타동사가 연속되어 사용된 구성은 《치명일기》에 꽤 많이 보인다(가-다). 이와 동시에 후행하는 동사가 '죽이-'가 아니라 '죽-'이 사용된 예도 동시에 보인다[(라), (마)].

   가. 무진년 군난에 슈원 포졸의게 잡혀 목을 읽어 죽이니 〈69b〉
   나. 슈원 포교의게 잡혀 목 미여 죽이니 〈71b〉
   다. 박 요안 … 무진 오월에 히미 포교의게 잡혀 구덩이롤 파고 죽이니 〈133a〉
   라. 병인 군난에 잡혀 셔울 와셔 형벌 아래 죽으니 〈21a〉
   마. 병인 군난에 경포의게 잡혀 셔울 와셔 교호야 죽으니 〈21b〉

이며, 주어 아오스딩의 신체 부위를 나타낸다는 점에서 선행절은 일반적인 '을/를' 피동문의 특성을 가지는 것으로 볼 수 있다.

두 번째 방법은 '끼이-'를 타동사로 해석하는 것이다. '끼이-'를 타동사로 해석할 수 있음은 아래와 같은 예에 근거한다.

(19) 가. **두 끗츨** 두 편 홈 틈의 <u>끼이고</u> 여러흘 끼워 셕튝 웃뎐의 다흔 후ᄂᆞᆫ 〈을병_숭실5〉

　　　　cf. **두 끗츤** 두 편 홈 틈의 <u>끼이고</u> 여러흘 끼워 셕츅 웃뎐의 다흔 후ᄂᆞᆫ 〈을병_장서11:11b〉

　　　나. 그 구멍에다가 **공긔 넛ᄂᆞᆫ 긔계을** 꼭 맛게 <u>끼이고</u> 〈대죠션독립협회회보 1896/12/15 제2호〉

(19가)는 "두 끝을 두 편 홈의 틈에 끼우고 여럿을 끼워 셕축 웃전을 닫은 후는", (19나)는 "그 구멍에 공기 넣는 기계를 꼭 맞게 끼우고"로 해석된다. 제시된 예에서 '끼이-'는 피동적 의미가 없으며, 주어와 목적어를 요구한다는 점에서 이는 타동사로 볼 수 있다. '끼이-'가 이처럼 타동사의 용법도 가지고 있었다는 점을 고려하면, (16다)는 아래와 같이 분석될 수 있다.

　②[(박해자가) (아오스딩을) 쟝작 틈에 목을 <u>끼이어</u>)]s₁ [(박해자가) (아오스딩을)
　　　　　　　　　　　　　　　　　　↳ 타동사
　죽이니]s₂
　　↳ 타동사

②의 분석에 따르면 이 문장의 선행절과 후행절은 모두 타동사절이며,

---

28) 현대한국어에서 이러한 예는 아래와 같다(강현화 1998: 217에서 인용).
　가. 너무 높아 <u>닿을</u> 수 없는 천장과 단단한 마루 바닥
　나. 1년 반이 지나자 완전히 살이 <u>돌아</u> 알아 볼 수 없을 정도로 제 모습을 찾았다.
　다. 미안해 수야, 비가 너무 <u>와 가</u> 버리고 말았어.

'끼이-'와 '죽이-'는 동일한 주어(박해자)와 목적어(아오스딩)를 공유한다. '목을'은 선행절의 동사 '끼이-'(vt)가 요구하는 대상 논항이 된다. 이 분석에 따르면 이 문장은 선·후행절에 피동사가 쓰이지 않았으므로 결과적으로 피동문이 아니며, '을/를' 성분은 타동사의 목적어일 뿐이다.

본고는 '끼이-'가 타동사로 사용된 예가 극히 드물고, 오늘날에는 완전히 소멸하였다는 점을 근거로 ①의 분석을 지지한다. 즉 (16다)는 주어의 신체 부위와 관련된 명사구가 '을/를'로 나타난다는 점에서 '을/를' 피동문이 가지는 일반적 특성을 갖추고 있으므로 고찰 대상에 포함된다.

지금까지의 내용을 정리하면, (16)의 예에서 근대한국어 '을/를' 피동문에 포함될 수 있는 것은 (16나')를 제외한 모든 예이다. (16나')가 제외되었어도 동사 목록에는 큰 변함이 없다. 그럼에도 불구하고 이를 논한 까닭은 'V₁-어 V₂' 구성에서 둘 중 어느 하나가 피동사이고, 이 피동문에 '을/를' 성분이 존재할 때 이를 진정한 '을/를' 피동문으로 볼 수 있는지에 대한 기준이 필요하기 때문이다.

한편 아래의 예는 피동문에 '을/를'이 사용되었으나, 일반적인 '을/를' 피동과는 다른 특성을 보인다는 점에서 구별되어 다룰 필요가 있다.

(20) 가. 약대 수슴십이 쳐쳐의 누어고 좌우의 **약대 똥을** 두루 <u>깔려시니</u> 이는 몰뇌여 무엇시 쁜다 ᄒᆞ더라 〈을병_숭실4〉

　　가'. 약딕 수삼십이 쳐쳐의 누엇고 좌우의 **약딕 똥을** 두루 <u>ᄭᆞᆯ라시니</u> 이는 몰뇌여 무어시 쁜다 ᄒᆞ더라 〈을병_장서10:51a〉

제시된 예는《을병연행록》의 저자 홍대용이 몽고관에 가서 몽고관 안의 풍경을 묘사하고 있는 부분으로, "낙타 수삼 십 마리가 곳곳에 누워 있고 좌우에 낙타 똥이 두루 깔려 있으니, (사람들이 말하기를) 이는 말려서 무엇에 쓴다고 하더라"로 해석된다. (20가)의 'ᄭᆞᆯ려시니'는 피동사 'ᄭᆞᆯ리-'에 '-어 (이)시-'가 결합된 예이다. 맥락을 고려하면 낙타의 똥을 말려 무엇에 쓰기 위해 그것을 바닥에 깐 누군가가 있는 상황이므로, (20가)의 대응 능동문은 '(사람들이) 약대 쏭을 깔다' 정도로 상정될 수 있을 것이다. 그런데 능동문의 목적어인 '약대 쏭'이 피동문에서도 그대로 대격으로 나타나 있다. 목적어가 주어로 승격하지 않고, 그대로 대격 표지를 취하여 피동문에 잔류한 것처럼 보이는 것이다.

범언어적으로 보았을 때 행위자의 강등만 일어나고 피행위자가 승격되지 않는 피동이 불가능한 것은 아니다. Foley and Van Valin(1984: 155)에서는 행위자의 강등은 일어나지만 타동절의 구성에서 어떠한 교체도 일어나지 않는 언어의 예로 Ulcha 어의 예를 제시하였다(Nicholas 1979, Foley and Van Valin 1984: 155에서 재인용). [29]

(21) Ti   duse-we   hon-da ta-wuri?

DEM   tiger-ACC   how-Q   do-PASS

'What's to be done about that tiger?'

제시된 예는 'ta'(do)의 피동형이 사용된 문장으로 "저 호랑이를 어쩌지?"라는 의미를 나타낸다. 행위자는 나타나지 않고 피행위자인 'duse'(호랑이)는 대격 표지인 'we'를 취하고 있다. 능동문의 목적어였던 'duse'가 피동문에서도 그대로 대격을 취하고 있는 것이다.

하지만 (21)의 예를 근거로 (20가)를 목적어가 잔존한 예로 볼 수는 없다. (20가')의 예가 이를 방증한다. (20가')은 장서각 소장《을병연행록》의 동일 부분인데, (20가)의 '깔려시니'가 '서라시니'로 수정되어 있다. 장서각 소장본이 숭실대 소장본보다 후대에 필사되었음을 고려하면(한국정신문화연구원 국학진흥연구사업추진위원회 편 2000), (20가)의 '깔려시니'는

---

29) 약호가 뜻하는 바는 아래와 같다.

ACC: 대격 / DEM: 지시 / PASS: 피동 / Q: 의문

필사자의 오기일 가능성이 높다. 장서각 소장본의 필사자도 이를 어색한 표현이라 생각하여 수정한 것으로 보인다. 즉 (20가)는 필사자의 실수로 인한 오기로 보이며, 타동문의 목적어 성분이 피동문에서 그대로 잔존해 있는 예로 보기 어렵다.

지금까지 우리는 중세·근대 시기의 '을/를' 피동문을 이룰 수 있었던 동사 목록과 그 예를 검토하고, '을/를' 피동문에서 주어와 '을/를' 성분이 맺는 의미 관계를 확인하였다. 이를 통해 중세·근대의 '을/를' 피동문의 특성은 현대의 그것과 크게 다르지 않음을 확인하였다.

그런데 중세·근대한국어 시기의 '을/를' 피동문은 현대와 달리 의도를 나타내는 부사와 공기한 예가 보이지 않는다. 중세·근대한국어 시기에는 주어가 어떠한 의도를 가지고 행위를 스스로 유발하는 '을/를' 피동문이 보이지 않는 것이다. 현대에는 '영희가 일부러 철수에게 손을 잡혔다', '그는 고의로 상대방의 칼에 팔을 찔렸다'와 같은 문장이 가능하다. 이선희(2004: 179-80)에서는 '를' 명사구를 동반하는 피해 동사 구문에 한하여 주체의 의도성을 나타내는 부사 '의도적으로', '고의로' 등이 나타날 수 있으며, 이러한 현상은 소유주 명사항이 행동주의 특징을 가진다는 것을 지지해주는 근거가 된다고 하였다. 박소영(2010, 2013)에서는 소유물이 목적격으로 나타나는 피동문의 주어는 행위주성을 가지기 때문에 '일부러'와 공기가 가능하다고 하였다. 하지만 중세·근대의 '을/를' 피동은 전형적으로 남에게 '피해'를 입은 사태만을 나타내며, '의도적으로, 고의로, 일부러'와 같은 부사와 공기한 예가 문증되지 않는다. 중세·근대어의 '을/를' 피동은 전형적인 피해 피동의 모습만을 보여준다고 할 수 있겠다.[30]

---

30) 의도를 나타내는 부사와의 공기는 20세기 초 이후에 가능해진 것으로 보인다. 그것이 다른 언어의 영향에 의한 것인지, 혹은 한국어 자발적인 것인지는 자료를 검토해 볼 필요가 있다.

4.1.2.2. '을/를'의 의미 기능

마지막으로 '을/를' 피동문에 나타나는 '을/를'의 의미 기능에 대해 살펴보자. 이에 대해서는 대격 조사로 보는 입장과 보조사로 보는 입장이 있다. 본고는 'X가 Y[피행위자]의 Z[신체부위]를 V' 구문과, Y가 초점화된 'X가 Y[피행위자]를 Z[신체부위]를 V' 구문의 피동화 양상이 다르다는 점을 근거로 피동문에 나타나는 '을/를'을 대격 조사로 보는 입장을 취한다. 아래의 예를 비교해 보자.

(22) 가. X가 Y의 Z를 V   민지가 한준이의 손을 잡았다.

                           ↓ 피동화

     나. Y의 Z가 X에게 V   한준이의 손이 민지에게 잡혔다.

(23) 가. X가 Y의 Z를 V   민지가 한준이의 손을 잡았다.

                           ↓ '한준이'의 초점화

     나. X가 Y를 Z를 V   민지가 한준이를 손을 잡았다.

                           ↓ 피동화

     다. Y가 Z를 X에게 V   한준이가 손을 민지에게 잡혔다.

                           ↓ '손'의 초점화

     라. Y가 Z가 X에게 V   한준이가 손이 민지에게 잡혔다.

(22가)는 '잡-'이 사용된 타동문으로, 피행위자의 신체 부위가 'Y의 Z'(한준이의 손)이라는 속격으로 표현된 구문이다. (22나)는 (22가)가 피동화가 된 구문으로, 목적어였던 '한준이의 손'이 주어로 승격되었다. 목적어는 피동화 과정에서 주어로 승격되므로, (22가)와 같이 하나의 목적어가 존재하는 구문으로부터는 '을/를' 피동문이 도출될 수 없다.

(23가)는 (22가)와 동일한 문장인데, (23가)에서 'Y의 Z'의 'Y'(한준이)가

초점화가 된 것이 (23나)이다. 피행위자인 '한준이'가 초점화됨으로써, 대격 명사구가 두 개인 구문이 되는 것이다. 이와 같이 대격 명사구가 둘 이상인 문장이 피동화가 될 때 주어로 승격되는 것은, 피행위자의 신체 부위가 아닌 피행위자 그 자체이다. 이는 (23다)를 통해 확인된다. 대격 명사구인 '한준이'와 '손' 중에서 '한준이'만 주어로 승격될 수 있는 것이다. (23다)와 같은 '을/를' 피동문은 '을/를' 성분이 둘 이상 존재하는 타동문으로부터 만들어지는 것이라 할 수 있다.[31]

'을/를' 피동문의 형성을 이와 같이 설명한다면, '을/를' 피동문의 '을/를'의 기능은 대격 조사임을 알 수 있다. (23다)에서 '을/를' 성분인 '손을'은 대응 능동문인 (23가), (23나)에서 목적어에 해당하기 때문이다. 즉 '을/를' 피동문의 '을/를' 성분은 능동문의 목적어가 잔류한 것으로 볼 수 있다.

한편 (23다)에서 피행위자의 신체 부위인 '손'이 초점화가 되면 (23라)처럼 '손'이 주격으로 나타나는 구문의 성립도 가능하다. (23다)와 (23라)를 비교해 보았을 때, '을/를' 피동문은 (23다)와 같이 신체 부위 명사가 대격으로 나타나는 구문이 무표적이며, (23라)처럼 신체 부위 명사가 주격으로

---

31) 이와 같은 입장은 이상억(1999)의 입장과 동일하다. 반면 남수경(2005)에서는 대격 중출문이라고 하여 '을/를' 피동이 가능한 것은 아니며, '을/를' 피동은 가능하지만 이것이 대격 중출문으로부터 비롯된 것은 아니라는 점을 근거로 '을/를' 피동문은 대격 중출문인 능동문에서 도출된 것이 아니라고 보았다. 남수경(2005: 83-4)에서 전자의 근거로 제시한 문장은 '경찰이 범인을 두 명을 잡았다'-'(경찰에게) 범인이 두 명을 잡혔다'이며, 후자의 근거로 제시한 문장은 "소매치기가 아가씨를 지갑을 빼앗았다'-"아가씨가 (소매치기에게) {지갑을/지갑이} 빼앗겼다'이다. 그런데 이 연구에서 근거로 제시한 예는 재검토될 필요성이 있는 듯하다. 본고의 검토 대상이 되는 '민지가 한준이를 손을 잡았다'-'한준이가 손을 민지에게 잡혔다'와 같은 문장은 두 명사구가 전체-부분의 관계를 가지는 문장인 데 반해, '경찰이 범인을 두 명을 잡았다'는 두 명사구가 대상-수량의 관계를 가지는 문장이다. 이 둘은 외현상으로는 동일한 대격 중출문이라 하더라도, 두 명사구의 의미 관계가 다르므로 완전히 동일한 성격의 문장으로 보기 어렵다. 따라서 '경찰이 범인을 두 명을 잡았다'와 같은 문장은 (23다)와 같은 '을/를' 피동문이 대격 중출문으로부터 도출되었음을 비판하는 직접적 근거는 되지 못한다. 한편 '아가씨가 소매치기에게 지갑을 빼앗겼다'와 같은 문장이 가능한 이유는 '빼앗기다'라는 동사 자체가 늘 목적어를 요구하는 동사임에 근거한다. 따라서 이는 '잡히-', '물라-'와 같은 문장이 이루는 '을/를' 피동문과는 구별하여 다룰 필요가 있다.

나타나는 구문은 신체 부위가 초점화된 구문임을 알 수 있다.

한편 《삼강행실도》에는 동일한 내용에 대한 언해가 어떤 이본에서는 (23다)와 같은 형식으로, 다른 이본에서는 (23라)와 같은 형식으로 나타난다는 점이 눈에 띈다.

(24) 가. 내 겨지비 도야셔 졀개란 딕킈디 몯ᄒ고 **이 소ᄂᆞᆯ** ᄂᆞ미게 **쥐이니**32) (我爲婦人 不能守節 而此手爲人執 邪不可以一手幷汚吾身) 〈三綱宣烈16a〉

나. 내 겨집이 되어 ᄂᆞᆷ의게 **손을** 잡히니 엇지 ᄒᆞᆫ 손으로써 온 몸을 더러이리오 〈三綱英烈16〉

cf. 내 겨집이 되여 ᄂᆞᆷ의게 **손을** 잡히니 엇디 ᄒᆞᆫ 손으로써 온 몸을 더러이리오 (上同) 〈五倫烈32b-33a〉

(24가)는 16세기에 간행된 선조판 《삼강행실도》이며 (24나)는 1726년 간행된 규장각 소장 영조판 《삼강행실도》의 예이다. 참고로 제시한 예는 1797년 간행된 규장각 소장 《오륜행실도》이다. 해당 부분은 부인 이 씨가 남편의 유해를 지고 오는 이야기(李氏負骸)의 일부이다. 부인 이 씨가 병들어 죽은 남편의 유해를 지고 아들과 함께 돌아오는 길에 여관에 들러 하루를 묵으려 하였는데, 이 씨를 탐탁지 않게 생각한 여관 주인이 이 씨의 팔을 당겨 끌어내었다. (24)는 이 상황에서 부인이 탄식하며 말하는 대사로, "내가 아내가 되어 남에게 **손을** 잡히니 어찌 남은 한 손으로 온 몸을 더럽히겠는가"로 해석된다. (24)의 예에서 '잡히-' 혹은 '쥐이-'는 '(이) 손'이라는 대격 명사구와 함께 나타난다.

그런데 15세기에 간행된 성종판 《삼강행실도》에는 (24)와 동일한 부분에 대한 언해 양상이 달리 나타난다.

---

32) '뉘이니'로 보이는데 문맥상 '쥐이니'가 적절하다.

(25) 내 겨지비라셔 節介ㅣ 受티 몯ᄒᆞ고 **이 소니** ᄂᆞ미게 **쥐유니**33) 흔 소ᄂᆞ로 몸

조쳐 더레유미 몯ᄒᆞ리라 〈三綱烈16a〉

주어의 신체 부위인 '손'은 선조판과 영조판《삼강행실도》에서는 (24)와 같이 '소ᄂᆞᆯ'로 나타났지만, 원간본인 성종판《삼강행실도》에서는 (25)과 같이 '소니'로 나타나는 것이다.

판본에 따른 언해 양상과 '을/를'이 결합한 성분을 정리하면 아래와 같다.

(26) 가. 성종판(원간본)　(내) <u>이 소니</u> ᄂᆞ미게 쥐유니　(이 손이 남에게 잡히니)

　　나. 선조판(중간본)　(내) <u>이 소ᄂᆞᆯ</u> ᄂᆞ미게 쥐이니　(이 손을 남에게 잡히니)

　　다. 영조판(중간본)　(내) <u>손을</u> 늠의게 잡히니34)　(손을 남에게 잡히니)

이 비교에서 눈에 띄는 것은 피행위자의 신체 부위를 나타내는 '손'이 원간본에서는 주격 조사와 결합하여 '소니'로 나타나지만, 중간본에서는 대격 조사와 결합한 형태인 '소ᄂᆞᆯ'로 나타난다는 것이다. 앞서 우리는 '을/를' 피동문의 신체 부위 명사는 대격으로 나타나는 것이 무표적이며, 주격으로 나타날 경우 해당 성분이 초점을 받은 것으로 설명하였다. 이에 따르면 (26가)는 '이 손'이 초점화된 것이며, (26나, 다)는 일반적인 '을/를' 피동문으로 볼 수 있다. 원간본의 언해자가 '이 손'을 초점화시킨 이유는 해당 장

---

33) '쥐유니'는 실제 문헌에서는 '킥유니'로 보이는데, 맥락과 다른 판본을 고려하였을 때 이는 '쥐유니'가 탈획된 것이다. '쥐유니'는 '[쥐+이]+우+니'로 분석되는데, 이는 '쥐'에 피동 접미사 '-이-'가 결합한 '쥐이'에 화자 주어 선어말어미 '-우-'가 결합한 것이다. '쥐이-'가 사용된 다른 예는 아래와 같다.

　가. 和沙大國은 王이 威嚴이 업서 ᄂᆞ미 소내 <u>쥐ᅇᅧ</u> 이시며 〈月釋2:11b〉

　나. 스스로 우물에 더딘 者ᄂᆞᆫ 눈이 곰기고 손이 <u>쥐이고</u>(自投井者ᄂᆞᆫ 眼合手握ᄒᆞ고) 〈無冤錄 3:9b〉

　다. 그 쩍 셰손이 명쳐의게 <u>쥐이여</u> 그 말을 다 드르실ᄃᆡ 〈한중록 404〉

34) 원문은 '늠의게 손을 잡히니'인데 성종판, 선조판과 체계를 맞추어 제시하기 위해 편의상 '손을 늠의게 잡히니'로 제시한다.

면을 강조하기 위해서인 것으로 생각된다. 부인의 자신의 손이 남에게 잡힌 사실은 부인에게 있어서 팔을 잘라낼 정도로 심각한 문제이며, 전체 서사 구조를 고려하였을 때에도 이 부분은 이야기의 극적 전개를 가능하게 해주는 중요한 장면이기 때문이다. 따라서 원간본의 언해자는 '이 손'을 초점화하여 주격으로 표현했을 것으로 추측된다.[35]

지금까지 우리는 피행위자의 격 표지와 관련하여, 중세와 근대한국어 시기에 나타나는 '을/를' 피동문의 양상을 고찰하였다. 중세와 근대에 '을/를' 피동문을 이룰 수 있는 동사의 특성은 현대와 비교하였을 때 현대한국어의 그것과 크게 다르지 않았다. 그리고 '을/를' 피동문의 주어 명사구와 '을/를' 명사구는 '유정물-(유정물의)신체 부위' 혹은 '소유주-소유물'의 의미 관계를 가진다는 점에서, 이 역시 현대와 큰 차이가 없다. 다만 현대어에서는 '을/를' 피동문이 '일부러'와 같은 의도를 나타내는 부사와 함께 쓰일 수 있는 반면, 중세·근대한국어에서는 그러한 예가 보이지 않으며, 전형적인 피해의 의미만을 나타낼 수 있었다. 그리고 '을/를' 피동문의 '을/를' 성분은 능동문의 목적어가 잔류한 것으로 보고, '을/를'을 대격 조사로 보았다.

4.2. 피동문의 의미적 특성

이 節에서는 중세·근대한국어 시기의 피동문이 나타낼 수 있었던 의미에 대해 논한다. 제2장에서 우리는 피동문의 의미를 기본적인 것과 부수적인 것으로 나누고 행위자와 피행위자가 존재하는지, 그리고 행위자가

---

35) 이는 중간본에서는 다시 일반적인 '을/를' 피동문의 언해 양식으로 나타난다. 중간본 시기의 언해자의 개인적인 스타일인지, 혹은 문장을 구성하는 방식이 역사적으로 변화하는 과정을 보여주는 것인지 현재로서는 그 이유를 명확히 설명하기 쉽지 않다.

지시하는 대상이 무엇인지에 따라 피동문의 의미를 나누어 기술하였다. 편의상 이를 아래에 다시 제시한다.

(27) 가. 기본적 의미

　　① 피동: 행위자 존재 [행위자≠피행위자]

　　② 반사동: 행위자 부재

나. 부수적 의미

　　① 가능: 행위자 존재 [행위자 = (총칭적)]

　　② 재귀: 행위자 존재 [행위자 = 피행위자]

우리는 이 네 가지 의미를 기준으로 하여, 각각의 의미를 나타내는 중세·근대한국어의 피동문을 검토한다.[36] 그리고 각 의미 간의 상관관계에 대해서도 고찰한다.

4.2.1. 기본적 의미

4.2.1.1. 피동

피동문이 나타낼 수 있었던 첫 번째 의미는 피동이다. 피동은 논항 구조에 행위자가 존재하고, 행위자와 피행위자가 서로 다른 개체를 지시하는 경우 피동문이 가지는 의미이다. 가장 원형적인 피동문의 의미라 할 수 있다.

중세한국어 시기에 피동의 의미를 나타내는 피동문을 아래에 보인다.

---

36) 4.2의 주요 검토 대상은 '피동문'이 피동, 반사동, 재귀, 가능의 의미를 나타내는 현상이다. 제2장에서 언급하였다시피 본고의 '피동문'은 형태적 피동, 즉 접사에 의한 피동문을 가리킨다. '-어디-' 및 '-게 ᄃ외-' 등이 이루는 문장도 피동이나 반사동의 의미를 나타낼 수 있으나, 본고의 직접적 검토 대상은 아니다. 한편 자·타 양용동사의 자동 구문은 비록 형태적 표지는 존재하지 않으나, 원형적 피동의 통사적 특성을 갖추고 있다는 점에서 연구에 포함하였다.

(28) 가. 싸호물 즐겨 제 軍 알픽 가다가 帝釋손딕 믜ᅇᅵᄂᆞ니라 〈釋詳13:9b〉

나. 그 도ᄌᆞ기 後에 닛위여 도죽ᄒᆞ다가 王ᄭᅴ 자피니 〈月釋10:25b〉

다. 그제 ᄒᆞᆫ 龍이 金翅鳥의게 ᄧᅩ처 〈月釋25:30a〉

라. 이 네 罪ᄅᆞᆯ 犯ᄒᆞ면 즁의게 ᄇᆞ리일씨ᄂᆞ니라 〈楞嚴6:85a-b〉

마. 사ᄅᆞ미 ᄆᆞᆯ게 믈이며 ᄇᆞᆯ이며 (凡人被馬咬踏) 〈救急方下15b〉

바. 오달지의 ᄉᆞ촌아ᅀᆞ 경빅 부체 가난ᄒᆞᆫ ᄒᆡ예 후리여 먼 딕 ᄑᆞᆯ여 갓거늘
(吳達之 以從祖弟敬伯夫妻 荒年被略賣江北) 〈二倫16a〉

(28)은 피동사 '믜ᅇᅵ-, 자피-, ᄧᅩ치-, ᄇᆞ리이-, 믈이-, ᄇᆞᆯ이-, ᄑᆞᆯ이-'가 사용된 예이다. 제시된 예들에서 행위자는 문장에 직접 드러나 있거나, 혹은 드러나 있지 않더라도 그 존재가 함축되어 있다. (28가)의 주어는 '帝釋'에게 매여 붙잡혔으며 (28나)는 '도죡'이 '王'에게 잡혔다. (28다)에서는 '龍'이 '金翅鳥'에게 쫓기며 (28라)의 청자는 '즁'에게 버림을 받는다. (28마)의 사람은 'ᄆᆞᆯ'에게 물리거나 밟힌다. (28바)에서는 오달지의 사촌 아우가 누군가에 의해 먼 곳에 팔려 갔다. 즉 (28)의 예들은 모두 맥락에 행위자가 존재하며, 이때 행위자는 피행위자와는 다른 개체를 지시한다.

다음으로 근대한국어 시기에 피동의 의미를 나타내는 피동문의 예를 보인다.

(29) 가. **쥐며 구렁의게** 믈리인 병과 (鼠蟒) 〈臘藥4a〉

나. 어미 **범의게** 자피여늘 (母爲虎所攫) 〈東新續孝12b〉

다. 댱위 **외쳑의** 믜이일까 저허 아당ᄒᆞ여 ᄀᆞᆯ오ᄃᆡ (恐爲所怨 謂上曰) 〈三綱
英忠7〉

라. 스스로 목 믹 것과 **ᄂᆞᆷ의게** 믹인 거시 明白ᄒᆞ야 ᄀᆞᆯᄒᆡ여 내기 쉬운 者ᄂᆞᆫ
(自縊被縊之明白易辨者) 〈無冤錄2:17b〉

마. 만일 머리곳 아래 이시면 저컨대 **ᄂᆞᆷ의게** 좃치이거나 或 밀티여 우물에
드러간 거시니라 (若頭ㅣ 在下ㅣ면 恐被人趕逼이어나 或推入井이니

라)〈無兔錄3:12a〉

　바. 직물은 진ᄒ여도 가히 다시 어드려니와 탐장의 좌죄ᄒ면 종신ᄐ록 <u>ᄇ
　리이ᄂᄂ니이다</u> (物盡可復得 爲吏坐贓 終身捐棄)〈五倫兄09a〉

　(29)는 피동사 ‘믈리-, 자피-, 믜이-, 미이-, 좃치이-, ᄇ리이-’가 사용된 예
이다. 행위자의 존재는 문장에 드러나 있거나, 드러나 있지 않더라도 그
존재가 함축되어 있다. (29가)는 사람이 ‘쥐’나 ‘구렁’에게 물린 것이며 (29
나)는 어미가 ‘범’에게 잡힌 것이다. (29다)는 장우가 ‘외척’에게 미움을 받
을까 두려워하는 것이며, (29라)는 ‘ᄂᆞᆷ’에게 목을 매인 것이다. (29마) 역시
‘ᄂᆞᆷ’에게 쫓긴 것이다. (29바)는 벼슬아치가 사사로이 백성에게 뇌물을 받
으면 버림을 받아 다시 벼슬을 할 수 없음을 나타낸다. (29)의 예들은 (28)
과 마찬가지로, 모두 외부의 행위자가 존재한다는 점에서 공통적이다.
　이처럼 피동의 의미는 피동사가 사용된 문장으로 나타나는 것이 일반
적이지만, 중세한국어 시기에는 양용동사의 자동 구문도 피동의 의미를
나타낼 수 있었다.

　(30) 가. 烽火ㅣ <u>드니</u> 새라 흐드리 사호노소니 우러 눉므를 녯 핏 그제예 드리
　　　　오노라 (烽擧新酣戰 啼垂舊血痕)〈杜詩8:35b-36a〉
　　　나. 그 사리 스믈여듧 부플 다 ᄢᅦ여 싸해 ᄉᆞᄆᆞ차 가아 鐵圍山애 <u>바ᄀ니</u> 三
　　　　千世界 드러치니라〈釋詳3:14a〉

　(30)은 양용동사 ‘들-’(擧), ‘박-’이 이루는 자동 구문이다. (30가)는 “봉화가
<u>들려</u> 새로 격렬히 싸우니, 울면서 눈물을 피눈물 자국에 드리우는구나”,
(30나)는 “<u>그 화살이</u> 스물여덟 개의 종을 다 꿰어 땅을 꿰뚫어 가 鐵圍山에
<u>박히니</u> 삼천세계가 흔들린다”로 해석된다. 이 예들에서 행위자는 문장에
드러나 있지 않더라도 그 존재가 함축되어 있다. 봉화를 든 자[예(30나)],
화살을 쏜 자[예(30나)]의 존재가 그것이다. (30)의 예들은 문맥에 행위자

와 피행위자가 모두 존재하며, 이들이 서로 다른 개체를 지시한다는 점에서 피동의 의미를 나타내는 예로 볼 수 있다.

그런데 (30)과 같이 양용동사가 피동의 의미를 나타내는 예는 점점 줄어들어 근대한국어에서는 거의 보이지 않는다. 이는 양용동사의 수가 근대로 갈수록 점점 줄어들었다는 점, 그리고 양용동사는 반사동의 의미를 나타내는 것이 일반적이었다는 사실에 근거한다. 양용동사의 대부분은 15세기부터 자동사 용법을 잃고 있었으며 17세기 이후에는 많은 수의 양용동사들이 타동화된 상태였다. 양용동사 자체가 이미 줄어들어서 표본으로 삼을 수 있는 예가 많지 않은데, 그 중에서 피동의 의미를 가지는 예를 찾는 것은 더욱 확률이 낮은 일인 것이다. 따라서 근대에는 양용동사가 피동의 의미를 나타내는 예는 거의 찾아볼 수 없다.

지금까지 살펴본 피동문의 의미는 외부의 행위자가 문맥에 드러나거나, 직접 드러나지 않더라도 그 존재가 함축되어 있는 것들이었다. 그런데 피동문 중에서는 외부의 행위자가 존재하지 않는 피동문도 있다. 우리는 이를 반사동의 의미를 나타내는 피동문이라 부른다. 다음 目에서 구체적으로 살펴보자.

4.2.1.2. 반사동

반사동은 피행위자만 존재하고 행위자는 존재하지 않는 피동문이 가지는 의미로, 외부의 행위자 없이 저절로 일어날 수 있는 상태의 변화를 가리킨다. 이는 연구자에 따라 기동(inchoative), 중동(middle), 의사피동(pseudopassive), 자연발생(spontaneous), 탈사동화(decausative) 등 다양한 이름으로 불려왔다.[37] 반사동은 피행위자가 주어가 되는 과정이 일어난다는 점에서 피동과 비슷하지만, 행위자가 완전히 제거된다는 점에서 피

---

37) 용어 사용에 대한 쟁점은 Haspelmath(1987: 8-10) 참조.

동과는 다르다.

중세한국어 시기에 반사동의 의미를 나타내는 피동문을 아래에 보인다.

(31) 가. 밠바닸 그미 싸해 반드기 <u>바키</u>시며 〈月釋2:57a〉

　　나. 東門이 열어든 보고 東門ᄋ로 허위여 ᄃᆞᆯ면 東門이 도로 <u>다티</u>고 〈月
釋23:80b〉

　　다. 地獄門 알ᄑᆡ 가 錫杖ᄋᆞᆯ 세 번 후늘면 獄門이 절로 <u>열이</u>고 〈月釋23:83b〉

　　라. 南녀긔 노ᄑᆞᆫ 뫼히 잇ᄂᆞ니 내콰 다뭇 ᄒᆞ야 므레 <u>ᄌᆞᆷ길가</u> 젼노라 (維南有
崇山 恐與川<u>浸溜</u>) 〈杜詩11:26a-b〉

제시된 예는 피동사 '바키-, 다티-, 열이-, ᄌᆞᆷ기-'가 사용된 예이다. (31가)
는 "(부처님의) 발바닥에 있는 금이 땅에 반듯하게 박히시며", (31나)는 "東
門이 열리거든 보고 東門으로 달리면 東門이 도로 닫히고", (31다)는 "지옥
문 앞에 가서 錫杖을 세 번 흔들면 獄門이 저절로 열리고", (31라)는 "남쪽에
높은 산이 있는데 내와 더불어 물에 잠길까 걱정하노라"로 해석된다. 이들
예에서 외부의 행위자는 존재하지 않는다. 누군가가 부처 발바닥에 있는
금을 땅에 박거나, 東門을 닫거나, 地獄門을 열거나, 산을 물에 잠기게 하는
행위를 하는 것이 아니다. (31)은 모두 외부의 행위자 없이 자발적으로 일
어나는 사태를 나타내고 있다.

근대한국어 시기의 피동문도 반사동의 의미를 나타낼 수 있다.

(32) 가. 기릐 흙긔 <u>더피디</u> 말믈 取혼 ᄠᅳ디오 〈家禮1:44a〉

　　나. 블그며 흰 련곳치 크며 져그미 서르 <u>섯기</u>되 (紅白蓮花이 大小相間호
디) 〈勸念24b〉

　　다. 가례를 ᄆᆞ츠고 ᄂᆞ리매 비로소 이에 긔운이 <u>펴이</u>니 〈自省篇19b〉

　　라. 夫人이 오시 ᄯᅡ히 <u>ᄭᅳ을니디</u> 아니ᄒᆞ고 〈御製訓書25b〉

　　마. 스스로 우믈에 더딘 者ᄂᆞᆫ 눈이 <u>금기</u>고 손이 <u>쥐이</u>고 (自投井者ᄂᆞᆫ 眼合

284

手握ᄒ고) 〈無寃錄3:9b〉

바. 자가리아ㅣ 홀연이 혀가 풀녀 말ᄒ야 찬양ᄒ며 감샤ᄒ고 〈주년54a〉

사. 겨울이면 눈이 믜우 만히 <u>싸히ᄂᆞ</u> 고로 〈ᄉ민18〉

(32)는 피동사 '더피-, 섯기-, 펴이-, ᄭᅳ을나-, ᄀᆞᆷ기-, 쥐이-, 풀나-, 싸히-'가 사용된 예이다. (32가)는 "치마의 길이가 흙에 덮이지 말 것을 취한 뜻이고", (32나)는 "붉고 흰 연꽃이 큰 것과 작은 것이 서로 섞이되", (32다)는 "가례를 마치고 내려오니 비로소 이에 기운이 펴지니", (32라)는 "부인의 옷이 땅에 끌리지 않고", (32마)는 "스스로 우물에 몸을 던진 자는 눈이 감겨 있고 손이 쥐어 있고", (32바)는 "자가리아가 홀연히 혀가 풀려 말하여 찬양하며 감사하고", (32사)는 "겨울이면 눈이 매우 많이 쌓이는 까닭에"로 해석된다. 이들은 모두 외부의 행위자 없이 저절로 일어나는 사태를 묘사하고 있다는 점에서 공통적이다. 누군가가 의도를 가지고 치마를 흙에 덮거나, 연꽃을 서로 섞어두거나, 기운을 펴게 하거나, 옷을 땅에 끌거나, 죽은 자의 눈을 감기거나 손을 쥐게 하거나, 다른 사람의 혀를 풀거나, 눈을 쌓는 등의 행위를 하였다고 볼 수 없다.

반사동의 의미는 양용동사의 자동 구문으로도 표현될 수 있었다. 아래는 중세어의 예이다.

(33) 가. 王ㄱ ᄭᅮ메 집 보히 <u>것거늘</u> 〈釋詳24:6a〉

나. <u>道士</u>ᄋᆡ 經은 다 <u>ᄉᆞ라</u> 진 ᄃᆞ외오 〈月釋2:74b〉

다. 微妙ᄒᆞᆫ 고지 ᄯᅡ해 <u>두퍼</u> 周遍淸淨ᄒ야 봃 사ᄅᆞ미 歡喜ᄒ며 〈月釋13:69b〉

라. 니ᄅᆞ샨 ᄂᆞ려 ᄉᆞ므차 그므레 <u>거러</u> 그 머리 갓ᄀᆞ로 ᄃᆞᆯ요미 다 빗기 건너논 類라 (所謂下<u>透挂網</u>ᄒ야 倒懸其頭者ㅣ 皆衡度類也ㅣ라) 〈楞嚴8:93a〉

(33)은 양용동사 '겄-, 슬-, 둪-, 걸-'이 이루는 자동 구문이다. (33가)는 "왕의 꿈에 집 들보가 꺾어지거늘", (33나)는 "道士의 經은 다 불살라져 재가 되고", (33다)는 "좋은 꽃이 땅에 덮여 周遍淸淨하여 보는 사람이 기뻐하며", (33라)는 "이른바 떨어진 상태로 꿰뚫어 그물에 걸려 그 머리가 거꾸로 달리는 것이 다 비스듬히 건너는 부류이다"로 해석된다. 이들 예에서도 의도를 가진 누군가가 집 들보를 꺾거나, 경전을 불사르거나, 꽃을 덮거나, 다른 존재를 그물에 거는 등의 행위를 하는 것이 아니다.

이는 근대한국어 시기에도 마찬가지이다. 아래에 근대어의 양용동사가 반사동의 의미를 나타내는 예를 보인다.

> (34) 가. 히 졈졈 놉고 안개 거드니 〈三譯總解4:18b〉
> 나. 브람이 부러도 나모 긋치 것지 아니ᄒ고 〈八歲11b〉

(34)는 양용동사 '걷-, 젓-'이 이루는 자동 구문이다. (34가)는 "해가 점점 높아지고 안개가 걷히니", (34나)는 "바람이 불어도 나무 끝이 꺾이지 않고"로 해석된다. 이들 예에서도 의도를 가진 외부의 행위자를 상정하기 어렵다. 누군가가 안개를 걷거나, 나무 끝을 꺾는 등의 행위를 하는 것이 아니기 때문이다. 근대한국어 시기에는 양용동사가 타동적 용법만을 가지게 되는 경우가 일반적이므로, 양용동사가 반사동의 의미를 나타내는 예는 중세한국어 시기의 자료에 비해 소략한 편이다.

지금까지 우리는 피동과 반사동의 의미를 구별하고, 각각의 의미를 나타내는 피동문을 살펴보았다. 이는 피동문의 맥락을 직접 검토하여 행위자 존재 여부를 확인한 후, 둘 중 더 우세한 의미를 나타내는 쪽으로 분류한 것이다. 분류의 결과를 바탕으로, 각각의 의미를 나타내는 피동사를 모두 제시하면 아래와 같다.[38]

(35) 피동

가티다/가도이다(囚), 괴이다(愛), 그리이다(畵), 갈리다(替), 내조치다
(逐), 들이다₃(入), 머키다(食), 몃구이다(麵), 믈이다(囓), 믜이다(憎), 브
리이다(使), 블리다(召), 브리이다(棄), 볼이다(踐), 쓰이다(用), 실이다
(載), 스이다(書), 숢기다(烹), 앗이다(奪), 어티다(得), 일콜이다(稱), 자피
다(拘), 조치다(逐), 쥐이다(操), 추이다(踢), 티이다₁(打), 폴이다(賣), 할
이다(讒), 헐이다₁(傷), 헐이다₂(毀), 후리이다(奪)

(36) 반사동

갓기다(削), 구긔이다, 굴이다(摩), 곱초이다(藏), 곳초이다(具), 눌이다
(壓), 니피다(被), 늘이다(飛), 다티다(閉), 담기다(拭), 도티다(瘇), 뒤티이
다(飜), 듐기다(沈), 마키다(碍), 미치다(結), 봇기다(炒), 불이다(吹), 븓둥
기이다(牽), 븟이다(注), 뻬이다(貫), 사히다(積), 섯기다(混), 싯기다(洗),
슬이다(消), 씨이다₁(釁, 漒), 실이다(席), 얼기다/얼키다/미얼키다(縛),
얽미이다(拘), 열이다(開), 이어이다(動), 잇글리다(牽), 지즐이다(壓), 좀
기다(潛)

검토 결과 어떤 종류의 피동사는 피동의 의미를 주로 나타내었고, 어떤
종류의 피동사는 반사동의 의미를 주로 나타냄을 확인할 수 있었다.

그런데 이처럼 피동문의 맥락을 직접 일일이 파악하여, 해당 문장에 행
위자가 존재하는지 그렇지 않은지를 따져 피동과 반사동을 구별하는 것

---

38) 각 동사가 이루는 구문은 [부록3]에 제시하였다. 어떠한 동사가 피동과 반사동의 의미를 모
두 나타낼 수 있을 경우 더 우세한 의미를 나타내는 쪽으로 분류하였다. 예를 들어 '자피다'
는 피동의 의미를 나타내는 경우가 더 많았으므로 '피동'에, '실이다'는 반사동의 의미를 나타
내는 경우가 더 많았으므로 '반사동'으로 분류하였다. 그 우세를 따지기 힘든 동사는 '피동+
반사동'으로 분류하였는데 '갈리다(分), 것기다(切), 고치다(揷), 논호이다(分), 둘이다(懸),
마초이다(中), 미이다(繫), 뻴이다(刺)' 등이 그 예이다. '모도이다', '씨이다₂(挾) 등과 같이
행위성 자동사와 비슷한 양상을 보이는 동사들은 피동과 반사동 중 어디에 속한다고 보기
어려우므로 이들은 검토에서 제외하였다. 한편, 양용동사는 피동을 나타내는 경우보다 반
사동을 나타내는 것이 대부분이므로, 목록에 따로 제시하지는 않았다.

은 여간 수고스러운 일이 아니다. 특히 한국어와 같이 피동과 반사동이 같은 형식으로 나타나는 언어는 더욱 그러하다.

그러면 문맥을 확인하지 않고 동사가 피동과 반사동 중 어떠한 의미를 나타내는지 예측할 수는 없는가? 본고는 이 예측에 도움을 줄 수 있는 것으로 동사의 어휘적 의미를 제시한다. (35), (36)의 동사를 다시 살펴보자. 각 부류에 속하는 동사는 얼핏 보면 어떠한 공통점도 없어 보인다. 그런데 (35)와 (36)의 동사들이 가지는 의미 특성을 상세히 살피면 그 공통점을 포착할 수 있다.[39]

먼저 (35)에는 신체 접촉과 관련된 동사들이 많다. '머키다(食), 들이다(踏), 볼이다(踐), 뻴이다(刺), 실이다(載), 자피다(拘), 쥐이다(操), 추이다(踢), 티이다₁(打), 헐이다₁(傷)' 등이 이에 속한다. 또한 감정 동사{괴이다(愛), 믜이다(憎)}와 말하기 및 쓰기와 관련된 동사{그리이다(畵), 일쿨이다(稱), 블리다(召), 스이다(書), 할이다(讒)}, 소유권 이전과 관련된 동사{브리이다(棄), 앗이다(奪), 어티다(得), 후리이다(奪), 폴이다(賣)}, 인간 간의 계약 관계와 관련된 동사{갈리다(替), 브리이다(使), 쓰이다(用)} 등도 이에 속한다. 이러한 동사들은 대체로 유정물 행위자와 피행위자를 필요로 하는 특징이 있다. 예를 들어 무엇이 다른 무엇에 물리거나, 밀치거나, 밟히거나 하는 행위는 대체로 인간 간에 혹은 인간과 동물 간에 이루어진다. 무엇을 그리거나, 일컫거나, 부르거나 하는 행위의 주체 역시 인간이다. 또한 무엇을 버리거나, 빼앗거나 혹은 팔거나 하는 행위도 인간에 의해 이루어진다. '가도이다'(囚), '내조치다/조치다'(逐), '(귓것)들이다'(入), '몃구이다'(埋) '숢기다'(烹) 등은 하나의 공통된 의미 표찰로 묶기 어렵지만 누군

---

39) 동사의 어휘적 의미에 따른 분류는 박진호(2003: 35-6)을 참조하였다. 그런데 동사를 의미에 따라 분류하는 작업은 쉬운 일이 아니다. 분류의 과정에서 연구자의 자의적 기준이 개입될 여지가 많기 때문이다. 해당 부류의 동사들이 가지는 의미적 공통점을 최대한 추상화시키려 하다 보니 분류의 명칭이 적절하지 않거나 포함 관계가 명확하지 않은 동사들도 있을 수 있다. 본고도 이러한 한계를 인정하나, 이는 어휘 분류가 가지는 본질적인 한계이기도 하다.

가를 가두거나 내쫓고, 누군가에게 귀신이 들고, 무엇을 메꾸거나 삶는 행위 역시 유정물 행위자에 의해 이루어진다. 즉 (35)의 동사들은 유정물 행위자 및 피행위자를 필요로 하는 경향이 높다.

이에 반해 (36)의 목록에는 위치 변화 및 이동과 관련된 동사들이 많다. '늘이다(飛), 다티다(閉), 담기다(抹), 둠기다(沈), 븓둥기이다(牽), 븟이다(注), 섯기다(混), 열이다(開), 이어이다(動), 줌기다(潛), 불이다(吹)' 등이 이에 속한다. 또 표면 변화{갓기다(削), 구긔이다(皺), 눌이다(壓), 니피다(被), 도티다(癏), 뒤티이다(飜), 뻬이다(貫), 사히다(積), 싯기다(洗), 씨이다₁(蔽, 渰), 찔이다(席), 지즐이다(壓)}, 물리적 상태 변화{굴이다(摩), 봇기다(炒), 슬이다(消), 헐이다₂(毀)}, 속박 및 구속과 관련된 동사{마키다(碍), 얼기다/얼키다/미얼키다(縛), 얽미이다(拘)}도 이에 속한다. 이 외에 '미치다'(結)는 자연 현상과 관련된 동사이며, '금초이다'(藏)와 '곳초이다'(具), '잇글리다'(牽) 등도 자연적으로 일어나는 사태를 묘사하는 데에 주로 사용된다. 이처럼 어떤 대상의 위치가 이동하는 사태, 대상의 표면이나 물리적 상태가 변하는 사태 등은 저절로 일어나거나 자연적 힘에 의해 일어날 수 있는 것들이다. 즉 이들은 (35)의 동사에 비해 유정물 행위자를 필요로 하는 정도가 상대적으로 낮다.

동사의 어휘적 의미를 고려하여 피동과 반사동을 구별하는 것은 다른 언어의 동사에도 적용될 수 있다. Garcia(1975)는 스페인어에서 재귀사 'se'가 사용된 문장은 맥락에 따라 두 해석을 다 가지기도 하고, 어떠한 경우는 한 가지 해석만을 가진다고 하였다. 아래의 예를 살펴보자.[40]

(37) 가. Se   quemó   el dulce
      REFL   burn:PAST:3S   the jam

---

40) (37), (38)에 사용된 약호가 뜻하는 바는 아래와 같다.
    MID: 중동 / PASS: 피동 / PAST: 과거 / PL: 복수 / REFL: 재귀 / S: 단수 / 3: 3인칭

나. Se   cumplieron   las promesas

   REFL   fulfil:PAST:3PL   the promises

(Siewierska 1984: 171에서 재인용)

(37가)는 맥락에 따라 '잼이 태워졌다'와 '잼이 (누군가에 의해) 탔다'의 해석이 모두 가능하다. 하지만 (37나)의 "약속이 수행되었다"는 피동의 의미만을 가진다. 이러한 차이는 동사의 속성과 관계된 것인데, 잼은 아무도 잼에 신경을 쓰지 않으면 저절로 탈 수 있지만, 약속은 적어도 누군가에 의해 수행되어야 하기 때문이다(Siewierska 1984: 171).

그리고 Keenan and Dryer(2007: 353)에서는 Quechua語를 대상으로 피동과 반사동의 차이를 어휘의 의미와 관련지어 설명한 바 있다. 아래의 예를 살펴보자.

(38) 가. Punku   kiča-**ka**-rqa-n

      door   open-MID-PAST-3

      'The door opened'

나. Čuku   apa-**ka**-rqa-n

      hat   take-PASS-PAST-3

      'The hat was taken'

제시된 예에서 접미사 '-ka'는 (38가)에서는 'kiča'(open)에, (38나)에서는 'apa'(take)에 결합되어 있다. 동일한 표지가 서로 다른 동사에 결합하였는데 (38가)는 중동(middle)으로, (38나)는 피동으로 해석된다. 후자가 피동으로 해석되는 이유는 'take'가 행위자의 존재를 함축하고 있는 동사이기 때문이다(Keenan and Dryer 2007: 353). 즉 'take'는 행위자를 필요로 하는 경향이 있는 동사이기 때문에 이것의 피동형 'was taken'도 행위자가 함축되어 있을 가능성이 높다. 반면 'open'은 행위자를 반드시 필요로 하지는 않는다. 무엇이 열리는 사태는 바람의 힘에 의해 혹은 다른 어떠한 작용에 의해서도 일어날 수 있는 현상이기 때문이다. 따라서 이는 'take'보다는 행위자를 필요로 하는 정도가 낮다고 할 수 있겠다.

그런데 동사의 어휘적 의미를 피동과 반사동 구별의 절대적 기준으로 삼기에는 한계가 있다. 어떤 맥락이 주어지느냐에 따라 피동으로 분류된 동사들이 반사동의 의미를, 반사동으로 분류된 동사들이 피동의 의미를 나타낼 수도 있기 때문이다. 예를 들어 '문이 열렸다'라는 문장은 '철수가 문을 힘차게 열었다'라는 맥락이 전제되면 피동이며, '바람이 세차게 불었다'라는 맥락이 전제되면 반사동이 되는 것이다. Kulikov(2011: 392-3)는 행위자 없는 피동과 반사동을 구별하는 것은 언어학자가 동사 연구에 착수할 때 겪는 가장 복잡한 문제 중 하나라고 하면서, 명확히 피동과 반사동으로 구별할 수 있는 예들이 있다 하더라도 둘의 해석을 모두 허용하는 불확실한 영역이 존재한다고 언급한 바 있다. 한국어의 경우도 마찬가지라 할 수 있다.

그럼에도 불구하고 동사의 어휘적 의미가 유의미한 기준이 될 수 있는 이유는, 이것이 문맥을 직접 검토하지 않고도 피동사의 의미를 예측하게 해 주는 하나의 참고 기준이 될 수 있기 때문이다. 동사가 나타내는 사태가 행위자를 얼마나 필요로 하는지를 고려하면, 피동사가 피동과 반사동 중 어떠한 의미를 나타낼지 어느 정도 예측할 수 있다. 즉, 피동과 반사동을 구별하는 어려움을 덜 수 있는 하나의 방도가 될 수 있는 것이다. 특히 한국어와 같이 피동과 반사동이 동일한 표지로 표시되는 언어에서는 특히 유용한 기준으로 될 수 있을 것이다.[41]

---

41) 이것이 진정한 의미의 '예측'이 되기 위해서는 현대한국어 자료 및 다른 언어 자료에 대한 면밀한 관찰이 필요하다. 지금으로서는 이것이 '예측'이 될지 혹은 단순한 '기술'이 될지 확언하기 어렵다. 하지만 동사의 어휘적 의미는 중세·근대한국어 시기의 피동사가 피동과 반사동 중에서 어떠한 의미를 나타내는지 확인할 수 있는 참고 요인이 될 수 있을 것이다.

지금까지의 내용을 바탕으로 피동과 반사동을 구별할 수 있는 두 가지 기준을 요약하면 아래와 같다.

① 맥락에 행위자가 함축되어 있는가?
② 동사가 행위자를 필요로 하는 경향이 높은 동사인가?

두 번째 기준은 피동사가 피동과 반사동을 구별하는 절대적 기준은 되기 어렵지만, 어떤 동사가 피동과 반사동 중 어떠한 의미를 가질지 예측하는 데에 좋은 참조가 될 수 있을 것이다.

4.2.2. 부수적 의미

4.2.2.1. 재귀

피동문이 가지는 부수적 의미에는 재귀와 가능이 있다. 재귀의 의미를 나타내는 피동문을 살피기 전, 한국어에서 재귀의 의미는 어떠한 수단으로 표현되는지를 간략히 살펴보자.

일반적으로 재귀(reflexive)란 "동사로 나타나는 주체어의 동작 또는 행위가 어떤 다른 목적어에 미치지 않고 주체어에 재귀하는 속성"(성광수 1981: 31)으로 정의된다. 한국어는 재귀 동사나 재귀 대명사를 사용함으로써 재귀의 의미를 나타낸다. 재귀 동사에는 '씻다', '세수하다', '반성하다', '뉘우치다' 등이 있는데, 이들은 일반적으로 자기 지향적 사태(self-directed situation)를[42] 나타내는 데에 사용된다. 재귀 대명사에는 '자기', '저' 등이

---

42) '자기 지향적 사태', '타자 지향적 사태' 등의 용어는 박진호(2009나)를 참조하였다. 한편 재귀 대명사를 사용하는 것은 하나의 절에 둘 이상의 동일지시적 명사구가 나타나는 것을 회피하기 위한 언어적 책략 중 하나이다. 명사구의 반복을 피하기 위해서는 동일지시성을 가지는 명사구 하나가 재귀대명사로 대치되는 방법과, 명사구 하나가 삭제된 후 동사에 두 명

있는데, 이들은 타자 지향적 사태(other-directed situation)를 나타내는 동사를 자기 지향적 사태로 바꿀 때에 사용된다. 재귀 동사가 비재귀 동사에 비해 그 수가 적음을 고려하면, 재귀 대명사에 의한 재귀 표현이 한국어에서는 보다 일반적 방법이라 할 수 있다.

재귀 대명사를 사용하여 재귀의 의미를 나타낼 경우, 문장의 행위자와 피행위자는 동일한 개체를 지시한다. '철수가 자기를 때렸다', '철수가 자기를 찔렀다'와 같은 문장에서 행위자와 피행위자는 모두 철수이다. 만약 이것이 피동화가 된다면 '철수가 자기에게 맞았다', '철수가 자기에게 찔렸다' 따위의 의미를 가지는 문장이 될 터인데,[43] 이 경우 역시 행위자와 피행위자는 모두 철수이다. 우리는 이처럼 행위자와 피행위자가 공지시적 관계에 있는 피동문을 연구 대상으로 삼는다. 피동의 의미를 나타내는 피동문이 '행위자≠피행위자'(이하 A≠U로 칭함)의 관계를 가지는 데 반해, 재귀의 의미를 나타내는 피동문은 '행위자=피행위자'의 관계를 가진다(이하 A=U로 칭함)고 할 수 있겠다.

그러면 중세한국어 시기에 행위자와 피행위자가 동일한 개체를 가리키는 피동문, 즉 'X가 (자기에 의해) VP'라는 피동문은 존재하는가? 이러한 피동문은 중세어에는 거의 존재하지 않는 듯하다. 그런데 16세기 자료에 아래와 같은 예가 존재함이 주목된다.

(39) 가. 孫氏 フ마니 댓수헤 가 목 미야 들엿거늘 제 묘이 보고 그르니라 (孫氏 潛入園中竹林 自縊 其兄見而解之) 〈續三初烈17a〉[44]

사구의 동일지시성을 알려주는 표지가 결합되는 방법이 있다(이상 Kazenin 2001). 한국어 는 전자의 수단을 택하는 언어이다.

43) 이러한 문장이 문법적으로 적절한지에 대한 의문이 있을 수 있다. 본고는 '철수는 자기에게 맞았다' 따위의 문장이 문법적임을 주장하지는 않는다. 다만 '철수가 자기를 때렸다'와 같은 문장이 피동화가 된다면 "철수는 자기에게 맞았다"의 의미를 가지는 문장이 될 것이고, 이 경우 '행위자=피행위자' 공식이 성립하게 된다. 본고는 A=U의 관계를 가지는 피동문을 상정 하기 위해 이와 같은 문장을 예로 들었다.

cf. 지아비 죽거늘 스스로 목 미야 드라 죽다 (夫歿自縊而死) 〈東新烈 2:82b〉

나. 令女ㅣ ㄱ마니 자는 방의 드러가 갈호로 고홀 버히고 니블에 쓰여 누엇거늘 (令女ㅣ 於是애 竊入寢室ᄒ야 以刀斷鼻ᄒ고 蒙被而臥ㅣ러니) 〈飜小9:62a〉

(39가)는 '들이-'(縊), (39나)는 '쓰이-'(蒙)가 사용된 예이다. (39가)는 "손씨가 몰래 대나무 숲에 가서 목을 매어 달려 있거늘 손 씨의 형이 보고 손씨를 풀었다", (39나)는 "令女가 몰래 자는 방에 들어가 칼로 (자기의) 코를 베고 이불에 싸여 누웠거늘"로 해석된다. (39가)에서 孫氏는 스스로 자기의 목을 매어 나무에 달렸고, (39나)의 令女는 스스로 이불에 싸였다. 이들은 A=U의 관계를 보여준다는 점에서 연구 대상이 된다.

특히 (39가)의 예는 현대어의 '그는 철봉에 매달렸다'와 같은 문장을 피동문으로 볼 수 있는지의 문제와 관련된다. 선행 연구에서는 이와 같은 성격을 가지는 문장을 피동문의 일종으로 다루기도 하였고, 능동문으로 다루기도 하였다. 任洪彬(1978)이 전자의 관점, 남수경(2011나)가 후자의 관

----

44) (39가)의 내용에 대한 동양문고본과 중간본,《동국신속》의 언해는 아래와 같다.

가. 孫氏 ㄱ마니 댓수혜 가 목 미야 들엿거늘 제 兄이 보오 그르나라 〈續三동양烈17a〉
나. 손시 ㄱ마니 대숩플에 가 목 미야 들녓써늘 제 형이 보고 글으니라 〈續三重烈17a〉
다. 손시 ㄱ마니 댓숩페 가 목 미야 들엿써늘 제 형이 보고 그르니라 〈東新續烈9b〉

이는 (39가)의 언해와 크게 다르지 않다.
(39나)에서 관련된 부분에 대한 여러 문헌의 언해를 제시하면 아래와 같다.

가. 니블 무루쎠 누볏거늘 〈三綱烈11a〉
나. 니블 무룹고 누어셔 〈小學6:57a〉
다. 니블을 무룹쓰고 누어셔 〈五倫烈21b〉

(39나)의 '쓰이-'는 다른 문헌에서는 대부분 '무룹쓰-', '무룹'이 사용된 타동문으로 언해되었다.

점을 취한 연구이다. 任洪彬(1978: 106-7)에서는 피동을 행동성이나 의도성을 문제 삼지 않는 표현법으로 보면서 '아이들은 열심히 나뭇가지에 매달렸다'와 같은 문장도 피동의 일종으로 논의하였다. 남수경(2011나: 109-10)에서는 '철수가 철봉에 매달렸다'는 'X가 철수를 철봉에 매달았다'와 같은 능동문이 성립하지 않고, 행위자 강등과 피행위자 승격을 보이지 않기 때문에 이를 피동문으로 인정하지 않았다.

본고는 (39)와 같이 A=U의 관계를 가지는 문장을 'X가 자기를 VP' 구문이 피동화된 피동문으로 본다. 그리고 이들이 재귀적으로 해석될 수 있는 요인은 생략된 재귀 대명사에 의한 것이지, 동사에 의한 것은 아니라고 판단한다. 무엇을 어디에 매다는 것과 어떠한 도구로 무엇을 포장하는 행위는 일반적으로 타자를 향해 일어나는 행위이므로, '들-'과 '쌋-'는 재귀 동사로 볼 수 없다. 생략된 행위자를 고려하여 (39)의 문장을 복원하고, 대응 능동문을 상정한다면 이는 다음과 같이 표현될 수 있을 것이다.[45]

(39가) 능동문: 孫氏 (자기를)[46] 목 미야 <u>달앗거늘</u>
        피동문: 孫氏 (자기에게/자기에 의해) 목 미야 <u>들엿거늘</u>
(39나) 능동문: 숑女가 (자기를) 니블에 <u>빠</u> 누엇거늘
        피동문: 숑女ㅣ (자기에게/자기에 의해) 니블에 <u>쌋여</u> 누엇거늘

이에 따르면 (39)의 예는 'X가 자기를 VP' 구문에서 행위자 강등과 피행위자 승격이 일어나 'X가 (자기에 의해) VP'의 구조가 된 것으로 볼 수 있다. 논항의 강등과 승격이 일어나고, 동사에 피동 표지가 결합되었다는 점에

---

45) 재귀사가 사용된 능동문은 비록 상정은 가능하지만, 자연스럽지는 않다. 任洪彬(1987: 261)에서는 재귀사 '자기'가 선행사와는 별개의 독립적인 존재성을 갖추고 행동을 유발하는 주체로 인식되기 때문에, '자기'가 사용된 피동문은 성립하기 어렵거나 극히 부자연스럽다고 하였다.

46) '자기를', '자기에게'에 대응하는 적절한 근대한국어 표현을 찾기 어려워 편의상 현대어 '자기'를 활용하여 문장을 구성하였다.

서 이들은 원형적 피동과 다를 바가 없다. 일반적인 피동문과 다른 점이 있다면 행위자와 피행위자가 공지시성을 가진다는 점뿐이다. 본고의 이러한 관점은 결과적으로 任洪彬(1978)과 동일하다.

그리고 이처럼 행위자와 피행위자가 공지시성을 가지는 문장은 행위자의 의도성이 문장에 드러날 수 있다는 특징을 가진다. (39)에서 孫氏와 슈女가 목이 매어 달리고, 이불에 싸인 행위는 모두 주체가 의도적으로 유발한 행위의 결과이다.[47] 이는 피동의 의미를 나타내는 피동문에서는 불가능한 현상이다. 예를 들어 '그 도즈기 (…) 王끠 자피니'와 같은 문장은 '도족'이 '王'에게 의도적으로 잡혔음을 의미하지 않는다. 도적이 잡힌 행위는 도적의 의도와는 무관한 것이다.

즉 중세어 피동문이 가지는 재귀의 의미는 'X가 자기를 VP'와 같이 재귀대명사가 사용된 구문이 피동화되었을 때 피동문이 가질 수 있는 의미이며, 피동사 혹은 피동 접사 자체가 재귀의 의미를 나타낼 수 있었던 것은 아니다. 우리가 이를 강조하는 것은 한국어 피동사가 재귀의 의미를 나타낼 수 있음이 박소영(2013)에서 제기되었기 때문이다. 박소영(2013)에서는 행위주적 주어를 가지는 접사 피동문의 통사 구조를 분석하면서, '영희가 철수에게 일부러 손을 잡혔다'와 같이 소유물 논항이 목적격으로 실현되는 접사 피동문과, '철수가 일부러 차에 치였다'와 같은 피동문은 재귀적인 의미 특성을 지닌다고 하였다. 그리고 피동 접사를 피동, 기동, 재귀 구문에 모두 사용될 수 있는 Voice의 음성적 실현형으로 간주하면서, 피동, 기동 재귀 구문이 동일한 형식으로 실현되는 언어가 있음을 고려할 때 이는 범언어적으로 타당한 분석이라고 하였다(박소영 2013: 213).

하지만 본고에서 다룬 (39)와 같은 예는 박소영(2013)에서 제시한 재귀의 의미를 가진 피동문과는 성격이 다르다. (39)에서 나무에 목을 매단 행

---

47) Kemmer(1993)와 Shibatani(1998)의 논의를 참고하면 이들은 주어가 행위자인 동시에 피행위자라는 점에서 중동(middle)의 범주에 속한다고 볼 수도 있다.

위를 한 사람은 손 씨이며, 이불에 자신을 싸는 행위를 한 사람은 영녀이다. 손 씨와 영녀 외에 사태에 개입한 다른 인물은 없다. 그런데 '영희가 철수에게 일부러 손을 잡혔다'의 경우 행위에 관여하는 사람은 영희와 철수이다. '철수가 일부러 차에 치였다' 역시 철수와 차의 운전자가 행위에 관여한다. 이러한 예들에서는 사태에 관여하는 인물이 최소 두 명인 것이다. 우리는 제2장에서 피동문이 가질 수 있는 의미 중 하나로 재귀를 설정하였지만, 16세기 한국어 피동문이 가지는 재귀는 박소영(2013)에서 제시한 재귀와는 성격이 다르며, 오히려 일반적으로 재귀의 의미를 가지는 문장의 특성을 보여준다고 할 수 있겠다.

다음으로 근대한국어 시기의 예를 살펴보자. 근대어에서 행위자와 피행위자가 공지시성을 가지는 피동문은 거의 보이지 않는다. 즉 'X가 (자기를) VP' 구문이 피동화되어 'X가 (자기에 의해) VP'와 같은 구문을 이루는 경우가 흔치 않은 것이다. 그런데 행위자와 피행위자의 공지시성은 갖추지 못하였으나, 행위자의 의도가 드러난 피동문이 존재한다.

(40) 가. 녀뢰 힘이 갓바 뽄 거슬 문탁 우희 노핫더니 거매 어즈러이 <u>모도이니</u>
     (女奴力勸 置于門闑上 車馬駢集) 〈種德中12b〉
   나. 하졸들은 곳곳이 <u>모도여</u> 안자 ᄉ면의 장작을 길ᄀ치 ᄲᅡ코 불을 딜너
     〈을병_숭실1〉
(41) 허다흔 병인이 <u>모도혀</u> 압희 나아와 곳침을 구ᄒ거늘 〈훈ᄋ진언17a〉

(40)과 (41)은 "모으다"를 의미하는 '모도-'의 피동사 '모도이-'와 '모도히-'가 사용된 예이다. 이들은 모두 '거마', '하졸들', '허다흔 병인' 등의 유정물을 주어로 취하고 있다. 그런데 (40), (41)의 주어가 어딘가에 모이는 행위는 스스로의 의지에 의한 것이지, 다른 누군가에 의한 것이 아니다. 즉 '모도이-', '모도히-'는 동사는 피동형이지만 행위자 주어를 취하고 있으며, 문장에 피동의 의미가 느껴지지 않는 것이다.

'끼이-'도 이와 유사한 양상을 보여준다.

(42) 이윽고 자리 닙재 드러왓거늘 내 즉시 니러 자리를 주고 그 밧그로 <u>끼이여</u> 셔시니 극히 피곤ᄒ고 〈을병_장서6:20a〉

(43) 가. 그 믈은 (…) 좁은 틈에 <u>끼여</u> 압 다리 ᄒ나가 부러졋다더라 〈독립신문 1897/11/11〉

나. 흔 잔납이 그 나무에 올나가 돗 속에 인ᄂ 쌀을 다 먹고 나오려 ᄒ다가 몸이 돗헤 <u>끼여</u> 움직이지 못ᄒᄂ지라 〈新訂尋常1:18b〉

제시된 예는 '끼-'의 피동형 '끼이-'가 사용된 예이다. (42)에서 주어가 사람들 사이에 끼여 서는 행위는 다른 누군가에 의한 것이 아니라, 자신의 의도에 의한 것이다. 이 예는 피동형이 사용되었지만 주어가 행위자라는 점에서 (41)과 비슷한 양상을 보여준다. 한편 '끼이-'는 피동적 용법을 보이기도 하는데, (43)이 그 예이다. (43가)는 '그 믈', (43나)는 '흔 잔납이'가 주어로 나타난 구문이다. (43)에서 주어가 어떤 장소에 끼인 것은 자연적으로 일어난 현상이며, 자신의 의도로 인한 것이 아니라는 점에서 피동문으로 볼 수 있다.

(40)-(42)의 예가 보여주는 이와 같은 양상은 중세어에서 재귀의 의미를 가지는 피동문이 보이는 양상과는 사뭇 다르다. 중세어의 경우 어떠한 사태를 의도적으로 유발한 대상과 그 사태에 의해 영향을 받는 대상이 동일한 개체를 지시하고 있었다. 그런데 근대어의 경우 사태를 유발한 대상만 있고, 그 행위에 영향을 받는 대상은 존재하지 않는다. 행위자만 존재하는 것이다. 즉 (40)-(42)에 사용된 동사는 피동사가 아니라 행위성 자동사에 가까운 모습을 보여준다. 연구의 편의상 우리는 이들을 재귀라는 의미 표찰 아래 다루고 있지만, 이를 진정한 재귀로 볼 수는 없다. 중세한국어 시기에 재귀의 의미를 나타냈던 피동문과 동일한 유형의 피동문은 근대한국어에는 존재하지 않는다.[48]

'모도이-'와 '씨이-'가 어떠한 원리에 의해 행위성 자동사로 주로 쓰이게 되었는지, 많은 동사들 중에서 '모도이-'와 '씨이-'가 그러한 용법을 가지게 되었는지는 명확히 설명하기 어렵다. 우리는 이러한 경우가 일반적인 현상은 아니며 지극히 소수의 피동사만 보이는 양상이라는 점, 그리고 이러한 양상이 현대어의 '모이-'와 '끼이-'에까지 이어진다는 점을 언급해 둔다.

이상의 검토를 통해, 재귀의 의미를 가지는 피동문은 'X가 자기를 VP' 구문이 피동화된 결과 피동문이 가지게 된 의미임을 확인하였다. 피동문이 이처럼 재귀의 의미를 나타내는 것은 맥락에 의해 주어지는 의미이며, 피동문의 기본적 의미로 보기는 어렵다. 그리고 중세어에서 재귀의 의미를 나타내는 예는 사태에 관여하는 인물이 한 명이라는 점에서 현대어에서 재귀의 의미로 논의된 피동문('철수가 일부러 차에 치였다')과는 그 양상이 다르다. 재귀의 의미를 나타내는 피동문은 중세어 자료에 두어 예가 보일 뿐이며 근대 이후에는 거의 보이지 않는다.

4.2.2.2. 가능

가능은 행위자와 피행위자가 모두 존재하되, 피행위자가 특정 개체를 가리키지 않는 경우 피동문이 가지는 의미이다. Kulikov(2011: 375)는 가능 피동을 행위자 없는 피동의 특별한 유형으로 다루면서, 가능 피동은 행위자가 누구인지 지시하지 않고 습관성(habituality)의 의미를 더해주며, 주로 'well', 'easily', 'often'과 같은 방식 부사와 함께 사용된다고 하였다.

우리가 피동과는 일견 관계가 없어 보이는 이러한 의미를 피동과 관련하여 다루는 이유는 선행 연구에서 아래와 같은 예가 가능의 의미를 가지는 피동문으로 논의되어 왔기 때문이다.

---

48) 만약 행위자의 의도가 문장에 드러날 수 있는 것까지 재귀로 다룬다면 '걷다', '뛰다' 따위와 같은 모든 행위성 자동사가 재귀의 의미를 나타낸다고 기술해야 할 것이다. 본고는 이러한 입장을 취하지 않는다.

(44) 가. 이 종이는 잘 접힌다.

　　　 나. 이 칼은 잘 깎인다.

제시된 예는 특정한 행위자에 의해 일어나는 어떠한 사태를 기술하는 것이 아니라 '이 종이'가 잘 접힌다는 속성, '이 칼'로 다른 것을 잘 깎을 수 있다는 속성을 나타내고 있다. 이와 같은 예를 남수경(2012)에서는 '가능 피동'으로, 김윤신(2014)에서는 가능의 양태적 의미가 총칭적 의미로 연결되므로 '총칭 피동문'이라 칭하였다. 이러한 문장은 특정 사건보다는 총칭적 사건을 가리키며, 양태의 의미를 가지며, 일반적으로 'easily'와 같은 부사어를 요구하며, 행위자 논항이 외현적으로 실현되지 않는다는 특성을 가진다(Iwata 1999, 남수경 2012에서 재인용).

한국어에서 이와 같은 가능의 의미가 피동문으로 표현될 수 있는 배경은 무엇인가. 이는 사태의 실현을 가능하게 하는 요소가 행위자에 있는지, 행위자 이외의 논항인지와 관련된다. 만약 사태의 실현을 가능케 하는 요소가 행위자 내부에 있다면 '철수는 그림을 잘 그린다'와 같이 능동으로 표현하는 경향이 있다. 그런데 사태 실현을 가능케 하는 주된 요인이 행위자 이외의 논항이라면, 한국어에서는 이를 피동으로 표현하는 경향이 있다. 예를 들어 '이 종이는 잘 접힌다'의 경우, 주체의 능력과는 상관없이 종이가 가지고 있는 특성상 누구든지 이 종이를 잘 접을 수 있음을 나타낸다. '이 칼은 잘 깎인다'도 주체가 무엇을 잘 깎을 수 있는 능력을 가지고 있는지의 여부와는 상관없이, 칼 자체가 날카로워 누구든지 이 칼로 무엇을 잘 깎을 수 있음을 나타낸다.

그런데 한국어의 피동문이 이와 같은 가능의 의미를 나타내기 위해서는 '잘'과 같은 부사의 사용이 필수적이다. (44)에서 부사 '잘'을 제거하면 '이 종이는 접힌다', '이 칼은 깎인다'만이 남게 되는데, 이 경우 해당 문장들은 가능이라기보다는 피동에 가깝다. 특정 시점에 있었던 사태를 나타내고 있는 것처럼 느껴지는 것이다. 즉 피동문이 가지는 가능의 의미는 '잘'

과 같은 문장에 사용된 다른 요소에 기인한 것이며, 피동문 자체로 가능의 의미를 나타내기는 어렵다.[49]

이와 같은 양상은 중세·근대어에서도 다르지 않다. 중세·근대어에서 가능의 의미로 볼 수 있는 대부분의 예는 문장에 사용된 특정 종결어미나 부사에 연유한 것이거나, 혹은 동사 자체가 가능의 의미를 나타내는 경우에 해당한다.

먼저 종결어미 '-리오'에 의해 가능의 의미가 표현되는 예를 살펴보자.

(45) 가. 이 드레 믈 둠디 아니ᄒᆞᄂᆞ다 엇디ᄒᆞ야 <u>구으리혀료</u> (這洒子是不沉 水怎
　　　生得倒) 〈飜老上35b〉

　　나. 이 드레 믈에 줌기디 아니ᄒᆞ니 엇디ᄒᆞ여 <u>젓구리티리오</u> 〈老乞上32a〉

　　다. 이 드레 믈에 줌기지 아니ᄒᆞ니 엇지ᄒᆞ여 믈을 ᄀᆞ득 <u>ᄯᅳ리오</u> (這灑子是
　　　不沉水 怎麼得滿盛了水) 〈老乞重上31b-32a〉

　　라. 이 드레 일졀이 녑흐로 기우러지지 아니ᄒᆞ니 엇지ᄒᆞ여야 믈이 <u>ᄯᅳ이리
　　　오</u> (ere tatakū fuhali dalba ici urhurakū, adarame ohode teni muke
　　　tatabumbi[50]) 〈淸老2:25b-26a〉

제시된 예는 동일 부분에 대한 《번역노걸대》, 《노걸대언해》, 《중간노걸대언해》, 《청어노걸대》의 언해로, 어떻게 하면 두레박으로 물을 가득 뜰

---

49) 가능의 의미를 나타내는 부사 '잘'의 의미의 확장, 변조 과정에 대해서는 김태인(2017)이 참조된다.

50) 'ᄯᅳ이리오'에 대응하는 만주어는 'tatabu-'이다. 《청어노걸대》에서는 'tata-'가 "물을 긷다"를 의미할 수 있었다. 아래에 '긷-'이 쓰인 예를 제시한다.

　가. 이 믈이 젹으니 다시 흔 드레 <u>길어</u> 부으렴으나 (jai emu tatakū <u>tatafi</u> doolacina) 〈淸老
　　2:25b〉

　나. 줄드레로 믈을 <u>깃고</u> (futai tatakūi muke be <u>tatambi</u>) 〈淸老2:20b〉

이러한 예를 고려하면, 'tatabu-'는 'tata-'의 피동형으로 보인다.

수 있는지를 묻는 장면이다. 문장의 술어는 (45가, 나)에서는 '구으리혀료' 및 '것구리티리오'로, (45다)에서는 '쁘리오'로 나타난다. 특히 (45라)는 '쓰이리오'로 라는 피동형이 사용되어 있다는 점에서, 가능의 의미를 나타내는 피동문으로 볼 수 있을 것이다.

우리는 앞서 가능 피동문의 행위자는 특정 개체가 아닌 '사람들'(people)임을 언급하였는데, (45라)는 행위자가 총칭성을 지닌다는 점에서 그 조건을 충족시킨다. 이 장면은 '내'가 어떻게 해야 이 두레박으로 물을 가득 뜰 수 있는지 묻는 장면일 수도 있지만, 일반적으로 사람들이 이 두레박으로 물을 가득 뜨려면 어떻게 해야 하는지 묻는 장면으로도 해석하는 것이 더 자연스럽기 때문이다.

그런데 (45라)에서 가능의 의미가 느껴진다고 하여, 이를 가능을 나타내는 피동문으로 보기는 어렵다. 가능의 의미는 피동형이 쓰이지 않은 (45가-다)에서도 포착되기 때문이다. 특히 (45)의 예들이 모두 '-료' 혹은 '-리오'로 종결되어 있다는 점을 고려하면, 가능의 의미는 종결어미로부터 비롯되었을 가능성이 있다.

종결어미가 가능의 의미를 나타내는 것과 관련하여 장윤희(2002가)의 연구가 참고된다. 장윤희(2002가: 202-6)에서는 15세기 종결어미 '-려', '-료' 등이 기본적으로 '가능성'에 대한 의문을 표시한다고 언급한 바 있다. 장윤희(2002가)에서 가능성의 의미를 표현하는 '-려'와 '-료'의 예로 제시한 예를 아래에 보인다.

(46) 가. 아모 사ᄅᆞ미나 이 良醫의 虛妄ᄒᆞᆫ 罪를 能히 <u>니ᄅᆞ려</u> 몯 <u>니ᄅᆞ려</u> 〈月釋17: 22a〉

　　나. 屑은 녯 사ᄅᆞ미 닐오ᄃᆡ 金 ᄇᆞ스락이 비록 져그나 누늘 ᄀᆞ리디 <u>아니ᄒᆞ려</u> ᄒᆞ니라 〈金三1:20a〉

　　다. 目連이 獄主ᄃᆞ려 무로ᄃᆡ 이 門이 여디 몯ᄒᆞ면 罪人이 어드러로 <u>들료</u> 〈月釋23:84a〉

(46가)는 "어떤 사람이 이 良醫의 虛妄 罪를 능히 말할 수 있겠는가, 말하지 못하겠는가"로 해석된다. 이에 대해 장윤희(2002가: 201)에서는 (46가)의 '-려'는 "…할 수 있겠는가"의 명제의 가능성에 대한 의문을 표시한다고 하였다.

(46나)는 'ᄒ다가 닐오ᄃᆡ 내 잇다 ᄒ면 눉 가온ᄃᆡ ᄇᄉ락 두미며(若道我有ㅣ면 眼中着屑이며)'〈金三1:20a〉의 '屑'에 대한 협주 부분이다. 협주의 내용을 고려하였을 때, 만약 '나'가 있다고 인식한다면 이는 눈 가운데에 부스러기를 넣는 것과 같으므로, 비록 아주 작은 금의 부스러기라고 해도 눈을 가릴 수 있음을 의미한다. 즉 (46나)는 "屑은 옛사람이 말하기를, 금 부스러기는 비록 적지만 눈을 (어찌) 가리지 않겠느냐고 하였다"로 해석될 수 있다. 장윤희(2002가: 202)에서는 이는 '金 ᄇᄉ락이 비록 져그나 누늘 ᄀ리디 아니ᄒ-'의 가능성에 대해 의문을 제기한 것으로, '金 ᄇᄉ락이 비록 져그나 누늘 ᄀ림'을 강조한 것이라고 하였다.

(46다)는 "目連이 獄主에게 묻기를, 이 문이 열리지 못하면 罪人이 어디로 들어올 수 있겠는가"로 해석된다. 이 역시 가능의 의미가 드러나는 문장이라 할 수 있다. 근대에 이러한 종결어미들의 기능이 크게 바뀌지 않았음을 고려하면, (45라)가 가지는 가능의 의미는 피동사가 아닌 종결어미 '-리오'가 가지는 의미에서 연유한 것으로 볼 수 있다.

다음으로 가능의 의미가 문장에 사용된 부사에서 기인한 것으로 볼 수 있는 예를 살펴보자. 이와 관련하여 (45)에 바로 이어지는 내용을 고려할 필요가 있다. 아래에 해당 예를 보인다.

(47) 가. 드레를 드러 믈 우희 ᄯᅴ워 베텨 구으리혀 므레 맛바다 드러 가면 즉재 믈 먹ᄂ느니라 (將洒子提起來 離水面攔動倒 撞入水去 便喫水也)〈飜老上5b〉

나. 드레를다가 들어 믈 우희 ᄯᅴ워 배텨 구르텨 믈에 맛바다 드러가면 즉제 믈 먹ᄂ느니라〈老乞上32a〉

다. 드레롤다가 드러 믈 우희 띄워 배쳐 것구로 쳐 믈에 맛바다 ᄂ려 가면
곳 **能히** 믈이 ᄀ득 **뜨이ᄂ이라** (把柳罐提起來 離水面擺倒 撞下水去 就
能滿盛了水了) 〈老乞重上32a〉

라. 드레 줄을 우흐로 젹이 들어 아릭로 ᄒᆫ 번 더지면 믈이 **절로** 담기ᄂ니
라 (tatakū futa be wesihun majige tukiyefi, fusinhūn emgeri fahaha
de muke inicisui tebubumbi[51]) 〈淸老2:26a〉

(47)은 (45)의 질문에 대한 상대방의 대답으로, 두레박을 들어 물 위에
띄운 다음 두레박을 거꾸러뜨려서 물속으로 들어가게 하면 즉시 두레박
에 물이 가득 뜨여 물을 먹을 수 있음을 알려 주고 있다. 우리가 주목하는
것은 (47다)의 예이다. 문장의 술어는 (47가, 나)에서는 '먹ᄂ니라'로 나타
나는 데 비해, (47다)에서는 피동형 '뜨이ᄂ이라'로 나타난다. (47라)의 '담
기ᄂ니라'도 피동형이지만 '절로'의 수식을 받고 있다는 점에서, 이는 가능
보다는 반사동에 가깝다. (47다)의 예에서도 행위자는 총칭성을 가진다.
이러이러한 행위를 하면 누구나 물을 가득 뜰 수 있음을 나타내고 있기 때
문이다.

이에 우리는 앞서 제기한 의문을 다시 제기할 수 있다. (47다)의 예가 가
지는 가능의 의미는 피동사로부터 비롯된 것이라 할 수 있는가? 하지만
(47다)가 나타내는 가능의 의미는 문장에 쓰인 부사의 의미가 기여한 바가
크다. '뜨이-'는 부사 '能히'의 수식을 받는데, '能히'는 그 자체로 가능의 의
미를 나타내는 부사이기 때문이다.[52] 따라서 (47다)가 가지는 가능의 의
미는 피동사가 아닌 부사의 의미에서 연유하는 것으로 볼 수 있다.[53]

---

51) 《청어노걸대》에서 "담다"를 의미하는 만주어는 'tebu-'로 나타난다. 'ᄒᆫ 사슬 통에 담고(emu
sibiyai dobton de tebumbi)' 〈淸老1:5a〉가 그 예이다. (47라)의 '담기-'는 이의 피동형인
'tebubu-'로 나타난다.

52) 강영리·서취아·박진호(2017: 10)에 따르면 중국어에서 '能'은 참여자 내부 가능성, 참여자
외부 비당위 가능성, 참여자 외부 당위 가능성을 나타내는 데에 사용될 수 있다.

53) (47다)에서 '能히'를 제거하더라도 가능의 의미는 여전히 느껴진다. 이는 선행절이 조건문인

피동사가 부사와 함께 쓰여 가능의 의미를 나타내는 경우는 아래의 예에서도 찾아볼 수 있다.

(48) 가. 여긔 위화도라 ᄒᆞᄂᆞᆫ 셤이 이시니 부윤이 겨울마다 그곳의 산영을 ᄒᆞ면 사슴과 ᄭᅪᆼ이 **만히** 잡히이고 군ᄉᆞ의 치돌ᄒᆞᄂᆞᆫ 거동이 가쟝 보암즉ᄒᆞ다 ᄒᆞ더니 〈을병_장서1:24b-25a〉

나. 나무통으로 물을 기르면 물도 **만히** 담길ᄲᅮᆫ더러 (…) 셔양 철통은 얼마 쓰지도 못ᄒᆞ고 물도 별노히 더 담기난 것 업고 〈독립신문 1899/10/26 잡보 중 '물 샹ᄉᆞ의 슈쟉'의 일부〉

(48가)에서 '잡히-'는 '만히'의 수식을 받고 있다. 이는 "여기 위화도라는 섬이 있는데 부윤이 말하기를, 겨울마다 그곳에서 사냥하면 사슴과 꿩이 많이 잡히고 군사들이 세차게 달리는 거동이 매우 볼만하다고 하더니"로 해석된다. 이 예에서도 행위자는 총칭성을 가진다. 사슴과 꿩을 잡는 행위자는 부윤일 수도 있지만, 위화도의 속성상 위화도에는 사슴과 꿩이 많기 때문에 누구든지 이곳에서는 사슴과 꿩을 많이 잡을 수 있다는 의미로 해석하는 것이 더 자연스럽기 때문이다. (48나)에서 '담기-'는 '만히'의 수식을 받고 있다. 이는 "나무통으로 물을 기르면 물도 많이 담길뿐더러 (…) 서양 철통은 얼마 쓰지도 못하고 물도 특별히 더 담기는 것이 없고"로 해석된다. 나무통으로 물을 담는 행위자는 특정 개인일 수도 있지만, 나무통이 서양 철통에 비해 물을 많이 담을 수 있는 특징이 있기 때문에, 이로 인해 나무통으로 물을 기르면 누구든지 물을 많이 담을 수 있음을 나타낸다고 보아야 할 것이다.[54]

것과 관련된다. 선행절이 조건문일 경우, 후행절은 상태 변화의 의미를 함축하고 있기 때문이다.

54) 한편 (48가)의 '사슴과 ᄭᅪᆼ이 만히 잡히이고'는 문자 그대로 잡을 수 있는 사슴과 꿩의 양이 많음을 의미할 수도 있지만, '만히'가 빈도 부사로 해석되어 사슴과 꿩이 '자주' 잡힌다는 의미

이처럼 (48)의 행위자는 총칭적 해석을 가지며, 행위의 실현을 가능하게 하는 요소가 모두 행위자 외부에 있다는 공통점을 가진다. 이는 앞서 살펴본 '이 종이는 잘 접힌다'와 같은 피동문과 다를 바가 없다. 만약 (48)에서 부사 '만히'를 제거하면 이들은 각각 '그곳의 산영을 ᄒ면 사슴과 쐴이 잡히이고', '나무통으로 물을 기르면 물도 담길쑨더러'가 될 것이다. 이는 '만히'가 사용된 문장에 비해 가능보다는 피동의 의미에 가까우며, 심지어는 조금 어색하게 느껴지기도 한다. 따라서 (48)의 예도 부사의 존재가 가능의 의미에 기인한 바가 크다.

마지막으로 동사 자체의 의미가 가능의 의미를 함의한 예를 살펴보자.

(49) 가마 안치는 법이라 믈 바들 큰 가마 ᄒ나란 귀우 갓가운 ᄃᆡ 믓고 正水ㅅ 가마 여슷과 正煉ㅅ 가마 둘은 각각 열 통 믈이 <u>담기ᄂᆞ니</u> ᄒᆞᆫ 고ᄃᆡ 거로ᄃᆡ 或 ᄂᆞ화 두 고ᄃᆡ 걸라 (安釜 承水大釜一坐란 埋於近槽處ᄒ고 正水釜六坐와 正煉釜二坐ᄂᆞᆫ 各容十桶水ᄒᆞᄂᆞ니 安於一處호ᄃᆡ 或分安兩處ᄒ라) 〈煮焇 8b-9a〉

(49)는 '담기-'가 사용된 예로, "물 받을 큰 가마 하나는 구유 가까운 데에 묻고, 正水 가마 여섯과 正煉 가마 둘은 각각 물 열 통이 <u>담기는데</u> 한 곳에 걸되 혹 나누어 두 곳에 걸어라"로 해석된다. 이는 행위자가 물을 담을 수 있는 능력을 가지고 있는지의 여부와는 상관없이, 정수 가마와 정련 가마의 속성상 이것에 얼마씩의 물을 담을 수 있음을 나타내고 있다. 그리고 행위자는 이러한 가마에 물을 담는 누군가이며 특정한 개체를 가리키지 않

를 나타낼 수도 있다. '많이'의 빈도 부사적 해석은 '머리가 짧은 사람들은 미용실에 많이 간다'의 예에서도 찾아볼 수 있다. '많이'는 술어가 나타내는 행위가 반복적으로 일어남을 나타낼 수도 있는 것이다. 반면 (48나)의 '물도 만히 담길쑨더러'의 '만히'는 나무통으로 담을 수 있는 물의 '양'이 많음을 의미할 뿐이지, 높은 빈도로 그 행위가 반복되어 일어남을 의미하지 않는다. 즉 이는 "나무통으로 물을 기르면 물이 자주 담기고"의 의미를 나타낼 수 없다.

는다는 점에서 총칭성을 띤다. 그런데 (49)는 앞서 살펴본 다른 예들처럼 종결어미 '-리오' 혹은 부사 '能히', '만히' 등이 사용되어 있지 않다. 그러면 이 예를 피동문이 가능의 의미를 나타내는 예로 볼 수 있는가?

(49)가 가지는 가능의 의미는 피동 접사가 아닌, '담기-'라는 동사의 어휘적 의미에서 비롯된 것으로 보인다. '담기-'의 어기 '담-'은 "담다", "허용하다"와 같은 收容의 의미를 나타내는 동사이다. '담-'이 가지는 이러한 어휘적 의미로 인해 '담-'이 이루는 문장은 어떠한 요소가 사용되지 않아도 가능의 의미를 나타낼 수 있다. 예를 들어 '이 바구니는 사과 100개를 담는다'는 바구니의 속성상 사과를 100개까지 담을 수 있음을 나타낸다. 또 '이 컵은 물 2L를 담는다'는 컵의 속성상 물을 2L까지 수용할 수 있음을 나타낸다. 무정물이 주어로 나타나는 'X가 Y를 담다'라는 구문이 "X가 Y를 담을 수 있다"라는 의미로 자연스레 연결되는 것이다. 따라서 '담-'의 피동형인 '담기-' 또한 이러한 가능의 의미를 가질 수 있다. 즉 (49)가 가지는 가능의 의미는 피동사에서 유래한 것이 아닌, '담기-'라는 동사의 어휘적 의미에서 비롯된 것이다.

지금까지 우리는 가능의 의미로 해석될 수 있는 피동문의 예를 검토하였다. 대부분의 예는 가능의 의미를 가진 종결어미나 부사, 또는 收容의 의미를 나타내는 동사가 피동문에 쓰여 이로부터 가능의 의미가 비롯된 경우였다. 즉 가능의 의미는 피동사가 아닌 다른 요소에서 기인한 것이 대부분이기 때문에, 피동사 자체가 가능의 의미를 나타낼 수 있었다고 볼 수 있는 필연성은 약하다고 할 수 있다. 이는 현대어에서 가능의 의미를 나타내는 피동문의 특징과 동일하다.

한편 피동사가 특정 부사나 종결어미와 함께 어울려 가능의 의미를 나타내는 현상이 반복되어 일어난다면, 피동문의 가능의 의미를 언젠가는 획득하게 될 수도 있을 것이다. 박진호(2009가: 180)에서는 본래 구문 전체의 의미 혹은 맥락적 함축이었던 것이, 시간이 흐르면서 구문 내의 특정한 문법 요소의 의미로 흡수되는 현상이 있다고 하면서 'since'를 그 예로 들었다. 이에 따르면 'since'는 "~한 이래로"라는 시간적 선후 관계를 나타내었는데 이로부터 종속절과 주절 사이에 인과 관계의 함축을 가지게 되고, 이 함축이 빈번하게 일어난 결과 나중에는 'since'의 의미 중 하나로 정착하게 되었다. 또한 박진호(2016)에서는 '-었었-'이 가지는 '단절과거'의 의미가 화용론적 함축에서 출발했다 하더라도 빈번한 사용에 따라 그 의미가 관습화되어 하나의 의항으로 존재하게 되었을 가능성을 제시하였다. 박진호(2009가, 2016)의 연구 결과를 본고에 적용하면, 가능의 의미를 가지는 요소인 종결어미 '-리오'나 부사 '能히' 등이 피동문에 나타나기 시작하였고, 이러한 공존이 반복되면 맥락의 의미가 동사의 의미에 흡수됨으로써 언젠가는 피동사가 가능의 의미를 가지게 될 수도 있을 것이다. 이러한 단계까지 진행이 되기 위해서는 맥락의 의미가 동사에 함축되기 위한 충분한 반복이 있어야 한다. 피동과 가능의 의미를 동일한 표지로 표시하는 언어가 범언어적으로 존재한다는 점을 고려하면, 한국어 피동문도 언젠가는 그 자체로 가능의 의미를 나타내게 될 가능성도 있을 것이다.

4.2.3. 의미의 상관관계

지금까지 우리는 한국어 피동문이 가질 수 있는 여러 의미 유형들에 대해 살펴보았다. 마지막으로 이 의미들이 맺고 있는 관계를 고찰해 보고자 한다.[55] 의미들의 관계와 그 확장 과정에 대해서는 Haspelmath(1987)에서

---

55) 이 내용은 백채원(2016)의 내용을 참조하되, 다음과 같은 면에서 내용의 수정·보완이 이루어졌다. 먼저 백채원(2016)에서는 한국어 피동 표지의 다의성을 논하면서 예(49)의 《신전자취염소방언해》의 예를 근거로 가능의 의미는 17세기 이후에 발견되었다고 주장하였다. 본고에서는 그 견해를 수정하여, 《신전자취염소방언해》의 '담기-'에서 느껴지는 가능의 의미는 동사 자체가 가지고 있는 어휘적 의미에 연유한 것으로 보는 입장을 취한다. 그리고 현대어에서 가능의 의미를 나타내는 피동문은 '잘'과 같은 요소가 문장에 사용되었을 경우에 한하는데, 이와 같은 양상은 중세·근대한국어에서도 다르지 않다. 즉 가능의 의미를 나타내는 데에 있어서 중세·근대어와 현대어는 큰 차이가 없으므로, 17세기 이후 한국어 피동문이 가능의 의미를 획득하였을 것으로 보는 입장을 취하지 않는다.

제시한 의미 지도(semantic map)가 참조가 된다. Haspelmath(1987: 35)에서
는 반사동 표지 형태소의 다의성을 다루면서 아래와 같은 의미 지도를 제
시하였다.[56)]

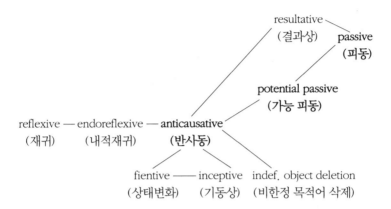

[그림 1] Haspelmath(1987: 35)에서 제시한 반사동 표지 형태소의 의미 지도

　제시된 지도는 반사동 표지가 개념 공간에서 다른 개념들과 어떻게 연
결되어 있는지 보여주고 있다. 우리가 지금까지 다룬 피동문의 여러 의미
가 포함되어 있다는 점을 고려하면, 이 지도는 한국어 피동 표지의 의미 기
능을 논하는 데 참고가 될 수 있을 것이다.

　제시된 지도에서 한국어 피동 표지와 관련하여 논할 수 있는 개념은 재
귀, 반사동, 가능, 피동일 것이다. 그런데 재귀를 한국어 피동 표지의 의미
지도에 포함시켜야 하는지는 재고할 필요가 있다. Haspelmath(1987: 31)은
피동의 의미가 재귀로부터 시작하여 가능 피동을 거쳐서 피동으로 발달
하였다고 가정하였다. 하지만 중세·근대한국어의 피동 표지는 재귀의 의
미를 적극적으로 가지고 있었다고 보기 어렵다. 중세어에서 재귀의 의미

---

56) 남수경(2011가)에서는 이 의미 지도를 근거로 '-어지다'의 의미 지도를 제안한 바 있다. 본고
　는 남수경(2011가)에서 제시한 연구 방법이 한국어 피동문의 의미의 상관관계를 기술하는
　데에 적절하다고 생각하여, 남수경(2011가)의 연구 방법을 참조하였다.

를 나타내는 피동문은 'X가 자기를 VP'와 같은 구문이 피동화하였을 때 피동문이 가지는 의미였으며, 그 예 또한 매우 소수였다. 무엇보다 한국어는 재귀의 의미를 문법형태소로 표현하는 언어가 아니다. 따라서 피동 표지가 재귀의 의미 기능을 가지고 있었던 것으로 보기 어렵다.

재귀를 제외하면 남는 것은 반사동, 가능 피동, 피동이다. 제시된 지도에서 가능 피동은 반사동과 피동을 이어주는 역할을 하고 있다. Haspelmath (1987: 31)은 가능 피동은 행위자가 함축되어 있지만 표현되지 않는다는 점에서 반사동과 피동 사이에 있을 것으로 추정하였다. 즉 가능 피동은 행위자가 문장에 표현되지 않는다는 점에서 한편으로는 반사동과 유사하며, 행위자가 존재한다는 점에서 한편으로는 피동과 유사한 것이다. 따라서 가능 피동이 반사동과 피동 사이에 위치하는 것이 이론적으로 적절해 보인다.

하지만 한국어에서 '반사동-가능 피동-피동'의 상관관계를 상정하는 것은 적절하지 않은 듯하다. 중세어 시기의 피동 표지는 반사동과 피동의 의미를 모두 나타낼 수 있었으나, 가능의 의미는 '시러곰' 따위의 부사가 나타내는 것이 일반적이었다. 17세기 이후 피동문이 가능의 의미를 가지는 예가 몇몇 보이나 이는 특정 종결어미나 부사, 혹은 문장에 사용된 동사 자체의 어휘적 의미에서 비롯된 것이었다. 이러한 부가적 요소 없이 피동문이 그 자체로 가능의 의미를 나타내는 예가 보이지 않는다는 점에서, 한국어 피동 표지의 기능을 논함에 있어서 가능 피동은 제외된다.

이처럼 재귀와 가능 피동을 제외하면 반사동과 피동만이 남게 된다. 반사동과 피동 중 무엇이 더 상위 범주인지 혹은 더 근원적인 범주인지 명확히 알기는 어렵다. 15세기부터 피동사는 두 의미를 모두 나타낼 수 있었기 때문이다. 비록 자료로서 이를 증명하기는 어려우나, 본고는 피동과 반사동의 특성상 피동이 더 상위 범주일 가능성을 제시한다.

피동의 의미를 가지는 문장의 행위자 논항은 실제 언어생활에서는 나타나지 않는 것이 선호되므로 생략이 잦다. 행위자 논항의 생략이 잦다보니 이는 결과적으로 논항이 하나 줄어든 것처럼 보이게 되며, 반사동의 의미를 나타내는 문장과 외형이 유사해진다. 한편 행위자가 생략되었더라도 피동의 경우 논항 구조에 행위자가 여전히 존재하고 있지만, 반사동은 행위자가 완전히 제거되어 논항 구조에 존재하지 않는다. 이러한 특징은 행위자를 재도입하는 과정에서 큰 차이를 보인다. 피동의 경우 행위자가 논항 구조에 여전히 존재하고 있기 때문에 명제의 진리치를 변화시키지 않는 선에서 복원이 가능하다. 그런데 반사동의 경우 삭제되었던 행위자를 다시 도입해야 하므로, 문장이 가지고 있던 명제의 의미가 바뀌게 된다. 재도입되기 전·후의 명제가 동일한 진리치를 유지하지 못하는 것이다.

즉 문장의 진리치를 유지함을 전제로 행위자 출현 여부를 여부를 따져 보았을 때, 피동은 有와 無의 선택지를 둘 다 가지고 있는 반면 반사동은 無의 선택지만 가지고 있음을 알 수 있다. 그러므로 피동은 반사동을 포괄할 수 있지만 반사동은 피동을 포괄하기 어렵다. 따라서 한국어의 경우 피동에서 반사동으로 그 의미가 확장된 것으로 볼 수 있을 것이다.[57]

사동과의 연관성까지 생각한다면 문제는 더욱 복잡해진다. 사동과 피동은 주어의 강등이 일어난다는 점에서 공통적이다. 사동은 문장에 새로운 행위자가 도입됨으로써 기존의 주어가 부사어로 강등되는 과정을 포함하며, 피동도 행위자가 주어에서 부사어로 강등되면서 탈초점화(defocusing)되는 과정이 일어난다(Shibatani 1985). 피동과 반사동은 행위자가 강등되거나 제거되는 과정이며, 표면적으로 결합가가 줄어든다는 점에서 서로 유사한 면이 있다. 이처럼 사동과 피동, 피동과 반사동의 연관성은 쉽게 찾을 수 있다. 그러면 사동과 반사동은 어떠한가? '반사동'이라는 이름에서 알 수 있듯 이는 사동과는 완전히 반대되는 현상이다. 사동은 새로운 행위자가 도입되는 과정이고, 반사동은 행위자를 제거하는 과정이기 때문이

---

57) 이 문제는 우리가 '-이/히/기/리-'의 기능을 무엇으로 보는지와 직접적으로 관련된다. 우리는 이를 흔히 '피동 접사'라 불러왔지만, 만약 반사동을 더 상위 범주로 본다면 '-이/히/기/리-'를 과연 '피동 접사'로 부를 수 있는지에 대해 다시 생각해 볼 필요가 있는 것이다.

다. 따라서 이 둘 사이의 직접적 친근성을 찾기는 쉽지 않다. 개념 간의 관련성을 고려한다면 피동을 매개로 하여 사동과 반사동이 이어질 수 있을 것이다. 즉 '사동-피동-반사동'의 연결 관계를 제시할 수 있을 것이다.

요약하자면, 중세·근대한국어의 피동 표지는 피동, 반사동의 의미를 나타낼 수 있었으며, 재귀와 가능은 피동 표지가 가지는 의미 기능으로 보기는 어렵다. 그리고 행위자 존재 여부의 측면에서 피동은 반사동을 포괄할 수 있지만 그 역방향은 어렵다는 점을 고려하여 피동을 더 근원적인 개념으로 판단하였으며, 반사동의 의미는 피동에서 확장된 것으로 보았다. 그리고 사동은 피동과 행위자 강등이 일어난다는 점에서 유사하고, 피동과 반사동은 행위자의 강등 및 제거가 일어난다는 점에서 유사함을 고려하여 '사동-피동-반사동'의 상관관계를 상정하였다.

5. 결론

지금까지 우리는 통시적 자료를 대상으로 한국어 피동문이 보이는 다양한 양상을 살펴보았다. 본고의 목표는 형태적 측면뿐만 아니라 통사·의미적 측면, 그리고 번역어로서의 중세·근대 한국어가 가지는 특징을 고려하여 다각적 측면에서 피동을 검토하는 것이었다. 이 과정에서 원형적 접근 방법과 유형론의 연구 성과를 참고하였고, 자료의 기술에만 머무르지 않고 최대한 그 원리를 설명하고자 하였다. 각 장에서 논한 내용을 요약하면 다음과 같다.

제1장에서는 연구의 목표와 방법론을 제시하고, 연구의 대상을 보다 정밀한 과정을 통해 선정하였다.

제2장에서는 피동의 본질적 특성을 밝히기 위해 피동을 원형적 관점에서 접근해야 하는 당위성을 논하였다. 그리고 원형적 특성으로 제시된 것들 사이에도 위계를 설정할 수 있음을 지적하였다. 위계 관계를 고려하여 피동의 원형적 특성을 제시하면 아래와 같다.

(1) 피동의 원형적 특성

　가. 통사적 특성 [본질적 특성]

　　① 기저문의 피행위자는 피동문에서 주어로 승격한다.

② 기저문의 행위자는 피동문에서 부사어로 강등되며, 생략될 수 있
다. 혹은 완전히 삭제되기도 한다.

(↳③타동사절에 적용되어 자동사를 파생한다.)

　나. 형태적 특성 [부수적 특성]

　　④ 피동 구성에는 분명한 형식적 표지가 있다.

　본고는 중세·근대한국어 피동문이 해당 특성을 어느 정도 갖추고 있는
지에 따라 피동문을 원형적 피동문, 준원형적 피동문, 비원형적 피동문으
로 나누었다. 원형적 피동문은 통사·형태적 특성을 모두 갖춘 것으로, 타
동사로부터의 피동이 이에 해당한다. 준원형적 피동문은 통사적 특성은
갖추되 형태적 특성을 갖추고 있지 않은 것으로, 자·타 양용동사가 이루
는 자동 구문이 이에 해당한다. 비원형적 피동문은 형태적 특성은 갖추되
통사적 특성은 갖추지 않은 것으로, 자동사에 피동 표지가 결합한 것이 이
에 해당한다.

　각각의 유형을 이루는 동사를 검토하기 위해 선행 연구에서 제시한 목
록을 참고하되, 여러 기준에 의거하여 그 목록을 재검토하였다. 특히 선행
연구에서 제시한 자·타 양용동사 목록과 자동사 피동으로 다루어진 동사
들의 목록을 재검토함으로써 보다 정밀한 목록을 확보하였다.

　그리고 피동문의 의미를 기술함에 있어서 한국어 피동문의 의미 유형
을 피동, 가능, 재귀, 반사동으로 나누고, 다음의 두 가지 점을 기준으로 그
의미를 체계화하였다. 첫째, 피동문이 그 자체로 해당 의미를 나타낼 수
있는지에 따라 그 의미를 기본적인 것과 부수적인 것으로 나누었다. 둘째,
피동문에 행위자 논항이 존재하는지, 그리고 행위자 논항이 지시하는 대
상이 무엇인지 등을 고려하여 피동문의 의미를 기술하였다. 이를 정리하
면 아래와 같다.

(2) 피동문의 의미

　가. 기본적 의미

　　① 피동: 행위자 존재 [행위자≠피행위자]　(예) 도둑이 경찰에게 잡혔다.

　　② 반사동: 행위자 부재　　　　　　　　　(예) 문이 닫혔다.

　나. 부수적 의미

　　① 가능: 행위자 존재 [행위자=(총칭적)] (예) 이 칼은 잘 잘린다.

　　② 재귀: 행위자 존재 [행위자=피행위자] (예) 철수가 일부러 차에 치였다

　제2장의 이러한 이론적 논의를 통해 제3장과 제4장의 연구가 깊어질 수 있는 기반으로 삼았다.

　제3장에서는 피동사의 형태적 특성을 논하되 3.1에서는 어기에 관한 것, 3.2에서는 접사에 관한 것으로 나누어 검토하였다. 피동문이 원형성을 얼마만큼 가지고 있느냐의 문제는 곧 어기의 통사 범주와 밀접히 연관되므로, 3.1에서는 어기의 통사 범주에 따라 그 특성을 나누어 살폈다.

　3.1.1에서는 타동사로부터 파생된 피동사 목록을 확인하였다. 그리고 현대한국어 논의에서 피동의 제약으로 논의되어 온 것들은 통시적 자료를 검토해 보았을 때에는 대부분 제약이라 할 수 없음을 밝혔다.

　3.1.2에서는 자·타 양용동사로부터 파생된 피동사 목록을 확인하였다. 그리고 자·타 양용동사의 자동 구문의 소멸 시기와 피동사의 생성 시기를 각 세기별로 나누어 살피고, 동사의 출현 빈도를 고려함으로써 자·타 양용동사와 피동사의 영향 관계를 심도 있게 고찰하였다. 본고는 다음 세 가지 사실을 근거로 하여 양용동사는 피동사의 존재와 무관하게 그 자체로 소멸한 것이라고 주장하였다. 첫째, 대부분의 양용동사가 이루는 자동 구문은 타동 구문에 비해 출현 빈도가 매우 낮다. 둘째, 피동사의 생성과는 상관없이 자·타 양용동사의 자동 구문이 소멸되는 동사들이 존재한다. 셋째, 피동사를 파생시키지 않았던 자·타 양용동사 역시 15세기부터 자동

사 용법을 잃어버리고 있었다. 이를 통해 우리는 자·타 양용동사의 자동 구문은 피동사의 존재와 상관없이 소멸 중이었음을 알 수 있다. 하지만 그렇다고 하여 피동사가 양용동사의 소멸에 영향을 주지 않은 것은 아니다. 피동사 파생이 일어난 후, 양용동사의 자동 구문이 소멸되었음을 보여주는 예가 있기 때문이다. 즉 자·타 양용동사는 그 자체로 소멸하였지만, 소멸 과정 속에서 피동사와 양방향적으로 영향을 주고받았다.

3.1.3에서는 자동사에 피동 표지가 결합한 동사가 이루는 구문을 살펴보았다. 이러한 구문은 원형적 피동의 형식적 요건만을 충족시킨다는 점에서 원형성과는 거리가 멀다. 그런데 자동사에 결합된 표지는 피동 표지의 여러 이형태와 동일한 모습을 보이므로 이를 피동과 완전히 관계없는 현상으로 보기는 어렵다. 본고는 자동사에 결합한 피동 표지는 피동사가 가지는 [-agentivity] 자질에 유추된 접미사가 결합한 것으로 설명함으로써 피동과의 관계성을 확보하였다. 한편 근대한국어 시기에 자동사에 피동 표지가 결합한 것들은 중세 시기의 그것에 비해 양상이 좀 더 다채롭다는 점에서, 피동 표지에 유추된 접미사가 결합하였을 가능성과 더불어 의미와 통사범주를 바꾸지 않는 접미사가 결합하였을 가능성, 근대의 표기적 특징으로 볼 가능성 등 여러 가지 요인이 복합적으로 작용한 것으로 보았다.

3.2에서는 접사와 관련된 것들을 논하였다. 3.2.1에서는 접사의 이형태에 따른 피동사 목록을 제시하고, 접사 중첩 현상에 대해 살펴보았다. 접사의 이형태와 관련하여 본고에서는 접사의 분석 가능성과 결합 가능성을 분리하여 다룸으로써, 중세의 '-리-'는 독자적으로 피동사를 파생시키지 못하였으며 근대에도 생산성이 높지 않았음을 다시 확인하고 검증하였다. 또한 하나의 어간이 시기 차를 두고 두 종류의 접사를 취하는 현상에 대해서도 살펴보았다. 3.2.2에서는 접사 중첩형의 형성 배경을 검토하였다. 16세기 이후 피동사의 유형 빈도 감소로 인해 어휘부에 등재되어 있는 피동사의 내부 구조가 [X+이]가 아니라 [X이]로 언중들에게 인식됨으로써, 이에 접사가 포함되어 있다는 인식론적 현저성이 낮아짐에 따라 [X이]

와 '-이-' 사이의 관련성을 회복시키기 위해 접사가 다시 결합하였을 가능성을 제시하였다. 즉 후행하는 피동 접사는 어간이 피동사임을 강조하기 위해 결합한 것이다. 그리고 사동형태소의 중첩을 통해 의미적 강조가 이루어지는 다른 언어의 예를 통해 접사 중첩이 한국어 고립적 현상이 아님을 확인하였다.

제4장에서는 피동문의 통사·의미적 특성을 논하였다. 4.1에서는 행위자와 피행위자의 격 표지를 위주로 피동문의 통사적 특성을 살폈다. 원형적 피동문의 경우 피행위자는 주격으로, 행위자는 생략되거나 사격으로 나타나는데 중세·근대 시기에는 행위자 논항이 대격으로 표지되는 몇몇 동사들이 존재하였다. 본고는 이러한 구문들에 나타나는 대격 논항이 피행위자가 아니라는 점에서 이들을 자·타 양용동사로 처리하지 않았다. 그리고 '을/를' 피동문의 특징에 대해서도 살펴보았다. '을/를' 피동문은 중세 시기에는 그 예가 소수로 존재하며 근대에도 활발히 사용되지는 않았다. '을/를' 피동문의 주어와 '을/를'이 결합한 명사구는 '유정물-(유정물의) 신체부위', '소유자-소유물'의 의미 관계를 가지는데, 이는 현대의 그것과 크게 다르지 않다. 다만 주어의 의도성을 나타내는 부사 등과 공기하는 예가 중세·근대에 보이지 않는다는 점이 현대한국어와 다름을 확인하였다. 그리고 '을/를' 피동문의 '을/를'은 대격 조사로 보는 입장을 취하였다.

4.2에서는 제2장에서 이미 살펴본 피동문의 네 가지 의미 유형을 근거로 하여 피동문의 의미적 특성을 논하였다. 피동문의 의미를 피동, 반사동, 재귀, 가능으로 나누어 각각의 의미 유형에 해당하는 예를 살펴보았다. 피동과 반사동은 맥락에 행위자가 함축되어 있는지의 여부에 따라 구별될 수 있는데, 본고는 동사가 행위자를 필요로 하는 경향이 높은지에 따라서도 피동과 반사동이 구별될 수 있음을 확인하였다. 재귀는 행위자와 피행위자가 동일한 문장이 피동화가 되었을 때 해당 문장이 가지는 의미로, 중세에 극소수로 존재한다. 그리고 현대한국어에서 가능의 의미를 나타내는 피동문은 '잘'과 같은 요소가 문장에 사용되었을 경우에 한하는데,

이와 같은 양상은 근대한국어에서도 다르지 않다. 가능의 의미를 나타내는 피동문은 대부분 종결어미 '-리오'나 부사 '能히' 등과 함께 쓰이거나 동사 자체가 가능의 의미를 내포한 경우였다. 피동문 자체로 가능의 의미를 나타내는 예는 보이지 않았다. 그리고 개념 간의 상관관계와 통시적 자료를 활용하여 '사동-피동-반사동'의 연결 관계를 상정하였다.

그간의 연구가 피동사의 형태적 특징 및 접미사의 음운론적 교체 양상을 밝히는 데에 집중되어 왔음을 고려한다면, 본 연구는 피동이 가지고 있는 다양한 특성을 총체적으로 밝히고 논증한 연구라 할 수 있을 것이다.

본고는 통시적 자료를 대상으로 피동에 대한 종합적 고찰을 시도하려 하였지만, 다음의 몇 가지 사항은 좀 더 보완될 필요가 있다. 먼저 형태적 논의와 관련된 부분이다. 본고는 접사 중첩이 가능한 이유를 피동사의 유형 빈도와 관련지어 설명하였지만 이러한 설명은 몇 가지 면에서 한계를 지닌다. 먼저 피동사 파생의 빈도가 줄어드는 것과, 표층-심층 어휘부 사이의 체계적 관련성을 직접적으로 관련시킬 수 있는지에 대한 근거가 명확하지 않다는 점을 지적할 수 있다. 그리고 피동사의 유형 빈도는 16세기 이후 줄어드는데, 중첩형은 18세기 이후에 증가한다. 두 시기 사이의 간극을 설명하기 위해서는 어휘부의 원리, 유추의 틀과 관련된 이론적 틀이 더 필요할 것이다. 다음은 통사적 논의와 관련된 부분이다. 본고는 행위자와 피행위자의 격 표지를 검토하였지만, 격 표지의 검토만으로 통사적 특성의 전모를 밝히기에는 한계가 있다. 새로운 방법론을 적용하여 피동문의 특성을 밝힐 필요가 있을 것이다. 그리고 피동 표지와 사동 표지가 동일한 형태를 공유함을 고려하면, 사동과의 관계성도 논할 필요가 있을 것이다. 마지막으로 본고는 20세기 초기의 자료를 본격적 연구 대상에 포함하지 못하였는데, 20세기 초기의 피동문이 보이는 특성 또한 연구될 필요가 있다. 20세기 초는 언어 내·외적으로 심대한 변화가 일어나는 시기이므로, 이 시기의 피동문만이 보여주는 독특한 양상이 있으리라 생각된다. 이러한 점에 대한 연구는 앞으로의 과제로 삼고자 한다.

참고문헌

가와사키 케이고(2010), 중세한국어 '나다'류 어휘의 의미에 관한 연구, 서울대학교 국어국문학과 석사학위논문.

강영리·서취아·박진호(2017), 가능 표현의 실현 용법에 대하여: '-을 수 있' 및 일본어·중국어의 대응 표현을 중심으로, 제17회 국어연구회 정기학술발표회 발표문.

강명순(2007),《국어의 태 연구》, 한국학술정보.

姜成一(1972), 中世國語助語論研究,《동아논총》9, 동아대학교, 213-332.

강현화(1998),《국어의 동사연결 구성에 대한 연구》, 연세대학교 언어정보개발연구원.

고광주(2001),《국어의 능격성 연구》, 월인.

고영근(1986), 능격성과 국어의 통사 구조,《한글》192, 한글학회, 43-76.

고영근(2017), 구형 (Phrasal) 피동 파생법에 대하여: '빼앗기다'류를 중심으로,《형태론》19-1, 형태론, 72-79.

곽충구(1980), 十八世紀 國語의 音韻論的 硏究, 서울대학교 국어국문학과 석사학위논문.

곽충구(2004), 함북방언의 피·사동사,《어문학》85, 한국어문학회, 1-36.

구본관(1992), 생성문법과 국어 조어법 연구 방법론,《주시경학보》9, 탑출판사, 50-77.

구본관(1996), 15세기 국어 파생법에 대한 연구, 서울대학교 국어국문학과 박사학위논문.

구본관(1997), 의미와 통사범주를 바꾸지 않는 접미사류에 대하여,《국어학》29, 국어학회, 113-140.

구본관(1998),《15세기 국어 파생법에 대한 연구》, 國語學叢書 30, 태학사.

권재일(1993), 한국어 피동법의 역사적 변화,《언어학》15, 사단법인 한국언어학회, 25-43.

권재일(1998),《한국어 문법사》, 도서출판 박이정.

기타무라 다다시(2004),《한국어 피동 표현 연구》, 제이앤씨.

김무봉 역주(2013),《(역주) 칠대만법; 역주 권념요록》, 세종대왕기념사업회.

김석득(1979), 國語의 被使動,《언어》4-2, 한국언어학회, 共同研究 토론문, 181-192.

김성규(1995), '사ᄅ다'류의 파생어,《韓日語學論叢》, 國學資料院, 381-394.

김성주·박상준·박준석(2006),《금강경언해》, 신구문화사

김애라(2004),『景德傳燈錄』被動文 研究, 제주대학교 중어중문학과 석사학위논문.

김양진·정연주(2010), 한국어 중첩의 접사성과 의미,《韓國言語文學》75, 한국언어
　　　　문학회, 53-83.

김영배(1992가), 禪家龜鑑 諺解本 解題,《한국어문학연구》27, 동악어문학회, 1-19.

김영배(1992나), 선가귀감언해본(禪家龜鑑諺解本)의 서지(書誌)와 어학적 고찰,
　　　　《세종학연구》7, 세종대왕기념사업회, 3-29.

金完鎮(1973),《中世國語聲調의 研究》, 韓國文化研究所.

김용경(1995), 피동법과 사동법의 역사적 상관성,《겨레어문학》19·20, 건국대국어
　　　　국문학연구회, 637-655.

김용하(2014), 이른바 "목적어 있는 피동문"에 대한 소고,《시학과 언어학》27, 시학
　　　　과 언어학회, 7-24.

김유범(2005), 중세국어 '-받-/-완(왇)-'의 형태론과 음운론,《한국어학》26, 한국어학
　　　　회, 25-65.

김윤신(2000), 파생동사의 어휘의미구조, 서울대학교 언어학과 박사학위논문.

김윤신(2001), 한국어 동사의 어휘의미구조와 피동화의 제약,《언어학》30, 사단법인
　　　　한국언어학회, 89-112.

김윤신(2006), 한국어 동사의 사건구조와 어휘상,《한국어학》30, 한국어학회, 31-
　　　　60.

김윤신(2014), 국어 총칭 피동문의 유형과 의미,《언어학》68, 사단법인 한국언어학
　　　　회, 197-217.

김윤신·이정민·강범모·남승호(2000), 한국어 피동동사의 의미구조와 논항실현,
　　　　《인지과학》11, 한국인지과학회, 25-32.

김윤정(2008), '被'의 문법화 연구,《언어과학연구》46, 언어과학회, 201-219.

김미경(2017), 중세 국어 동사 '디다'의 다의성과 그 해석, 2017년도 여름 국어사학
　　　　회·계명대 한국학 연구원 공동 전국학술대회 발표자료집, 9-36.

金周弼(1988), 十五世紀 被動接尾辭의 異形態와 그 分化過程에 대하여,《冠嶽語文研
　　　　究》13, 서울대학교 국어국문학과, 45-71.

김주필(1994), 17·8세기 국어의 구개음화와 관련 음운현상에 대한 통시론적 연구, 서울대학교 국어국문학과 박사학위논문.

김주필(2011), 《국어의 음운현상과 음운변화 연구》, 역락.

김창섭(1990), 영파생과 의미전이, 《주시경학보》 5, 탑출판사, 94-110. [김창섭 (2008: 69-91)에 재록]

김창섭(2008), 《한국어 형태론 연구》, 태학사.

김태우(2013), 중세한국어 자·타 양용동사에 대한 기능·유형론적 연구, 서울대학교 국어국문학과 석사학위논문.

김태우(2014), 만주퉁구스 어의 사동접미사와 피동접미사의 공용 현상에 대하여: 문법화와 타동성을 중심으로, 《언어와 정보사회》 21, 서강대학교 언어정보연구소, 53-82.

김태인(2017), 부사어 '잘'의 몇몇 쓰임에 대한 설명, 《국어학》 82, 국어학회, 213-246.

김한결(2009), 단일(單一)피,사동접미사와 이중(二重)피,사동접미사의 형태소 목록에 대한 검토: 남광우(1962)와 구본관(1998)을 중심으로, 《冠嶽語文研究》 34, 서울대학교 국어국문학과, 295-324.

김흥수(1998), 피동과 사동, 《문법 연구와 자료》, 태학사, 621-664.

南廣祐(1962), 使動·被動形의 歷史的 고찰: "-아-·-우" 補助語幹이 붙는 것을 中心으로, 《學術院論文集: 人文社會科學篇》 3, 大韓民國學術院, 165-212.

남기심(1993), 《국어 조사의 용법: '-에'와 '-로'를 중심으로》, 박이정.

남수경(2005), 조사 '을/를'이 나타나는 피동문에 대하여, 《語學硏究》 41-1, 서울대학교 어학연구소, 79-99.

남수경(2011가), '-어지다' 意味 考察에 대한 試論, 《語文硏究》 39-3, 한국어문교육연구회, 175-202.

남수경(2011나), 《한국어 피동문 연구》, 월인.

남수경(2012), '-하'계 접미사 구문의 한 유형에 대한 고찰: 한국어 가능 피동의 특성을 중심으로, 《한국어의미학》 37, 한국어의미학회, 77-102.

도수희(1985), 한국어 음운사에 있어서 부음 y에 대하여, 《한글》 179, 한글학회, 85-132.

류성기(1984), 18세기 국어의 피동문과 사동문에 대한 연구, 한국정신문화연구원 석사학위논문

류성기(1988), 19세기 국어의 피동문과 사동문에 관한 연구,《새국어교육》43-1, 한국국어교육학회, 166-189.

목정수·김영중(2006), 한국어 피동문의 구조와 가능(potential)의 의미 해석: 대조적 관점에서,《인문언어》30-8, 국제언어인문학회, 369-387.

문숙영(2016), 영어권에서의 한국어 문법 기술,《국어학》77, 국어학회, 287-375.

민현식(2008),《한글본 이언 연구》, 서울대학교출판부.

박동근(2009), 17세기 국어의 첩어 실현 양상,《언어와 문화》5-1, 한국언어문화교육학회, 105-129.

박명동(1999), 被動詞의 史的 硏究, 명지대학교 국어국문학과 박사학위논문.

박소영(2010), 한국어 소유 피동문의 두 유형: 소유물 격 교체와 피동화의 유형론,《국어학》59, 국어학회, 67-101.

박소영(2013), 한국어 피동문에 나타나는 격 교체의 비대칭성에 대하여,《국어학》67, 국어학회, 195-222.

朴良圭(1978), 使動과 被動,《국어학》7, 국어학회, 47-70.

박양규(1990), 피동법,《국어연구 어디까지 왔나》, 동아출판사, 493-499.

박진완·전성희(1998), 근대국어의 피동법,《근대국어 문법의 이해》, 도서출판 박이정.

박진호(1994), 중세국어의 피동적 '-어 잇' 구문,《주시경학보》14, 탑출판사, 162-167.

박진호(2003), 한국어의 동사와 문법요소의 결합 양상, 서울대학교 국어국문학과 박사학위논문.

박진호(2009가), 동시성을 나타내는 연결어미 '-면서'의 비대칭적 용법,《한국언어문화》38, 한국언어문화학회, 173-187.

박진호(2009나), 재귀사,《(학여와 함께하는) 국어학》, 학여회 엮음, 태학사.

박진호(2010),『형태론』11권 2호의 기고에 대한 논평(2),《형태론》12-2, 형태론, 315-320.

박진호(2014), 비의도적 타동구문, 서강대학교 언어정보연구소 겨울학술대회 발표자료집, 서강대학교 언어정보연구소·한국 언어유형론 연구회, 150-155.

박진호(2016), '-었었'의 단절과거 용법에 대한 재고찰,《한글》311, 한글학회, 89-121.

박홍길(1984), 하임·입음말의 변천에 관한 연구: {-이·우-}계 뒷가지를 중심으로, 《새결박태권선생 회갑기념논총》, 제일문화사, 511-527.

배희임(1988), 《國語被動研究》, 高麗大學校 民族文化研究所.

白斗鉉(1983), 國語聲調의 文法的 識別機能, 《언어과학연구》 3, 언어과학회, 187-204.

白斗鉉(1992), 《嶺南 文獻語의 音韻史 研究》, 國語學叢書 19, 태학사.

백채원(2016), 중세한국어 피동 표지의 다의성과 그 변화, 《국어학》 78, 국어학회, 221-250.

백채원(2018), 통사·의미적 특성이 유사한 어기와 피동사의 공존, 《국어학》 85, 국어학회, 295-332.

백채원(2021), 중세·근대 국어 피동 구문 연구의 쟁점과 과제, 《국어사연구》 33, 국어사학회, 85-113.

성광수(1981), 국어 재귀 대명사에 대한 재고, 《한글》 172, 한글학회, 29-56.

성은실(2013), '졸다', '졸음', '졸리다'의 방언 분화, 《방언학》 18, 방언학회, 265-287.

소신애(2007), 어기 및 접사 변화와 파생어의 재형성, 《국어학》 50, 국어학회, 3-26.

소신애(2016), 움라우트의 개재자음에 관한 재고찰, 《국어국문학》 176, 국어국문학회, 237-272.

송복승(1995), 《국어의 논항 구조 연구》, 보고사.

송원용(2005), 《국어 어휘부와 단어 형성》, 國語學叢書 50, 태학사.

송창선(1992), 15세기 국어의 사동·피동 표현 양상, 《語文學》 53, 韓國語文學會, 209-235.

송창선(1993), 16세기 국어의 사동·피동 표현 양상, 《語文學》 54, 韓國語文學會, 373-392.

송창선(1996), 근대국어의 사동·피동 표현 양상 연구, 《문학과 언어》 17-1, 文學과 言語研究會, 5-42.

송창선(2009), 피동문에 나타나는 '을/를'의 문법적 기능, 《한글》 284, 한글학회, 103-131.

宋喆儀(1992), 《國語의 派生語形成 研究》, 國語學叢書 18, 태학사.

송홍규(2010), 파생적 피동문의 유형과 접사의 기능 분석, 《우리어문연구》 37, 우리어문학회, 133-162.

安奇燮(2000), 古代漢語 被動義 전달체계와 관련 詞의 詞性, 《중국어문학논집》 15,

중국어문학연구회, 365-396.

安奇燮(2012),《(新體系) 漢文法大要: 先秦·兩漢 시기》, 보고사.

안기섭(2015), 고대한어 '爲'의 품사 부여와 기능 분별에 대한 의문,《中國學研究》71, 중국학연구회, 159-182.

安秉禧(1972),《國語史 資料 研究》, 문학과지성사.

安秉禧(1959/1982),《十五世紀 國語의 活用語幹에 對한 形態論的 研究》, 탑출판사.

安秉禧(1997/2009),《國語史 文獻 研究》, 신구문화사.

梁世旭(2005), 고전중국어의 '以' 전치사구 語順과 정보구조,《중국어문학》45, 영남 중국어문학회, 99-124.

양정호(1991), 중세국어 파생접미사 연구, 서울대학교 국어국문학과 석사학위논문.

연재훈(1989), 국어 중립 동사에 대한 연구,《한글》203, 한글학회, 165-188.

연재훈(1997), 타동성의 정의를 위한 원형이론적 접근,《언어》22-1, 한국언어학회, 107-132.

연재훈(2008), 한국어에 능격성이 존재하는가,《한글》282, 한글학회, 125-154.

연재훈(2011),《한국어 구문 유형론》, 태학사.

오충연(2008), 국어 피동의 상,《어문학》100, 한국어문학회, 111-141.

왕력 지음/송용준 옮김(2005),《중국시율학》2, 소명출판사.

우인혜(1997),《우리말 피동 연구》, 한국문화사.

우형식(1996),《국어 타동구문 연구》, 박이정.

유경민(2005), 'X하-'와 'X되-' 및 'X시키-'의 대응쌍 연구,《국어학》46, 국어학회, 147-182.

유경종(1994), 근대·현대국어 중첩 피동표현에 대한 연구,《동아시아문화연구》25, 漢陽大學校 韓國學研究所, 53-85.

유경종(1995), 근대국어 피동과 사동 표현의 연구, 한양대학교 국어국문학과 박사학 위논문.

유창돈(1962), 쌍형어간의 배분활용 고찰,《亞細亞研究》5-2, 고려대학교 아세아문 제연구소, 185-217.

유혜원(1999), '-을/를'이 나타나는 피동문 연구,《한국어학》9-1, 한국어학회, 205-227.

이광호(1988),《국어 격조사 '을/를'의 연구》, 탑출판사.

이광호·김병선·김태환(2009),《조선 후기 한글 간찰(언간)의 역주 연구6: 의성김씨

김성일파 종택 한글 간찰》, 태학사.

이규창·류성기(1991), 17세기국어 피동문 연구: 사적 고찰과 더불어서,《論文集》18, 群山大學校, 1-18.

이기동(1977), 韓國語 被動形 分析의 檢討,《인문과학논총》9, 건국대학교 인문학연구원, 25-41.

이기동(1978), 조동사 '지다'의 의미 연구,《한글》161, 한글학회, 29-61.

李基文(1962), 中世國語의 特殊 語幹 交替에 대하여,《진단학보》23, 진단학회, 119-53.

李基文(1998),《新訂版 國語史槪說》, 태학사.

李南淳(1984), 被動과 使動의 文型,《국어학》13, 국어학회, 65-93.

이병기(2008), 중세국어 '강세접미사'와 '보조용언'의 상관성,《국어학》53, 국어학회, 87-111.

李相億(1980), 使動·被動 語幹形成 接尾辭에 대한 多角的 考察,《어문논집》21, 민족어문학회, 121-138.

이상억(1999),《국어의 사동·피동구문 연구》, 집문당.

이선희(2004),《국어의 조사와 의미역: 조사 {-를과 논항 실현을 중심으로》, 연세대학교 언어정보개발연구원/한국문화사.

이영경(2007),《중세국어 형용사 구문 연구》, 國語學叢書 57, 태학사.

이영경(2011),『동국신속삼강행실도』 언해의 성격에 대하여,《진단학보》112, 진단학회, 103-125.

이유기(2015), 석보상절 제9권의 내용과 언어 현상,《한국어문학연구》65, 동악어문학회, 109-142.

이육화(2011), 朴通事新註新譯(二),《中國學論叢》34, 고려대학교 중국학연구소, 265-294.

이익섭·임홍빈(1983),《국어문법론》, 학연사.

이정민(1974/1994), *Abstract Syntax and Korean with Reference to English*, 태학사.

이정택(1994), 15세기 국어의 입음법과 하임법: '드외'와 'ㅎ-'의 통어·의미 현상을 중심으로,《한글》223, 한글학회, 7-48.

이정택(1996), 16세기 국어의 피·사동법 연구,《국어교육》91, 한국어교육학회(구·한국국어교육연구학회), 213-246.

이정택(2003), 목적어 있는 피동문에 관한 연구,《배달말》32, 배달말학회, 211-227.

이정택(2004),《현대국어 피동 연구》, 박이정.

이향천(1991), 피동의 의미와 기원, 서울대학교 언어학과 박사학위논문.

李賢熙(1987), 국어의 語中·語末 'ㄱ'의 성격에 대한 종합적 고찰,《한신논문집》4, 한신대학교, 225-282.

李賢熙(1994),《中世國語 構文研究》, 新丘文化社.

이현희(1997), 중세국어의 강세접사에 관한 일고찰,《韓國語文學論考(崔泰榮 교수 회갑 기념 논총)》, 태학사.

李賢熙(2010), 근대한국어의 잉여적 파생접미사 덧붙음 현상,《한국문화》52, 서울 대학교 규장각한국학연구원, 3-22.

이현희·이호권·이종묵·강석중(1997),《杜詩와 杜詩諺解》6·7, 신구문화사.

이호권(2003), 杜詩諺解 重刊本의 版本과 言語에 대한 研究,《진단학보》95, 진단학 회, 135-164.

임병권(1989), 現代漢語 방언 '給'類動詞 初探: 被動詞 기능을 중심으로,《中國文學研 究》7-1, 한국중문학회, 305-347.

임병권(1993), 古代 中國語의 被動文 研究, 성균관대학교 중어중문학과 박사학위 논문.

任洪彬(1977), 피동성과 피동구문,《國民大學校 論文集》12, 國民大學校. [임홍빈 (1998: 333-364)에 재록]

任洪彬(1978), 國語 被動化의 意味,《진단학보》45, 진단학회, 94-115. [임홍빈(1998: 307-332)에 재록]

任洪彬(1983), 國語 被動化의 統辭와 意味, 고영근·남기심 편,《국어의 통사·의미 론》, 탑출판사.

任洪彬(1987),《國語의 再歸詞 研究》, 新丘文化社.

임홍빈(1998),《국어 문법의 심층 3: 어휘 범주의 통사와 의미》, 태학사.

임홍빈(2007),《한국어의 주제와 통사 분석》, 서울대학교 출판부.

장윤희(2001), 근대어 자료로서의『증수무원록언해』,《한국문화》27, 서울대학교 한 국문화연구소, 1-24.

장윤희(2002가),《중세국어 종결어미 연구》, 國語學叢書 41, 태학사.

장윤희(2002나), 國語 動詞史의 諸問題,《한국어의미학》10, 한국어의미학회, 97-141.

장윤희(2006), 고대국어의 파생 접미사 연구,《국어학》47, 국어학회, 91-144.

장윤희(2015), 중세국어 피·사동사 파생법 연구의 성과와 쟁점,《국어사연구》21, 국어사학회, 33-68.

전영철(2008), 소위 이중피동문에 대하여,《언어학》52, 사단법인 한국언어학회, 79-101.

鄭承喆(2007), 被動詞와 被動接尾辭,《진단학보》104, 진단학회, 127-146.

정언학(2001), 중세 국어 보조 용언 연구: 'V-어 V', 'V-고 V' 구성을 대상으로, 서강대학교 국어국문학과 박사학위논문.

정언학(2006),《상 이론과 보조용언의 역사적 연구》, 태학사.

鄭彦鶴(2007), '-어 잇다' 構成의 분포와 意味의 역사적 變化,《語文研究》35-4, 한국어문교육연구회, 79-108.

鄭然粲(1987) 欲字初發聲을 다시 생각해 본다,《국어학》16, 국어학회, 11-40.

정인승(1937), "ㅣ"의 역행동화 문제: 그 원리와 처리 방법,《한글》5-1, 한글학회, 1-7.

정해권(2013), 한국어 태 범주의 연속체,《언어과학연구》67, 언어과학회, 267-286.

정해권(2016), 한국어 피동 표지의 다의성과 습득 양상: 피동과 가능 기능의 구별,《이중언어학》63, 이중언어학회, 157-180.

조경환(2014),《중국어 구문론》, 한국문화사.

조항범(1998),《(註解)순천김씨묘출토간찰》, 태학사.

채현식(1994), 국어 어휘부의 등재소에 관한 연구, 서울대학교 국어국문학과 석사학위논문.

채현식(2003),《유추에 의한 복합명사 형성 연구》, 國語學叢書 46, 태학사.

채현식(2006), 규칙과 유추의 틀,《이병근선생퇴임기념국어학논총》, 태학사, 567-583.

최동권·김양진·김유범·황국정·신상현(2012),《(譯註)淸語老乞大新釋》, 박문각.

최전승(2004),《한국어 방언의 공시적 구조와 통시적 변화》, 역락.

최전승(2011), 국어 방언사에서 성문 마찰음 'ㅎ'의 개입과 언어변화의 보상적 기능에 대한 일 고찰,《교과교육연구》5, 전북대학교 교과교육연구소, 327-407. [최전승(2014: 311-393)에 재록]

최전승(2014),《한국어 방언사 탐색》, 전북대학교 교과교육연구총서 8, 역락.

최　진(2014), 중세한국어 어미 '-야'와 '-아셔'에 대한 연구, 서울대학교 국어국문학과

　　　석사학위논문.

최현배(1937/1961),《우리말본》, 정음문화사.

최형용·박민희·김혜지·이찬영·김연아·오윤경·방유정(2015),《한국어 연구와 유
　　　추》, 역락.

한국정신문화연구원 국학진흥연구사업추진위원회 편(2000),《장서각한글자료해
　　　제》, 한국정신문화연구원, 〈을병연힝녹〉, 439-444.

한송화(2002),《현대 국어 자동사 연구》, 한국문화사.

한재영(1984), 中世國語 被動構文의 特性에 대한 硏究, 서울대학교 국어국문학과 석
　　　사학위논문.

韓在永(1985), 中世國語 聲調에 關한 一考察: 특히 피동사와 사동사의 파생을 중심으
　　　로,《국어학》14, 국어학회, 237-263. [韓在永(2016: 290-302)에 재록]

韓在永(2016),《國語의 歷史的 硏究》, 신구문화사.

함희진(2010), 국어 합성동사의 형성과 발달: 'V1-어+V2'형 합성동사를 중심으로, 고
　　　려대학교 국어국문학과 박사학위논문.

항가이마(2011),『蒙語老乞大』와『捷解蒙語』의 구문에 대한 연구: 몽골어와의 비교
　　　를 중심으로, 서울대학교 국어국문학과 박사학위논문.

許　璧(1997),《中國古代語法》, 신아사.

許　雄(1964), 西紀 15세기 國語의 使役·被動의 接辭,《東亞文化》2, 서울대학교 동
　　　아문화연구소, 127-166.

허　웅(1975),《우리옛말본: 15세기 국어 형태론》, 샘문화사.

허　웅(1989),《16세기 우리옛말본》, 샘문화사.

황국정(2009),《국어 동사 구문구조의 통시적 연구》, 제이앤씨.

황국정(2015), 중세국어 "-에/를" 격 교체 구문에 관한 연구: 처격조사 "-에"와 대격조
　　　사 "-를"의 문법적 기능,《언어와 정보사회》24, 서강대학교 언어정보
　　　연구소, 191-222.

황문환·임치균·전경목·조정아·황은영(2013),《조선시대 한글편지 판독자료집》1,
　　　역락.

Ashton, E. O. (1947), *Swahili Grammar*, Second Edition, London: Longmans.

Babby, L. H. (1998), Voice and Diathesis in Slavic, In *Paper Presented at
　　　Workshop on Comparative Slavic Mophosyntax*, Indiana

University.

Babby, L. H. & R. D. Brecht (1975), The Syntax of Voice in Russian, *Language* 51(2), 342-367.

Berlin, B. & P. Kay (1969), *Basic Color Terms: Their University and Evolution*, University of California Press.

Bybee, J. (1985), Diagrammatic Iconicity in Stem-inflection Relations, *Iconicity in Syntax*, 11-48.

Chaker, S. (1983), *Un parler berbere d'Algerie (kabylie)*, Aix-en-Provence: Universite de Provence.

Coleman, L. & P. Kay (1981), Prototype Semantics: The English Word Lie, *Language* 57(1), 26-44.

Comrie, B. (1977/1985), Causative Verb Formation and Other Verb-deriving Morphology, In T. Shopen (ed.), *Language Typology and Syntactic Description* (Vol. 3: Grammatical Categories and the Lexicon), Cambridge University Press, 309-348.

Dixon, R. M. W. (1979), Ergativity, *Language* 55(1), 59-138.

Dixon, R. M. W. (2000), A Typology of Causatives: Form, Syntax and Meaning. In R. M. W. Dixon and Alexandra Y. Aikhenvald (eds.), *Changing Valency: Case Studies in Transitivity*, Cambridge University Press, 30-83.

Dixon, R. M. W. (2012), *Basic Linguistic Theory* (*Vol. 3: Further Grammatical Topics*), Oxford University Press.

Dixon, R. M. W. & Alexandra Y. Aikhenvald (2000), *Changing Valency: Case Studies in Transitivity*, Cambridge University Press.

Doke, C. M. (1954), *The southern Bantu languages*, London: Oxford University.

Dubinsky, S., M. Lloret & P. Newman (1998), Lexical and Syntactic Causatives in Oromo, *Language* 64(3), Linguistic Society of America, 485-500.

Foley, W. A. & R. Van Valin, Jr. (1984), *Functional Syntax and Universal Grammar*, Cambridge: Cambridge University Press.

Fox, B. A. & P. J. Hopper (eds.) (1994), *Voice: Form and Function*, John Benjamins Publishing.

Garcia, E. C. (1975), *The Role of Theory in Linguistic Analysis: The Spanish Pronoun System*, North-Holland Publishing Company.

George, L. & J. Kornfilt (1977), Infinitival Double Passives in Turkish. In *Proceedings of the Seventh Annual Meeting of the North Eastern Linguistic Society*, 65-81.

Haspelmath, M. (1987), *Transitivity Alternations of the Anticausative Type*, Institut für Sprachwissenschaft, Universität Köln.

Haspelmath, M. (1990), The Grammaticization of Passive Morphology, *Studies in Language* 14(1), 25-72.

Haspelmath, M. (1993), More on the Typology of Inchoative/Causative Verb Alternations, In B. Comrie & M. Polinsky (eds.), *Causatives and Transitivity*, Amsterdam: John Benjamins Publishing, 87-120.

Haspelmath, M. (1994), Passive Participles across Languages, In B. A. Fox & P. J. Hopper (eds.), *Voice: Form and Function*, John Benjamins, 151-177.

Haspelmath, M. & Thomas Müller-Bardey (2004), Valency Change, In G. Booij, C. Lehmann & J. Mugdan (eds.), *Morphology: A Handbook on Inflection and Word Formation,* 2, Berlin: de Gruyter, 1130-1145.

Haspelmath, M., M. S. Dryer, Gil David & B. Comrie (2005), *The World Atlas of Language Structures*, Oxford University Press.

Haspelmath, M. & A. Sims (2010), *Understanding Mohology*, London: Hodder Education. [오규환·김민국·정한데로·송재영 역(2015), 형태론의 이해, 역락.]

Haspelmath, M. & I. Hartmann (2015), Comparing Verbal Valency across Language, In *Valency Classes in the World's Languages*, 1, Berlin: De Gruyter Mouton, 41-72.

Hopper, P. J. & S. A. Thompson (1980), Transitivity in Grammar and Discourse, *Language* 56(2), 251-299.

Huang, C. T. J. (1999), Chinese Passives in Comparative Perspective, *Tsing Hua Journal of Chinese Studies* 29(4), National Tsing Hua University.

Huang, C. T. J., Y. A. Li & A. Simpson (2014), *The Handbook of Chinese*

Linguistics, John Wiley & Sons.

Iwata, S. (1999), On the Status of an Implicit Arguments in Middles, *Journal of Linguistics* 35(3), 527-553.

Jain, J. (1981), The Hindi Passive, *Research on Language & Social Interaction* 14(2), 217-232.

Jespersen, O. (1924/1992), *The Philosophy of Grammar*, University of Chicago Press.

Kallulli, D. (2006), Argument Demotion as Feature Suppression, In B. Lyngfelt & T. Solstad (eds.), *Demoting the Agent: Passive, Middle and other Voice Phenomena*, John Benjamins Publishing, 143-166.

Kallulli, D. (2007). Rethinking the Passive/Anticauative Distinction, *Linguistic Inquiry* 38(4), The MIT Press, 770-780.

Kazenin, K. (2001), The Passive Voice, In Haspelmath et al. (eds.), *Language Typology and Language Universals: An International Handbook*, 2, Walter de Gruyter, 899-916.

Keenan, E. (1976), Remarkable Subjects in Malagasy, In C. Li (ed.), *Subject and Topic*, New York: Academic Press, 247-301.

Keenan, Edward L. & Matthew S. Dryer (2007), Passive in the World's Languages. In T. Shopen (ed.), *Language Typology and Syntactic Description* (Vol. 1: Clause Structure), second edition, 325-361.

Kemmer, S. (1993), *The Middle Voice*, John Benjamins Publishing.

Khrakovsky, V. S. (1979), Diathesis, *Acta Linguistica Academiae Scientiarum Hungaricae* 29(3-4), 289-308.

Kirsner, R. S. (1976), On the Subject of 'pseudo-passives' in Standard Dutch and the Semantics of Background Agents, In C. Li (ed.), *Subject and Topic*, New York, NY: Academic Press, 387-415.

Klaiman, M. H. (1991), *Grammatical Voice*, New York: Cambridge University Press.

Klaiman, M. H. (1998), Affectedness and Control: A Typology of Voice Systems, In M. Shibatani (ed.), *Passive and Voice*, John Benjamins Publishing Company, 25-83.

Kulikov, L. (2011), Voice Typology, In Jae Jung Song (ed.), *The Oxford Handbook of Linguistic Typology*, USA: Oxford University Press.

Lakoff, G. (1977), Linguistic Gestalts, In *Papers from the 13th Regional Meeting of the Chicago Linguistics Society*, University of Chicago, 236-287.

Langacker, R. W. & P. Munro (1975), Passives and their Meaning, *Language* 51(4), 789-830.

Letuchiy, A. (2009), Towards a Typology of Labile Verbs: Lability vs. Derivation, In P. Epps & A. Arkhipov (eds.), *New Challenges in Typology*, Berlin/New York: Mouton de Gruyter, 247-268.

Letuchiy, A.(2010), *Lability and Spontaneity, Transitivity: Form, Meaning, Acquisition, and Processing*, Amsterdam, Netherlands: Benjamins, 237-255.

Levin, B. and M. Rappaport Hovav (1995), *Unaccusativity: At the Syntax-Lexical Semantics Interface*, Linguistic Inquiry Monograph 26, Cambridge: The MIT Press.

Malchukov A. & the Leipzig Valency Classes Project team (2015), Leipzig Questionnaire on Valency Classes, In A. Malchukov & B. Comrie (eds.), *Valency Classes in the World's Languages*, 2, Berlin: De Gruyter Mouton, 27-40.

Nicholas, J. (1979), Syntax and Pragmatics in Manchu-Tungus language, In P. Clyne et al. (eds.), *The Element: a Parasession on Linguistic Units and Levels*, 420-428, Chicago: CLS.

Perlmutter, D. M. (1978), Impersonal Passives and the Unaccusative Hypothesis, In *Proceedings of the 4th Annual Meeting of the Berkeley Linguistics*, UC Berkeley, 157-189.

Pulleyblank, Edwin G. (2003), *Outline of Classical Chinese Grammar*, Vancouver: UBC Press, [양세욱 옮김(2005), 《고전중국어 문법 강의》, 서울; 궁리 출판]

Rubino, C. (2013), Reduplication, In Mattew S. Dryer & M. Haspelmath (eds.), The World Atlas of Language Structures Online, Leipzig: Max Planck Institute for Evolutionary Anthropology. (Available online at http://wals.info/chapter/27, Accessed on 2016-12-29)

Shibatani, M. (1985), Passives and Related Constructions: A Prototype Analysis, *Language* 61(4), 821-848.

Shibatani, M. (1988), *Passive and Voice*, John Benjamins Publishing Company.

Shibatani, M. (1995). A.A.Xolodovič on Japanese Passives, *Subject, Voice and Ergativity*, Routledge, 7-18.

Shibatani, M. (1998). Voice Parameters, In L. Kulikov & H. Vater (eds.), *Typology of Verbal Categories: Papers Presented to Vladimir Nedjalkov on the Occasion of his 70th Birthday*, 117-138, Tübingen: Max Niemeyer.

Shibatani, M. (2004), Voice, In G. Booij, C. Lehmann, J. Mugdan & S. Skopeteas (eds.), *Morphology: An International Handbook on Inflection and Word-formation*, Walter de Gruyter, 1145-1165.

Siewierska. A. (1984), *The Passive: A Comparative Linguistic Analysis*, London Croom Helm.

Siewierska, A. (2005), Passive Constructions, In Haspelmath et al. (eds.), *The World Atlas of Language Structures*, Oxford University Press, 434-437.

Wu, Yuemei (2007), The Early History of the Chinese Passive, Ph.D Dissertation, Stanford University.

Xolodovič, A. A. (1970). Zalog I: Opredelenie. Isčislenie [Voice I: Definition and Calculus]. In *Kategorija zaloga. Materialy konferencii [The Category of Voice. Conference Materials]*, Leningrad, 2-26.

Yeon, J. (2003), *Korean Grammatical Constructions: Their Form and Meaning*, London: Saffron.

Yin Li (2015), The Diachronic Development of Passive Constructions from Archaic Chinese to Modern Mandarin, Ph.D Dissertation, Washington University.

辭典類

국립국어연구원 엮음(1999), 《표준국어대사전》, 두산동아.

고려대학교 민족문화연구원 국어사전편찬실 편(2009), 《고려대 한국어대사전》, 고
　　　　려대학교민족문화연구원.

劉昌惇(1964), 《李朝語辭典》, 연세대학교 출판부.

전관수(2007), 《한시어 사전》, 국학자료원.

한글학회 지음(1992), 《우리말 큰사전》, 어문각.

황문환·김주필·배영환·신성철·이래호·조정아·조항범(2017), 《조선시대 한글편
　　　　지 어휘사전》, 역락.

[부록 1]

* [부록 1]은 본고에서 검토 대상으로 삼은 피동사를 가나다순으로 제시하고, 그 예와 해석을 보인 것이다.
* 각 표제어 다음의 ( )안의 숫자는 출현 시기를 의미한다.
* 피동사의 어기도 함께 제시한다. 어기가 자·타 양용동사로 사용된 동사의 자동사·타동사 용법은 [부록 2]를 참조할 수 있다.
* 피동사는 다음과 같은 기준으로 표시한다.
  ① 어중의 'ㄹㄹ'이 'ㄹㄴ'으로 표기된 예문의 표제어는 'ㄹㄹ'형을 기준으로 삼는다.
  (예) '갈리-'(替)의 경우, '갈니-'로 표기되었지만 표제어는 '갈리-'로 제시함.
  ② 합용병서의 표기와 관련하여서는 중세어의 어형을 기준으로 표제어를 제시한다.
  (예) '쁘이-'(開), '쁘이-'(浮)의 경우, '쓰이-'로 표기되었지만 표제어는 모두 '쁘이-'의 형태로 제시함. '쎄이-'(貫)는 '쎄이-'로, '쓰이-'(書)는 '스이-'로 제시함.
* 각 항목의 어기는 다음과 같은 기준으로 표시한다.
  ① 말음으로 'ㄹ병', 'ㅿ' 등을 가지는 어기는 음운 변화로 인해 재구조화됨에 따라 파생어의 모습이 변하거나, 재구조화된 어기를 기준으로 새로운 파생어가 형성되는 경우가 있다. 그 경우 처음 형성된 파생어의 어형, 그리고 재구조화되기 이전의 어기를 기준으로 그 어기를 제시한다.
  (예1) '우이다'(笑)의 어기는 '웃이다'를 고려하여 '웃다'으로, '아이다'(奪)의 어기는 '앗이다'를 고려하여 '앗다'으로, '긔이다'(牽)의 어기는 '긁이다'를 고려하여 '그스다/긁ㅇ다'로 제시함.
  (예2) '니이다'(連)의 경우 피동형 '닛이-'는 존재하지 않지만 사동형 '닛이다'를 고려하여 어기를 '닛다'으로 제시함.
  (예3) '볼피다'(踏)의 어기는 '볿이다'를 고려하여 '볿다'으로 제시함.
  (예4) '쑬리다'(鑿)의 어기는 재구조화되기 이전의 어기인 '듧다'로 제시함.

(예5) '연치다'와 '언치다'는 어기가 단모음화를 겪기 전('였다')과 후('언치다')의 어형으로부터 형성된 것인데, 이 경우는 각각 '였다'와 '얹다'를 그 어기로 제시함.

② 어기가 복수 기저형을 가지는 경우 해당 어기의 교체형을 모두 제시하되, 파생어의 직접적 어기로 여겨지는 것에 밑줄을 그어 제시한다.

(예) '긋이-'(牽) *어기: 그스다/<u>긋으다</u>

* 어휘집에 나타나는 예는 그 논항 구조를 명확히 알 수 없기 때문에 예문을 제시하는 데에 있어 그 출처로 삼는 것을 최대한 배제하였지만, 다른 적절한 예가 존재하지 않고 피동형으로 볼 수 있을 만한 예일 경우 예문에 포함하였다.

* 근대한국어 시기에는 피동접사 중첩형이 많이 보인다. 비중첩형의 적절한 예가 보이지 않을 경우 중첩형으로 그 예를 제시한다.

(예) '갈리다'(分)의 경우 '갈니이-'가 사용된 예를, '쏠리다'의 경우 '쏠니이-'가 사용된 예를 제시함.

• 가도이다(囚)(15) *어기: 가도다(타)

예문: 樂記예 글오디 돋 치며 술 밍글옴이 뻐 화란이 되게 혼 주리 아니언마ᄂᆞᆫ <u>가도</u><u>이며</u> 숑ᄉ훔이 더욱 하믄 곧 술의 근티 화란을 내욤이니 (樂記예 曰 豢豕爲酒ㅣ 非以爲禍也ㅣ 언마ᄂᆞᆫ 而獄訟益繁은 則酒之流ㅣ 生禍也ㅣ 니) 〈小學3:27a〉

해석: 〈樂記〉에 이르기를, 돼지를 기르며 술을 만드는 것이 화(禍)가 되는 것은 아니지만, (사람이 감옥에) <u>갇히거나</u> 송사함이 더욱 많아지는 것은 곧 술의 흐름이 화를 만드는 것이니

• 가티다(囚)(15) *어기: *갇다(타)[1]

예문: 시혹 <u>가텨</u> 갈 메며 쇠줄 메며 손바래 柙械 ᄒ야도 뎌 觀音力을 念ᄒ면 훤히 버

---

[1] "갇-"은 그 어기가 문증되지는 않지만, '가도다', '가티다'와 같은 어형이 존재하고 두 어형의 형태적 유사성에 근거하면 이들의 공통 어기로 "갇-"을 상정할 수 있다.

서나믈 得ᄒ며 〈月釋19:44b〉

해석: 혹 갇혀서 칼을 메고 쇠사슬을 메며 손과 발에 수갑을 하여도 관음력을 念하
면 환하게 벗어남을 얻으며

• 갈리다(分)(18) *어기: 가르다/갈르다(타)

예문: 믈이 두 가닭의 갈니이고 수십 칙 비를 ᄀᄅ니어 ᄃ리를 믄드디 〈을병_숭실
2)2)

해석: 물이 두 가닥으로 갈리고 수십 척의 배를 가로로 이어 다리를 만들었는데

• 갈리다(替)(19) *어기: 글다(자·타)

예문: 그 령 낸 관원이 갈녓다고 그 령을 억이는 것은 〈독립신문 1898/3/5〉

해석: 그 법령을 낸 관원이 (다른 관원으로) 갈렸다고 그 법령을 어기는 것은

• 갓기다(削)(15) *어기: 쟈다(타)

예문: 群公이 보고 顔色을 붓그리고 王室은 갓겨 보ᄃ랍디 아니ᄒ니라 (群公見慙色
王室無削弱) 〈杜詩3:66a〉

해석: 여러 공들이 (곽대공을) 보고 안색을 부끄러워하였고, 王室은 깎여 약화되지
않았다.

• 거티다₁(捲)(15) *어기: 걷다₁(타)

예문: ᄇ름 부는 帳은 어느제 거텻ᄂ뇨 치위옛 방하는 어젯바밋 소리로다 (風幔何
時卷 寒砧昨夜聲) 〈杜詩3:36a〉

해석: 바람이 부는 장막은 언제 걷혔는가. 추위에 들리는 다듬이 소리는 어젯밤의
소리로다.

---

2) 장서각 소장본에서는 '믈이 두 가듥의 갈니이고 다 슈십 칙 비를 ᄀ로니어 ᄃ리를 믄ᄃ디〈을
병_장서4:49a〉로 나타난다.

• 걸이다₁(掛)(15) *어기: 걸다₁(자·타)

예문: 光明이 히 곧ᄒ며 설긧 옷들히 화예 나아 걸이며 〈月釋2:33a〉

해석: 광명이 해와 같으며 상자의 옷들이 홰(횃대)에 나서 걸리며

• 걸이다₂(滯)(15) *어기: 걸다₂(타)

예문: ᄇ라ᄂᆞᆫ 돈 ᄆᆞᅀᆞᆷ을 슬펴보고 文字애 걸이디 마롤 디어다 (望照之於心ᄒ고 無滯
　　　於文矣어다) 〈法集7b〉

해석: 바라는 것은 마음을 살펴보고 문자에 속박되지 말아야 하는 것이다.

• 것기다(折)(15) *어기: 꺼다(자·타)

예문: 氣中ᄒᆞᆫ 證은 해 豪貴ᄒᆞᆫ 사ᄅᆞ미 이를 因ᄒ야 격발ᄒ며 것기여 忿怒ᄒ야 氣分이
　　　盛호ᄃᆡ 펴들 몯ᄒ야 (氣中證候者多生於驕貴之人 因事激挫忿怒) 〈救急方上12a〉

해석: 氣中의 증상은 매우 지위가 높거나 권세가 있는 사람이 어떠한 일로 인하여
　　　(감정이) 격하며 (자존심이/뜻이) 꺾여 화가 치밀되, 화가 제대로 발산되지
　　　못하고

• 것치다₂(散)(19) *어기: 걷다₂(자·타)

예문: 젹두 한 말을 뛰게 복가 젼ᄃᆡ에 너허 슐 가온ᄃᆡ 너흐면 산미 곳 것치ᄂᆞ니라
　　　〈閨閤4b〉

해석: 적두 한 말을 뛰게 볶아 전대에 넣어 술 가운데 넣으면 신맛이 곧 없어진다.

• 고치다(揷)(15) *어기: 곶다(타)

예문: 힌 믌겨리 부흰 ᄇᆞ람매 불이고 프른 묏부리ᄂᆞᆫ 雕刻ᄒᆞᆫ 집ᄆᆞᆯ릭 고쳣도다 (白波
　　　吹粉壁 靑嶂揷雕梁) 〈杜詩16:42b〉

해석: 흰 물결은 뿌연 절벽에 불어대고 푸른 산봉우리는 조각한 용마루에 꽂혀 있
　　　구나.

• 괴이다(愛)(15) *어기: 괴다(타)

예문: 쏘 효근 臣下ㅣ 님금씌 <u>괴이ᄉ와</u> 政化ㅣ 어그르처 큰 읏드메 외어든 안자셔
　　　나라히 기우러가몰 보고 둗거운 恩惠롤 受호미 ᄀ도다 (亦如小臣媚至尊 政化
　　　錯迕失大體 坐看傾危受厚恩 嗟爾石筍擅虛名) 〈杜詩3:70b〉

해석: 또 작은 신하가 임금께 <u>사랑받아</u> 政化가 어그러져서 큰 으뜸에서 벗어나는
　　　것은 앉아서 나라가 기울어감을 보고 두터운 은혜를 받는 것과 같구나.

• 구긔이다(皺)(18) *어기: 구긔다(타)

예문: <u>구긔인</u> 가족이 핑핑이 펴이고 〈을병_숭실3〉[3]

해석: <u>구겨진</u> 가죽이 팽팽하게 펴지고

• 그리이다(畵)(15) *어기: 그리다(타)

예문: 功名 일워 麒麟閣애 <u>그리이곡</u> 사호맷 ᄲᅧ는 반ᄃ기 ᄲᆞᆯ리 서굴 디니라 (功名圖麒
　　　麟 戰骨當速朽) 〈杜詩5:27a〉

해석: 功名을 이루어 기린각[4]에 <u>그려지고</u> 전투에서 죽은 뼈는 반드시 빨리 썩을 것
　　　이다.

• 글이다(解)(15) *어기: 그르다/글ㅇ다(자·타)

예문: 知見에 보논 覺이 홍이 업스면 <u>글여</u> 涅槃眞淨이 ᄃ외리니 (於知見에 無見覺之
　　　홍ᄒ면 則解爲涅槃眞淨ᄒ리니) 〈楞嚴5:8b〉

해석: 知見을 보는 覺의 홍이 없으면 <u>풀어져서</u> 涅槃眞淨이 될 것이니

---

3) 장서각 소장본과 내용 동일.

4) 기린각: 前漢의 궁전 이름. 무제(武帝)가 기린을 얻었을 때 마침 전각이 낙성되어 전각 안에
기린의 화상을 그려 붙이고 기린각이라 했으며, 선제(宣帝)가 공신 곽광(霍光), 장안세(張安
世), 한증(韓增), 조충국(趙充國), 위상(魏相), 병길(丙吉), 두연년(杜延年), 유덕(劉德), 양구
하(梁丘賀), 소망지(蕭望之), 소무(蘇武) 등 11명의 초상을 그려 벽에 걸었음(전관수 2007 참
조).

• 궂이다(牽)(15) *어기: 그스다/궂ᄋ다(타) cf. 쓰이다, 쓸리다

예문: 앗이 文章이 나ᅀᅡ가물 깃노니 내ᅵ 여희ᄂᆞᆫ 興이 <u>궂여</u> 나미 더ᄋᆞᄂᆞ다 (喜弟文
　　　章進 添余別興牽) 〈杜詩8:46a〉

해석: 아우의 문장이 나아감을 기뻐하니 나의 이별하는 흥취가 <u>끌려</u> 나옴이 더해
　　　지는구나

• 길리다(養)(18) *어기: 기르다/길르다(타)

예문: 댱경은 변경 사ᄅᆞᆷ이라 삼셰예 부뫼 다 죽어 외쳑 됴시의게 <u>길니엿더니</u> (張慶
　　　汴京人也 三歲父母俱亡 養於外戚趙氏) 〈種德中19a〉

해석: 장경은 변경 사람이다. 세 살에 부모가 다 죽어서 외척 조 씨에게 <u>길러졌는
　　　데</u>

• 깃기다(悅)(16) *어기: 짔다(자 · 타)

예문: 사ᄅᆞᆷ의 신해 되여셔 諫ᄒᆞ야 듣디 아니ᄒᆞ거든 나가면 이ᄂᆞᆫ 님금 사오나옴을
　　　나토고 스스로 빅셩의게 <u>깃김이니</u> 내 ᄎᆞᆷ아 ᄒᆞ디 몯ᄒᆞ노라 (爲人臣ᄒᆞ야 諫不
　　　聽而去ㅣ면 是ᄂᆞᆫ 彰君之惡而自說於民이니 吾不忍爲也ㅣ라) 〈小學4:25b〉

해석: 남의 신하가 되어서 임금에게 간언하였는데 (임금이) 듣지 않는다고 (임금
　　　에게서) 떠나면, 이는 임금의 악행을 드러내고 자신은 백성에게 <u>환심을 사는
　　　것</u>이니 내가 차마 하지 못하노라.

• 굴이다(摩)(15) *어기: 굴다(타)

예문: 金甲이 서르 <u>굴이ᄂᆞ니</u> 靑衿 니브니ᄂᆞᆫ 흔굴ᄋᆞ티 憔悴ᄒᆞ니라 (金甲相排蕩 靑衿
　　　一憔悴) 〈杜詩6:21a〉

해석: 金甲이 서로 <u>섞갈리는데</u>(부딪치는데), 靑衿을 입은 사람은 한결같이 초췌하
　　　다.[5]

---

5) 번역은 이현희 · 이호권 · 이종묵 · 강석중(1997: 168)을 참조함.

• 곰초이다(藏)(17) *어기: 곰초다(타)

예문: 웃 사름이 만일 스랑티 아니면 모든 아래 사름이 울얼 배 업서 (…) 못므리 여

외매 고기 곰초이기 어려옴 ᄀ트니 (上若不慈ㅣ면 則群下ㅣ 無所仰焉ᄒᆞ야 …

淵水ㅣ 涸而魚難藏ㅣ니) 〈女訓下18a〉

해석: 윗사람이 아랫사람을 아끼지 않으면 모든 아랫사람이 우러를 바가 없어 (…)

못의 물이 말라서 고기가 감춰지기 어려움과 같으니

• ᄀᆺ초이다(具)(18) *어기: ᄀᆺ초다(타)

예문: 四月에ᄂᆞᆫ 形像이 ᄀᆺ초이고 五月에ᄂᆞᆫ 힘줄과 뼤 일고 (四月은 形像이 具ᄒᆞ고 五

月은 筋骨이 成ᄒᆞ고) 〈無寃錄2:3b〉

해석: 사월에는 형상이 갖추어지고 오월에는 힘줄과 뼈가 이루어지고

• 내조치다(逐)(15) *어기: 내좇다(타)

예문: 永泰ㅅ 末애 罪 어더 五溪ㅅ ᄀᆞ싀 내조치여 오도다 (得罪永泰末 放之五溪濱)

〈杜詩8:53a〉

해석: 永泰 말의 시절에 죄를 얻어 五溪의 끝으로 내쫓겨 왔구나

• 내티이다(逐)(15) *어기: 내티다(타)

예문: 내 姒ㅣ [姒ᄂᆞᆫ 남지늬 누의라] 禮란 아니 ᄀᆞᄅᆞ치고 도ᄅᆞ혀 내티일 힝뎌글 ᄒᆞ

과뎌 ᄒᆞᄂᆞ니 쟝ᄎᆞ 므스게 쓰리오 (吾姒不教以居室之禮 而反欲使吾爲見棄之行

將安所用) 〈三綱烈2〉

해석: 나의 시누이가 (나에게) 예절은 가르치지 않고 도리어 내쫓길 행동을 나에

게 하게 하니, 장차 무엇에 쓰겠는가.

• 노히다(放)(15) *어기: 놓다(타)

예문: 敬德이 노혀나 齋ᄒᆞ야 願을 갑ᄉᆞᆸ고 像을 내야 보ᅀᆞᆸᄂᆞ니 모기 세 갌 ᄀᆞᄆᆞ치 겨

시더라 〈月釋19:21a〉

해석: 敬德이 풀려나 재를 올리고 (부처께 드렸던) 발원을 갚고 (예전에 모셨던) 관
　　음상을 내어 보니 목에 칼자국이 세 군데나 있더라.

• 눌이다(壓)(15) *어기: 누르다/눌ᄋ다(타)

예문: 罪ᄅᆞᆯ 두푸미 마치 足히 제 눌이며 제 ᄲᅥ러디ᄂᆞᆫ 젼ᄎᆞ로 뫼ᄒᆞᆯ 이여 바ᄅᆞᆯ 볼옴 ᄀᆞᆮ
　　ᄒᆞ니라 (覆罪호미 適足自壓 自墜故로 如戴山履海也ㅣ라) 〈楞嚴8:94b〉

해석: 죄를 덮음이 마치 족히 스스로 눌리며 스스로 떨어지는 까닭으로 산을 이고
　　바다를 밟음과 같다.

• 니이다(連)(18) *어기: 닛다(타)

예문: ᄒᆞᆫ 조각 ᄆᆞ음이 홀연이 ᄭᅳᆫ허지며 홀연이 니이니 도로혀 ᄒᆞᆫ 번 ᄭᅳᆫ허지고 도로
　　니이지 못ᄒᆞ니만 ᄀᆞᆺ지 못ᄒᆞᆯ지라 〈을병_장서17:71a-b〉

해석: 한 조각 마음이 홀연히 끊어지며 홀연히 이어지니 도리어 한 번 끊어지고 다
　　시 이어지지 못함만 같지 못할 것이다

• 니치다(忘)(16) *어기: 닞다(타)

예문: 하 니치이디 마ᄂᆞ니 수미로다마ᄂᆞᆫ 각벼리 보낼 거시 업세라 〈순천148:9〉

해석: 몹시 잊히지 않으니 근심스럽다마는 특별히 보낼 것이 없구나.[6]

• 니피다(被)(15) *어기: 닙다(타)

예문: 率土ㅣ ᄀᆞᄃᆞ기 흐웍호ᄆᆞᆫ 敎化ㅣ 大千에 니피샤ᄆᆞᆯ 가즐비시니라 (率土充洽은
　　譬敎被大千也ᄒᆞ시니라) 〈法華3:35b〉

해석: 온 나라의 모든 땅이 충분히 적셔지는 것은 윤택함은 敎化가 大千에 입혀지
　　심을 비유하신 것이다.

---

6) 번역은 조항범(1998: 664)을 참조함.

• 논호이다(分)(16) *어기: 논호다(자·타)

예문: 오직 君子 小人이 이예 <u>논호일</u> 뿐이 아니라 쏘 貴ᄒ며 賤ᄒ며 댱슈ᄒ며 단명
홈의 말미아마 定ᄒᄂ 배니라 (不惟君子小人이 於此焉<u>分</u>이라 亦貴賤壽夭之所
由定也ㅣ니라) 〈小學5:94b〉

해석: 오직 군자와 소인이 이에 <u>나누어질</u> 뿐이 아니라, 또 귀하며 천하며 장수하며
단명함도 이것에 연유하여 정해지는 바이다.

• 늘이다(飛)(15) *어기: 늘다(자)

예문: 麾下ㅣ 元戎을 주기니 믌ᄀ애 <u>늘이ᄂ</u> 銘旌이 잇도다 (麾下殺元戎 湖邊有<u>飛</u>旌)
〈杜重1:58a〉

해석: 부하가 장군을 죽이니 물가에 <u>날리는</u> 銘旌이 있구나.

• 다스리이다(治)(18) *어기: 다스리다(타)

예문: 人의게 <u>다스리이ᄂ</u> 者ᄂ 人을 食ᄒ고 人을 다스리ᄂ 者ᄂ 人의게 食ᄒ인다 ᄒ
니 (<u>治</u>於人者食人ᄒ고 治人者食於人이라 ᄒ니) 〈孟栗3:24a〉

해석: 남에게 <u>다스림을 받는</u> 자는 남을 먹이고, 남을 다스리는 자는 남에게 얻어먹
는다고 하니

• 다티다(閉)(15) *어기: 닫다(타)

예문: 東門이 열어든 보고 東門ᄋ로 허위여 ᄃᄅ면 東門이 도로 <u>다티고</u> 〈月釋23:
80b〉

해석: 東門이 열리거든 보고 東門으로 달리면 東門이 도로 <u>닫히고</u>

• 달애이다(柔)(16) *어기: 달애다(타)

예문: 향시 額數를 져기 ᄒ여 니욕애 <u>달애이ᄂ</u> 일을 업게 ᄒ며 (鐫解額ᄒ야 以去利<u>誘</u>
ᄒ며 省繁文ᄒ야 以專委任ᄒ며) 〈飜小9:17a〉

해석: 향시의 정원을 줄여 이로움에 <u>유인되는</u> 일을 없게 하며

• 담기다(抹)(15) *어기: 담다(타)

예문: 그 粥이 가마애셔 열 자콤 소사 올아 아니 <u>담기거늘</u> 〈釋詳3:40a〉

해석: 그 죽이 가마에서 열 자씩 솟아 올라 <u>담기지</u> 않거늘

• 더디이다(投)(15) *어기: 더디다(타)

예문: 黃金을 ᄃ라두믈 조ᄼ로이 너기디 아니커시니 엇뎨 삿기 치ᄂ 鸎의게 <u>더디</u>
　　<u>이ᄂ뇨</u> (不要懸黃金 胡爲<u>投</u>乳鸎) 〈杜詩24:35a〉

해석: 황금을 달아두는 것을 중요하게 여기지 아니하건대, 어찌 새끼 치는 짐승에
　　게 <u>던져지는가</u>.

• 더위자피다(拘)(15) *어기: 더위잡다(타)

예문: 江湖애 ᄆᆯᄀ ᄃ리 디거늘 醉ᄒ고 <u>더위자펴</u> 도라오믈 므던히 너기노라 (江湖
　　墮淸月 酩酊任<u>扶</u>還) 〈杜詩15:51b〉

해석: 강호에 맑은 달이 지거늘 술에 취하여 <u>부축받아</u> 돌아옴을 무던히 여기는구
　　나.

• 덜이다(減)(15) *어기: 덜다(자·타)

예문: ᄒ다가 經을 듣고 ᄠᅳ들 아라 나 업슨 理ᄅᆯ 알오 ᄯ 能히 나 업슨 行을 修行ᄒ야
　　ᄂ외야 生死業을 짓디 아니ᄒ면 罪이 불휘 永히 <u>덜인</u> 젼ᄎ로 비록 先世예 그
　　지업슨 罪業 이셔도 곧 어름 노ᄀ며 디새 글히야 듐 ᄀᆮᄒ야 반ᄃ기 無上佛果
　　菩提ᄅᆯ 일우리니 (若聞經解義ᄒ야 達無我理ᄒ고 又能修行無我之行ᄒ야 更不造
　　生死之業ᄒ면 則罪根이 永除故로 縱有先世無量罪業ᄒ야도 即同冰消瓦解ᄒ야
　　當成無上佛果菩提ᄒ리니) 〈金三3:56a〉

해석: 만약 경전을 듣고 그 뜻을 알아, 無我의 이치를 알고 또 능히 無我의 行을 수행
　　하여 다시 생사의 業을 짓지 않으면 죄의 뿌리가 영원히 <u>없어지는</u> 까닭으로,
　　비록 先世에 끝없는 죄업이 있어도 얼음이 녹고 기와가 풀어지는 것과 같이
　　반드시 無上佛果菩提를 이룰 것이니

• 도티다(瘲)(15) *어기: 돋다(자)

예문: 須達이 부텨와 즁괏 마를 듣고 <u>소홈 도텨</u> 自然히 ᄆᆞᅀᆞ매 깃븐 ᄠᅳ디 이실ᄊᆡ (於
時須達 聞佛僧名 忽然毛豎 如有所得 心情悅豫) 〈釋詳6:16b〉

해석: 수달이 부처와 중의 말을 듣고 <u>소름이 돋아</u> 자연스레 마음에 기쁜 뜻이 생기
므로

• 두피다(蓋)(15) *어기: 둪다(자·타)

예문: 보ᄫᅵ옛 고지 ᄯᅡ해 <u>두피고</u> 周遍 淸淨ᄒᆞ며 〈月釋13:66a-b〉

해석: 寶華가 땅에 <u>덮이고</u> 주변이 청정하며

• 뒤틀리다(瘛)(17) *어기: 두위틀다/뒤틀다(자·타)

예문: 또 어린 아히 모든 디랄증이며 급흔 경풍이며 과글리 긱된 샤긔를 마자 ᄌᆞᆷ 못
자 번열ᄒᆞ며 ᄇᆞ름으로 <u>뒤틀리며</u> (又治小兒諸癇 急驚 卒中客忤不得眠煩燥 風搐)
〈臘藥4b〉

해석: 또 어린 아이의 간질이나 경풍이나 갑자기 客忤에 맞아 잠을 자지 못하여 煩
燥하며 바람 맞아 (몸이) <u>뒤틀리며</u>

• 뒤티이다(瘛)(18) *어기: 드위티다(자·타)

예문: 遍身이 胖脹ᄒᆞ고 口脣이 <u>뒤티이고</u> 갓과 ᄉᆞᆯ히 버서 허여디고 (遍身이 胖脹ᄒᆞ고
口脣이 瘛ᄒᆞ고 皮膚ㅣ 脫爛ᄒᆞ고) 〈無寃錄1:45a〉

해석: 전신이 팽창하고, 입술이 <u>뒤집어지고</u> 피부와 살이 벗겨지고 문드러지며

• 들이다₁(聞)(15) *어기: 듣다/들ᄋ다(타)

예문: 문 밧긔 두 시니 잇거든 말ᄊᆞ미 <u>들이거든</u> 들오 말ᄊᆞ미 <u>들이디</u> 아니커든 드디
말며 (戶外예 有二屨¹어든 言聞則入ᄒᆞ고 言不聞則不入ᄒᆞ며) 〈內訓1:5b-6a〉

해석: 문 밖에 신이 두 켤레가 있을 때 말소리가 <u>들리면</u> 들어가고, 말소리가 <u>들리지</u>
않으면 들어가지 말며

• 들이다₂(擧)(15) *어기: 들다(자·타)

예문: 부텨를 ㅂ라ᄉᆞᆸ고 큰 나못 뒤헤 드러 숨거늘 그 남기 虛空애 들이니 難陁ㅣ 숨

　　디 몯ᄒᆞ니라 〈月釋7:10a〉

해석: (難陁가) 부처를 멀리서 보고 큰 나무의 뒤에 들어가 숨었는데, 그 나무가 허

　　공에 들려서 難陁가 숨지 못하였다

• (귓것) 들이다₃(入)(15) *어기: 들다(자)[7]

예문: 어린 거시 귓것 들여 미친 말 ᄒᆞᄂᆞ다 (癡人顚狂 鬼魅所著 而作是言) 〈月釋22:

　　59a〉

해석: 어리석은 것이 귀신이 들려 미친 말을 하는구나.

• 듯기다(聞)(19) *어기: 듣다[8](타)

예문: ᄉᆡ 졉 ᄀᆞᆺ흔 ᄆᆞ음으로 오려 ᄒᆞ여 와가지고 오던 이튼날부틈 무댱으로 도로 간

　　다 소문이 듯기던이 (김성일가 언간-050, 1848년, 아내→ 남편)

해석: 새로 접을 붙이는 마음으로 (제가 스스로) 오려 하여 와가지고, 오던 이튼날

　　부터 무장(茂長)으로 도로 간다는 소문이 들리더니[9]

• 딕히다(點)(17) *어기: 딕다(타)

눈의 알 딕히다 (蘿蔔花) 〈譯語上61a〉

• 들이다(懸)(15) *어기: 들다(타)

예문: ᄑᆞ른 벌어지는 들여 ᄒᆡᆺ비체 나샛고 (靑蟲懸就日) 〈杜詩15:17a〉 (중간본: ᄑᆞ른

<hr />

7) '(귀신이) 들'은 대격 성분이 존재하지 않는 구문을 이룬다. 하지만 '들-'과 '들이-'가 이루는 구
　문을 비교해 보았을 때, 논항의 승격과 강등이 일어난다는 점에서 두 동사가 이루는 구문은
　능동·피동의 관계로 볼 수 있다. '들-'이 이루는 이와 같은 구문에 대해서는 2.2.3 참조.

8) 이 시기에 '들이다(聞)'는 '들리다'로 표기되며, '들이다'의 어기가 되는 '들ㅇ-'이 존재한다고
　보기 어려우므로 어기를 '듣다'로 제시하였다.

9) 번역은 이광호·김병선·김태환(2009: 360)을 참조함.

346

벌어지는 들여 힛비체 나앳고)

해석: 푸른 벌레는 (가지에) 달려 햇빛에 나와 있고(해가 있는 쪽으로 향하여 있고)

• 돔기다(沈)(15) *어기: ㄷᄆ다/돔다(자·타)

예문: ᄒ다가 虛空을 브터 낧딘댄 虛空 性이 ᄀᆞᆺ업슬씌 므리 반드기 ᄀᆞᆺ업숧디라 사ᄅᆞᆷ브터 하ᄂᆞᆯ해 니르리 다 ᄒᆞ가지로 ᄠᅳ며 돔기리로소니(LHHHLH) 엇뎨 ᄯᅩ 믈와 묻과 虛空애 ᄃᆞ닗 거시 이시리오 (若從空ᄒᆞ야 生인댄 空性이 無邊홀ᄉᆡ 水ㅣ 當無際라 從人天히 皆同滔溺이로소니 云何復有水陸空行ᄒᆞ리오) 〈楞嚴3:79b-80a〉

해석: 만약 허공에서 생긴다면 허공의 성질이 한계가 없으므로 물도 반드시 한계가 없어서, 사람부터 하늘에 이르기까지 모두 똑같이 뜨며 잠길 것이니 어찌 또 물과 육지와 허공에 다니는 것이 있겠는가.

• 마초이다(中)(18) *어기: 마초다(자·타)

예문: 밧그로셔 ᄒᆞᆫ 사ᄅᆞᆷ이 ᄂᆞ는 ᄃᆞ시 ᄃᆞ라 와 董卓이 가슴에 마초여 董卓이 ᄯᅡ히 ᄡᅥ러지다 〈三譯總解1:21b〉

해석: 밖에서부터 한 사람이 나는 듯이 달려 와 동탁의 가슴에 맞아(부딪혀) 동탁이 땅에 떨어졌다.

• 마키다(碍)(15) *어기: 막다(자·타)

예문: 化城이 本來 업거늘 權으로 밍ᄀᆞ라 먼 길헤 마켜 쉬오져 ᄒᆞᄂᆞᆫ 사ᄅᆞᄆᆞᆯ 거리처 나ᅀᅡ아 보빗 고대 가긔 ᄒᆞ니 〈月釋13:73a〉

해석: 化城이 본래 없거늘 權으로 만들어 먼 길에 막혀 쉬고자 하는 사람을 제도하여 나아가게 하여 보배의 곳에 가게 하니

• 머키다(食)(15) *어기: 먹다(타)

예문: 受氣鬼ㅣ 氣 스러 報ㅣ 다ᄋ면 世間애 나 해 머킬 類 ᄃᆞ외ᄂᆞ니라 (受氣之鬼ㅣ 氣

銷報盡ᄒ면 生於世間ᄒ야 多爲食類ᄒᄂ니라) 〈楞嚴8:120b〉

해석: 배고픔의 기운을 받은 귀신이 기운이 사라지고 업보가 다하면 세상에 태어나는데, 대부분은 (다른 것에게) 잡아먹히는 부류가 된다.10)

• 몃구이다(麵)(15) *어기: 몃구다(타)

예문: 妾의 남진이 幸티 몯ᄒ야 일 주거 개 ᄆᆯ류에셔 몬져 굴헝의 **몃구여늘** (妾夫不幸早死 先狗馬**塡**溝壑) 〈古列4:38a〉

해석: 첩의 남편이 불행히도 일찍 죽어 개나 말의 부류보다 먼저 구렁에 <u>묻혔거늘</u>

• 모도이다(合)(18) *어기: 모도다(자·타) cf. 모도히다

예문: 녀뢰 힘이 ᄀᆺ바 ᄡᆫ 거슬 문탁 우희 노핫더니 거매 어즈러이 **모도이니** (女奴力**勧** 置于門闑上 車馬**騈集**) 〈種德中12b〉

해석: 女奴가 힘이 부쳐 싼 것을 문탁 위에 놓았더니 車馬가 어지럽게 <u>모이니</u>

• 모도히다(合)(19) *어기: 모도다(자·타) cf. 모도이다

예문: 그 덕을 밝히지 못ᄒ야 정샤를 손실ᄒ미 빅셩이 훗터지고 허물이 우희 ᄡᅡ이고 앙홰 몸에 **모도히니** (不明厥德 政失民散 罪積于上 殃**集于躬**) 〈諭八道四都耆老人民等綸音1a〉

해석: 그 덕을 밝히지 못하여 정사가 잘못되므로, 백성들이 흩어지고 죄가 위에 쌓이고 재앙이 몸에 <u>모였는데</u>11)

• 몰이다(驅)(15) *어기: 몰다(타)

예문: 目連이 노흔대 그 어미 **몰여** 드러가며 블러 닐오ᄃᆡ (目連放 却阿孃被獄主**驅**入獄中 喚言我兒) 〈月釋23:87b〉

---

10) 번역은 무비스님의 譯註 首楞嚴經 (제8권,〈正宗分〉助道分 1)의 번역을 참조함.
11) 번역은 한국고전종합DB 승정원일기 고종 19년 임오(1882년) 7월 20일 기사의 번역을 참조하여 필자가 조금 수정함.

해석: 目連이 할 수 없이 어머니를 놓으니, 그 어미가 獄主에게 몰려 옥에 들어가며 목련을 부르며 말하기를

• 무티다(埋)(15) *어기: 묻다(타)

예문: 녯 무렛 소리 난 사ᄅᆞ미 주거 무티니 므스글 得홀 배 이시리오 (前輩聲名人 埋沒何所得)〈杜詩6:52a〉

해석: 옛 사람들 중에서 명성이 있는 사람이 죽어 묻히니 무엇을 구할 바가 있겠는가?

• 뭇기다(束)(15) *어기: 묶다(타)

예문: 고ᄇᆞᆫ 사ᄅᆞᆷᄃᆞ려 道 니ᄅᆞ디 몯호ᄆᆞᆫ ᄀᆞᄅᆞ쵸매 뭇겨 이실씨니라〈法華3:156b〉

해석: 편벽된 사람에게 도를 이르지 못하는 것은 가르침에 묶여 있기 때문이다.

• 믈리조치다(逐)(15) *어기: 믈리좇다(타)

예문: 스ᄀᆞ봀 軍馬를 이길씨 ᄒᆞᄫᅡᅀᅡ 믈리조치샤 모딘 도ᄌᆞᄀᆞᆯ 자ᄇᆞ시니이다〈龍歌36〉

해석: 시골 군마를 이겼으니 혼자 되쫓겨 모진 도둑을 잡으신 것입니다

• 믈이다(囓)(15) *어기: 믈다(타)

예문: 사ᄅᆞ미 ᄆᆞᆯ게 믈이며 ᄇᆞᆯ이며 ᄯᅩ ᄆᆞᆯ ᄲᅧ에 딜이며 ᄯᅩ ᄆᆞᆯ 셕 굴에예 ᄒᆞ야딘 ᄃᆡ 다 모딘 瘡이 ᄃᆞ외ᄂᆞ니 (凡人被馬咬踏 及馬骨所傷刺 幷馬韁鞚勒所傷 皆爲毒瘡)〈救急方下15b-16a〉

해석: 사람이 말에게 물리거나 밟히며 또 말뼈에 찔리거나 말의 고삐나 굴레에 상처를 입은 곳이 모두 모진 瘡이 되니

• 믜이다(憎)(15) *어기: 믜다(타)

예문: 댱위 외척의 믜이일까 저허 아당ᄒᆞ여 글오ᄃᆡ (恐爲所怨 謂上曰)〈三綱英忠7〉

해석: 張禹가 외척에 <u>미움을 받을까</u> 두려워하며 아첨하여 말하기를

• 밀이다(推)(15) *어기: 밀다(타)

예문: 므레 <u>밀엿ᄂ</u> 몰애는 草樹를 묻고 춤츠는 눈은 江湖애 건나가놋다 (漲沙霾草樹
　　　舞雪渡江湖) 〈杜重2:18b〉

해석: 물에 <u>밀린</u> 모래는 草樹를 묻고, 춤추는 눈은 강호를 건너가는구나.

• 미얼키다(構)(15) *어기: 미얽다(타)

예문: 이 내 前身이 思議 몯 홀 福德因緣으로 一切 衆生을 利益게 코져 ᄒ야 大悲心을
　　　니르와다 一切 <u>미얼쿄ᄆ</u> 그츠며 一切 저포ᄆ 업게 호니 (是我前身이 不可思議
　　　福德因緣 欲令利益一切衆生하야 起大悲心하야 能斷一切繫縛하여 能滅一切怖畏
　　　호이) 〈觀音經1a〉

해석: 나의 前身이 不可思議한 福德의 인연으로 모든 중생을 이롭게 하고자 하여 大
　　　悲心을 일으켜 모든 <u>매이고 얽힘</u>(속박)을 끊으며 모든 두려움을 없게 하니

• 미이다(係)(15) *어기: 미다(타)

예문: 싸호ᄆᆯ 즐겨 제 軍 알ᄑ 가다가 帝釋손ᄃᆡ <u>미예</u>ᄂᄂ니라 〈月釋11:28b-29a〉

해석: 싸움을 즐겨 스스로 軍 앞에 가다가 帝釋에게 <u>매이느니라</u>

• 미치다(結)(15) *어기: 및다(자·타)

예문: 色ᄋ로 보며 聲ᄋ로 求ᄒ면 당다이 罪 미ᄌ리니 罪 <u>미치면</u> 法王 볼 젼ᄎᆡ 업스
　　　니라 (色見聲求ㅣ면 應結罪ᄒ리니 結罪면 無因見法王이니라) 〈金三4:63b〉

해석: 色ᄋ로 보고 聲ᄋ로 구하면 마땅히 죄를 맺는 것이니 죄가 <u>맺히면</u> 법왕을 볼
　　　까닭이 없구나

• 바키다(拓)(15) *어기: 박다(자·타)

예문: ᄃᆞ니싫 저긔 ᄯ해 ᄣᅵ샤ᄃᆡ 밠바닸 그미 ᄯ해 반ᄃᆞ기 <u>바키시며</u> 〈月釋2:57a〉

해석: 다니시는 때에 땅에 뜨시되 발바닥에 있는 금이 땅에 반듯하게 <u>박히시며</u>

• 박이다(拓)(18) *어기: 박다(타)

예문: 거믄 졈이 두루 <u>박여시되</u> 히의 형톄 임의 둥근 거시오 〈을병_숭실4〉

　　　 cf. 거믄 졈이 두루 <u>박혀시되</u> 히의 형톄 임의 둥근 거시오 〈을병_장서9:66a〉

해석: (해에) 검은 점이 두루 박혀 있지만 해의 형체는 이미 둥근 것이고

• 밧고이다(換)(18) *어기: 밧고다(자・타)

예문: 求ᄒ다가 임의 엇디 못ᄒ면 怨이 일로 말미암아 나 집 사ᄅᆞᆷ이 서르 가븨야이

　　　 녀겨 恩이 <u>밧고이며</u> 情이 薄ᄒ리라 (求旣不得ᄒ면 怨由玆生ᄒ야 室家 ㅣ 相輕

　　　 ᄒ야 恩易情薄ᄒ리라) 〈御內1:24b〉

해석: 얻으려다가 얻지 못하면 원망하는 마음이 이로부터 생겨나, 집안 사람들이

　　　 서로 가볍게 여기며 은혜하는 마음이 <u>바뀌게 되며</u> 정이 박하게 될 것이다

• 버므리다(累)(17) *어기: 버믈다(자・타) *어간의 성조가 LHH(장윤희 2015: 61)

예문: 만일 明日에 일이 니러나면 온 집 사ᄅᆞᆷ이 <u>버므리여</u> 다 죽을 쎄시니 엇디ᄒ여

　　　 야 됴ᄒ리오 (假如明日事發起來時 帶<u>累</u>一家人都死也 怎的好) 〈朴通中28a〉

해석: 만약 내일 일이 생기면 온 집안 사람이 <u>연루되어</u> 다 죽을 것이니 어찌하여야

　　　 좋겠는가

• 버히이다(斬)(17) *어기: 버히다(타)

예문: 오시 쓸 디 이쇼모로써 <u>버히이고</u> 기르믄 볼ᄀᆞᄆᆞ로써 제 달코 (漆以用而<u>割</u> 膏

　　　 以明自煎) 〈杜重2:69b〉

해석: 옻은 쓸 데가 있으므로 <u>베어지고</u>, 기름은 주위를 밝힘으로써 스스로를 태우고

예문: 피 흘너 미티디 아니ᄒ고 <u>버히인</u> 곳이 갓치 죄이여 주리히디 아니코 (血不灌

　　　 蔭ᄒ고 被<u>割</u>處 ㅣ 皮不緊縮ᄒ고) 〈無冤錄3:39b〉

해석: 피가 흘러 맺히지 않고, <u>베인</u> 곳이 피부가 줄어들거나 오그라들지 않고

• 보이다(見)(15) *어기: 보다(타)

예문: 船師ㅣ 樓 우흿 사름 두려 무로디 므스기 <u>뵈느뇨</u> 〈月釋22:32b〉

해석: 船師가 다락 위에 있는 사람에게 묻기를, 무엇이 <u>보이느냐</u>(라고 하였다).

• 보차이다(16) *어기: 보차다(타)

예문: 하 미양 병에 <u>보차이니</u> 질삼 フ움도 세간도 ᄌ식도 아모 ᄆ 숨도 업서 술 취흔
    듯 안흔 덥달오 〈순천172:2〉

해석: 병에 늘 심하게 <u>보챔을 받으니</u>, 길쌈 감도 세간도 자식도 아무 마음도 없어
    술 취한 듯 속은 덥달고[12]

• 봇기다(炒)(15) *어기: 봇다(타)

예문: 여슷 길헤 횟도녀 잢간도 머므디 몯ᄒ며 여듧 受苦애 <u>봇겨</u> 能히 벗디 몯홀씨
    (輪廻六道而不暫停ᄒ며 <u>焦煎</u>八苦而不能脫홀씨) 〈月釋1:月釋序4b〉

해석: 六道에 휘돌아다녀 잠시도 머물지 못하며, 여덟 수고에 <u>볶여</u> 능히 번뇌를 벗
    지 못하므로

• 불이다(吹) *어기: 불다(자·타)

예문: ᄇᄅ맷 箏은 玉기동애셔 <u>불이고</u> 나댓ᄂ 우므렌 銀으로 ᄒ욘 床이 어렛도다
    (風箏吹玉柱 露井凍銀床) 〈杜詩6:28a〉

해석: 바람으로 부는 箏은 옥기둥에서 <u>불리고(불어지고)</u>, (지면에) 드러나 있는 우
    물엔 은으로 만든 床이 얼어 있구나.[13]

---

12) 번역은 조항범(1998: 749)을 참조함.

13) 번역은 이현희·이호권·이종묵·강석중(1997: 209)을 참조함.

• 브리이다(使)(15) *어기: 브리다(타)

예문: 볼히 소내 님그미라 能히 한 가라글 브리고 나는 <u>브리이는</u> 디 업스니 兩臂는
　　　我執과 法執괏 根本올 表ᄒ시니라 (臂之於手에 爲辟이라 能役衆指ᄒ고 而我는
　　　無所役ᄒ니 則兩臂는 表我執法執根本也ㅣ시니라) 〈法華6:158b〉

해석: 팔은 손에게 임금이라서 능히 여러 손가락을 부리는데 나는 <u>부림을 받는</u> 데
　　　가 없으니, 양팔은 我執과 法執의 근본을 표하신 것이다.

• 븓들이다(拘)(15) *어기: 븓들다(타)

예문: 그릇 두문 고기를 잡고 고기 잡는 그르슬 ᄇ리디 아니홀씨니 다 經文에 <u>븓들</u>
　　　인 病이라 〈月釋1:月釋序22b-23a〉

해석: 그릇을 두는 것은 고기를 잡고 고기 잡는 그릇을 버리지 않는 것이니, 다 經文
　　　에 <u>붙들린</u> 병이다.

• 븓둥기이다(牽)(15) *어기: 븓둥기다(자·타)

예문: 捨覺支는 世間ㅅ 法에 <u>븓둥기이디</u> 아니ᄒ야 브튼 디 업스며 마ᄀ 디 업슬씨라
　　　〈月釋2:37b〉

해석: 捨覺支는 세간의 법에 <u>붙들리지</u> 않아 집착하는 데가 없으며 막힌 데가 없는
　　　것이다.

• 블리다(召)(15) *어기: 브르다/블르다(타)

예문: 使君의 ᄠᅳᆮ과 氣運괘 하늘 홀 凌犯ᄒ리로소니 녜 歡娛홀 제 샹녜 <u>블리던</u> 이를 ᄉ
　　　랑ᄒ노라 (使君意氣凌青宵 憶昨歡娛常見招) 〈杜詩10:1a〉

해석: 使君의 뜻과 기운이 하늘을 凌犯하겠으니, 지난번의 기쁘고 즐거운 자리에
　　　항상 <u>초대받던</u> 일을 생각하노라.

• 븓이다(注)(15) *어기: 븓다(자·타)

예문: 구스렛 믈 받는 盤온 本來 사ᄅ미 노혼 거시니 므리 어느 方올 브터 이에 흘러

붗이뇨 (承珠水ᄒᆞᄂᆞᆫ 盤ᄋᆞᆫ 本人의 敷設이니 水ㅣ 從何方ᄒᆞ야 流注於此오) 〈楞嚴
3:80b〉

해석: 구슬의 물을 받는 쟁반은 본래 사람이 놓은 것이니, 물은 어느 방향으로부터
여기에 흘러 부어지느냐.

- ᄇᆞ리이다(棄)(15) *어기: ᄇᆞ리다(타)

예문: 波羅夷ᄂᆞᆫ 예셔 닐오매 ᄇᆞ료미니 이 네 罪ᄅᆞᆯ 犯ᄒᆞ면 즁의게 ᄇᆞ리일씨니라 〈楞
嚴6:85a〉

해석: 波羅夷는 버려지는 것이니 이 네 가지 죄를 범하면 승단에서 버려지는 것이다.

- 볼이다(踐)(15) *어기: 넓다(타) cf. 볼피다

예문: 사ᄅᆞ미 ᄆᆞᆯ게 믈이며 볼이며 ᄯᅩ ᄆᆞᆯ 쎠에 딜이며 ᄯᅩ ᄆᆞᆯ 셕 굴에예 ᄒᆞ야딘 ᄃᆡ 다
모딘 瘡이 ᄃᆞ외ᄂᆞ니 (凡人被馬咬踏 及馬骨所傷刺 并馬韁靽勒所傷 皆爲毒瘡) 〈救
急方下15b-16a〉

해석: 사람이 말에게 물리거나 밟히며, 또 말뼈에 찔리거나 말의 고삐나 굴레에 상
처를 입은 곳이 모두 모진 瘡이 되니

- 볼피다(踐)(17) *어기: 넓다(타) cf. 볼이다

예문: 아디 못게라 어ᄃᆡ ᄒᆞᆫ 지차리 볼펴 죽엇ᄂᆞ뇨 (不知道那裏躧死了一個蜘蛛) 〈朴通
下2a〉

해석: 어디서 돈벌레 하나가 밟혀 죽었는지 알지 못하겠다.

- ᄠᅳ이다₁(開)(18) *어기: ᄠᅳ다₁(타)

예문: 입이 다믈니고 눈은 ᄠᅳ이며 ᄀᆞᆷ음이 定뎡티 아녓고 (口合ᄒᆞ고 眼開閉不定ᄒᆞ고)
〈無寃錄3:14a〉

해석: 입이 다물어져 있고 눈은 뜨고 감음이 일정하지 않고

- 쁘이다₂(抹)(18) *어기: 쁘다₂(타)

예문: 드레를다가 드러 믈 우희 쁴워 배쳐 것구로 쳐 믈에 맛바다 ᄂ려 가면 곳 能
　　히 믈이 ᄀ득 쁘이ᄂ이라 (把柳罐提起來 離水面擺倒 撞下水去 就能滿盛了水了)
　　〈老乞重上32a〉

해석: 두레박을 들어서 물 위에 띄워 두레박을 거꾸러뜨려 물에 정면으로 내려가
　　게 하면 곧 능히 물이 가득 쁘인다.

- 쁘이다₃(浮)(18) *어기: 쁘다₃(자)

예문: 차 그ᄅ싀 두에를 덥헛거늘 두에를 벗기고 마시니 차 닙히 우희 쁘이여 다 입
　　으로 드러가니 〈을병_숭실1〉[14]

해석: 차 그릇에 뚜껑이 덮여 있거늘 뚜껑을 벗기고 마시니 차의 잎이 위에 떠서 다
　　입으로 들어가니

- ᄯ로이다(從)(17) *어기: ᄯ로다(타)

예문: 왜적의 ᄯ로인 배 도여 스스로 기픈 소희 ᄲ디니 (爲倭敵所逐自投深淵)〈東新
　　烈4:62b〉

해석: 왜적에게 쫓김이 되어 스스로 깊은 연못에 빠지니

- ᄡᅩ이다₁(螫)(15) *어기: ᄡᅩ다₁(타)

예문: 벌 ᄡᅬ인 독애 디새로 그 ᄡᅬ인 우흘 ᄫᅳᆺ고 두닐굽 번 춤 받고 (蜂螫毒 取瓦子[디
　　새]磨其上唾二七遍)〈救簡6:63a〉

해석: 벌에게 쏘인 독에는 기와로 그 쏘인 위를 문지르고 열네 번 침을 뱉고

---

14) 장서각 소장본에는 '차 그ᄅ싀 두예를 덥헛거늘 두예를 벗기고 마시니 차 닙히 우희 쁘이여
　　다 닙으로 드러ᄀ니〈을병_장서2:15b〉로 나타난다.

• 쏘이다₂(矢)(16) *어기: 쏘다₂(타)

예문: 그 도즈기 그 나그내의 둥의 흔 사를 쏘니 그 사르미 구으러 디거늘 그 도즈
　　기 닐오티 주그니라 ᄒ고 곧 그 나괴를 모라 앏포로 가니 그 나그내 쏘여 어
　　즐ᄒ얏다가 ᄭᆡ야나니 (那賊 將那客人脊背上 射了一箭 那人倒了 那賊只道是死了
　　便赶着那驢往前行 那客人射的昏了 蘇醒迴來) 〈飜老上29a-b〉

해석: 그 도적이 그 나그네의 등에 화살 하나를 쏘니 그 사람이 구르게 되었는데,
　　그 도적이 말하기를 '죽었다'라고 하고 곧 나귀를 몰아 앞으로 가니, 그 나그
　　네는 (화살에) 쏘여 혼미해 하였다가 깨어나니

• 쓰이다(用)(15) *어기: 쓰다(타)

예문: 才傑흔 사르믄 다 올아 쓰이거늘 어린 사르믄 오직 수머 뼈뎻노라 (才傑俱登
　　用 愚蒙但隱淪) 〈杜詩19:5b〉

해석: 재주있고 뛰어난 사람은 다 관직에 올라 (임금에게) 쓰이거늘 어리석은 사
　　람만 숨어서 묻혀있구나.

• 쓰이다(包)(15) *어기: 쓰다(타)

예문: 無明ㅅ 대가리예 쓰일씨 마가 ᄉ못디 몯ᄒ며 (封滯無明之殼 故礙而不通) 〈月釋
　　14:7a-b〉

해석: 無明의 껍데기에 싸였으므로 막혀 통하지 못하며

• 쎄이다(貫)(18) *어기: 쎄다(자·타)

예문: 우리 뎐하 효뎨의 지극흔 힝실이 신명의 쎄이고 ᄉ못ᄎ샤 간험흔 듸를 디내
　　오시되 더옥 빗나시고 (我殿下孝悌 至行貫徹神明 歷艱險而彌光) 〈闡義[進闡義
　　昭鑑箚子]2b〉

해석: 우리 전하 효제의 지극한 행실이 신명에 관철되고 꿰뚫으시어 험난한 곳을
　　지나오시니 더욱 빛나시고

• 삘이다(刺)(15) *어기: 삐르다/삘ㅇ다(타)

예문: 畢淩이 가시예 <u>삘여</u> 모몰 ᄇ리며 (畢淩이 觸刺而遺身ᄒ며) 〈楞嚴6:78b〉

해석: 畢淩이 가시에 <u>찔려</u> 몸을 버리며

• 뽓기다(逐)(18) *어기: 뽓다(타)

예문: 후릐에 안녹산의 난의 명황이 촉으로 <u>뽓기여</u> 힝ᄒ고 〈을병_숭실2〉[15]

해석: 그 후에 안녹산의 난으로 명황이 <u>쫓겨</u> 촉으로 가고

• 사히다(積)(15) *어기: 샇다(자·타)

예문: 髑髏ㅣ <u>사혀</u> 뫼 ᄀ틀ᄉᆡ 髑髏峯이라 ᄒ시니라 〈南明下3b〉

해석: 髑髏[죽은 사람의 머리뼈]가 <u>쌓여</u> 산과 같으므로 髑髏峯이라 한다

• 섯기다(混)(16) *어기: 셔다(자·타)

예문: 常녜 虛空이 虛空 아니라 쇠와 나모와 믈와 블와 흙과 ᄒᆞᆫᄃᆡ <u>섯기여</u> 하늘 ᄯᅡ ᄌᆞ 즈 ᄉᆞ메 뷘 ᄯᅡ 업시 ᄀᆞ득ᄒᆞ야 다려[16] 잇ᄂᆞ니 〈七大13b-14a〉

해석: 보통의 허공이 허공이 아니라, 쇠와 나무와 물과 불과 흙이 한데 <u>섞여</u> 하늘과 땅 사이에 빈 땅 없이 가득하여 더불어 있으니

• 스이다(書)(15) *어기: 스다(타)

예문: 아기시를 위ᄒᆞ여 옥톄를 ᄇ리오시면 졔 더욱 깃거 ᄆᆞᄋᆞᆷ ᄀᆞ장 모딘 일을 ᄒᆞ여 방졍지ᄉᆞ를 ᄒᆞ다가 나타나 ᄌᆞ진 ᄒᆞ오시다 스긔예 <u>쓰일</u> 거시요 〈계튝下20a〉

해석: 아기씨를 위하여 옥체를 버리시면 저들이 더욱 기뻐하여, (아기씨가) 마음껏 모진 일을 하고 방정맞은 일을 하다가 나타나 (아기씨는) 自盡[자살]하였다고 史記에 <u>쓰일</u> 것이고

---

15) 장서각 소장본에는 '그 후의 안녹산의 난의 명황이 <u>뽓기여</u> 촉으로 드러가고'〈을병_장서 5:33a-b〉로 나타난다.

16) 김무봉 역주(2013: 89-90)에서는 '다려'를 'ᄃᆞ려'의 오각으로 보았다.

• 실이다(載)(16) *어기: 싣다/실ᄋ다(타)

예문: 네 아바니ᄆ 계오구러 머리 들 만히여셔 ᄒ 슐 밥도 몯 먹고 등에 <u>실여</u> 여드
랜날 가니 〈순천145:3〉

해석: 네 아버님은 겨우 머리를 들 만하여서 밥 한 술도 못 먹고 등에 <u>실려</u> 여드렛
날이 가니

• 싯기다(洗)(15) *어기: 싯다(타)

예문: 블 ᄀᄐᆫ 구루미 ᄃᆯ와 이스레 <u>싯기니</u> 노ᄑᆫ 石壁엔 아ᄎᆷ 힛비치 도다 오ᄅᆞ놋다
(火雲<u>洗</u>月露 絶壁上朝暾) 〈杜詩19:37b-8a〉

해석: 불과 같은 구름이 달과 이슬에 <u>씻기니</u> 높은 절벽에는 아침 햇빛이 돋아 오르
는구나.

• 슬이다(消)(15) *어기: 슬다(자·타)

예문: 長者ㅣ ᄯᅩ 제 <u>슬읹가</u> 저호ᄆ 부톄 三界예 모ᄆᆞᆯ 뵈샤 百姓과 ᄒᆞ가지로 시름ᄒ
샤ᄆᆞᆯ 가ᄌᆞᆯ비시니라 (長者亦自恐被焚者 譬佛示身三界 與民同患也) 〈月釋12:27b〉

해석: 長者가 또 스스로 <u>불살라질까</u> 두려워하는 것은 부처가 三界에 몸을 보이시어
백성과 함께 시름하시는 것을 비유하신 것이다.

• 숢기다(烹)(15) *어기: 숢다(타)

예문: 目連이 ᄯᅩ 가다가 ᄒᆞ 鑊애 글히ᄂᆞ 地獄ᄋᆞᆯ 보니 南閻浮提옛 衆生이 글ᄂᆞᆫ 鑊 소배
드러 므리 솟글허 <u>숢기더니</u> (目連次復前行 見一鑊湯地獄 只見南閻浮提衆生 在
鑊湯中 波濤湧沸 煎煮罪人) 〈月釋23:80b-81a〉

해석: 목련이 또 가다가 한 鑊湯地獄을 보니, 南閻浮提의 중생이 끓는 가마솥 속에
들어 있었는데 물이 끓어 (중생이) <u>삶기더니</u>

• 슨히다(絶)(18) *어기: 슳다(타)

예문: 말홀 길이 <u>슨히이고</u> 心行處 업다 ᄒᆞᄂᆡ 〈參禪曲4b〉

해석: 말할 길이 <u>끊어지고</u> 心行處가 없다 하네.

- 썩질리다(切)(18) *어기: 썩지르다/<u>썩질르다</u>(타)

예문: 향샤 사룸이 다 즁인이라 현령이 즁인의게 <u>썩질니여</u> 능히 발명치 못ᄒ더니

　　　(社咸共證焉 宰邑者爲衆所擠 莫能自白)〈種德中41b〉

해석: 마을 사람들이 모두 증인이라서 읍장이 사람들 무리에 기세가 <u>꺾여</u> 능히 밝

　　혀내지 못하더니

- 쇠이다(糺)(19) *어기: 쇠다(타)

비비 <u>쇠이다</u>〈한불ᄌ뎐311〉

비비 <u>쇠이다</u>〈한불ᄌ뎐327〉

- 씌이다(牽)(16) *어기: 그스다/<u>긋으다</u>(타) cf. 긋이다, 슬리다

예문: 네 아바님도 미양 치ᄉ워ᄂ로 보차여 ᄃ니 〃 반싱반결히여 계오 <u>씌여</u> ᄃ니

　　니 민망 〃 ᄒ여 ᄒ노라〈순천86:5〉

해석: 네 아버님도 늘 差使員 때문에 보챔을 받아 다니고 半生半缺(半生半死)하여 겨

　　우 <u>끌려</u> 다니니 민망 민망 하여 한다.[17]

- 슬리다(牽)(17)/<u>씌을리다</u>(牽)(18) *어기: 씌을다(타) cf. 긋이다, 씌이다

예문: 의밧긔 남의게 <u>슬녀</u> ᄒ기를 슬흔 일 ᄒᄂ 것도 구ᄎᄒ 일이니〈계녀서: 우암

　　션싱 계녀셔〉

해석: 이밖에 남에게 <u>끌려</u> 하기 싫은 일 하는 것도 구차한 일이니

예문: 右鑊裏藏身을 ᄒ듸 손으로 모래와 흙을 우희여 어즈러이 더지며 발등을 걸고

　　것구로 <u>씌을려</u> 가ᄂ니라〈武藝69a-b〉

---

17) 번역은 조항범(1998: 437)을 참조함.

해석: 우등리장신(右鐙裏藏身)을 하되, 손으로 모래와 흙을 움켜쥐고 어지러이 던지며 발등을 걸고 거꾸로 (말에게) 끌려 간다

- 씨이다₁(曀, 洩)(17) *어기: 씨다₁(타)

예문: 토시탕은 힝역 후에 예막 씨인 이를 고티ᄂ니 (兔屎湯治痘後生臀障) 〈痘瘡下 59a〉

해석: 토시탕(토끼의 똥을 물에 넣고 끓인 탕)은 행역 후에 예막이 생긴 사람을 고치니

- 씨이다₂(挾)(18) *어기: 씨다₂(자)

예문: 이윽고 자리 님재 드러왓거늘 내 즉시 니러 자리를 주고 그 밧그로 씨이여 셔시니 극히 피곤ᄒ고 〈을병_장서6:20a〉

해석: 이윽고 자리 주인이 들어왔거늘 내 즉시 일어나서 자리를 주고 그 밖에 (사람들 사이에) 끼여 서 있으니 매우 피곤하고

- 실이다(席)(15) *어기: 실다(자·타)

예문: 어누 藏ㅅ 金이아 마치 실이려뇨 (金藏何者 可足當補滿之) 〈釋詳6:26a〉

해석: 어느 창고의 금이 알맞게 깔리겠는가

- 쑬리다(鑿)(18) *어기: 듧다(타)

예문: 신등이 근안 양후는 텬디 ᄉ이의 ᄉᆡ셩 요특ᄒᆞᆫ 물이라 간사ᄒᆞᆫ 굼기 다만 추세ᄒᆞ기의 쑬니이고 〈明義2:63b〉

해석: 신들이 삼가 생각건대, 윤양후는 천지 사이의 요망하고 사특한 인물이며 간사한 구멍이 다만 趨勢하는 데에 뚫리고

- 쌔이다(選)(17) *어기: 쌔다(타)

예문: 너는 샹샹에 쌘이는 관원이라 그저 흔 거룸에 흔 거룸식 놉하 除ᄒᆞ여 가거니

와 (你常選官 只是一步高如一步除將去) 〈朴通中46a〉

해석: 너는 늘 <u>선발되는</u> 관원이기 때문에 단지 한 걸음 한 걸음씩 (관직이) 높아져

　　　임관하여 가지만

• 쌔히다(選)(19) * '쌔혀-'로부터 재분석되어 생성됨(본고 161-4면 참조)

예문: 쟝원으로 <u>샌힌</u> 글은 틱쥬 좌필의 글이라 (此台州左踔文也) 〈感應3:30a〉

해석: 장원으로 <u>뽑힌</u> 글은 태주 좌필의 글이다.

• 찍히다(斬)(19) *어기: 찍다(타)

예문: 이는 그 지아비 도치의 헷 <u>찍혀</u> 혼졀ᄒ엿다가 이의 씨여 오미라 (雖負重傷 尙

　　　不至死也) 〈感應4:54b〉

해석: 이는 자신의 남편이 도끼에 헛 <u>찍혀</u> 혼절하였다가 이제 깨서 오는 것이었다

• 아이다(奪)(16) *어기: 앗다(타) cf. 앗기다, 앗이다

예문: 攸ㅣ (…) 쏘 도죽을 맛나 쇠며 ᄆᆞᆯ을 <u>아이고</u> (攸ㅣ 以牛馬로 負妻子而逃ᄒ다가

　　　又遇賊ᄒ야 <u>掠</u>其牛馬ᄒ고) 〈飜小9:71a〉

해석: 攸가 … 또 도적을 만나 소와 말을 <u>빼앗기고</u>

• 앗기다(奪)(18) *어기: 앗다(타) cf. 아이다, 앗이다

被搶了 <u>앗기이다</u> 〈同文下30a〉

• 앗이다(奪)(15) *어기: 앗다(타) cf. 아이다, 앗기다

예문: 桓彝도 城 <u>앗이여</u> 자펴 가아 주그니라 (城陷 執彝殺之) 〈三綱忠12〉

해석: 桓彝도 성을 <u>빼앗겨</u> 잡혀 가서 죽었다

• 어티다(得)(17) *어기: 얻다(타)

예문: 뎡승우는 냥산군 사름이니 일즉 예 도적의 <u>어티인</u> 배 되여 비젼쥬예 플려 간

더니 (鄭承雨梁山郡人 嘗爲倭賊所獲 轉鬻於肥前州) 〈東新孝1:30b〉

해석: 정승우는 양산군 사람이니 일찍이 왜(倭) 도적에게 <u>잡혀</u> 비전주에 팔려 갔더니

• 언치다(載)(18) *어기: 없다(타) cf. 연치다

예문: 무거온 판이 즉시 눌니이지 아니ᄒ고 핑핑ᄒᆫ 가족의 <u>언치여</u> 노혓ᄂ디라 〈을
　　병_숭실3〉[18]

해석: 무거운 판이 즉시 눌리지 않고 팽팽한 가죽에 <u>얹혀</u> 놓여 있는지라

• 얼기다(構)(15) *어기: 얽다(자·타) cf. 얼키다

예문: 그럴씨 見惑이 ᄉ자 <u>얼기면</u> 다ᄃᆞᆫ 길히 걸요미 ᄃᆞ외ᄂᆞᆫ 둘 알리로다 (故知見
　　惑이 尙紆ᄒ면 觸途成滯耳로다) 〈永嘉下113b-114a〉

해석: 그러므로 미혹된 것을 보아 오히려 (그것에) <u>얽히면</u> 닿는 곳마다 속박이 되
　　는 것을 알아야 할 것이다

• 얼키다(構)(15) *어기: 얽다(자·타) cf. 얼기다

예문: 빅호ᄂᆞᆫ 사ᄅᆞ미 아디 몯ᄒ야 뻐 行을 닷ᄂᆞ니 (…) 도ᄌᆞ글 그르 아라 가져 아들
　　사모미 기피이니 妄 ᄃᆞᆺ오미 ᄆᆞᅀᆞ매 <u>얼켜</u> 제 아디 몯ᄒ도다 (學人不了ᄒ야 用
　　修行ᄒᄂᆞ니 … 深成認賊ᄒ야 將爲子ᄒ니 愛妄이 纏心ᄒ야 不自知ᄒ도다) 〈南
　　明上80b〉

해석: 배우는 사람이 알지 못한 상태로 수행을 하니 (…) 도적을 잘못 알아 아들로
　　삼는 (병이) 깊으니 妄을 사랑하는 것이 마음에 <u>얽켜</u> 스스로 알지 못하는구나.

• 얽미이다(係)(15) *어기: 얽미다(타)

예문: 解脫은 ᄆᆞᅀᆞ미 自在ᄒ야 <u>얽미이디</u> 아니ᄒ야 버서날씨라 〈月釋4:23b〉

───────────────

18) 장서각 소장본에는 '묵어온 판이 즉시 눌니이지 아니ᄒ고 핑핑ᄒᆫ 가족의 <u>언티여</u> 노혓ᄂ지
　　라' 〈을병_장서7:51b〉와 같이 나타난다.

해석: 해탈은 마음이 자유자재하여 (무엇에) <u>얽매이지</u> 않아 (구속으로부터) 벗어
　　나는 것이다.

• 연치다(載)(15) *어기: 엱다(타) cf. 언치다

예문: 藥 똔 거시 무수매 <u>연쳐시니</u> 그를 다 廢ᄒ다니 (藥裹關心詩摠廢)〈杜詩22:16b〉[19]

해석: 약 봉지가 마음에 <u>얹혀 있어</u> 시를 짓는 것을 모두 그만두었으니

• 열이다(開)(15) *어기: 열다(자·타)

예문: 地獄門 알픠 가 錫杖을 세 번 후늘면 獄門이 절로 <u>열이고</u>〈月釋23:83b〉

해석: 지옥문 앞에 가서 錫杖을 세 번 흔들면 獄門이 저절로 <u>열리고</u>

• 우이다(笑)(18) *어기: 웃다(자·타)

예문: 孔明을 죽이면 曹操의게 <u>우임이라</u>〈三譯總解4:5a〉

해석: 공명을 죽이면 조조에게 <u>웃음거리가 된다</u>.

• 울이다(響) (19) *어기: 울다(자)

예문: 그 우는 소릭난 眞實노 悽愴ᄒ고 또 그 소릭가 山이 <u>울니ᄂᆞ니</u> 他獸들은 그 소
　　릭만 들어도 戰慄ᄒ야 恐怖흐다 ᄒᄂ이다〈新訂尋常3:41b〉

해석: 그 우는 소리는 진실로 처참하고, 또 그 소리가 산에 <u>울리니</u> 다른 짐승들은
　　그 소리만 들어도 전율하며 두려워한다고 한다.

• 이어이다(動)(15) *어기: 이어다(자·타)

예문: 다ᄋᄂᆞᆫ ᄀᆞ술히 正히 <u>이어여</u> ᄠ러디ᄂᆞ니 머리를 도르혀 솔와 대를 ᄇ라노라
　　(窮秋正搖落 廻首望松筠)〈杜詩16:25a〉

---

19) 중간본에서는 '藥 번 거시 무ᄋᆞ매 <u>연쳐시니</u> 그를 다 廢ᄒ다니'〈杜重22:16b〉로 나타난다. 초
　　간본과 크게 다르지 않다.

해석: 저무는 가을에는 정히 (나뭇잎들이) 흔들려 떨어지니, 머리를 돌이켜 소나무와 대나무가 있는 곳을 바라보네.

• 일우이다(成)(19) *어기: 일우다(타)

예문: 만물이 뎌로 말미암아 일우이고 〈성경직해 71a-b〉

해석: 만물이 그로 말미암아 이루어지고

• 일콘이다(稱)(15) *어기: 일콘다/일콘ᄋ다(타)

예문: 玄暐ㅣ 警戒를 바다 淸白ᄒ며 조심호ᄆ로 일콘이니라 (玄暐遵奉敎戒ᄒ야 以淸謹ᄋ로 見稱ᄒ니라) 〈內訓3:30a〉

해석: 玄暐가 (어머니의) 경계를 받들어 청렴하고 삼가는 것으로 (사람들에게) 일컬어졌다.

• 일히다(失)(16) *어기: 잃다(자·타)

예문: 올 ᄀ솔흔 더욱 ᄆᅀᆞ미 일히예라 〈순천29:7〉

해석: 올 가을은 더욱 마음이 잃게 되는구나.

• 잇글이다(牽)(16) *어기: 잇글다(타)

예문: 工夫를 ᄒ다가 一片의 일우면 비록 이 生애 ᄉᄆᆺ디 몯홀디라도 眼光ㅣ 짜해 딜 時節에 惡業의 잇글일 배 되이디 아니ᄒ리라 (工夫를 若打成一片則縱今生애 透不得ㅣ라도 眼光落地之時예 不爲惡業의 所牽ㅣ리라) 〈禪家19a〉

해석: 工夫를 하다가 조금이라도 (그것을) 이룬다면 비록 이번 생에는 꿰뚫지 못할지라도, 眼光이 땅에 떨어지는 시절에 악업에 이끌리는 바가 되지는 않을 것이다.

• 잇기다(牽)(15) *어기: 읷다(타)

예문: ᄂᆞ실 아ᄎᆞᄆᆡ 世務에 잇기여 늀믈 쓰리고 제여곰 西東ᄋ로 가리라 (明朝牽世務

揮淚各西東) 〈杜詩21:31a〉[20]

해석: 내일 아침이면 세상일에 <u>이끌려</u> 눈물을 뿌리며 제각기 동서로 갈 것이다

예문: 스긔 밍ᄀ로믄 崔浩의게 <u>잇기인</u> 거시니 (制由崔浩ㅣ로소니) 〈飜小9:45b〉

해석: 史記를 만든 것은 최호에게 <u>이끌린</u> 것이니

• 자피다(拘)(15) *어기: 잡다(타)

예문: 그 도ᄌᆞ기 後에 닛위여 도죽ᄒᆞ다가 王씌 <u>자피니</u> 〈月釋10:25b〉

해석: 그 도적이 후에 또 도둑질을 하다가 왕께 <u>잡히니</u>

• 졉히다(疊)(18) *어기: 졉다(타)

예문: 뎌 내 ᄒᆞᆫ 주먹 ᄒᆞᆫ 다리예 <u>져피리라</u> (他消我一拳一脚) 〈伍倫1:11a〉

해석: 저 사람은 내 한 주먹, 한 다리에 (기세가) <u>접힐</u> 것이다.

• 조치다(逐)(15) *어기: 좇다(타)

예문: 시혹 모딘 사ᄅᆞᆷᄀ에 <u>조치여</u> 金剛山애 뻐러디여도 (或被惡人의 逐ᄒᆞ야 墮落

金剛山ᄒᆞ야도) 〈釋詳21:3b〉

해석: 혹 모진 사람에게 <u>쫓겨</u> 금강산에 떨어져도

• 쥐이다(操)(15) *어기: 쥐다(타)

예문: 내 겨지비라셔 節介ㅣ 受티 몯ᄒᆞ고 이 소니 ᄂᆞ미게 <u>쥐유니</u> ᄒᆞᆫ 소ᄂᆞ로 몸 조쳐

더레유미 몯ᄒᆞ리라 (我爲婦人 不能守節 而此手爲人執 邪不可以一手幷汚吾身)

〈三綱烈16a〉

해석: 내가 아내가 되어 절개를 지키지 못하고 이 손이 남에게 <u>쥐이니</u> (나머지) 한

---

20) 중간본에서는 'ᄂᆞ일 아ᄎᆞ미 世務에 <u>잇기여</u> 눈믈 쓰리고 제여곰 西東ᄋᆞ로 가리라'〈杜重21:
31a〉로 나타난다. 초간본과 크게 다르지 않다.

손으로 몸을 더럽히지 못하겠다.

• 지즐이다(壓)(15) *어기: 지즐다(타)

예문: 雞鳴散은 노픈 딕셔 디며 나모 돌해 <u>지즐이며</u> 믈읫 傷ᄒ야 피 얼의며 氣絶ᄒ
야 죽ᄂ니와 (雞鳴散治從高墜下 及木石所壓 凡是傷損血瘀凝積氣絶欲死) 〈救急
方下30b〉

해석: 雞鳴散은 높은 데서 떨어지며 나무나 돌에 깔려 <u>눌리며</u> 무릇 상해를 입어 피
가 엉기며 기절하여 죽는 사람과

• 줌기다(沈)(15) *어기: ᄌᄆ다/<u>줌다</u>(자·타)

예문: 南녀긔 노픈 뫼히 잇ᄂ니 내콰 다ᄆᆺᄒ야 므레 <u>줌길가</u>(LHH) 전노라 (維南有崇
山 恐與川浸溜) 〈杜詩11:26a-b〉

해석: 남쪽에 높은 산이 있는데 내와 더불어 물에 <u>잠길까</u> 걱정하노라

• 츠이다(踢)(15) *어기: 츠다(타)

예문: ᄆᆯ <u>츠여</u> 傷ᄒ닐 고툐ᄃᆡ 地骨皮ᄅᆞᆯ 하나 져그나 細末ᄒ야 므레 ᄆᆞ라 瘡의 브티
라 (治馬踢傷 地骨皮不拘多少爲末 以水調傳瘡) 〈救急方下18a〉

해석: 말에게 <u>차여</u> 다친 사람을 고치되 地骨皮(구기자나무의 뿌리 껍질)을 많으나
적으나 상관없이 곱게 가루를 빻아 물에 개어서 상처에 붙여라

• 티이다₁(打)(15) *어기: 티다₁(타)

예문: 귓거싀게 믄득 <u>티이며</u> 갈잠개예 허러 피 빅 안해 ᄀᆞ득ᄒ야 나디 몯ᄒ야 답ᄭ
와 죽ᄂ닐 (卒中鬼擊及刀兵所傷 血滿腸中不出煩悶欲死) 〈救簡1:56b〉

해석: 갑자기 귀격에 <u>맞거나</u> 칼에 다쳐 피가 배 안에 가득한데 피가 나지 못하여 답
답하여 죽을 것 같은 사람에게는

• 티이다₂(轢)(17) *어기: 티다₂(타)

예문: 車壓者 술위예 <u>티이다</u> 〈譯語下23a〉

해석: 수레에 <u>치이다</u>

예문: 수릐에 밀니여 죽은 거시래[수릐 박회에 <u>티이여</u> 죽단 말이라] (車碾死) 〈無冤
　　　錄3:84a〉

해석: 수레에 밀려 죽은 것이다(수레 바퀴에 <u>치여</u> 죽었다는 말이다)

• 트이다(燃)(18) *어기: 트다(자)

예문: 불에 트 죽은 거시라 믈읫 불에 <u>트이여</u> 죽은 사름을 검험홈애 몬져 元申人드
　　　려 무르딕 (火燒死 凡檢被火燒死人애 先問元申人호딕) 〈無冤錄3:42b〉

해석: 불에 타 죽은 것이다. 무릇 불에 <u>타</u> 죽은 사람을 검사할 때에는 먼저 처음 발
　　　견한 사람에게 묻되

• 펴이다(展)(18) *어기: 펴다(자·타)

예문: 가례를 뭇고 ᄂᆞ리매 비로소 이에 긔운이 <u>펴이니</u> 〈自省篇19b〉

해석: 가례를 마치고 내려오니 비로소 이에 기운이 <u>펴지니</u>

• 플리다(解)(17) *어기: 플다(타)

예문: 셩의 나라 ᄒᆞᄂᆞᆫ 명은 실로 어진 쯧이로딕 그러나 ᄡᅢᆫ인 거시 <u>플니이디</u> 못ᄒᆞ엿
　　　고 뎨의 노ᄒᆞ기 ᄇᆞ야흐로 셩ᄒᆞ여시니 이에 이셔도 ᄯᅩᄒᆞᆫ 죽고 셩의 나도 ᄯᅩᄒᆞᆫ
　　　죽을디라 〈산성35b-36a〉

해석: 성에서 나오라고 하는 명령은 실로 어진 뜻이지만, 그러나 포위된 것이 <u>풀리
　　　지</u> 못하였고 황제의 노함이 바야흐로 성하였으니, 여기에 있어도 죽고 성에
　　　서 나가도 또한 죽을 것이다.

• 픠이다(掘)(18) *어기: 픠다(타)

예문: 홀ᄂᆞᆫ 그 비지 뷔를 들고 싸흘 쓰다가 당 압히 니ᄅᆞ러 싸히 <u>픠인</u> 곳을 니기보

다가 쳐연ᄒ야 눈물을 ᄂ리오거늘 (一日其婢 執箕箒 治地至堂前 熟視地之窊 處惻然淚下)〈種德下15b〉

해석: 하루는 그 종이 빗자루를 들고 땅을 쓸다가 堂 앞에 이르러 땅이 <u>파인</u> 곳을 자세히 보다가 처량하게 눈물을 떨어뜨리거늘

• 풀이다(賣)(16) *어기: 풀다(타)

예문: 오달지의 ᄉ촌아ᅀ 경빅 부쳬 가난ᄒ 히예 후리여 먼 듸 <u>풀여</u> 갓거늘 (吳達之以從祖弟敬伯夫妻 荒年被略賣江北)〈二倫16a〉

해석: 오달지의 사촌 아우인 경백의 내외가 가난한 해에 노략질을 당하여 먼 데 <u>팔려</u> 갔거늘

• 할이다(謗)(16) *어기: 할다(타)

예문: ᄒ다가 령공이 ᄂ민게 <u>할여</u> 나가거든 그리 홀 거시잇가 (有如公異時 爲奸邪譖斥 又可爾乎)〈二倫39a〉

해석: 만약 공이 남에게 <u>참소를 당하여</u> 나가게 되었을 때도 그렇게 할 것입니까.

• 헐이다₁(傷)(15) *어기: 헐다₁(자·타)

예문: 쏘 고미 발토배 <u>헐여</u> 毒氣 알픈 싸ᄒᆯ 고튜듸 (又方治熊爪牙傷毒痛)〈救急方下63b〉

해석: 또 곰의 발톱에 <u>상처를 입어</u> 아픈 곳을 고치되

• 헐이다₂(毀)(18) *어기: 헐다₂(자·타)

예문: 셔문 안히 남편으로 <u>헐닌</u> 곳이 이셔 지금 막디 아니ᄒ고 불근 남그로 목칙을 셰워시니 필연 본됴의 창업ᄒᆫ ᄉ젹을 알게 홈이오 〈을병_숭실9〉[21]

---

21) 장서각 소장본에는 '셔문 남편의 헐닌 곳이 이셔 지금 막지 아니ᄒ고 붉은 남그로 목칙을 셰워시니 필연 본됴의 창업ᄒᆫ ᄉ젹을 훗ᄉ룸을 알게 홈이오'〈을병_장서19:32b-33a〉로 나타난다.

해석: 서문 안에 남쪽으로 헐린 곳이 있어 지금 막지 않고 붉은 나무로 목책을 세웠으니 필연 본조의 창업한 사적을 알게 함이고

- 후리이다(奪)(16) *어기: 후리다(타)

예문: 攸ㅣ (…) 또 도적을 만나 그 쇼와 물을 <u>후리이고</u> (攸ㅣ 以牛馬로 負妻子而逃ᄒ다가 又遇賊ᄒ야 <u>掠其牛馬</u>ᄒ고) 〈小學6:66a〉

　　　cf. 攸ㅣ (…) 또 도죽을 맛나 쇠며 물을 아이고 〈飜小9:71a〉

해석: 攸가 (…) 또 도적을 만나 소와 말을 **빼앗기고**

- ᄒ이다(爲)(16) *어기: ᄒ다(타)

예문: 이러호모로 아비게 <u>ᄉ랑ᄒ이디</u> 몯ᄒ야 ᄆ양 쇠똥을 츠이거든 王祥이 더욱 조심ᄒ야 공슌히 ᄒ며 (由是<u>失愛於父</u>ᄒ야 每使掃除牛下ㅣ어든 祥이 愈恭謹ᄒ며) 〈飜小9:24b〉

해석: 이러므로 (왕상이) 아버지에게 <u>사랑받지</u> 못하여 매번 (왕상에게) 소똥을 치우게 하였는데 왕상은 더욱 삼가고 공손히 하였으며

[부록 2]

*[부록 2]는 자·타 양용동사 중 피동형을 가지는 자·타 양용동사들의 자동사, 타동사 용법을 제시한 것이다.

* 어휘 항목 오른쪽의 숫자는 해당 동사가 자동 구문을 이룰 수 있었던 마지막 시기를 의미한다. 15세기 이후에도 자동 구문을 이룰 수 있었던 동사는, 자동 구문이 마지막까지 존속한 시기의 예를 추가로 제시하였다.

* '얽-'과 같이 복수 주어를 가지는 경우, 상호 구문을 이루어 자동사로 쓰일 수 있는 예가 있다. 이들도 포함하여 함께 제시한다.

• 걷다₂(散) ~현재

자: 이슥고 구루미 걷거늘 도라와 神靈의 마를 섭서비 너겟더니 (頃之 雲氣廓開 吳幸免禍) 〈三綱孝29〉

타: 그지 업슨 미햇 구루믈 ᄇᆞᄅᆞ미 거더 다ᄋᆞ니 ᄒᆞᆫ 輪 외ᄅᆞ왼 ᄃᆞ리 天心에 비취도다 (無限野雲을 風捲盡ᄒᆞ니 一輪孤月이 照天心이로다) 〈金三4:12a〉

• 걸다₁(掛) ~15

자: 니ᄅᆞ샨 ᄂᆞ려 ᄉᆞ무차 그므레 거러 그 머리 갓ᄀᆞ로 ᄃᆞᆯ요미 다 빗기 걷너논 類라 (所謂下透挂網ᄒᆞ야 倒懸其頭者ㅣ 皆衡度類也ㅣ라) 〈楞嚴8:93a〉

타: 徐君 주는 갈ᄒᆞᆯ 걸오져 ᄒᆞ고 (欲掛留徐劍) 〈杜詩24:46a〉

• 져다(折) ~18

자: 王ㄱ 쑤메 집 보히 것거늘 씌ᄃᆞ라 너교ᄃᆡ 〈釋詳24:6a〉

첫봄에 비 이슬이 째로 ᄂᆞ리오고 ᄇᆞ람이 부러도 나모 곶치 것지 아니ᄒᆞ고 〈八歲兒11b〉

타: 그지 업슨 ᄠᅳ들 디녀 邪曲ᄒᆞᆫ 거슬 것고 正ᄒᆞᆫ 거슬 셰며 〈釋詳21:22b〉

- 그르다(解) ~15

자: ᄆᆞᅀᆞ매 ᄉᆞᆫ직 여스시 <u>그르며</u> ᄒᆞ나히 업논 미요믈 펴ᄂᆞᆫ 次第를 아디 몯ᄒᆞᅀᆞᆸ노니

    (心猶未達六<u>解</u>一亡ᄒᆞᆫ논 舒結倫次ᄒᆞᅀᆞᆸ노니) 〈楞嚴5:17a〉

타: 尊者ㅣ 그 주거믈 <u>그르니라</u> (尊者即爲<u>解</u>於三屍) 〈月釋4:32b〉

- 깄다(悅) ~19

자: 婆羅門이 말ᄋᆞᆯ 護彌 듣고 <u>깃거</u> 須達이 아ᄃᆞᆯ ᄋᆞᆯ ᄯᆞᆯ ᄋᆞᆯ 얼유려 터니 〈月千54b〉

    덕닌이 놀라고 <u>깃거</u> 빈 안히 ᄀᆞ만이 누여 두니 〈太平04b〉

타: 歡喜地ᄂᆞᆫ 十地옛 처ᅀᅥ미니 法을 <u>깃글</u> 씨라 〈月釋8:54b〉

- 굴다(替) ~18

자: ᄀᆞᅀᆞᆯ히 霜露ㅣ와 草木이 이울어든 슬픈 ᄆᆞᅀᆞ미 나ᄂᆞ니 時節이 <u>굴어든</u> 어버ᅀᅵ를

    일흐는 듯ᄒᆞ니라 〈月釋1:月釋序16a〉

    이ᄢᅥ의 손이 년ᄒᆞ여 니ᄅᆞ니 세 사ᄅᆞᆷ이 <u>ᄀᆞ라</u> 나가 손을 ᄃᆡ졉ᄒᆞ더라 〈을병_장서

    17:58b〉

타: 이ᄅᆞᆯ 시기고 사ᄅᆞᆷᄋᆞ로 나ᄅᆞᆯ <u>ᄀᆞ러시ᄃᆞᆫ</u> 비록 코져 아니ᄒᆞ나 아직 주고 ᄯᅩ ᄇ·린 後

    에 ᅀᅡ 다시 호리라 (加之事ㅣ오 人<u>待</u>之己어시든 雖弗欲이나 姑與之ᄒᆞ고 而姑使之

    而後에 ᅀᅡ 復之호리라) 〈內訓1:51b〉

- ᄂᆞ호다(分) ~19

자: 이 비록 念을 뮈우나 至極 微細ᄒᆞ야 緣ᄒᆞ야 닌 ᄒᆞᆫ 相이 能所ㅣ <u>ᄂᆞ호디</u> 아니ᄒᆞ니

    (此雖動念 而極微細 緣起一相 能所不<u>分</u>)

    온 디구가 두 쪽으로 <u>논호와</u> 동반구와 셔반구가 되야 〈독립신문 1899/10/20〉

타: ᄯᅩ 白氎 슬인 지를 쟉쟉 <u>ᄂᆞ호아</u> 주어 寶塔 일어 供養ᄒᆞᅀᆞᆸ게 ᄒᆞ고 〈釋詳23:48b〉

- 덜다(除) ~17

자: 소리 드로매 근ᄒᆞ샤 ᄂᆞ외야 얼굴 마고미 업스실ᄊᆡ 갈잠개로 믈 버히며 光明 부

듯 ᄒ야 性이 덜며 뮈유미 업스시니라 (故使刀兵猶割水吹光 性無損動) 〈法華7:54a〉

ᄡᆞᆫ 거슬 슬희여 ᄒᆞ거든 굴롤 ᄣᅥ셔 쏘 ᄣᅵᄒᆞ면 ᄡᆞᆫ 마시 덜거니와 아니 ᄣᅵ니ᅌᅣ 긔
운이 인ᄂᆞ니라 (愚人厭苦者 其末蒸再末 可減苦味 然不蒸者有氣力) 〈新救荒4b〉

타: 菩薩이 이 法 드르면 疑心을 다 덜며 一千二百羅漢도 다 부톄 ᄃᆞ외리라 〈釋詳13: 60b〉

• 두위틀다/뒤틀다(飜) ~15

자: 헌ᄃᆡ ᄇᆞ룸 드로ᄆᆞ로 소늘 브르쥐며 모미 ᄡᅵᆯ활 두위트러 가ᄃᆞᆺ ᄒᆞ거든 (破傷風 搐
搦 角弓反張) 〈救簡6:83b〉

타: ᄒᆡᆼ역홀 증은 더우락츠락 ᄒᆞ며 혹 놀라 뒤틀며 온몸애 열이 심ᄒᆞ고 (瘡疹之證乍
熱乍涼 … 或發驚橘 渾身熱) 〈痘瘡上10b〉

• 둪다(蓋) ~15

자: 寶樹로 莊嚴ᄒᆞ고 寶帳이 우희 둪고 寶華幡을 드리우고 (寶樹莊嚴ᄒᆞ고 寶帳이 覆上
ᄒᆞ고 垂寶華幡ᄒᆞ고) 〈法華6:135a〉

타: 하ᄂᆞᆯ 오ᄉᆞ로 그 모믈 둪고 (天衣로 覆其身ᄒᆞ고) 〈法華 5:212b〉

• 드위티다(飜) ~15

자: 地軸이 爲ᄒᆞ야 드위티고 온 내히 다 어즈러이 흐르놋다 (地軸爲之飜 百川皆亂流)
〈杜詩22:2b〉

타: 여러 惡을 길우고 萬行을 드위텨 ᄇᆞ려 서르 올타 외다 ᄒᆞᄂᆞ니 (增長衆惡ᄒᆞ고 傾
覆萬行ᄒᆞ야 遞相是非ᄒᆞᄂᆞ니) 〈永嘉上45b〉

• 들다(擧)~15

자: 烽火ㅣ 드니 새라 흐드리 사호노소니 우러 눉므를 녯 핏 그제예 드리오노라 (烽
擧新酣戰 啼垂舊血痕) 〈杜詩8:35b-36a〉

타: 王ㅅ 아ᄃᆞᆯ 拘那羅라 호리 王ㅅ 겨틔 안잿다가 말란 아니ᄒᆞ고 두 솑가라굴 드니
두 ᄇᆞᆯ 곱게 供養코져 ᄒᆞ논 ᄠᅳ디러니 〈釋詳24:46b-47a〉

• ᄃᆞ모다/ᄃᆞᆷ다(沈) ~15

자: 情業이 더욱 거리ᄭᅵᆫ 젼ᄎᆞ로 獄報ㅣ 더욱 ᄃᆞ모니라 (情業이 愈滯故로 獄報ㅣ 愈沈
ᄒᆞ니라) 〈楞嚴8:76b〉

타: ᄯᅩ 黃丹ᄋᆞᆯ 봇가 비치 다ᄅᆞ게 코 ᄇᆞᄅᆞ매 늘욘 石灰와ᄅᆞᆯ 等分ᄒᆞ야 섯거 ᄀᆞᆯ아 ᄒᆞᆫ 兩
만 글는 므레 ᄃᆞᆷ가 알ᄑᆞᆫ ᄃᆡ 시수ᄃᆡ (又方黃丹炒令色變 風化石灰[等分]右拌勻 每一
兩許沸湯浸洗患處) 〈救急方上8a〉

• 마초다(中) ~현재

자: 阿難아 이 善男子ㅣ 欲愛 ᄆᆞᆯ라 이우러 根과 境괘 마초디 아니ᄒᆞ면 現前엣 나ᄆᆞᆫ 모
미 ᄂᆞ외야 니서 나디 아니ᄒᆞ며 (阿難아 是善男子ㅣ 欲愛ㅣ 乾枯ᄒᆞ야 根境이 不偶
ᄒᆞ면 現前殘質이 不復續生ᄒᆞ며 執心이 虛明ᄒᆞ야 純是智慧라) 〈楞嚴8:12a〉

타: 일쳬 신왕ᄃᆞ리 각각 저히 권쇽ᄃᆞᆯ ᄃᆞ리고 와 부텻긔 녜ᄇᆡᄒᆞ고 ᄒᆞᆫ ᄆᆞᅀᆞᆷ로 손 쌔
당을 마초고 슬오ᄃᆡ (一切諸王 各幷眷屬 禮拜於佛 同心合掌 作如是言) 〈長壽56a〉

• 막다(障) ~16

자: 더푸미 모ᄀᆞ로 올아 氣分이 마가 通티 몯ᄒᆞᆯ 고티ᄂᆞ니 (涎潮於上氣閉不通) 〈救
急方上4b〉

타: 遮ᄂᆞᆫ 善道ᄅᆞᆯ 막다 혼 마리니 〈月釋25:55a〉

• 모도다(合) ~18

자: 大師ㅣ 사라 겨실 쩨 믈읫 펴 記錄ᄒᆞ샤미 모ᄃᆞᆫ 十篇이 모도아 一卷을 밍ᄀᆞ랫더
시니 (大師ㅣ 在生애 凡所宣紀ㅣ 摠有十篇이 集爲一卷이러시니) 〈永嘉序16a〉
가히 다 니ᄅᆞ지 몯홀 일쳬 모ᄃᆞᆫ 부텨과 ᄯᅩ 대보살 마하살이 다 모도샤 일ᄏᆞᄅᆞ샤
탄쇠ᄒᆞ샤ᄃᆡ 〈地藏上1a〉

타: 나랏 고ᄫᆞᆫ 겨지블 다 太子ㅅ 講堂애 모도시니 〈釋詳3:11b〉

• 및다(結) ~현재

자: 丁香이 읏드미 보드라오니 어즈러이 여르미 <u>믹자</u> 가지 오히려 싸뎃도다 (丁香
體柔弱 亂<u>結</u>枝猶墊) 〈杜詩18:1b〉

댓 고지 여르미 <u>및디</u> 아니ᄒ니 네의 아춤 주으륨 ᄎ모ᄆᆯ 思念ᄒ노라 (竹花不<u>結</u>
實 念子忍朝饑) 〈杜詩3:55b〉

타: 이트렛 閻浮提衆生이 身口意業 모딘 비ᄒ스로 果ᄅᆯ <u>믹자</u> 千報應을 이제 멀톄로 니
ᄅ노니 (如是等閻浮提衆生 身口意業 惡習<u>結</u>果 百千報應 今粗略説) 〈月釋21:67b-68a〉

• 박다(印) ~15

자: 그 사리 스믈여듧 부플 다 뼤여 싸해 ᄉᄆ차 가아 鐵圍山애 <u>바ᄀ니</u> 三千世界 드
러치니라 (中百里鼓 箭沒地中涌泉自出 <u>中</u>鐵圍山 三千刹土六反震動) 〈釋詳3:14a〉

타: 善友ㅣ 자거시ᄂᆯ 도ᄌᄀᆯ 저즈라 兄님 눈에 모ᄃᆯ <u>바ᄀ니</u> 〈月釋22:10a〉

• 밧고다(換) ~15

자: 求ᄒ다가 얻디 몯ᄒ면 怨이 이ᄅᆯ 브터 나 夫妻 서르 ᄆ던히 너겨 恩이 <u>밧고며</u> 情
이 淡薄ᄒ리라 (求既不得ᄒ면 怨由妓生ᄒ야 室家ㅣ 相輕ᄒ야 <u>恩易</u>情薄ᄒ리라)
〈內訓1:30a〉

타: 眞實ㅅ 듀셕이라도 金을 <u>밧고디</u> 몯ᄒᄂ니라 (眞鍮ㅣ라도 不<u>換</u>金이니라) 〈金三2:71a〉

• 버믈다(界) ~18

자: 坐 疥癩病과 보차ᄂᆫ 害예 <u>버믈며</u> 알ᄑᆫ 鞭扑과 [鞭은 갓채오 扑은 남기라] 디새 돌
ᄒ로 튜매 니르니 (又縈疥癩之病과 觸嬈之害ᄒ며 乃至楚毒鞭扑과 瓦石打擲ᄒ니)
〈法華2:165a〉

샹고 업슨 말을 내디 아니ᄒ며 희롱엣 일을 ᄒ디 아니ᄒ며 더러운 일에 <u>버므디</u>
아니ᄒ며 嫌疑예 잇디 아니ᄒᄂ니라 (不出無稽之詞ᄒ며 不爲調戲之事ᄒ며 不<u>涉</u>
穢濁ᄒ며 不處嫌疑니라) 〈御內1:2a〉

타: 居然히 章紋을 <u>버므로니</u> 탯논 性은 本來로 幽獨호ᄆᆯ 즐기노라 (居然絈章紋 受性本

幽獨)〈杜詩6:52a-b〉

• 불다(吹) ~현재

자: 거믄 ᄇᆞᄅᆞ미 <u>부러</u> 羅刹鬼國에 부쳐 드러도〈釋詳21:2b〉

타: 香風이 와 이운 고즐 <u>부러</u> ᄇᆞ리고〈月釋14:12b〉

• 븓둥기다(牽) ~15

자: 妙音을 (...) 能히 조차 應ᄒᆞ면 므슴 자최예 <u>븓둥기디</u> 아니ᄒᆞ리니〈月釋18:63a〉

타: 아ᄎᆞᆷ 나조히 분묘애 가 잣남ᄀᆞᆯ <u>븓둥기야셔</u> 우니 (旦夕常至 墓所拜跪攀栢悲號)

　　〈三綱宣孝15a〉

• 븟다(注) ~15

자: 菩薩이 眉間앳 힌 터리ᄅᆞᆯ ᄌᆞᆨᄌᆞᆨ기 드르샤 阿鼻地獄ᄋᆞᆯ 견지시니 터리예셔 큰

　　므리 <u>브서</u> 한 브리 잢간 ᄢᅥ디거늘 (是時菩薩 徐擧眉間毫擬阿鼻地獄 令罪人見白毛

　　流水澍如車軸 大火暫滅)〈月釋4:12b〉

타: 甘露法雨를 <u>브서</u> 煩惱 브를 ᄭᅳ느니 (澍甘露法雨 滅除煩惱焰)〈釋詳21:15a〉

• ᄢᅦ다(貫) ~15

자: 照浦山 두 놀이 ᄒᆞᆫ 사래 <u>ᄢᅦ니</u> 天縱之才를 그려ᅀᅡ 아ᇫ 볼까 (照浦二麞 一箭俱徹 天

　　縱之才 豈待畫識)〈龍歌43〉

타: 이틄나래 나라해 이셔 도ᄌᆞ기 자최 바다 가아 그 菩薩ᄋᆞᆯ 자바 남ᄀᆡ 모ᄆᆞᆯ <u>ᄢᅦᅀᆞ바</u>

　　뒷더니〈月釋1:6b〉

• 샇다(積) ~15

자: 그저긔 大衆의 가져온 香木이 須彌山 ᄀᆞ티 <u>싸ᄒᆞ니</u>〈釋詳23:37b〉

타: 가ᅀᆞ면 사ᄅᆞ미 金을 뫼 ᄀᆞ티 <u>사햇다가</u> ᄒᆞ룻 아ᄎᆞ미 배요ᄃᆡ 손싸댱 두위혈 ᄉᆞᅀᅵ

　　ᄀᆞ토믈 내 보며 (我見富人이 積金如山ᄒᆞ다가 一旦敗之若反掌閒ᄒᆞ며)〈內訓3:6a〉

• 섯다(混) ~15

자: 精흔 ᄆᆞᅀᆞ미 <u>섯디</u> 아니ᄒᆞ야 道애 나ᅀᅡ가ᄃᆡ 게을이 아니ᄒᆞᄂᆞ니 〈月釋17:56a〉

타: 上旆檀과 沈水와 (⋯) 靑木과 零陵과 甘松과 雞舌香ᄋᆞᆯ <u>섯거</u> 이 열 가지로 ᄀᆞᄂᆞ리 처 粉 밍ᄀᆞ라 흘기 어울워 즌흘ᄀᆞᆯ 밍ᄀᆞ라 場 ᄯᅡ해 ᄇᆞ르고 (和上旆檀과 沈水와 ⋯ 靑木과 零陵과 甘松과 及雞舌香ᄒᆞ야 以此十種ᄋᆞ로 細羅爲粉ᄒᆞ야 合土成泥ᄒᆞ야 以塗場地ᄒᆞ고) 〈楞嚴7:9a〉

• 슬다(消) ~15

자: 우리 道理의 닐며 믈어듀미 오ᄂᆞᆳ나래 잇ᄂᆞ니이다 ᄒᆞ고 브를 브티니 道士ᄋᆡ 經은 다 <u>스라</u> ᄃᆡ 두외오 부텻 經은 그저 겨시고 〈月釋2:74b-75a〉

타: 브리 盛ᄒᆞ야 나면 흔 뉘를 <u>슬어니와</u> 모딘 이비 盛ᄒᆞ야 나면 無數흔 뉘를 슬며 〈釋詳11:42b〉

• 실다(席) ~15

자: 諸天 寶華ㅣ 그 ᄯᅡ해 ᄀᆞᄃᆞ기 <u>실어늘</u> (諸天寶華ㅣ <u>遍布</u>其地커늘) 〈法華4:123b〉

타: 須達이 깃거 象애 金을 시러 여든 頃 ᄯᅡ해 즉자히 다 <u>실오</u> 〈釋詳6:25b〉

• 앓다(痛) ~15

자: 가ᄉᆞ미 춤디 몯게 <u>알ᄒᆞᆯ</u> 열 ᄒᆡ어나 다ᄉᆞᆺ ᄒᆡ어나 흔 사ᄅᆞ미 머그면 듣ᄂᆞ니 〈救簡2:36a〉 (心<u>痛</u>不可忍 十年五年者隨乎效)

타: 부톄 阿難陁ᄃᆞ려 니ᄅᆞ샤ᄃᆡ 등을 <u>알노니</u> 廣熾 陶師ᄋᆡ 지븨 가 춤기름 어더와 ᄇᆞ르라 〈月釋2:9a〉

• 얽다(維, 纏) ~15 *상호동사

자: 藤蘿ㅣ <u>얼그며</u> 雲霧ㅣ 氤氳ᄒᆞ며 時節ㅅ 物이 衰ᄒᆞ며 盛ᄒᆞ며 아ᄎᆞᆷ 나조히 어드우며 ᄇᆞᆯᄀᆞ며 이 種類 엇뎨 喧雜이 아니리오 (藤蘿ㅣ <u>縈絆</u>ᄒᆞ며 雲霧ㅣ 氤氳ᄒᆞ며 節物이 衰榮ᄒᆞ며 晨昏이 眩晃ᄒᆞ며 斯之種類ㅣ 豈非喧雜耶ㅣ 리오) 〈永嘉下113a〉

타: 구리 노겨 이베 브스며 더본 鐵로 모믈 얼겨 一萬 디위 죽고 一萬 디위 사라 〈月釋21:44a〉

• 열다(開) ~16
자: 羅雲의 ᄆᆞᅀᆞ미 여러 아니라 〈釋詳6:11b〉
나는 드로니 君子ㅣ 굼그로 아니ᄒᆞᆫ다 호라 이윽고 使者ㅣ 니르러 門이 열어늘 나니라 (吾는 聞之호니 君子ㅣ 不竇ㅣ라 호라 有間이오 使者ㅣ 至ᄒᆞ야 門啓而出ᄒᆞ니라) 〈小學4:42b〉
타: 모딘 노미 그 比丘를 자바 기름 브슨 가마애 녀코 브를 오래 딛다가 둪게를 여러 보니 〈釋詳24:16a〉

• 웃다(笑) ~현재
자: 고기 머그린 ᄂᆞ치 먹는 비출 우스며 져믄 사르미 늘근 한아비를 欺弄ᄒᆞᄂᆞ니라 (肉食哂菜色 少壯欺囊翁) 〈杜詩19:44b-45a〉
타: 大衆들히 다 우스며 王도 우스며 닐오디 (大衆見之皆盡發笑 王亦發笑而語言) 〈釋詳24:47a〉

• 이어다(動) ~15
자: 모든 緣이 안ᄒᆞ로 이어고 밧ᄀᆞ로 가ᄃᆞᆫ 어득ᄒᆞᆫ 어즈러운 相을 心性을 사ᄆᆞ니 (聚緣이 內로 搖코 趣外ᄒᆞ야 奔逸ᄒᆞᄂᆞᆫ 昏擾擾相을 以爲心性ᄒᆞ니) 〈楞嚴2:18b〉
타: ᄀᆞ장 ᄇᆞ라와 ᄎᆞᆷ디 몯ᄒᆞ리어든 즉재 살미를 이어 ᄲᅢ혀면 믄득 나ᄂᆞ니 (極痒不可忍 撼箭鏃拔之立出) 〈救急方下3a〉

• 잃다(失) ~15
자: ᄇᆞᄅᆞᆷ과 드트렌 여희옛는 나리 오라니 江漢앤 ᄆᆞᆯᄀᆞᆫ ᄀᆞ슬히 일허 가ᄂᆞ다 (風塵淹別日 江漢失淸秋) 〈杜詩8:45b〉
타: 도ᄅᆞ혀 비웃는 ᄆᆞᅀᆞᆷ을 내야 긴 바믜 큰 利樂을 일허 모딘 길헤 ᄠᅥ러디여 그지업

시 그우니ᄂᆞ니이다 〈釋詳9:27b〉

• ᄌᆞᄆᆞ다/줌다(沈) ~15

자: 셤 안해ㅣ 자싫 제 한비 사ᄋᆞ리로ᄃᆡ 뷔어ᅀᅡ ᄌᆞᄆᆞ니이다 (宿于島嶼 大雨三日 迨其空矣 島嶼迺沒) 〈龍歌67(8:18b)〉

타: 쳥믈 든 뵈 줌가 우러난 즙 서 되를 머그라 (靑布[쳥믈 든 뵈]浸汁服三升) 〈救簡6:36b〉

• 펴다(展, 披) ~15

자: 채 마조미 ᄒᆞ마 行ᄒᆞ면 므슴 義 이시며 구지주미 ᄒᆞ마 펴면 므슴 恩이 이시리오 (楚撻이 旣行ᄒᆞ면 何義之有ㅣ며 譴呵ㅣ 旣宣ᄒᆞ면 何恩之有ㅣ리오) 〈內訓2上10a〉

타: 그ᄢᅴ 世尊ㅅ 四衆이 圍繞ᄒᆞᅀᆞᆸ고 큰 光明을 펴시고 天地 드러치더니 〈釋詳6:38b〉

• 헐다₁(毁) ~16

자: 이ᄀᆞ티 種種 音聲을 굴히야도 耳根이 허디 아니ᄒᆞ리라 〈月釋17:61b-62a〉

사ᄂᆞᆫ 집이 허러 ᄇᆞ룸과 벼틀 ᄀᆞ리우디 몯ᄒᆞ거늘 (所居屋敗ᄒᆞ야 不蔽風日이어늘) 〈飜小9:33a〉 1)

타: ᄒᆞ다가 有情들히 不孝를 ᄒᆞ거나 五逆을 ᄒᆞ거나 三寶를 허러 辱ᄒᆞ거나 君臣ㅅ 法을 헐어나 信戒를 헐어나 ᄒᆞ면 〈月釋9:59a-b〉

• 헐다₂(傷) ~현재

자: 귓거ᅀᅴ게 믄득 티이며 갈잠개예 허러 피 비 안해 ᄀᆞ득ᄒᆞ야 나디 몯ᄒᆞ야 답ᄭᅡ와 죽ᄂᆞ닐 (卒中鬼擊及刀兵所傷 血滿腸中不出煩悶欲死) 〈救簡1:56b〉

타: 夫人이 나히 늘거 눈 어드워 그르 后ㅅ 니마홀 헐오ᄃᆡ 알포믈 ᄎᆞᄆᆞ샤 니ᄅᆞ디 아니ᄒᆞ거시ᄂᆞᆯ (夫人이 年高目冥ᄒᆞ야 誤傷后額ᄒᆞᆫ대 忍痛不言이어시ᄂᆞᆯ) 〈內訓2下7a-b〉

---

1) 사ᄂᆞᆫ 밧 집이 허러뎌 ᄇᆞ룸과 볏틀 ᄀᆞ리우디 몯ᄒᆞ거늘 〈小學6:30a〉

[부록 3]

*[부록 3]은 본고의 4.2.1.2의 내용과 관련된 것으로, 피동문이 나타내는 사태에 행위자가 함축되어 있는지의 여부에 따라 피동사를 세 분류로 나눈 것이다. (1)은 피동의 의미를 주로 나타내는 피동사, (2)는 반사동의 의미를 주로 나타내는 피동사이다. 두 의미를 모두 나타낼 수 있을 경우, 더 우세한 의미를 나타내는 쪽으로 분류하였다. 그 우세를 따지기 힘든 경우는 (3)에 제시하였다.

(1) 피동
- 가티다(囚)

  菩薩은 三界예 나몰 뵈어시늘 二乘은 三界로 獄을 사몰씨 罪 업시 <u>가티노라</u> 호니라 〈月釋13:17b〉

- 가도이다(囚)

  樂記예 굴오딕 돋 치며 술 딩굴옴이 뻐 화란이 되게 흔 주리 아니언마는 <u>가도이며</u> 숑스홈이 더욱 하믄 곧 술의 근티 화란을 내윰이니 (樂記예 曰 豢豕爲酒ㅣ 非以爲禍也ㅣ언마는 而獄訟益繁은 則酒之流ㅣ 生禍也ㅣ니) 〈小學3:27a〉

- 괴이다(愛)

  쏘 효근 臣下ㅣ 님금쯰 <u>괴이스와</u> 政化ㅣ 어그르처 큰 읏드메 외어든 안자셔 나라히 기우러가몰 보고 듣거운 恩惠롤 受호미 곧도다 (亦如小臣媚至尊 政化錯迕 失大體 坐看傾危受厚恩 嗟爾石笋擅虛名) 〈杜詩3:70b〉

- 그리이다(畵)

  功名 일워 麒麟閣애 <u>그리이곡</u> 사호맷 쎠는 반드기 셜리 서굴 디니라 (功名圖麒麟 戰骨當速朽) 〈杜詩5:27a〉

- 갈리다(替)

  그 령 낸 관원이 <u>갈녓다고</u> 그 령을 억이는 것은 〈독립신문 1898/3/5〉

- 내조치다(逐)

  永泰ㅅ 末애 罪 어더 五溪ㅅ フ쇠 <u>내조치여</u> 오도다 (得罪永泰末 放之五溪濱) 〈杜詩

8:53a〉

- (귓것)들이다₃(入)

  어린 거시 귓것 들여 미친 말 ᄒᆞᄂᆞ다 (癡人顚狂 鬼魅所著 而作是言) 〈月釋22:59a〉

- 머키다(食)

  受氣鬼ㅣ 氣 스러 報ㅣ 다ᄋᆞ면 世間애 나 해 머킬 類 ᄃᆞ외ᄂᆞ니라 (受氣之鬼ㅣ 氣銷
  報盡ᄒᆞ면 生於世間ᄒᆞ야 多爲食類ᄒᆞᄂᆞ니라) 〈楞嚴8:120b〉

- 몃구이다(虆)(15)

  妾의 남진이 幸티 몯ᄒᆞ야 일 주거 개 ᄆᆞᆯ류에서 몬져 굴형의 몃구여ᄂᆞᆯ 〈古列4:
  38a〉(妾夫不幸早死 先狗馬塡溝壑)

- ᄆᆞᆯ이다(囓)

  사ᄅᆞ미 ᄆᆞᆯ게 ᄆᆞᆯ이며 불이며 ᄯᅩ ᄆᆞᆯᄲᅧ에 딜이며 ᄯᅩ ᄆᆞᆯ 셕 굴에예 ᄒᆞ야딘 ᄃᆡ 다 모
  딘 瘡이 ᄃᆞ외ᄂᆞ니 (凡人被馬咬踏 及馬骨所傷刺 幷馬韁靽勒所傷 皆爲毒瘡)〈救急方
  下15b-16a〉

- 믜이다(憎)

  내 모ᄆᆞᆯ ᄒᆡᆫ히 불겨 부텨와 祖師왜 사ᄅᆞ믜게 믜이샨 고ᄃᆞᆯ 슬기 자바든 (洞明自己
  ᄒᆞ야 捉敗佛祖ㅣ 得人憎處ᄒᆞ야든) 〈蒙山44a〉

- 브리이다(使)

  子華ㅣ 齊예 브리이더니 (子華 使於齊러니) 〈論語2:2b〉

- 블리다(召)

  使君의 ᄠᅳᆮ과 氣運괘 하ᄂᆞᆯ홀 凌犯ᄒᆞ리로소니 녜 歡娛홀 제 샹녜 블리던 이를 ᄉᆞ랑
  ᄒᆞ노라 (使君意氣凌靑宵 憶昨歡娛常見招) 〈杜詩10:1a〉

- ᄇᆞ리이다(棄)

  波羅夷ᄂᆞᆫ 예셔 닐오매 ᄇᆞ료미니 이 네 罪ᄅᆞᆯ 犯ᄒᆞ면 즁의게 ᄇᆞ리일ᄊᆡ니라〈楞嚴
  6:85a〉

- 볼이다(踐)

  사ᄅᆞ미 ᄆᆞᆯ게 ᄆᆞᆯ이며 볼이며 ᄯᅩ ᄆᆞᆯᄲᅧ에 딜이며 ᄯᅩ ᄆᆞᆯ 셕 굴에예 ᄒᆞ야딘 ᄃᆡ 다 모
  딘 瘡이 ᄃᆞ외ᄂᆞ니 (凡人被馬咬踏 及馬骨所傷刺 幷馬韁靽勒所傷 皆爲毒瘡) 〈救急方

下15b-16a〉

- 쓰이다(用)

  才傑혼 사ᄅᆞᄆᆞᆫ 다 올아 <u>쓰이거늘</u> 어린 사ᄅᆞᄆᆞᆫ 오직 수머 뼈뎻노라 (才傑俱登用 愚蒙但隱淪) 〈杜詩19:5b〉

- 실이다(載)

  네 아바니ᄆᆞᆫ 계오구러 머리 들 만히여셔 ᄒᆞᆫ 술 밥도 몯 먹고 등에 <u>실여</u> 여드랜 날 가니 〈순천145:3〉

- 숢기다(烹)

  目連이 ᄯᅩ 가다가 ᄒᆞᆫ 鑊애 글히ᄂᆞᆫ 地獄ᄋᆞᆯ 보니 南閻浮提옛 衆生이 글ᄂᆞᆫ 鑊 소배 드러 므리 솟글허 <u>숢기</u>더니 〈月釋23:80b-81a〉

- 스이다(書)

  아기시를 위ᄒᆞ여 옥톄를 ᄇᆞ리오시면 제 더옥 깃거 ᄆᆞ음 ᄀᆞ장 모딘 일을 ᄒᆞ여 방정지ᄉᆞ를 ᄒᆞ다가 나타나 ᄌᆞ진 ᄒᆞ오시다 스긔예 <u>쓰일</u> 거시요 〈계축하20a〉

- 앗이다(奪)

  桓彛도 城 <u>앗이</u>여 자펴 가아 주그니라 (城陷 執彛殺之) 〈三綱忠12〉

- **어티다(得)**

  뎡승우는 냥산군 사름이니 일즉 예 도적의 <u>어티</u>인 배 되여 비젼쥐예 풀려 갇더니 (鄭承雨梁山郡人 嘗爲倭賊所獲 轉鬻於肥前州) 〈東新孝1:30b〉

- 일쿨이다(稱)

  玄暐ㅣ 警戒를 바다 淸白ᄒᆞ며 조심호ᄆᆞ로 <u>일쿨이</u>니라 (玄暐遵奉敎戒ᄒᆞ야 以淸謹으로 見稱ᄒᆞ니라) 〈內訓3:30a〉

- 자피다(拘)

  그 도ᄌᆞ기 後에 닛위여 도즉ᄒᆞ다가 王ᄭᅴ <u>자피</u>니 〈月釋10:25b〉

- 조치다(逐)

  시혹 모딘 사ᄅᆞᄆᆡ그에 <u>조치여</u> 金剛山애 뻐러디여도 (或被惡人의 逐ᄒᆞ야 墮落金剛山ᄒᆞ야도) 〈釋詳21:3b〉

- 쥐이다(操)

  내 겨지비라셔 節介ㅣ 受티 몯ㅎ고 이 소니 ᄂᆞ미게 <u>쥐유니</u> ᄒᆞᆫ 소ᄂᆞ로 몸 조쳐 더

  레유미 몯ᄒᆞ리라 (我爲婦人 不能守節 而此手爲人執 邪不可以一手幷汚吾身) 〈三綱

  烈16a〉

- 츠이다(踢)

  ᄆᆞᆯ <u>츠여</u> 傷ᄒᆞ닐 고툐ᄃᆡ 地骨皮ᄅᆞᆯ 하나 져그나 細末ᄒᆞ야 므레 ᄆᆞ라 瘡의 브티라

  (治馬踢傷 地骨皮不拘多少爲末 以水調傳瘡) 〈救急方下18a〉

- 티이다₁(打)

  귓거싀게 믄득 <u>티이며</u> 갈잠개예 허러 피 빅 안해 ᄀᆞ득ᄒᆞ야 나디 몯ᄒᆞ야 답싸와

  죽ᄂᆞ닐 (卒中鬼擊及刀兵所傷 血滿腸中不出煩悶欲死) 〈救簡1:56b〉

- 폴이다(賣)

  오달지의 ᄉᆞ촌아ᅀᆞ 경빅 부체 가난ᄒᆞᆫ 히예 후리여 먼 듸 <u>폴여</u> 갓거ᄂᆞᆯ (吳達之 以

  從祖弟敬伯夫妻 荒年被略賣江北) 〈二倫16a〉

- 할이다(讒)

  ᄒᆞ다가 령공이 ᄂᆞ미게 <u>할여</u> 나가거든 그리 ᄒᆞᆯ 거시잇가 (有如公異時 爲奸邪譖斥

  又可爾乎) 〈二倫39a〉

- 헐이다₁(傷)

  ᄯᅩ 고ᄆᆡ 발토배 <u>헐여</u> 毒氣 알ᄑᆞᆫ ᄯᅡ홀 고튜ᄃᆡ (又方治熊爪牙傷毒痛) 〈救急方下63b〉

- 헐이다₂(毀)

  셔문 안히 남편으로 <u>헐닌</u> 곳이 이셔 지금 막디 아니ᄒᆞ고 불근 남그로 목칙을 셰

  워시니 필연 본됴의 창업ᄒᆞᆫ ᄉᆞ젹을 알게 홈이오 〈을병_숭실9〉

- 후리이다(奪)

  攸ㅣ (…) ᄯᅩ 도적을 만나 그 쇼와 ᄆᆞᆯ을 <u>후리이고</u> (攸ㅣ 以牛馬로 負妻子而逃ᄒᆞ다

  가 又遇賊ᄒᆞ야 <u>掠</u>其牛馬ᄒᆞ고) 〈小學6:66a〉

(2) 반사동

• 갓기다

　群公이 보고 顔色을 붓그리고 王室은 <u>갓겨</u> 보ᄃ랍디 아니ᄒ니라 (群公見慚色 王
　室無<u>削弱</u>) 〈杜詩3:66a〉

• 구긔이다

　<u>구긔인</u> 가족이 핑핑이 펴이고 〈을병_숭실3〉

• 굴이다(摩)

　金甲이 서르 <u>굴이ᄂ니</u> 青衿 니브니ᄂ 흔굴ᄋ티 憔悴ᄒ니라 (金甲相<u>排蕩</u> 青衿一
　憔悴) 〈杜詩6:21a〉

• 곰초이다(藏)

　웃 사ᄅᆷ이 만일 ᄉ랑티 아니면 모ᄃᆫ 아래 사ᄅᆷ이 울얼 배 업서 (…) 못ᄆ리 여외
　매 고기 <u>곰초이기</u> 어려옴 ᄀᄐ니 (上若不慈ㅣ면 則群下ㅣ 無所仰焉ᄒ야… 淵水
　ㅣ 涸而魚難<u>藏</u>ㅣ니) 〈女訓下18a〉

• ᄀ초이다(具)

　四月에ᄂ 形像이 <u>ᄀ초이고</u> 五月에ᄂ 힘줄과 뼈 일고 (四月은 形像이 <u>具</u>ᄒ고 五月
　은 筋骨이 成ᄒ고) 〈無冤錄2:3b〉

• 눌이다(壓)

　罪ᄅᆯ 두푸미 마치 足히 제 <u>눌이며</u> 제 떠러디ᄂ 젼ᄎ로 뫼ᄒᆯ 이여 바ᄅᆯ 불옴 ᄀᆮᄒ
　니라 (覆罪ᄒ오미 適足<u>自壓</u> 自墜故로 如戴山履海也ㅣ라) 〈楞嚴8:94b〉

• 니피다(被)

　率土ㅣ ᄀᄃ기 흐웍호ᄆᆫ 教化ㅣ 大千에 <u>니피샤ᄆᆯ</u> 가줄비시니라 (率土充洽은 譬
　教<u>被</u>大千也ᄒ시니라) 〈法華3:35b〉

• ᄂᆯ이다(飛)

　麾下ㅣ 元戎을 주기니 믌ᄀ애 <u>ᄂᆯ이ᄂ</u> 銘旌이 잇도다 (麾下殺元戎 湖邊有<u>飛</u>旌) 〈杜
　重1:58a〉

• 다티다(閉)

　東門이 열어든 보고 東門ᄋ로 허위여 ᄃᆞᄅ면 東門이 도로 <u>다티고</u> 〈月釋23:80b〉

- 담기다(抹)

  그 粥이 가마애셔 열 자콤 소사 올아 아니 담기거늘 〈釋詳3:40a〉

- 도티다(瘇)

  須達이 부텨와 즁괏 마룰 듣고 소홈 도텨 自然히 ᄆᅀᆞ매 깃븐 ᄠᅳ디 이실씩 〈於時
  須達 聞佛僧名 忽然毛豎 如有所得 心情悅豫〉〈釋詳6:16b〉

- 뒤티이다(飜)

  遍身이 胖脹ᄒᆞ고 口脣이 뒤티이고 갓과 술히 버서 허여디고 (遍身이 胖脹ᄒᆞ고 口
  脣이 飜ᄒᆞ고 皮膚ㅣ 脫爛ᄒᆞ고)〈無寃錄1:45a〉

- 둠기다(沈)

  ᄒᆞ다가 虛空ᄋᆞᆯ 브터 낧딘댄 虛空 性이 ᄀᆞᆺ 업슬씩 므리 반ᄃᆞ기 ᄀᆞᆺ업슳디라 사ᄅᆞ
  ᄆᆞᆯ 브터 하ᄂᆞᆯ해 니르리 다 ᄒᆞᆫ가지로 ᄠᅳ며 둠기리로소니 엇뎨 ᄯᅩ ᄆᆞᆯ와 묻과 虛空
  애 ᄃᆞ닗 거시 이시리오 (若從空ᄒᆞ야 生인댄 空性이 無邊홀시 水ㅣ 當無際라 從人
  天히 皆同浮溺이로소니 云何復有水陸空行ᄒᆞ리오)〈楞嚴3:79b-80a〉

- 마키다(碍)

  化城이 本來 업거늘 權으로 밍ᄀᆞ라 먼 길헤 마켜 쉬오져 ᄒᆞᄂᆞ 사ᄅᆞᄆᆞᆯ 거리처 나
  소아 보빗 고대 가긔 ᄒᆞ니 〈月釋13:73a〉

- 미치다(結)

  色ᄋᆞ로 보며 聲ᄋᆞ로 求ᄒᆞ면 당다이 罪 미즈리니 罪 미치면 法王 볼 젼치 업스니
  라 (色見聲求ㅣ면 應結罪ᄒᆞ리니 結罪면 無因見法王이니라)〈金三4:63b〉

- 봇기다(炒)

  여슷 길헤 횟도녀 잢간도 머므디 몯ᄒᆞ며 여듧 受苦애 봇겨 能히 벗디 몯홀씩 (輪
  廻六道而不暫停ᄒᆞ며 焦煎八苦而不能脫홀씩)〈月釋1:月釋序4b〉

- 불이다(吹)

  ᄇᆞᄅᆞ맷 箏은 玉 기동애셔 불이고 나댓ᄂᆞᆫ 우므렌 銀으로 ᄒᆞ욘 床이 어렛도다 (風
  箏吹玉柱 露井凍銀床)〈杜詩6:28a〉

- 븓둥기이다(牽)

  捨覺支ᄂᆞᆫ 世間ㅅ 法에 븓둥기이디 아니ᄒᆞ야 브튼 ᄃᆡ 업스며 마근 ᄃᆡ 업슬씨라

384

〈月釋2:37b〉

• 븟이다(注)

구스렛 믈 받는 盤은 本來 사ᄅᆞ미 노혼 거시니 므리 어느 方을 브터 이에 흘러 <u>븟</u><u>이뇨</u> (承珠水ᄒᆞ는 盤은 本人의 敷設이니 水ㅣ 從何方ᄒᆞ야 流注於此오) 〈楞嚴3:80b〉

• 뼤이다(貫)

우리 뎐하 효뎨의 지극ᄒᆞᆫ 힝실이 신명의 <u>뼤이</u>고 ᄉᆞ못ᄎᆞ샤 간험ᄒᆞᆫ ᄃᆡᄅᆞᆯ 디내오시되 더옥 빗나시고 (我殿下孝悌 至行<u>貫</u>徹神明 歷艱險而彌光) 〈闡義[進闡義昭鑑箚子]2b〉

• 사히다(積)

髑髏ㅣ <u>사혀</u> 뫼 ᄀᆞ티 홀ᄉᆡ 髑髏峯이라 ᄒᆞ시니라 〈南明下3b〉

• 섯기다(混)

常녜 虛空이 虛空 아니라 쇠와 나모와 믈와 블와 흙과 흔ᄃᆡ <u>섯기</u>여 하ᄂᆞᆯ ᄽᅡ 즈스메 뷘 ᄯᅡ 업시 ᄀᆞ득ᄒᆞ야 ᄃᆞ려 잇ᄂᆞ니 〈七大13b-14a〉

• 싯기다(洗)

블 ᄀᆞ튼 구루미 ᄃᆞᆯ와 이스레 <u>싯기</u>니 노ᄑᆞᆫ 石壁엔 아ᄎᆞᆷ 힛비치 도다 오ᄅᆞᆺ놋다 (火雲<u>洗</u>月露 絕壁上朝暾) 〈杜詩19:37b-8a〉

• 슬이다(消)

長者ㅣ ᄯᅩ 제 <u>슬잃가</u> 저호ᄆᆞᆫ 부톄 三界예 모ᄆᆞᆯ 뵈샤 百姓과 ᄒᆞᆫ가지로 시름ᄒᆞ샤ᄆᆞᆯ 가ᄌᆞᆯ비시니라 (長者亦自恐被焚者 譬佛示身三界 與民同患也) 〈月釋12:27b〉

• 질이다(席)

발 드듸ᇙ 저긔 金剛摩尼花ㅣ 一切예 ᄀᆞᄃᆞ기 <u>질이</u>ᄂᆞ니 〈月釋8:36b〉

• ᄢᅵ이다₁(翳, 涑)

토시탕은 힝역 후에 예막 <u>ᄢᅵ</u>인 이ᄅᆞᆯ 고티ᄂᆞ니 (免屎湯治痘後<u>生</u>瞖障) 〈痘瘡下59a〉

• 얼기다/얼키다/ᄆᆡ얼키다(縛)

- 그럴ᄊᆡ 見惑이 순지 <u>얼기</u>면 다ᄃᆞ른 길히 걸요미 ᄃᆞ외ᄂᆞᆫ 둘 알리로다 (故知見惑이 尙<u>紆</u>ᄒᆞ면 觸途成滯耳로다) 〈永嘉下113b-114a〉

- 빅호ᄂᆞᆫ 사ᄅᆞ미 아디 몯ᄒᆞ야 뻐 行을 닷ᄂᆞ니 (…) 도ᄌᆞᄀᆞᆯ 그르 아라 가져 아ᄃᆞᆯ

사모미 기피이니 홀 듯오미 ᄆᆞᅀᆞ매 얼켜 제 아디 몯ᄒᆞ도다 (學人不了ᄒᆞ야 用修
行ᄒᆞᄂᆞ니 … 深成認賊ᄒᆞ야 將爲子ᄒᆞ니 愛妄이 纏心ᄒᆞ야 不自知ᄒᆞ도다) 〈南明上
80b〉

- 이 내 前身이 思議 몯 홀 福德因緣으로 一切衆生을 利益게 코져 ᄒᆞ야 大悲心을 니
ᄅᆞ와다 一切 ᄆᆡ얼쿄ᄆᆞᆯ 그츠며 一切 저포ᄆᆞᆯ 업게 호니 (是我前身이 不可思議福德
因緣 欲令利益一切衆生ᄒᆞ야 起大悲心ᄒᆞ야 能斷一切繫縛ᄒᆞ여 能滅一切怖畏호이)
〈觀音經1a〉

• 얽ᄆᆡ이다(拘)

解脫ᄋᆞᆫ ᄆᆞᅀᆞ미 自在ᄒᆞ야 얽ᄆᆡ이디 아니ᄒᆞ야 버서날씨라 〈月釋4:23b〉

• 열이다(開)

地獄門 알ᄑᆡ 가 錫杖ᄋᆞᆯ 세 번 후늘면 獄門이 절로 열이고 〈月釋23:83b〉

• 이어이다(動)

다ᄋᆞᄂᆞᆫ ᄀᆞᅀᆞᆯ히 正히 이어여 ᄠᅥ러디ᄂᆞ니 머리를 도ᄅᆞ혀 솔와 대를 ᄇᆞ라노라 (窮
秋正搖落 廻首望松筠) 〈杜詩16:25a〉

• 잇글리다(牽)

工夫를 ᄒᆞ다가 一片의 일우면 비록 이 生애 ᄉᆞᄆᆞᆺ디 몯홀디라도 眼光ㅣ ᄣᅡ해 딜
時節에 惡葉의 잇글일 배 되이디 아니ᄒᆞ리라 (工夫를 若打成一片則縱今生애 透不
得ㅣ라도 眼光落地之時예 不爲惡業의 所牽ㅣ리라) 〈禪家19a〉

• 지즐이다(壓)

雞鳴散ᄋᆞᆫ 노ᄑᆞᆫ ᄃᆡ셔 디며 나모 돌해 지즐이며 믈읫 傷ᄒᆞ야 피 얼의며 氣絶ᄒᆞ야
죽ᄂᆞ니와 (雞鳴散治從高墜下 及木石所壓 凡是傷損血瘀凝積氣絶欲死) 〈救急方下
30b〉

• 즘기다(潛)

南녀긔 노ᄑᆞᆫ 뫼히 잇ᄂᆞ니 내콰 다ᄆᆞᆺᄒᆞ야 므레 즘길가 전노라 (維南有崇山 恐與
川浸溜) 〈杜詩11:26a-b〉

(3) 피동과 반사동

• 갈리다(分)

    피동: 므릇 나라 안희 서로 <u>갈니이면</u> 멸홀거시오 〈성경직해62b〉

    반사동: 믈이 두 가닭의 <u>갈니이고</u> 수십 쳑 비롤 ᄀᆞᆯ 니어 ᄃᆞ리롤 ᄆᆞᆫ드딕 〈을병
        _숭실2〉

• 것기다(切)

    피동: 듕신의 샹쇠 나매 역적의 빌믜 비로소 <u>썩기이고</u> 〈明義2:21a〉

    반사동: 氣中흔 證은 해 豪貴흔 사ᄅᆞ미 이룰 因ᄒᆞ야 격발ᄒᆞ며 <u>것기여</u> 忿怒ᄒᆞ야
        氣分이 盛호딕 펴둘 몯ᄒᆞ야 (氣中證候者多生於驕貴之人 因事激挫忿怒)
        〈救急方上12a〉

• 고치다(揷)

    피동: 창을 열고 보니 흰 늘히 이믜 목긔 <u>고쳗더라</u> (開窓視之則 白刀已揷于頸矣)
        〈東新烈4:24b〉

    반사동: 흰 믌겨리 부흰 ᄇᆞᄅᆞ매 불이고 프른 묏부리ᄂᆞᆫ 雕刻흔 집믈릭 <u>고쳿도다</u>
        (白波吹粉壁 青嶂揷雕梁)〈杜詩16:42b〉

• ᄂᆞ호이다(分)

    피동: 오직 君子 小人이 이예 <u>ᄂᆞ호일</u> ᄲᅮᆫ이 아니라 ᄯᅩ 貴ᄒᆞ며 賤ᄒᆞ며 댱슈ᄒᆞ며 단
        명홈의 말믜아마 定ᄒᆞᄂᆞᆫ 배니라 (不惟君子小人이 於此焉分이라 亦貴賤壽
        夭之所由定也ㅣ 니라)〈小學5:94b〉

    반사동: 三月에ᄂᆞᆫ 男女ㅣ <u>ᄂᆞ호이고</u> 四月에ᄂᆞᆫ 形像이 ᄀᆞ초이고 (三月은 男女ㅣ 分
        ᄒᆞ고 四月은 形像이 具ᄒᆞ고)〈無寃錄2:3b〉

• 들이다(懸)

    피동: 孫氏 ᄀᆞ마니 댓수헤 가 목 ᄆᆡ야 <u>들엿거늘</u> 제 兄이 보고 그르니라 〈續三初
        烈17a〉(孫氏潛入園中竹林 自縊 其兄見而解之)

    반사동: 無數 幢幡이 그 우희 <u>들이고</u> 百千 바오리 절로 울어늘 ᄀᆞᄆᆞᆫ흔 ᄇᆞᄅᆞ미 부
        니 微妙흔 소리 나더라 〈釋詳11:16b〉

• 마초이다(中)

　피동: 밧그로셔 흔 사름이 느는 드시 드라 와 董卓이 가슴에 <u>마초여</u> 董卓이 싸히 써러지다 〈三譯總解1:21b〉

　반사동: 我國 屍帳이 두루마리를 민드라 紙面이 마조 <u>맛초인</u> 곳에 字號를 글 써 메우고 印을 디내여 펼티면 는호여 半히 되게 ㅎ야 後考에 빙쥰케 ㅎ니 또흔 勘合이라 ㅎㄴ니라 (我國屍帳이 作周帖ㅎ야 紙面交際處에 書塡字號 經印ㅎ야 展之則分爲半ㅎ야 憑後考ㅎ니 亦稱勘合이니라) 〈無冤錄1:58b〉

• 미이다(繫)

　피동: 싸호믈 즐겨 제 軍 알픠 가다가 帝釋손딕 <u>미예</u>ㄴ니라 〈釋詳13:9b〉

　반사동: 여러 道애 횟도라 生死애 기리 <u>미예</u>ㄴ니라 〈月釋11:84:1b〉

• 삘이다(刺)

　피동: 리가의 모는 팔을 이왕 <u>삘니엿고</u> 리가의 쳐는 뢰후를 방쟝 <u>삘니여</u> 거의 죽을 디경인 고로 〈독립신문 1898/1/18〉

　반사동: 畢凌이 가싀예 <u>삘여</u> 모믈 ㅂ리며 (畢凌이 觸刺而遺身ㅎ며) 〈楞嚴6:78b〉

백채원

부산 출생

서강대학교 문학부 국어국문학 전공 졸업(2006)

서울대학교 대학원 국어국문학과 문학석사(2010)

서울대학교 대학원 국어국문학과 문학박사(2017)

덕성여자대학교, 상명대학교, 서강대학교, 서울대학교, 세종대학교, 이화여자대학교 강사 역임

현 상명대학교 국어교육과 강사

주요 논문

「20세기 초기 자료에 나타난 '言文一致'의 사용 양상과 그 의미」(2014)

「통사의미적 특성이 유사한 어기와 피동사의 공존」(2018)

「한글박물관 소장 『내훈찰요』의 국어사적 연구」(2019)

「접미사 '-껏'의 형성과 확장에 대한 연구」(2021)

「지석영의 〈신정국문〉 이본 텍스트의 비교 연구」(2021)

「한국어사 자료에 나타나는 주격조사 '이라셔'에 대한 소고(小考)」(2022)

國語學叢書 84

한국어 피동문의 역사적 연구

초판 1쇄 발행 2023년 6월 30일

지은이 백채원

펴낸곳 (주)태학사

등록 제406-2020-000008호

주소 경기도 파주시 광인사길 217

전화 031-955-7580

전송 031-955-0910

전자우편 thspub@daum.net

홈페이지 www.thaehaksa.com

ⓒ 백채원, 2023

값 28,000원

ISBN 979-11-6810-132-6 94710
ISBN 979-11-90727-23-5 (세트)

國語學 叢書 目錄

① 李崇寧　　　　　(근간)
② 姜信沆　　　　　한국의 운서
③ 李基文　　　　　國語音韻史硏究
④ 金完鎭　　　　　中世國語聲調의 硏究
⑤ 鄭然粲　　　　　慶尙道方言聲調硏究
⑥ 安秉禧　　　　　崔世珍硏究
⑦ 남기심　　　　　국어완형보문법 연구
⑧ 宋 敏　　　　　前期近代國語 音韻論硏究
⑨ Ramsey, S. R.　Accent and Morphology in Korean Dialects
⑩ 蔡 琬　　　　　國語 語順의 硏究
⑪ 이기갑　　　　　전라남도의 언어지리
⑫ 李珖鎬　　　　　國語 格助詞 '을/를'의 硏究
⑬ 徐泰龍　　　　　國語活用語尾의 形態와 意味
⑭ 李南淳　　　　　國語의 不定格과 格標識 省略
⑮ 金興洙　　　　　현대국어 심리동사 구문 연구
⑯ 金光海　　　　　고유어와 한자어의 대응 현상
⑰ 李丞宰　　　　　高麗時代의 吏讀
⑱ 宋喆儀　　　　　國語의 派生語形成 硏究
⑲ 白斗鉉　　　　　嶺南 文獻語의 音韻史 硏究
⑳ 郭忠求　　　　　咸北 六鎭方言의 音韻論
㉑ 김창섭　　　　　국어의 단어형성과 단어구조 연구
㉒ 이지양　　　　　국어의 융합현상
㉓ 鄭在永　　　　　依存名詞 'ᄃ'의 文法化
㉔ 韓東完　　　　　國語의 時制 硏究
㉕ 鄭承喆　　　　　濟州道方言의 通時音韻論
㉖ 김주필　　　　　구개음화의 통시성과 역동성
㉗ 최동주　　　　　국어 시상체계의 통시적 변화
㉘ 신지연　　　　　국어 지시용언 연구
㉙ 權仁瀚　　　　　조선관역어의 음운론적 연구
㉚ 구본관　　　　　15세기 국어 파생법에 대한 연구
㉛ 이은경　　　　　국어의 연결어미 연구
㉜ 배주채　　　　　고흥방언 음운론
㉝ 양명희　　　　　현대국어 대용어에 대한 연구
㉞ 문금현　　　　　국어의 관용 표현 연구
㉟ 황문환　　　　　16, 17세기 언간의 상대경어법

國語學 叢書 目錄

㊱ 남윤진	현대국어의 조사에 대한 계량언어학적 연구
㊲ 임동훈	한국어 어미 '-시-'의 문법
㊳ 김경아	국어의 음운표시와 음운과정
㊴ 李浩權	석보상절의 서지와 언어
㊵ 이정복	국어 경어법 사용의 전략적 특성
㊶ 장윤희	중세국어 종결어미 연구
㊷ 신선경	'있다'의 어휘 의미와 통사
㊸ 신승용	음운 변화의 원인과 과정
㊹ 양정호	동명사 구성의 '-오-' 연구
㊺ 최형용	국어 단어의 형태와 통사
㊻ 채현식	유추에 의한 복합명사 형성 연구
㊼ 석주연	노걸대와 박통사의 언어
㊽ 박소영	한국어 동사구 수식 부사와 사건 구조
㊾ 노명희	현대국어 한자어 연구
㊿ 송원용	국어 어휘부와 단어 형성
(51) 이은섭	현대 국어 의문사의 문법과 의미
(52) 鄭仁浩	平北方言과 全南方言의 音韻論的 對比 研究
(53) 이선영	국어 어간복합어 연구
(54) 김 현	활용의 형태음운론적 변화
(55) 김의수	한국어의 격과 의미역
(56) 박재연	한국어 양태 어미 연구
(57) 이영경	중세국어 형용사 구문 연구
(58) 장경준	『瑜伽師地論』 點吐釋讀口訣의 解讀 方法 研究
(59) 이승희	국어 청자높임법의 역사적 변화
(60) 신중진	개화기국어의 명사 어휘 연구
(61) 이지영	한국어 용언부정문의 역사적 변화
(62) 박용찬	중세국어 연결어미와 보조사의 통합형
(63) 남경완	국어 용언의 의미 분석
(64) 소신애	음운론적 변이와 변화의 상관성
(65) 이광호	국어 파생 접사의 생산성과 저지에 대한 계량적 연구
(66) 문숙영	한국어의 시제 범주
(67) 장요한	15세기 국어 접속문의 통사와 의미
(68) 채숙희	현대 한국어 인용구문 연구
(69) 안소진	심리어휘부에 기반한 한자어 연구
(70) 유효홍	訓民正音의 文字 轉換 方式에 대한 研究

國語學 叢書 目錄

⑦1 정한데로　　　한국어 등재소의 형성과 변화
⑦2 이영제　　　　한국어 기능명사 연구
⑦3 신서인　　　　한국어 문형 연구
⑦4 **魏國峰**　　　고대 한국어 음운 체계 연구
⑦5 정연주　　　　구문의 자리채우미 '하다' 연구
⑦6 송정근　　　　현대국어 감각형용사의 형태론
⑦7 정경재　　　　한국어 용언 활용 체계의 형태음운론적 변화
⑦8 최윤지　　　　한국어 정보구조 연구
⑦9 김한별　　　　19세기 전기 국어의 음운사 연구
⑧0 김민국　　　　한국어 주어의 격표지 연구
⑧1 김태우　　　　{-습-}의 기능 변화 연구
⑧2 김수영　　　　한국어 자음 말음 어간의 형태음운론적 변화
⑧3 장승익　　　　황해도 방언의 변이 양상 연구